ISO/TS 16949:2009
内审员教程（第三版）

江苏艾凯艾国际标准认证有限公司 编著

中国质检出版社
中国标准出版社
北 京

图书在版编目(CIP)数据

ISO/TS 16949:2009 内审员教程/江苏艾凯艾国际标准认证有限公司编著. —3 版. —北京:中国标准出版社,2015.2

ISBN 978-7-5066-7779-0

Ⅰ.①Ⅰ… Ⅱ.①江… Ⅲ.①汽车工业—质量管理体系—国际标准—教材 Ⅳ.①F407.471.63-65

中国版本图书馆 CIP 数据核字(2014)第 273731 号

中国质检出版社
中国标准出版社 出版发行

北京市朝阳区和平里西街甲 2 号(100029)

北京市西城区三里河北街 16 号(100045)

网址:www.spc.net.cn

总编室:(010)64275323 发行中心:(010)51780235

读者服务部:(010)68523946

中国标准出版社秦皇岛印刷厂印刷

各地新华书店经销

*

开本 880×1230 1/16 印张 19 字数 524 千字

2015 年 2 月第三版 2015 年 2 月第四次印刷

*

定价 **55.00** 元

第三版编审委员会

主　任：　宣　青

副主任：　施晓平　李　媛

主　编：　宣　青

副主编：　李　媛

修　订(以姓氏笔画为序)：

王惠志　李　媛　孟宪松　姜惠敏

主　审：　施晓平

审　定：　田玉华　朱汉华　汪　勇　严继兵

姜惠敏

第二版编审委员会

第一版编审委员会

主　任：　宣　青

副主任：　施晓平　金冠华(执行)

主　编：　宣　青

副主编：　金冠华

统　稿：　汪　勇　严继兵　姜惠敏

撰　稿(以姓氏笔画为序)：

王跃双　刘　晔　汪　勇　严继兵

李　媛　陈纪斌　孟宪松　张　珏

周　军　姜惠敏　徐治国　袁　铮

主　审：　施晓平

副主审：　张　珏

审　定：　王跃双　刘　晔　李　媛　徐治国

第三版出版说明

《ISO/TS 16949:2009 内审员教程》自 2009 年出版以来，已经印刷并销售了近万册，这在全国同类工具书中是销量较好的工具书之一。对此，我们对关心、支持、喜欢这本《教程》的广大客户和汽车行业汽车生产件、服务件制造/供应厂商的中高层管理人员、工程技术人员、内部审核员及认证行业的同事们等广大读者表示真挚的感谢。同时，对在公开班中选择本《教程》作为教材使用的培训机构也深表感谢，这都是对我们最大的鼓舞和鞭策。

此次《教程》的再版，是基于国际汽车工作小组(IATF)以及获得 IATF 认可的汽车行业认证方案 (RULES 4)的变更，对原有教程部分内容产生了重大的变化，为了保证教程符合最新规则的要求，重点在以下方面做了修改：

(1) 前言部分重点介绍了 NSF-ISR 在美国认证行业的重要地位以及对中国市场的高度重视，并对此次教程出版的大力支持。

(2)第一章 由李媛老师对 IATF 的相关信息作了适当补充并对 IATF 的工作方式和对 ISO/TS 16949 的认证认可要求做了详细介绍。

(3) 此次再版重点对第五章做了修正，主要是根据新规则，对应的几大应用工具产生的调整。

(4) 第六章同样是此次再版内容调整较大的篇章。主要在“过程审核的基本概念”及“要素评分表”并各“要素”同样根据新规则做了最新的阐释，并根据新规则的要求，设计了适用于现场审核及内部审核的过程审核提问表。

《ISO/TS 16949:2009 内审员教程》的再版从某种意义上来说，也是一种持续改进，但是良好的愿望和结果有时并不是一致的。由于参与编写的老师都是利用审核的业余时间进行编写和修改，因此依然会出现这样那样的错误，对此，我们还是期望广大读者和朋友们随时给我们指出不足之处，我们会在下次修改时再次加以改进。最后，再次对公司新老客户、广大读者的支持表示深深的感谢。

江苏艾凯艾国际标准认证有限公司

2014年11月18日

第三版前言

NSF-ISR在美国，乃至全球认证领域都具有举足轻重的地位，它在美国乃至全球的诸多认证领域扮演着领导者和规则制定者的角色。江苏艾凯艾国际标准认证有限公司是NSF-ISR在中国的唯一授权机构，是NSF-ISR的一个非常重要的组成部分。

NSF-ISR总部位于密歇根安娜堡市，密歇根作为美国汽车工业的诞生地，汇聚了美国乃至全球的汽车品牌公司和研究机构，所以NSF-ISR早在20世纪90年代就被国际汽车工作组和国际汽车监督局授权从事ISO/TS 16949认证，也因此积累了大量的实践经验。

在亚洲经济腾飞，尤其是中国经济快速发展的背景下，NSF-ISR看到了汽车工业在亚洲尤其是中国的快速发展以及发展过程中存在的种种问题，所以我们高度重视ISO/TS 16949认证在亚洲尤其是中国地区的开展情况。

在江苏艾凯艾国际标准认证有限公司进入中国的10年时间里，秉持“做最具信任的体系认证机构”的原则，坚持以ISO/TS 16949为机构核心认证业务，在当地政府的大力支持下，公司业务取得了长足进步，ISO/TS 16949年服务超过4000家汽车领域企业，为中国汽车领域的能力提升做出了积极贡献。

也正是在10年的发展过程中，江苏艾凯艾国际标准认证有限公司在提供服务的基础上积累总结了非常丰富的案例知识，并培养了一大批具有较高素质的认证审核员。本书的出版也正是基于这一批经验丰富的审核员及公司的案例汇总，在紧紧围绕ISO/TS 16949核心思想的同时也融合了中国特色。

希望本书的出版，能够让参与ISO/TS 16949内审员培训的广大学员获益，并在中国汽车生产和管理行业的发展过程中起到积极作用。

John X. Ling　林新伟

Managing Director-South Carolina China Office

美国南卡罗莱纳州政府中国代表处　首席代表

第二版出版说明

《ISO/TS 16949:2009 内审员教程》自2009年出版以来，销售了近5000册，据统计，这在全国同类工具书中是销量较好的工具书之一。我们对关心、支持本《教程》的广大AQA客户和汽车行业汽车生产件、服务件制造/供应厂商的中高层管理人员、工程技术人员、内部审核员及认证行业的同事们等广大读者表示真挚的感谢。同时，对在培训班中选择本《教程》作为教材使用的培训机构也深表感谢，这是对我们最大的鼓舞和鞭策。

《教程》第一版出版时，由于时间仓促和经验不足，难免出现一些错误，借此机会，对向我们提出建议的专家、讲师、朋友表示由衷的感谢，感谢你们的热忱、关心和爱护。

第二版重点对以下方面作了修改。

(1) 第一章第一节由李媛对IATF的相关信息作了适当补充。

(2) 第三章将原第二节"汽车行业的过程方法"和第三节"过程方法的应用"合并为"汽车行业的过程方法及其应用"，在内容、结构上都作了一定篇幅的修改，与之前比，更为紧凑，逻辑性更强，尤其在帮助读者理解"过程方法"及其具体应用上更具有可操作性，由姜惠敏修改。

(3) 第四章"ISO/TS 16949:2009 标准理解"原来准备删掉，作为附件仅提供一个标准。考虑到读者在学习时能及时查考，而且提供的"要点"也有助于读者对标准的理解，便作了保留。为了让读者更好地理解标准，加入了相关英文条文，以做对照。

(4) 第五章"常用工具的应用"改为"五大工具的应用"，删除了与TS关系不大的第六节"精益生产"。五大工具是企业和审核员必须掌握的管理工具，即使是其他管理体系也是适用的。

第三节 SPC 第五部分"过程能力分析"由姜惠敏作了较多修改；

第四节 MSA 由孟宪松作了适当修改。

(5) 第六章第二节体系审核由姜惠敏作了较大修改，更加强调了"过程方法"的应用。修改过程，除了对审核方案的策划建议系统考虑外，删掉了第一版中的"检查表"，重点对质量管理体系审核的方法/审核工具的使用、审核思路的调整，作了具体的描述和修改，使"过程方法"的采用更直观、更具有可操作性。

在ISO/TS 16949标准体系中原来有一份检查表，但已在2005年被取消，也就是说：ISO/TS 16949审核过程不鼓励使用检查表。因为过程方法审核是根据顾客确认的顾客导向的过程和审核员的“审核路径”来实施的。不同组织，同一个组织的不同时期，同一个组织由不同的审核员进行审核时，其审核路径，思路不一样的。对内部审核员来说，大部分对标准的理解没有外部审核员那么深入（尤其是体系建立初期），因此，很多时候还需要借助检查表来完成内部审核，但长久下去，内审员的审核思路便会出现僵化或模式化，尤其是审核顾客导向的过程与顾客导向的过程、顾客导向的过程与支持过程、顾客导向的过程与管理过程之间“相互关系和相互作用”的“接口”时，便会显得不知所措。这样的审核是不利于体系的持续改进和符合性、有效性评价的。基于上述因素，删除了检查表。

作为示例，根据审核中的所见，由袁铮执笔，增加了第五节“审核中的常见误区”。

（6）第七章“推行ISO/TS 16949常见问题分析”具有普遍指导意义，也深受读者欢迎，继续保持。

（7）考虑到ISO/TS 16949:2009标准的连续性和历史意义，继续保留附件“IATF监管　认证机构公报”。

《ISO/TS 16949:2009内审员教程》的第二版从某种意义上来说，也是一种持续改进，但是良好的愿望和结果有时并不是一致的。由于参与编写的人员都是利用审核的业余时间进行编写和修改，因此依然会出现这样或那样的错误，对此，期望广大读者和朋友们随时指出不足之处，我们会在下次修订时再次加以改进。最后，对AQA新老客户、广大读者的支持表示深深的感谢。

江苏艾凯艾国际标准认证有限公司

2012年1月10日

Foreword

序

Internal audits are a valuable part of the management system program. What do we or should we gain from performing this task? As a key component to any management system internal audits offer an array of information, but for ISO/TS 16949 they offer critical data. With so many requirements within the technical specification and customer specific requirements were forced to continually assess if the validity of the system. Internal audits are the best way to determine the compliance and effectiveness of the management system.

内审是管理体系中极具价值的一部分。我们可以从中获得什么，或应该获得什么呢？对于任何管理体系而言，内审都是其核心要素，可提供大量信息；对 ISO/TS 16949 而言，更可提供关键数据。技术规范与客户特殊要求内的众多要求都关注能持续评估体系是否有效。内审是衡量管理体系符合性与有效性的最佳途径。

As the mouthpiece for internal audits, internal auditors are more than just compliance officers for the system. They are the voice of the customer and the system to management. They are teachers to their staff and colleagues. The performance of internal audits should not be viewed as a task, but rather as a way to provide teaching and learning opportunites to the members of the organization. Internal audits provide valuable information on the status of the system and what improvements need to be made.

作为内审的代言人，内审员不仅仅是评价体系符合性的人员，同时对管理者来说也代表着客户及体系的声音，他们也是全体职员与同事的良师。内审的执行不应仅仅视为一项任务，而应视为组织内成员的教学机会。内审为体系状况及其可改进空间提供了有价值的信息。

AQA International-Asia Pacific recognizes the value for the internal audit program and therefore has worked very hard over the last year to publish this very informative resource. By using this resource as a guide you can improve the quality of the internal audit program within your organization in turn you will also improve your management system. Continually improving the system will result in better customer satisfaction and feedback as well as efficiency within the organization.

AQA 国际-亚太充分认识到了内审的价值,因此去年以来一直致力于此方面书刊的出版与推广。以此书刊为工具,您不仅可以提高组织内的内审质量,也可随之改进管理体系。持续改进体系可更好地改善客户满意和反馈,同时可提高组织效率。

I want to think all the contributors to this book for their time and efforts. I believe you will find this to be a very worthwhile resource and a light on the path to improving your internal audit program. Good luck along the journey and remember to audit for compliance and effectiveness.

在此我想对为本书贡献了大量时间与精力的所有人士表示感谢。我坚信您将发现本书极具价值,定能为您改进内审提供一些帮助。愿您在内审过程中一切顺利,并谨记内审的核心价值,即体系的符合性与有效性。

Charles N. Howell
President and CEO, AQA International
AQA 国际总裁、CEO

PREFACE

前言

AQA International Standard Certification (Jiangsu) Co. , Ltd. is a Sino-American joint-venture company developed in China by AQA International, headquartered in South Carolina. AQA International is a global certification body specializing in management system certification services for ISO/TS 16949, ISO 9001, ISO 27001, ISO 14001, ISO 13485 and AS9100/9120/9110.

江苏艾凯艾国际标准认证有限公司是一家发展于中国的中美合资企业,总部位于南卡罗莱纳州。AQA 国际认证是一家全球性的认证机构,专门从事 ISO/TS 16949, ISO 9001, ISO 27001, ISO 14001, ISO 13485和 AS 9100/9120/9110 管理体系的认证服务。

Since it's inception in 1992 AQA International has worked to become one of the world's leading management system certification bodies. In the mid 1990's AQA was approved by the automotive industry to issue certificates to QS-9000 and is now one of a select group of global certification bodies recognized by the International Automotive Task Force (IATF) and International Automotive Oversight Bureau (IAOB) to issue certificates to ISO/TS 16949.

自 1992 年发展开始,AQA 国际认证努力成为世界几大主要管理体系认证机构之一。在 20 世纪 90 年代中期,AQA 通过汽车行业的批准发放 QS-9000 的证书,现在已通过国际汽车工业特别工作组和国际汽车监督局的授权成为国际认证机构的优秀组织之一。

From the early years of automotive mass production, South Carolina has supplied the automotive manufacturers with quality parts and as a result of this success South Carolina has become on of the world's leading automotive manufacturer investment destinations. In more recent years BMW, Michelin North American, and other automotive manufacturers have invested over $4 billion in South Carolina.

从汽车大规模生产的早期开始，南卡罗莱纳州曾提供合格的零部件给汽车生产商，最后成功成为世界上几大主要的汽车生产商投资基地之一。在最近的几年里，宝马、北美米其林，还有一些别的汽车生产商已在南卡罗莱纳州投资了40多亿美元。

Using South Carolina's automotive foundation as a catalyst AQA International has benefited by serving the management system certification needs for many of the state's automotive component manufacturers. As the automotive manufacturing business grows in South Carolina, so grows AQA International's global delivery system for management system certification.

把南卡罗莱纳州的汽车基础作为一个催化剂，AQA国际认证从服务于此州的汽车零部件生产商的管理体系认证的需求中获利。在南卡罗莱纳州汽车生产业务的扩大和发展的同时，AQA国际管理体系认证的全球性服务体系也随之发展和壮大。

Fueled by the momentum of AQA International's success around the world and the support of the national and local governments, AQA International China has become one of the countries most recognized certification bodies. With clients covering all parts of China AQA International China continues to accomplish very high client satisfaction ratings in the certification and training services sector.

由于AQA国际认证在全球成功的趋势和国家、当地政府的大力支持，AQA国际认证(中国)成为国家最受认可的认证机构之一。随着AQA国际认证(中国)的客户遍布全国，它持续在认证和培训行业获得非常高的客户满意度。

As a service to our clients and the automotive industry in China a group of experts from AQA, having excellent education, knowledge and experience in both international and domestic practical management, have developed and provided a number of courses on approach of the advanced international scientific management combined with Chinese culture. The ISO/TS 16949 internal auditors being trained with these courses have made significant contributions to the development and improvement of China's automobile manufacturing and management sectors.

作为中国汽车行业客户的服务机构，AQA拥有一批优秀的、有着高级教育背景的、知识丰富和具有国内外管理实践经验的专家，同时也发展和提供了一系列融合中国特色文化的高级国际科学管理方法的课程。经过这些课程培训的 ISO/TS 16949 内审员对中国汽车生产和管理行业的发展和提高作出了意义重大的贡献。

The publication of this book is a symbol of AQA's dedication quality and spirit of continual improvement in the industry. TS experts as well as the managers of AQA strive to improve each day by learning and applying new and proven principles. The publication of this book will contribute to the continual improvement of AQA and the automotive industry as a whole.

这本书的出版是 AQA 在这个行业在质量和精神上持续完善的努力的一个标志。AQA 的专家和管理者从学习和采取新的以及已证实了的原则中每天努力完善此书。这本书的出版对于 AQA 的持续提高和整个汽车行业来说是一个促进和贡献。

Sincerely,谨上

John X. Ling　林新伟

Managing Director-South Carolina China Office

美国南卡罗莱纳州政府中国代表处　首席代表

[illegible]ISO [illegible]

The publication of this book is a symbol of AQA's dedication [to] quality and spirit of continual improvement in the industry. Its expertise as well as the commitment of AQA [illegible] to improve each day by [illegible] and proven principles. The publication of this book will contribute to the continual improvement of AQA and the [illegible] knowledge.

[illegible]AQA[illegible]

[illegible]AQA[illegible]

[illegible]AQA[illegible]

[illegible]

Sincerely, 谨上

John X. Chen

[illegible] Director, South Carolina Main Office

[illegible]

出版说明

随着我国汽车的普及和汽车业的迅猛发展，ISO/TS 16949:2009《质量管理体系　汽车生产件及相关服务件组织应用 ISO 9001:2008 的特殊要求》在我国汽车行业汽车生产件、服务件制造/供应厂商中得到广泛的应用，不少组织按 ISO/TS 16949 所建立的质量管理体系也得到 IATF（国际汽车工作组）的批准，使我国的整个汽车产业生产零部件与服务件的供应链，包括整车厂逐步纳入了国际汽车质量系统的技术规范要求。

编者作为国内专业从事 ISO/TS 16949 质量管理体系的第三方认证机构之一，在为客户提供认证服务和为客户的供应商提供培训服务的同时，不断有客户提出，希望我们能编一本切合实际、操作性强、对企业能起指导作用的教材，尤其在“过程方法”的理解与应用、“常见疑难问题”等方面能有所帮助。为此，我们编写了这本《教程》，奉献给 AQA 的广大客户，奉献给我国汽车行业汽车生产件、服务件制造/供应厂商的中高层管理人员、工程技术人员、内部审核员，认证咨询机构咨询师和认证审核机构的审核员等。

《教程》在介绍标准要点的同时，引用了大量案例，充分体现了内容新、实用性和参考性强的特点，从多方面为组织、读者理解标准、应用标准提供了实施指南，尤其对企业在推行/审核过程常见的“疑点/难点”问题，用相当的篇幅给予分析与指导。

在《教程》的编写结构、内容上，充分体现了“过程方法”的应用。AQA China 是我国为数不多，能运用“过程方法”对质量管理体系过程实施审核的认证机构之一（包括对 ISO 9001 审核）。我们摒弃了普遍使用的按“要素审核”的方法，积极采用“过程方法”对过程实施审核。《教程》能从系统的思维方式上，帮助组织、读者理解“过程方法”及其内涵，始终关注“顾客导向过程”及与其相关的“支持过程”，以及在应用中应如何注意和规避一些问题，从而为组织在建立和实施 ISO/TS 16949 质量管理体系过程提供帮助，以减少体系推行和维护的风险。

本教材共分七章：

——第一章　主要阐述了 ISO/TS 16949 的起源、发展历程及现行企业推行 ISO/TS 16949 的目的和意义。同时介绍了 ISO/TS 16949全球唯一监督机构——国际汽车推动小组(IATF)以及获得IATF认可的汽车行业认证方案（RULES 3)。为读者理解和有效推行 ISO/TS 16949 打下良好的基础。

——第二章　八项质量管理原则是质量管理的理论基础,它是ISO/TC 176 在总结世界各国(特别是经济发达国家)质量管理经验的基础上产生的。八项质量管理原则不仅是组织的领导者有效实施质量管理所必须遵循的原则,也为审核人员、咨询人员和从事质量管理工作的人员学习、理解、掌握 ISO/TS 16949 提供了帮助。因此,正确理解八项质量管理原则是理解 ISO/TS 16949 的前提。

——第三章　在建立和实施 ISO/TS 16949 质量管理体系时,"过程方法"一词被反复强调,但是审核员在审核过程中发现,能够理解并很好地应用的组织不多。本章希望通过案例和对过程方法的讲解,以及"顾客特殊要求的识别",帮助读者认识识别顾客特殊要求的重要性,理解过程方法,掌握、分析、测量和改进过程的流程与步骤,以及在应用中应注意的问题,为组织在建立和实施 ISO/TS 16949 质量管理体系过程提供帮助。

——第四章　避免把读者再次误导到"按要素审核"的误区,通过简洁的语言,重点向读者剖析 ISO/TS 16949 各章节的难点/疑点,为读者加深对标准的理解和应用提供帮助。这也是本教材与其他教材的明显区别之处。

——第五章　向企业介绍一些汽车行业较为普及的先进工具。但使用工具并不是目的也不能证明企业的先进性,最为关键的是希望能从这些工具的背后看到共性,使高效率、低成本的企业文化在使用工具的过程中逐渐形成。

——第六章　详细阐述了体系审核、过程审核和产品审核的每个步骤、方法和技巧,便于读者在实际工作中能有效地开展内部审核活动。同时,本章还列举出我们历年来在 ISO/TS 16949 认证审核中常见的问题点,以利于读者进一步了解认证审核机构的关注点,正确把握标准的要求,从容应对来自第二方和第三方的外部审核。

——第七章　通过对 100 个客户的案例分析，形成目前在推行/审核过程常见的《疑点/难点清单》，进而对这些问题可能产生的原因进行分析，提出这些问题的解决方案和如何规避,为组织减少体系推行和维护的风险、更加有效地运行 ISO/TS 16949 系统,为持续增强客户的满意提供指导。

这一章实用性很强(学习时请结合第四章),是本教材与其他教材区别所在。

本教材在编写过程中,多次听取了相关方的意见,基本体现了IATF和美国总部对ISO/TS 16949的认识和理解,以及目前国内汽车行业供应链在务实方面的需求。

在学习和使用本教材时,读者应对照GB/T 19011—2003/ISO 19011:2002《质量和(或)环境管理体系审核指南》。在对标准的理解与实施方面应以ISO/TS 16949为准。作为客户应根据自己的产品与管理特点,关注我们审核员在审核过程的审核思路、审核方法和审核重点,在实践中融会贯通。

本教材的书稿撰写人不仅具有汽车制造业的技术和管理工作背景,而且都是长期从事质量管理体系认证咨询、认证审核的资深审核员。

本教材第一章由张珏撰写;第二章由陈纪斌撰写;第三章第一节、第二节由王跃双撰写,第三节由袁铮撰写;第四章第一节～第三节由陈纪斌撰写,第四节由李媛撰写,第五节由姜惠敏撰写,第六节由严继兵撰写,第七节由姜惠敏撰写,第八节由刘晔撰写;第五章第一节由姜惠敏撰写,第二节由汪勇撰写,第三节由周军撰写,第四节由孟宪松撰写,第五节由姜惠敏撰写,第六节由徐治国撰写;第六章由汪勇撰写;第七章由汪勇撰写。

本教材于2007年四季度着手编写,我们的初衷是希望能尽早将此书奉献给我们的客户和广大读者,以分享我们的工作成果和管理信息。2008年正当本书准备出版之际,由于ISO 9001:2008版的发布,IATF认证方案(RULES3)及相关管理工具(FMEA4、APQP2)有所修订,因此推迟了本书的出版,在此向广大读者表示歉意。

鉴于时间仓促和水平有限,对标准和相关规范的理解难免存在一定的局限性。恳请读者提出宝贵意见和建议,以便今后进行修订和完善。

江苏艾凯艾国际标准认证有限公司

2009年6月30日

目录

第一章 概论

本章主要阐述了 ISO/TS 16949 的起源、发展历程及现行企业推行 ISO/TS 16949 的目的和意义。同时介绍了 ISO/TS 16949 全球唯一监督机构——国际汽车工作小组(IATF)以及获得 IATF 认可的汽车行业认证方案(RULES 4)。为读者理解和有效推行 ISO/TS 16949 标准打下良好的基础。

第一节 ISO/TS 16949:2009 的历史背景与发展

一、ISO/TS 16949 标准的形成

随着汽车的普及和汽车业的迅猛发展，为了协调国际汽车质量体系规范，由世界上主要的汽车制造商(OEM)及工业协会于 1996 年成立了一个专门机构，称为国际汽车工作组 International Automotive Task Force(IATF)。

IATF 成员包括以下汽车制造商：宝马集团、克莱斯勒集团、戴姆勒公司、菲亚特集团汽车股份公司、福特汽车公司、通用汽车公司、标致雪铁龙、雷诺、大众汽车和汽车制造商各自的贸易协会——美国汽车工业行动集团(AIAG)、意大利汽车工业协会(ANFIA)、汽车装备工业联盟(FIEV)、英国汽车工业协会(SMMT)和德国汽车工业联合会(VDA)。

在 ISO/TS 16949 颁布之前，世界各国各主要汽车制造商(OEM)推行各自的质量规范来进行汽车行业的质量控制。法国推行 EAQF，意大利推行 AVSQ，德国推行 VDA6.1，北美推行 QS-9000。以 QS-9000 为例，虽然 QS-9000 获得了广泛的认可，大约有 23 000 个组织进行了注册，但不可否认，处于不同国家的汽车制造商，还必须使用自己国家的标准来控制其供方和他们所生产的零部件质量，能否建立一个真正的通用的汽车业质量管理体系要求，各国汽车制造厂商都很感兴趣。

为了建立一个真正的通用的汽车业质量管理体系要求，国际汽车工作组(IATF)承担了这项迫切工作。实际上，与其他国际标准一样，ISO/TS 16949 也是一个妥协的产物。该标准以美国、德国、法国、意大利和日本的汽车制造商的意见为主，特别考虑了德国的 VDA-6.1 与美国的 QS-9000 之间的重大不同。如，QS-9000 是把ISO 9001:1994 标准全部包括进来，再加上北美三大汽车业公司的要求，而 VDA-6.1 也是以 ISO 9004 作为基础的，结果在 VDA-6.1 中包含了 ISO 9001 标准所没有的概念，如新产品成本分析和员工满意等。又如，QS-9000 审核时采用通过/不通过(符合/不符合)方式，而 VDA-6.1 采

用打分法方式。

通过IATF的及其八大整车厂的共同努力,1999年,IATF对3个欧洲规范VDA6.1(德国)、VSQ(意大利)、EAQF(法国)和QS-9000(北美)进行了协调,在与ISO 9001:1994版标准结合的基础上,经ISO/TC 176的认可,制定出了ISO/TS 16949 :1999这个规范。随着ISO 9001:2000的颁布和实施,2002年3月,ISO与IATF在ISO 9001:2000版标准的基础上公布了国际汽车质量的技术规范ISO/TS 16949:2002,它的全名是《质量管理体系　汽车生产件及相关服务件组织应用的ISO 9001:2000的特殊要求》,英文为Quality Management Systems　Particular Requirements for the Application of ISO 9001:2000 for Automotive Production and Relevant Service Part Organization, 简称ISO/TS 16949:2002。经过多年的实施,ISO/TS 16949:2002已被全球汽车供应链组织所接受。2008年11月,随着ISO 9001:2008版的发布,由于ISO 9001:2008也只是在ISO 9001:2000版的基础上做了一些澄清和修订,意在提高与ISO 14001:2004的一致性,因此IATF对ISO/TS 16949:2002也作了相应的修正,形成了ISO/TS 16949:2009版。修正后的ISO/TS 16949:2009没有提出新的要求,仅仅是体现了ISO 9001:2008版的修正部分(见附件:IATF Oversight Certification Body Communiqué ＃2008-006)。

二、ISO/TS 16949标准的适用范围

ISO/TS 16949:2009这项技术规范适用于整个汽车产业生产零部件与服务件的供应链,包括整车厂。2002年4月24号,福特、通用和克莱斯勒三大汽车制造商在美国密歇根州底特律市召开了新闻发布会,宣布对供应厂商要采取统一的质量体系规范,这个规范就是ISO/TS 16949。供应厂商如没有获得ISO/TS 16949的认证,也将意味着失去作为供应商的资格。

从1999年3月1日第1版的ISO/TS 16949标准推行至2013年10月底,IATF已在全球批准颁发了52934张证书,其中中国约占37.3%。至2011年1月25日,全球获得IATF授权认可的认证机构有44家,在中国从事认证活动的有近20家,获得IATF认可的审核员全球有2 600多人,中国有近600人。

三、IATF的全球性监督,保证了ISO/TS 16949的规范管理

为切实可行、有效地贯彻ISO/TS 16949规范,IATF在全球建立了5个地区性的国际汽车监督署。这5个监督署分别为ANFIA、IATF-France、SMMT、VDA-QMC和IAOB。目前IATF在中国北京设有代表处。这5个监督署采用相同的程序方法来监督全球ISO/TS 16949规范的管理、操作和实施。

每个监督署的职责包括:

(1)对认证机构进行办公室审核及现场见证;

(2)通过对认证规则的解释和常见问题的发行来提供解释和指导;

(3)管理IATF数据库,以确保及时性和准确性;

(4)监控认证机构的活动;

(5)鉴定认证机构三方认证审核员资质;

(6)处理新认证机构的申请过程。

第二节　推行ISO/TS 16949:2009的目的和意义

ISO/TS 16949:2009是国际汽车行业的技术规范,是基于ISO 9001,加进了汽车行业特殊要求的技术规范。此规范完全和ISO 9001:2008保持一致,目的就是在整个汽车供应链中建立持续改进,强调缺陷预防,减少变差和浪费的质量管理体系。

一、ISO/TS 16949:2009 的特点

1. 特别注重制造企业的成品及实现这个成品的质量管理体系能力。ISO/TS 16949:2009 认为质量管理体系能力是整个制造过程活动的基础。没有一个运行状况良好的质量管理体系，企业就无法确保能持续稳定地制造出满足顾客要求的产品。

2. 特别注重一个机构的质量管理体系的有效性和效率。标准 5.1.1 要求“最高管理者应评审产品实现过程和其支持过程，以确保它们的有效性和效率”。即在审核过程中，除了关注企业建立的质量管理体系与标准要求的符合性，还特别关注整个质量管理体系运行的有效性和效率。这里的“有效性”指达成已策划的结果，以使顾客满意。“效率”指基于现有的资源达成结果，以使企业本身满意。

3. ISO/TS 16949:2009 的审核，是推行过程方法的审核，将重点放在以顾客为中心，根据顾客的要求结合标准的要求来评估组织的制造活动，围绕顾客满意来衡量组织的表现。

4. ISO/TS 16949:2009 是汽车制造商极力推行的一个管理体系标准，它是受 IATF 承认的一个单一的全球质量体系标准和注册程序。在全球范围内的互相承认，势必将减少第二方和第三方的审核，为厂家节省费用。

5. 在进行 ISO/TS 16949:2009 的注册认证审核中，除了审核标准的要求，还要审核到汽车制造商对其供应商提出的对产品及其产品控制过程中的特别要求。ISO/TS 16949 把用户的要求和技术规范放在同等重要的位置。

6. 由于 ISO/TS 16949:2009 已包含了 ISO 9001:2008 的所有内容，所以获得 ISO/TS 16949:2009 的认证，也标志着符合 ISO 9001:2008 标准要求。

二、建立并实施 ISO/TS 16949 的意义

事实证明，按照该技术规范建立、实施和保持质量管理体系，将给企业带来很多的好处和显著的效益。主要表现在以下几个方面：

1. 有利于企业成为汽车顾客的供方，特别是为主机厂配套。汽车主机厂目前普遍提出了对汽车生产件及相关维修件供方的质量管理体系要求，依据 ISO/TS 16949:2009 技术规范和顾客特殊要求建立质量管理体系，取得认证，才有可能进入国际、国内汽车顾客的采购圈。

2. 提高企业的工作效率。ISO/TS 16949:2009 技术规范告诉企业的不仅仅是质量管理体系各过程的要求，提出并规定了许多有效的、切实可行的控制程序和方法，如质量先期策划、测量系统分析、生产件批准程序等，合理地使用这些方法，可以有效地提高工作效率，增强企业的战斗力和生存力。

3. 有利于企业全员以顾客为关注焦点，满足顾客要求质量意识的形成。通过人力资源管理，培训管理的加强，形成与质量有关的各级管理人员、岗位员工整体素质不断提高的发展局面。

4. 能不断提高顾客对企业提供的产品和服务的满意程度。产品质量的不断改进与提高，百分之百按时交付产品的机制，以及对顾客要求的关注、沟通与满足，ISO/TS 16949:2009 技术规范将帮助企业不断提高顾客的满意程度。

5. 预防产品缺陷，减少不合格品。ISO/TS 16949:2009 技术规范从产品的策划、设计与开发、制造过程设计、生产过程的确认、不合格品的分析与控制、纠正措施、预防措施诸多过程进行控制。对产品实现过程潜在的缺陷进行识别、分析，制定相应的措施，防止不合格的发生，减少不合格品，降低废品损失，减少成本，使产品实物质量明显提高。落实并实施 ISO/TS 16949:2009 技术规范，采取质量先期策划、控制计划等手段，对产品从原辅材料采购到产品实现过程直至交付的全过程规定控制要求，实施过程控制，能有效地提高产品的实物质量。从而提高企业产品的市场竞争力。

6. 减少了质量管理体系的重复检查和验证。ISO/TS 16949 在 ISO 9001：2008 的基础上，集 QS-9000、VDA6.1 等汽车质量体系标准的管理思路和要求，已被全球的汽车顾客所接受，"共同的标准，共同的第三方认证，相互承认"已是大势所趋。过去不同汽车管理体系标准的重复认证，将逐步过渡到单一的认证，这为广大汽车生产件企业减轻了负担。

7. 有助于企业建立自我检查、发现问题，寻求改进，自我完善的管理机制。内部审核员队伍建立和保持，将为企业质量管理水平的不断提升、持续改进提供保证。

第三节　IATF 关于 ISO/TS 16949 的认证要求（包括 RULES 3 的内容）

一、ISO/TS 16949 不适用所有组织

大家都知道，ISO 9001:2008 适用于所有的组织。而如前节所述，ISO/TS 16949:2009 已包含了 ISO 9001:2008 的所有内容，那么是否 ISO/TS 16949:2009 也同样适用于所有的组织呢？答案肯定是不适用于所有组织。

由于 ISO/TS 16949 标准源于汽车整车厂的要求，所以，并不是所有的组织都可以申请 ISO/TS 16949 的认证注册。ISO/TS 16949:2009 认证注册，只适用于汽车整车厂，汽车生产件及其服务件制造现场。这些制造现场生产的产品必须最终是用于整车制造，具有加工制造能力，并通过这种能力的实现使产品能够增值。这里的制造包括了：

（1）生产材料；

（2）生产或服务件；

（3）装配；

（4）热处理、焊接、喷漆、电镀或其他表面处理等。

"顾客指定生产零件"指汽车的组成部分。不符合本要求但是包含在内的顾客指定零件只有：灭火器、千斤顶和地垫、说明书。

二、IATF 认可规则规定了 ISO/TS 16949:2009 的认证认可要求

为了对 ISO/TS 16949:2009 的实施提出了要求，IATF 颁布了"ISO/TS 16949:2009 汽车行业认证方案-获得 IATF 认可的规则"，它包括对认证机构的认可、认证机构的审核过程、认证机构的审核员资格和证书的准则，用于约束被 IATF 认可的 ISO/TS 16949:2009 认证机构。了解其中关于认证机构的审核过程的一些要求，对于想要申请认证并顺利通过认证的组织有很大的帮助。

1. "ISO/TS 认可规则"（第 3 版）规定，要求获得 ISO/TS 16949:2009 认证注册的公司，必须在第一阶段审核中具有：

（1）体现过程顺序和其相互作用的过程描述，至少最近 12 个月的关键指标和绩效趋势；

（2）组织过程满足 ISO/TS 16949:2009 所有要求的证据；

（3）质量手册（每个被审核现场的）；

（4）汽车客户及其适用时客户特殊要求清单；

（5）最近 12 个月内部审核和管理评审的策划及其结果；

（6）合格的内部审核员名单；

（7）提供客户抱怨汇总，应对，计分卡和是否被客户处于暂停状态。

2. 在审核组评审了组织基于上述要求所提供的证据，认为证据能满足要求并且没有发现可能导致第二阶段审核的严重不符合项，就可得出第一阶段"准备就绪"的结论，然后组织可进入第二阶段审

核日期确定的阶段。

3. 反之，第一阶段审核结论为“未准备就绪”。组织如想继续进行 ISO/TS 16949 认证，就必须重新从第一阶段开始。

4. 第二阶段审核的目的就是基于过程方法来评估组织的质量管理体系是否有效运行，包括满足 ISO/TS 16949：2009 标准要求和客户特殊要求。

5. 对于一个新设立的加工场所，如没有 12 个月的记录，也可进行评审。经评审符合质量体系规范要求的，认证公司可签发有效期最长为 12 个月的符合性证明。当具备了 12 个月的记录后，由同一家认证机构履行包括准备评审和初次审核在内的认证过程，审核天数可做适当减免。

6. 对于具备至少 12 个月质量体系运行记录，但是却无法证明自己在汽车整车制造供应链上的组织，只要能够证明它被列在客户的有效投标清单上，而该客户要求它实施 ISO/TS 16949：2009 认证或具备起符合性。经评审符合质量体系规范要求的，认证公司同样可签发有效期最长为 12 个月的符合性证明。如果在 12 个月内没有签发合同，组织可再次申请另一份符合性证明。

7. 对于如何进行现场审核，包括第一阶段审核、第二阶段审核（第一阶段和第二阶段审核也统称初次审核）、监督审核和换证复评审核 ，ISO/TS 16949 认证规则（第 3 版）制定了一些较细化的要求：

（1）当标准的任何要求因组织及其产品的特点而不适用时，可以考虑对其进行删减，然而，ISO/TS 16949：2009标准仅允许在组织没有产品设计和开发责任的情况下删减与 7.3 条款有关的内容，并且不允许删减制造过程的设计。

（2）当申请的组织是由多个制造现场组成的集团时，必须审核所有的制造现场，不允许对现场进行抽样审核。

（3）对于初次审核，外部支持职能必须先于制造现场接受审核，并且只得以支持现场的角色而接受审核，而不能获得独立的 ISO/TS 16949：2009 认证。

（4）无论是位于现场或外部场所的设计职能，必须在每连续 12 个月的周期内至少接受一次监督审核。其他的外部场所或支持职能须视其对“现场”支持的必要性来接受审核，但在初次（或重新认证）审核时必须接受审核，并且在证书的有效期内至少再接受一次审核。

（5）每次审核必须覆盖所有班次。必须对所有生产班次中所从事的制造活动进行审核。

8. 在认证规则中，有一些非常明确的时间要求，如果不满足这些时间节点要求，那么都将可能导致部分审核或整个审核的失效而不能获得 ISO/TS 16949：2009 认证或维持证书的有效性。

（1）当组织申请并通过阶段 1 审核后，阶段 2 审核必须在阶段 1 审核批准后的 90 天内完成，否则必须重新进行阶段 1 审核。

（2）必须在阶段 2 审核结束后的 90 天内就每个不符合项进行根本原因分析，确定相应的系统纠正措施并尽快实施。只有当 100%符合要求或在审核所发现的不符合项已经 100%解决后，方可颁发证书。如超过 90 天而未关闭或 100%解决不符合项，则整个审核失效，组织应从第一阶段开始。

（3）当组织在监督审核被开出严重不符合项时，组织应在 20 天内向认证机构提交根本原因分析和遏止措施（即纠正），认证机构对其提交的根本原因和遏止措施进行评审以判定是否需要启动证书暂停程序。

（4）当获证组织已有 12 个月不再从事其证书范围上的产品生产或服务时，认证机构将取消其证书。但这种行动不属于制裁。

（5）至少每 12 个月必须做一次监督审核。

（6）当组织不按照规定的时间间隔进行监督审核，即启动认证撤消程序，认证机构在 20 天内确定是否需要对证书进行暂停，若进入暂停程序则最长期限是 120 天，之后进入证书撤销阶段。

（7）换证复评审核日期不能超过初次现场审核结束日期＋3 年这个时间期限，证书的再次签发日期不能超过现有证书的有效期。

9. 生产现场延长:从 2014 年 4 月 1 日起全部取消;原生产现场延长项目全部当做集团审核。

10. 二阶段终止,从一阶段开始;监督终止,90 天以内重新做完整监督;复评终止,在复评时间内复评;超期做 CA(一阶段+二阶段),转移终止,重新一阶段+二阶段。

11. 本章常见问题解答:

(1) 如果组织的产品是由总公司设计的,组织可以在申请 ISO/TS 16949 认证的时候删减产品设计吗?

答:不可以,根据 RULES 3 的要求,除非组织的客户具有产品设计的责任,组织应删减产品设计,除此以外的情况,组织都不能删减产品设计。

(2) 根据上述(1)的情况,在审核 ISO/TS 16949 时需要审核总公司的设计部门吗?

答:需要的,除非总公司已经通过 ISO/TS 16949 的认证并且能够提供认证报告及不符合项有效关闭的证据,且 ISO/TS 16949 的认证范围能够涵盖组织的申请范围。

(3) 如果组织目前生产的产品仅仅是提供售后市场的,和 OEM 的业务正在洽谈中,可以申请 ISO/TS 16949 认证吗?

答:可以申请 ISO/TS 16949 认证,但是只能颁发 ISO/TS 16949 符合性证明。ISO/TS 16949 符合性证明的有效期是 1 年,当 1 年期满后,组织仍然没有 OEM 的订单,可以申请一个新周期 ISO/TS 16949 符合性证明。

(4) 如果组织为有 ISO/TS 16949 要求的 OEM 提供很多类产品,组织是否可以选择其中的几种进行 ISO/TS 16949 认证?

答:不可以,只要是有 ISO/TS 16949 要求的客户,它的所有产品都必须涵盖进 ISO/TS 16949 的申请。

(5) ISO/TS 16949 审核人天数有什么规定?

答:表 1-1 是 ISO/TS 16949 审核人天的最低要求(仅供参考),当出现下列情况时,具体的人天是可以高于表 1-1 所规定的人天的:

① 如果企业人数很少,生产工序却很多,是需要考虑加人天的;

② 如果组织的 OEM 客户很多,是需要考虑加人天的;

③ 如果有外部支持场所,是需要视具体情况考虑加人天的;

④ 其他特殊情况。

表 1-1 ISO/TS 16949 审核人天表

初次审核(第二阶段现场审核人天数)			复评审核(现场审核人天数)		
受审核实体:员工人数	有设计/人天	无设计/人天	受审核实体:员工人数	有设计/人天	无设计/人天
1～6	2.0	2.0	1～14	2.0	2.0
7～11	2.5	2.5	15～28	2.5	2.5
12～18	3.0	3.0	29～49	3.0	3.0
19～27	3.5	3.0	50～80	3.5	3.0
28～39	4.0	3.5	81～122	4.0	3.5
40～54	4.5	4.0	123～176	4.5	4.0
55～71	5.0	4.5	177～246	5.0	4.5
72～93	5.5	5.0	247～332	5.5	5.0
94～117	6.0	5.5	333～436	6.0	5.5
118～146	6.5	6.0	437～562	6.5	6.0
147～179	7.0	6.0	563～710	7.0	6.0

续表 1-1

初次审核(第二阶段现场审核人天数)			复评审核(现场审核人天数)		
受审核实体:员工人数	有设计/人天	无设计/人天	受审核实体:员工人数	有设计/人天	无设计/人天
180～216	7.5	6.5	711～883	7.5	6.5
217～257	8.0	7.0	884～1 082	8.0	7.0
258～304	8.5	7.5	1 083～1 310	8.5	7.5
305～348	9.0	8.0	1 311～1 569	9.0	8.0
349～422	9.5	8.5	1 570～1 860	9.5	8.5
423～507	10.0	8.5	1 861～2 187	10.0	8.5
508～602	10.5	9.0	2 188～2 551	10.5	9.0
603～711	11.0	9.5	2 552～2 953	11.0	9.5
712～832	11.5	10.0	2 954～3 398	11.5	10.0
833～968	12.0	10.5	3 399～3 886	12.0	10.5
969～1 119	12.5	11.0	3 887～4 419	12.5	11.0
1 120～1 286	13.0	11.5	4 420～5 001	13.0	11.5
1 287～1 470	13.5	11.5	5 002～5 632	13.5	11.5
1 471～1 673	14	12	5 633～6 317	14	12
1 674～1 895	14.5	12.5	6 318～7 057	14.5	12.5
1 896～2 138	15	13	7 058＋	15	13
2 139～2 402	15.5	13.5			
2 403～2 688	16	14			
2 689～2 999	16.5	14.5			
3 000～3 334	17	14.5			
3 335～3 695	17.5	15			
3 696～4 084	18	15.5			
4 085～4 502	18.5	16			
4 503～4 949	19	16.5			
4 950～5 427	19.5	17			
5 428～5 937	20	17			
5 938～6 482	20.5	17.5			
6 483～7 061	21	18			
7 062～7 676	21.5	18.5			
7 677＋	22	19			

(6) 下列规定也是必须遵循的:

① 初次审核(现场审核人天数)包括第一阶段审核的人天加上第二阶段审核的人天，一般第一阶段审核人天为每个制造现场 1～2 人天;

② 如果初次审核有严重不符合项需要进行后续的跟踪审核，人天将被额外添加到规定的审核人天数中；

③ 每次审核都必须包括对所有班次的审核。如果周末加班是专任加班工作的员工，且非轮派性质的，那就要求对周末班次进行审核；

④ 没有产品设计职责的组织可以减少 15％的现场审核人天数；

⑤ 表 1-1 中所述的实体，意指现场与外部或非外部支持的部门。员工人数指现场与支持部门的总人数，包括合同工、临时工和季节性工作的员工。

(7) 监督审核的频次和时间是如何计算的？

监督审核的间隔可以分为每 6 个月、每 9 个月或每 12 个月一次，在一个证书周期内的对应频次分别为 5 次、3 次和 2 次，每次监督审核的人天为初次审核第二阶段的人天除以监督频次，所得的人天数进到 0.5 人天。当然，如果企业的人数发生变化，那就需要重新计算现场审核人天数。监督审核的周期从初次审核第二阶段现场审核的结束天开始计算，6 个月间隔的可接受的监督时间范围为－1 个月～＋1 个月，9 个月间隔的可接受的监督时间范围为－2 个月～＋1 个月，12 个月间隔的可接受的监督时间范围为－3 个月～＋1 个月。超过可接受的监督时间范围的，就启动证书撤销程序。

第二章 八项质量管理原则

八项质量管理原则是质量管理的理论基础，它是ISO/TC 176在总结世界各国（特别是经济发达国家）质量管理经验的基础上产生的。八项质量管理原则不仅是组织的领导者有效实施质量管理所必须遵循的原则，也为审核人员、咨询人员和从事质量管理工作的人员学习、理解、掌握ISO/TS 16949提供了帮助。因此，正确理解八项质量管理原则是理解ISO/TS 16949:2009的前提。

第一节　八项质量管理原则的理解与实施

> 原则一：以顾客为关注焦点
>
> 组织依存于顾客。因此，组织应当理解顾客当前和未来的需求，满足顾客要求并争取超越顾客期望。

理解要点：

任何一个组织，其生存的理由均为不断满足顾客需求和期望的产品，增强顾客满意。因此作为组织：

——应了解并清楚顾客的需求和期望（主要表现在产品/服务符合性上，包括明示的、隐含的、现在的和未来的），以及适用的法律法规要求和与其用途所必需的要求；

——确保组织的目标与顾客的需求和期望相结合，并在整个组织内沟通（将质量目标分解到相关职能和层次，通过内部沟通程序达到充分理解）；

——识别和确定满足顾客要求所需的过程（包括提供产品、服务的外包过程）；

——确定各个过程的有效实施方法；

——提供相应的信息和资源；

——实施并监视和测量这些过程；

——测量顾客的满意度并为顾客满意而努力（同时需兼顾其他相关方的利益）；

——持续改进各个过程。

实施本原则带来的效应：

——使得整个组织都能理解顾客以及其他相关方的需求；

——能够保证将顾客的要求作为质量目标加以管理；

——能够改进组织业绩，满足顾客需求；

——可以增强市场快速反应能力;
——可以提高组织信誉,招来回头客,追加订单。

原则二:领导作用
领导者确立组织统一的宗旨及方向。他们应当创造并保持使员工能够充分参与实现组织目标的内部环境。

理解要点:

任何一个体系建立的成功与否,取决于领导层的重视和参与程度,实施本原则要求领导采取以下非常有意义的措施:

——确定适合于组织的质量方针(描述组织的未来);
——确定具有挑战性的质量目标(顾客关注的);
——建立一个效果好、效率高的质量管理体系,以实现质量目标;
——确保整个组织关注并满足顾客要求和法律法规要求;
——提供实现产品符合性所需的资源;
——确定员工职责、权限及内部和外部的沟通;
——指定管理者代表,向员工传达满足顾客要求和法律法规的重要性;
——创造一个使员工充分参与并使体系有效运行的环境,激励并认可员工的奉献;
——定期评审质量管理体系的适宜性、充分性和有效性;
——决定改进质量管理体系的措施。

实施本原则带来的效应:

——对于方针和战略的制定,组织的未来有明确的前景;
——对于目标的设定,将组织未来的前景转化为可测量的目标;
——对于运作管理,通过授权和员工的参与,实现组织的目标;
——对于人力资源管理,具有一支经充分授权、充满激情、具有良好技能和稳定的员工队伍;
——可以增强凝聚力,促进组织的发展;
——领导的作用,将推动质量管理体系的持续改进。

原则三:全员参与
各级人员都是组织之本,只有他们的充分参与,才能使他们的才干为组织带来效益。

理解要点:

实施本原则,员工要开展的活动:

——了解自身贡献的重要性及在组织中的角色,承担起解决问题的责任;
——识别对自己活动的约束条件,按规范进行控制;
——主动地寻求机会,学习新知识、新技术、新经验,提高工作能力;
——参与活动目标的确定,并针对自己承担的目标评价其业绩,确保组织的目标不断创新;
——从工作中得到满足感,在团队中自由地分享知识与经验;
——为自己作为组织的一名成员而感到骄傲和自豪;
——始终关注为顾客创造价值,更好地向顾客和社会展示自己的组织。

实施本原则带来的效应:

——对于方针和目标的制定,员工能够有效地为实施组织的方针和目标作出贡献;

——对于目标的设定，员工承担起对组织目标的责任；

——对于运作管理，员工参与适当的决策活动，有利于对过程的改进；

——对于人力资源管理，员工对他们的工作岗位更加满意；

——员工的积极参与，有助于个人的成长和发展，符合组织的利益；

——人人渴望参与持续改进并作出贡献，团队精神得到体现。

原则四：过程方法

将活动和相关的资源作为过程进行管理，可以更高效地得到期望的结果。

理解要点：

一组将输入转化为输出的相互关联或相互作用的活动，称之为“过程”。

过程的特点：

——有输入（实施该过程的条件、依据和要求）；

——有输出（该过程活动的结果）；

——有活动（实施，开展活动就是实施了）；

——配置与活动相适应的资源（设施、设备、人员、资金、信息、技术、材料和方法）；

——针对该过程的活动，规定实施方法；

——对过程的适当阶段进行测量；

——过程可以组合成一个网络（一个过程的输出，往往是一个或其他几个过程的输入）；

——过程是质量管理体系的基础（质量管理体系是通过过程来实现的）。

过程的输入、输出和活动称为过程的三要素，要确保过程有效必须确保三要素均有效。如：生产过程的输入为人员、材料、方法、环境、设备和测量系统；活动为生产、制造、加工的作业过程（包括与作业活动相关的检验与试验过程、搬运、贮存等防护过程等），输出为产品。又如：在对输入的控制中，人员必须是经培训合格的人员；材料是经检验员检验合格的产品；方法为经批准的适宜的工艺和作业文件；测量系统是经 MSA 分析为合格的等。

活动就是通过人员、设备、方法等的作用，对原材料进行作业的过程。例如：培训活动、生产/加工/制造作业活动、检验活动等。当上述活动得到了控制，我们认为过程是有效的。

ISO/TS 16949 的本意是把所有与产品符合性有关的活动视为过程，控制每个过程的输入、输出、活动，从而使过程有效且有效率。

系统地识别和管理组织所采用的过程，特别是这些过程之间的相互作用，称之为“过程方法”（ISO/TS 16949 定义为：组织内诸过程的系统的应用，连同这些过程的识别和相互作用及其管理，可称之为“过程方法”，见第三章）。也就是：用系统的方法去识别所使用的过程，用系统的方法去管理所使用的过程，特别是这些过程之间的相互关系和相互作用。从而实现组织的目标，达成顾客满意。

实施本原则要开展的活动：

——识别满足顾客要求和达成目标公司所应用的过程；

——识别并测量各过程的输入、输出和活动，确保各过程有效；

——安排好过程之间的“接口”，关注各过程之间的因果关系，以及内部过程与顾客、供方和其他受益者的过程之间可能存在的相互冲突；

——明确地规定对过程进行管理的职责、权限和义务。

实施本原则带来的效应：

——对于方针和目标的制定。整个组织利用确定的过程，能够增强结果的可预见性、更好地使用资源、缩短循环时间、降低成本。

——对于目标的设定。了解过程能力有助于确定更具有挑战性的过程目标。

——对于运作管理。采用过程的方法,能够以降低成本、避免失误、控制偏差,增强对输出的可预见性。

——对于人力资源管理。可降低在人力资源管理(如人员的使用、教育与培训等)过程的成本,能够把这些过程与组织的需要相结合,并造就一支有能力的员工队伍。

——可以理顺过程顺序,抓住过程的关键活动,以得到期望的结果。

——能有效利用资源,降低成本,缩短周期。

以过程为基础的质量管理体系模式如图 2-1 所示。

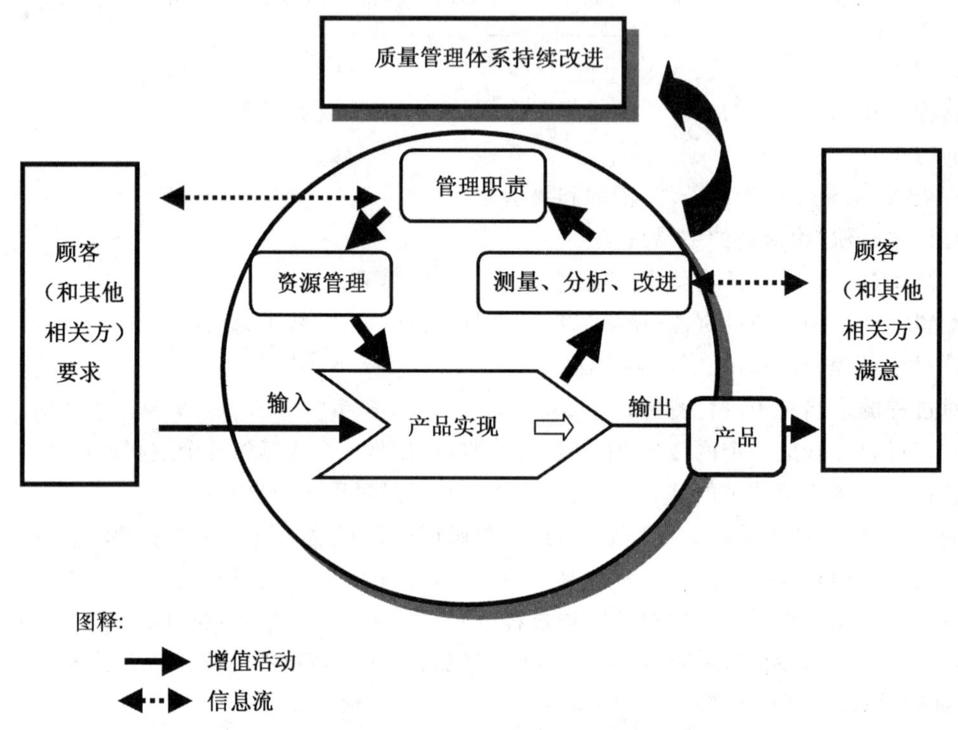

图 2-1 以过程为基础的质量管理体系模式

图 2-1 表明:在向组织提供输入方面,相关方起重要作用。监视相关方满意程度需要评价有关相关方感受的信息,这种信息可以表明其需求和期望已得到满足的程度(图 2-1 中的模式没有表明更详细的过程,具体见第三章过程方法的理解和应用)。

> 原则五:管理的系统方法
>
> 将相互关联的过程作为系统加以识别、理解和管理,有助于组织提高实现目标的有效性和效率。

理解要点:

通过识别或展开影响既定目标的过程来定义体系,理解体系的各个过程之间的内在关联性。

针对某设定的方针目标,确定这一方针目标的关键活动,识别由这些活动构成的过程,分析这些过程之间的相互作用和相互影响;按某种方式或规律,将这些过程有机组合成一个系统并管理这个系统,使之有效运行。称之为"管理的系统方法"。

实施本原则要开展的活动:

——确定顾客和其他相关方的需求和期望;

——建立组织的质量方针和质量目标；

——确定实现质量目标必需的过程和职责；

——确定和提供实现质量目标所需的资源；

——确定和应用监视和测量每个过程的方法；

——应用这些方法确定每个过程的有效性和效率；

——确定防止不合格并消除产生不合格原因的措施；

——寻找提高过程有效性和效率的机会；

——确定并优先考虑那些能提供最佳结果的改进；

——为实施已确定的改进，对过程、资源进行策划；

——实施改进计划；

——监视改进效果；

——对照预期目标，评价实际结果；

——评审改进活动，以确定适宜的跟踪措施。

组织将要采取的主要措施：

——建立一个体系，并以最有效的方法实现组织目标；

——了解系统的过程之间的相互关系；

——确定体系内特定活动的目标，以及这些特定活动应当如何运作；

——通过测量和评估，持续改进体系。

小结：

过程方法管理的是一组活动，系统方法管理的是一组过程；过程方法旨在提高效率，达到过程目标，系统方法旨在达到组织目标。

实施本原则带来的效应：

——对于方针和目标，组织制定出与组织的作用和过程的输入相关联的全面的和具有挑战性的目标；

——对于目标的设定，组织将各个过程的目标与组织的总目标相关联；

——对于运作管理，组织对过程的有效性进行广泛的评审，可了解问题产生的原因并适时地进行改进；

——对于人力资源管理，组织将加深对实现共同目标方面所起作用和职责的理解，能够减少相互交叉职能间的障碍，改进团队工作；

——将过程形成网络加以控制，加强管理的系统性，使所有过程协调，“接口”得到控制，减少和防止不一致，提高系统的有效性和效率。

原则六：持续改进

持续改进总体业绩应当是组织的一个永恒目标。

理解要点：

变化是绝对的，静止是相对的，原地踏步意味着落后，因此组织必须不断地改进，以适应顾客现在的和未来的需求及市场的变化。持续改进质量管理体系的目的在于增强顾客和其他相关方满意。

——改进的对象是产品、过程和体系；

——改进是积极寻找机会，是渐进的，是一步步反复进行的(有改进机会不改进就是不合格)；

——改进是为改善产品特征和特性和/或提高用于生产和交付产品的过程的有效性和效率所开展的活动;

——纠正措施和预防措施是持续改进的重要组成部分;

——持续改进的特点:

- 是面向顾客,提供更高使用价值的产品和使顾客更加满意;
- 是通过对过程的改进来实现的;
- 没有改进的质量管理体系,只能是维持质量。

实施本原则要开展的活动:

——分析和评价现状,确定改进项目;

——确定改进目标;

——通过数据分析,找出关键原因;

——研究、评价、确定改进方案;

——实施改进方案;

——测量、验证、分析和证实并确认改进后的效果;

——将经证实的有关措施,纳入相关文件;

——选择新的改进项目,开始新的 PDCA 循环。

实施本原则带来的效应:

——对于方针和战略的制定,组织通过对经营战略的持续改进的策划,制定并实现更具竞争力的经营计划;

——对于目标的设定,组织设定实际的和具有挑战性的改进目标,并提供资源加以实现;

——对于运作管理,组织对过程的持续改进推动组织员工的参与;

——对于人力资源管理,组织向全体员工提供工具、机会和激励,以改进产品、过程和体系;

——可以增强自我改进能力(提高实现产品符合性的能力、过程能力和体系的能力);

——使体系不断适应内外环境变化并成为组织发展的动力。

原则七:基于事实的决策方法 有效决策是建立在数据和信息分析的基础上。

理解要点:

决策不能脱离实际,最有说服力的实际便是体系运行过程产生的数据与信息,因此有效的决策应建立在收集并分析数据和信息的基础上,确保决策的正确性。

——事实:客观存在的数据和信息;

——决策方法:依据正确的数据和信息,进行逻辑推理和分析或依据信息作出直觉判断。

实施本原则要开展的活动:

——管理者要进行决策:

- 根据市场变化调整营销方针、产品结构、生产安排;
- 通过管理评审作出改进质量管理体系的决定和资源的配置;
- 为进行过程的持续改进,寻找改进机会,确定改进项目;
- 为提高竞争能力,需要作出改进的决定;
- 为进一步提高顾客信任,需要解决顾客不满意的问题。

——怎样进行决策？

- 组织应收集来自各方面的数据和信息，并确保真实、准确；
- 对数据和信息进行合乎逻辑的、客观的分析，并将分析结果用于决策；
- 应确定用于分析的统计方法（统计技术的应用）。

——什么地方需要统计技术？

统计技术是质量管理体系的基础之一。只要存在动态，就有差异，有差异就会有变异，有变异的地方就有统计技术。

实施本原则带来的效应：

——对于方针和战略的制定，组织根据数据和信息所策划的方针更加实际和确切；

——对于目标的设定，组织利用数据和信息，能制定出比较客观，但又切合实际和更具有挑战性的目标；

——对于运作管理，通过对过程和体系业绩的数据和信息的利用，可导致改进和防止问题的再发生；

——对于人力资源管理，组织从员工监督、建议等数据和信息的收集与分析中，为人力资源远景规划的制定提供素材；

——使以数据和信息为依据的决策更科学。

原则八：与供方的互利关系

组织与供方是相互依存的，互利的关系可增强双方创造价值的能力。

理解要点：

——通过互利的供方关系，增强组织和供方创造价值的能力；

——组织与供方是利益的共同体，只有供方持续按质按量向组织提供满足要求的原辅料或零部件，才能确保组织生产活动的正常进行；

——组织与供方的通力合作与改进，能优化成本，从而让利于客户，提高顾客满意度。

实施本原则要开展的活动：

——邀请供方参与对组织质量目标的制定；

——通过交流，共同理解顾客的需求；

——确认供方的过程能力，认可供方的改进和成效；

——对供方产品实现过程进行必要的监视；

——对供方进行必要的培训；

——鼓励供方实施持续改进，参与共同开发和改进产品和过程，提高整体业绩；

——要与供方在合适的层次上建立联络渠道；

——识别并选择主要的供方。

实施本原则带来的效应：

——对于方针和战略的制定，通过发展与供方的战略联盟和合作伙伴关系，获得竞争优势；

——对于目标的设定，通过供方早期的参与，可设定更具挑战性的目标；

——对于运作管理，以确保供方能提供满足要求的产品；

——对于人力资源管理，通过对供方的培训和共同改进，增强供方能力；

——增强双方创造价值的能力；

——优化成本与资源。

第二节 八项质量管理原则之间的相互关系

八项质量管理原则中每一项原则,既是一项独立的理念与活动,又具有互为依托和互补的系统关系,一旦得到有效的整合与运用,将会对组织质量管理体系的整体效应,产生巨大的能量。

(1)“以顾客为关注焦点”的原则,为组织的质量管理体系和其他八项质量管理原则确立了总目标;

(2)“管理的系统方法”为“以顾客为关注焦点”的质量管理体系的建立与改进确立了系统的方法;

(3)“过程方法”为“管理的系统方法”奠定了基础,“过程方法”旨在高效达到过程质量目标,“管理的系统方法”旨在达到组织目标;

(4)“全员参与”为“过程方法”、“管理的系统方法”、“持续改进”和“以顾客为关注焦点”的体现,提供与创造了资源条件;

(5)“持续改进”为“过程方法”、“管理的系统方法”和“以顾客为关注焦点”的完善,提供了支持;

(6)“基于事实的决策方法”为“领导作用”、“过程方法”、“管理的系统方法 ”、“持续改进”提供了管理与决策思路;

(7)“与供方互利的关系”为“以顾客为关注焦点”的原则提供了资源保证;

(8)“领导作用”是其他七项质量管理原则在组织内得以运用的首要条件。

第三节 八项质量管理原则在 ISO/TS 16949 标准条款中的体现

作为质量管理理论基础的八项质量管理原则,始终贯穿于 ISO/TS 16949:2009 之中,为此,我们把与每一个原则相关的标准条款分别一一对应,以帮助读者进一步理解标准,见表 2-1。

表 2-1 八项质量管理原则在 ISO/TS 16949 中的体现

序号	八项质量管理原则	ISO/TS 16949:2009 标准条款
1	以顾客为关注焦点	1.1 总则;5.1 管理承诺;5.2 以顾客为关注焦点; 5.3 质量方针;5.4.1 质量目标;5.5.2.1 顾客代表; 6.2.2.2 培训;7.1 产品实现的策划;7.1.3 保密; 7.1.4 更改控制;7.2 与顾客有关的过程; 7.2.1 与产品有关的要求的确定; 7.2.1.1 顾客指定的特殊特性;7.2.3 顾客沟通; 7.3 设计和开发;7.3.2 设计和开发输入; 7.5 生产和服务提供;7.5.4 顾客财产; 7.5.4.1 顾客所有的生产工装;7.6.3.2 外部实验室; 8.2.1 顾客满意;8.3.3 顾客通知;8.3.4 顾客特许; 8.4 数据分析;8.5 改进
2	领导作用	5.1 管理承诺;5.3 质量方针;5.4 策划; 5.4.1 质量目标;5.5 职责、权限与沟通; 5.5.1 职责和权限;5.5.2 管理者代表; 5.6 管理评审;6.1 资源的提供; 6.2.2 能力、意识和培训等

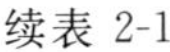

续表 2-1

序号	八项质量管理原则	ISO/TS 16949:2009 标准条款
3	全员参与	5.5.1 职责和权限；5.5.3 内部沟通；6.2 人力资源； 6.2.1 总则；6.2.2 能力、意识和培训； 6.2.2.4 员工激励与授权；6.4 工作环境； 8.2.2 内部审核等
4	过程方法	0.2 过程方法；4 质量管理体系；4.1 总要求； 5 管理职责；6 资源管理；7 产品实现； 7.1 产品实现的策划；7.3 设计和开发； 7.5 生产和服务提供；7.5.1 生产和服务提供的控制； 7.5.2 生产和服务提供过程的确认； 7.5.3 标识和可追溯性；7.5.4 顾客财产； 7.5.5 产品防护；8 测量、分析和改进； 8.2.3 过程的监视和测量；8.2.3.1 制造过程的监视和测量；8.2.4 产品的监视和测量等
5	管理的系统方法	0.1 总则；4.1 总要求；4.2 文件要求； 5.1.1 过程效率；5.4.2 质量管理体系策划； 6.3 基础设施；6.3.1 工厂、设施和设备策划； 7.1 产品实现的策划；7.3.1.1 多方论证方法； 7.5.5.1 贮存和库存；7.6.1 测量系统分析； 8.1.1 统计工具的确定；8.1.2 基础统计概念知识； 8.4.1 数据的分析和使用等
6	持续改进	4.1 总要求；5.1 管理承诺；5.3 质量方针； 5.4 策划；5.4.1 质量目标； 5.6 管理评审；5.6.1.1 质量管理体系业绩； 6.1 资源提供；6.2.2 能力、意识和培训； 7.1 产品实现的策划；7.3.1 设计和开发策划； 7.5 生产和服务提供；8.1 总则；8.2 监视和测量； 8.2.2 内部审核；8.4 数据分析；8.5 改进； 8.5.1 持续改进；8.5.2 纠正措施； 8.5.2.4 拒收产品的试验/分析；8.5.3 预防措施等
7	基于事实的决策方法	4.2.4 记录控制；5.3 质量方针； 5.4.2 质量管理体系策划；7.1 产品实现的策划； 7.2.3 顾客沟通；7.3.1 设计和开发策划； 7.5.1 生产和服务提供的控制； 7.5.2 生产和服务提供过程的确认； 7.5.3 标识和可追溯性；7.6 监视和测量装置的控制； 8.1 总则；8.2.2 内部审核；8.3 不合格品控制； 8.4 数据分析等
8	与供方的互利关系	7.3.6.3 产品批准过程；7.4 采购；7.4.1 采购过程； 7.4.1.2 供方质量管理体系的开发；7.4.2 采购信息； 7.4.3 采购产品的验证；7.4.3.2 对供方的监视； 8.3 不合格品控制；8.4 数据分析等

第三章 过程方法的理解和应用

在建立和实施 ISO/TS 16949:2009 质量管理体系时，“过程方法”一词被反复强调，当第三方认证机构对企业进行审核时，首先关注的也是企业是否能够理解并应用过程方法。但是审核员在审核过程中发现，能够理解并很好地应用的企业不多。本章希望通过案例和对过程方法的讲解，帮助读者理解过程方法，掌握识别过程、分析过程、测量和改进过程的流程与步骤，以及在应用中应注意的问题(包括顾客特殊要求的识别)，为组织在建立和实施 ISO/TS 16949:2009 质量管理体系过程提供帮助。

第一节 过程及过程方法简介

在建立和实施 ISO/TS 16949:2009 质量管理体系时，该怎样理解过程方法？怎样应用过程方法？这对还没有很好理解和应用“过程方法”的企业，会有很多的困惑。

首先要对什么是过程及过程方法有个初步的认知。

ISO/TS 16949:2009 对于质量管理体系过程方法的要求为：

ISO 9001:2008 质量管理体系 要求

0.2 过程方法

本标准鼓励在建立、实施质量管理体系以及改进其有效性时采用过程方法，通过满足顾客要求，增强顾客满意。

为使组织有效运作，必须识别和管理众多相互关联的活动。通过使用资源和管理，将输入转化为输出的活动可视为过程。通常，一个过程的输出直接形成下一个过程的输入。

组织内诸过程的系统的应用，连同这些过程的识别和相互作用及其管理，可称之为“过程方法”。

过程方法的优点是对诸过程的系统中单个过程之间的联系以及过程的组合和相互作用进行连续的控制。

过程方法在质量管理体系中应用时，强调以下方面的重要性：

a) 理解并满足要求；

b) 需要从增值的角度考虑过程；

c) 获得过程业绩和有效性的结果；

d) 基于客观的测量，持续改进过程。

一、什么是过程？

过程(Process)：是一组将输入转化为输出的相互关联或相互作用的活动。过程是向过程的顾客(内部的和外部的)提供产品或服务的增值活动链(见图 3-1)。

注 1：一个过程的输入通常是其他过程的输出。

注 2：组织为了增值通常对过程进行策划并使其在受控条件下运行。

注 3：过程的资源通常包括：人员、资金、设施、设备、原材料、技术、信息和方法。

注 4：过程有一个开始和结束，由过程内一系列活动组成。

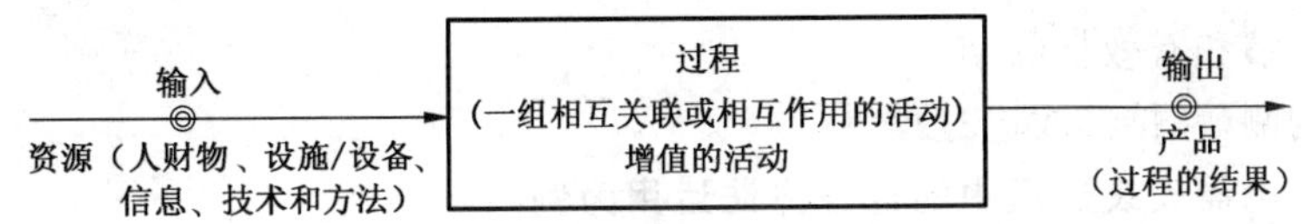

图 3-1　“过程”示意图

过程具有以下特征：

① 有输入、输出和活动；

② 配置与活动相适应的资源；

③ 对过程活动规定实施方法；

④ 对过程适当阶段进行测量(适用时)；

⑤ 过程可以组合成一个网络；

⑥ 过程是 QMS 的基础；

⑦ QMS 是通过对每个过程的管理来实现的；

⑧ 使用过程方法管理每一个过程可使过程优化。

在一个组织内，有哪些活动是将输入转化为输出的活动呢？

我们一定很容易理解将原材料转化为产品的活动，这是一个生产过程，通过设备、工装、工艺控制等过程实现生产过程的输出。

除了生产过程，还有很多将输入转化为输出的活动，如：产品的设计开发活动，是将顾客对产品的要求转化为实现产品的技术、工艺、材料/工装/设备的要求。

采购活动，是将产品对原材料或零部件的要求转化为合格的采购产品的过程。

管理评审活动，是将组织质量管理体系活动的结果转化为识别对产品、过程和资源改进和需求的过程。

从以上分析来看，输入和输出可以是有形的和/或无形的产品。对于每一个组织，会有很多将输入转化为输出的活动，那么如何对这些过程的活动进行管理呢？ISO/TS 16949：2009 提出了“过程方法”的概念。

二、过程方法

1. 什么是过程方法？

组织内诸过程的系统应用，连同这些过程的识别和相互作用及其管理，可称之为“过程方法”。

这是 ISO/TS 16949：2009 规范对过程方法的定义，为使组织有效运行，必须系统地识别和管理众多相互关联的过程，特别是这些过程之间的相互作用。问题是如何识别企业所应用的过程？如何搞清楚相互之间的关系和作用并对其进行管理呢？见本章第二节汽车行业的过程方法。

2. 过程方法的目的是什么？

在于获取持续改进的动态循环，使组织在产品、组织绩效和业绩、有效性和效率方面取得更大的收益。

3. 过程方法的优点是什么?

组织的最终目标是通过体系的有效实施来满足所有的利益相关方的利益,过程方法通过指标和目标的过程绩效管理能帮助组织实施其战略,通过优化价值创造来保障顾客和利益相关方的满意度,通过接口的识别,风险的分析,能够使接口处的任何风险最小化,使过程优化、增值,并建立持续改进的企业文化。

4. 过程方法在质量管理体系中应用时的着重点是:

(1) 理解并满足要求;

(2) 需要从增值的角度考虑过程;

(3) 获得过程业绩和有效性的结果;

(4) 基于客观的测量,持续改进过程。

5. 示例(以客车电器安装过程中的过程方法运用为例):

(1) 要弄清楚顾客要求及国家法律法规对客车电器安装的要求,在此基础上才能生产出满足顾客要求的产品。

(2) 从增值的角度来考虑确定顾客导向的过程,以及为确保顾客导向的过程实现增值所需要的支持过程和管理过程。如产品要求(顾客要求)评审,产品实现的策划,产品制造、交付等就是我们称之为增值的顾客导向的过程;文件管理,记录管理,人力资源管理,设备设施管理等就是为确保顾客导向的过程实现进行资源提供和风险管理的支持过程。

(3) 在各过程都有效确定并运行后,定期对这些过程业绩和有效性进行评估,以了解各过程是否能满足预期的过程输入要求。比如:产品制造过程是否能按期生产出满足顾客要求的产品;交付过程是否能准时安全地把产品交付到顾客要求的地点;人力资源过程是否能确保提供产品符合性(如开发和制造)所需要的合格的人员等。

(4) 在上述(3)提到的活动的基础上,组织把过程的实际绩效和目标指标进行对比,从而识别出需要和可以进一步持续改善的方面。

在这个例子中,运用过程方法的目的就是要充分地、系统地识别和管理好这些过程,使之达到预期的要求/顾客的要求,进而满足和不断提升顾客满意度。

第二节　汽车行业的过程方法及其应用

过程方法并不是汽车行业的专利,在 ISO 9001:2008 中就提出了过程方法的概念和要求,但是目前具体应用和实践的不多。在 ISO/TS 16949:2009 的应用指南中,IATF 给出了一个概念叫做“顾客导向的过程(Customer Oriented Process)”,简称 COP,这对过程方法的应用和实践给予了具体的指导,所以在汽车行业,过程方法得到了广泛的应用。

1. 汽车行业定义了顾客导向的过程(Customer Oriencted Process)、支持过程(Support Process)和管理过程(Management Process),见图 3-2。

(1) 顾客导向的过程(COP):这些过程直接作用于顾客,他们重点在于创造增值和获取顾客满意(需求来源于顾客,结果满足顾客要求)。

(2) 支持过程(SP):这些过程应为其他过程提供支持:

① 提供资源(支持 COP 有效实现);

② 进行风险控制(使 COP 过程风降险至最低)。

(3) 管理过程(MP):是对质量管理体系进行策划、测量和改进的过程,也是管理层的管理过程。这些过程通过策划,决定管理策略、目标及为达到目标所采取的改进措施计划,分析数据,以确保所有过程的持续改进。他们和其他所有过程相互联系。

过程的识别与确定并不是千篇一律、一成不变的。同样的过程,在不同的组织,有时可能定义为

COP,有时可能定义为SP。如采购过程,一般识别为支持过程,但在顾客对组织采购过程有特殊要求时,可以将采购过程确定为COP过程。例如一个做铸件机加工的企业,毛坯是采购的,产品的性能是在铸造过程中形成的,后续的加工不再提升产品的性能了,并且顾客进行二方审核时覆盖到供方的铸造过程,这时采购过程可以识别为COP过程;如果顾客对采购的产品无要求,只是对最终的产品有要求,那这个“采购过程”就可以定义为支持“制造过程”的SP。

在识别过程的时候需要先考虑如下的问题:

① 组织质量体系的范围是什么?

② 是否有产品设计职责?是否有条款的删减?

③ 我们的质量管理体系需要些什么过程?

④ 这些过程是否有外包?

⑤ 是否有外部支持场所?

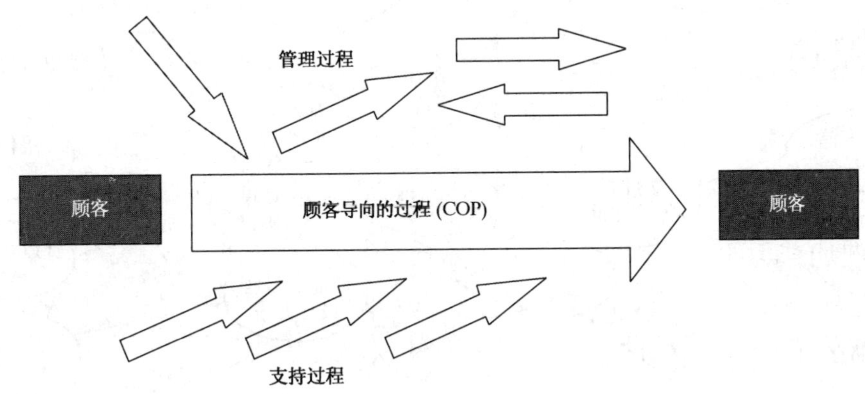

图3-2 汽车行业的过程方法示意图

2. 识别COP,让我们更加关注汽车行业不同组织不同顾客的相关过程,并将其作为体系过程的重点加以控制,充分体现了“以顾客为关注焦点”的质量管理原则。

下面列出了汽车行业十大常见COP(仅供参考):

(1) 市场分析;

(2) 投标;

(3) 合同/订单;

(4) 产品/过程设计;

(5) 产品/过程确认;

(6) 产品生产;

(7) 交付;

(8) 付款;

(9) 保修和服务;

(10) 售后和顾客反馈。

这些过程的输入是顾客要求,输出是顾客满意。每一个顾客导向过程,都可能有若干个相互关联的支持过程在发生作用。如此构成的ISO/TS 16949质量管理体系形如“章鱼”(即章鱼图),有许多触手一样的过程模式,每一对触手就是“顾客导向过程”的输入和输出。一个组织通过这些触手与顾客紧密联系,这就是IATF推荐的所谓的“单一/统一的过程方法”。

需要说明的是,并不是每个组织都必须确定这十大过程,过程的识别与确定还是应当基于组织的规模和活动的类型,不同的组织可能减少或增加,应依据组织的具体情况而定。

比如,在一个只有50人的以来料加工为主的组织中,可能“市场分析”、“投标”等过程活动几乎没有,而“过程设计”和“过程确认”过程也因为产品的简单可能合并成“过程开发”过程。而在一个 2 000 人的组织中,可能上述提到的每个 COP 都存在着。所以,AQA 不主张组织结构简单和业务流程简单的公司将过程划分的过细。过程识别时,应充分地考虑组织运作的效率和分工以及过程的接口,一定要根据组织的实际状况来进行,才能避免组织因过程识别过于繁琐而使质量管理体系成为组织运作的累赘。

3. 通过“章鱼图”(见图 3-3),可以帮助我们了解 COP 之间的相互关系以及过程之间的接口。

顾客导向过程的输入是顾客要求,输出是顾客满意,前一过程的输出形成下一个过程的输入,形如“章鱼”(即“章鱼图”),有许多触手一样的过程模式,每一对触手就是“顾客导向的过程”的输入和输出。组织通过这些触手与顾客紧密联系,这就是 IATF 推荐的所谓“单一/统一的过程方法”。

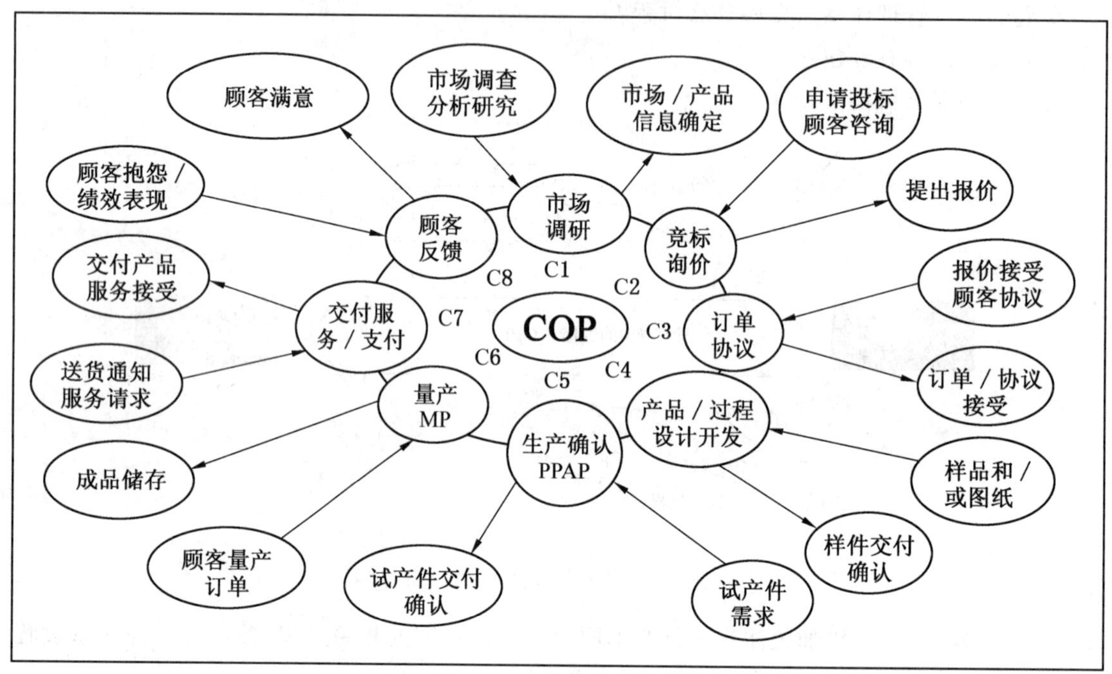

图 3-3　组织绩效分析的过程方法——“章鱼图”

根据下面的示例可以试着画出章鱼图。

示例:某超级市场“章鱼图”

史密斯先生正在休假,今天下雨,他决定用大部分时间去购物,现在他正在街上寻找一家超级市场。史密斯先生从指路牌上看到一家名叫“不可思议的好吃”的超级市场就在街道的拐角处,于是他决定去那里购物。到达超级市场后,史密斯先生找到一个室内车库,这样可以使他的车不被雨淋湿。然后史密斯先生开始寻找购物车,并在他的汽车附近找到了一辆。

史密斯先生进入超级市场后,开始寻找他妻子要求他采购的物品。他很容易就找到了它们,因为所有的商品都已经按类别进行了划分,并有指示标志导向。

现在史密斯先生准备付款并开始排队。因为不拥挤,所以他很快就付了款。在停车场指示牌的帮助下,他很快找到了自己的车。

他把所购买的物品放入车后备箱内,然后他把购物车交还了超级市场管理员。

图 3-4 为某超级市场“章鱼图”模式示意图。

对应某超级市场顾客导向的过程①、②、③、④、⑤、⑥,图中箭头从(I)指向①,表示①的输入;箭头从①指向(O),表示①的输出。

4. 顾客导向的过程确定后,再确定管理过程和支持过程,并表达出过程的顺序和相互作用(见图 3-5、图 3-6)。因此,无论是从体系建立的角度,还是从对体系、过程管理的角度,还是从审核的角度,组织或审核员在关注顾客导向的过程的同时，必须根据风险同时关注与顾客导向的过程相关的支持过程和管理过程，关注他们的“相互关系和相互作用”。正如标准所述：“过程方法的优点是对诸过程的系统中单个过程之间的联系以及过程的组合和相互作用进行连续的控制”，这或许就是“过程方法”的精辟之处。

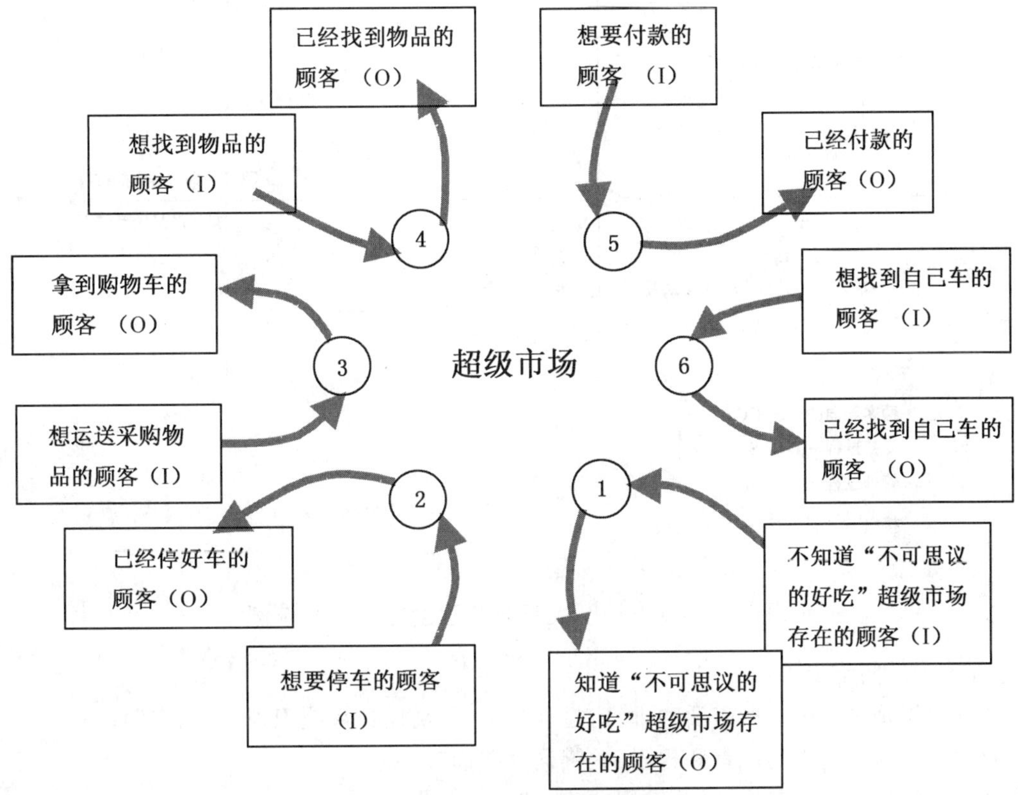

图 3-4 某超级市场“章鱼图”

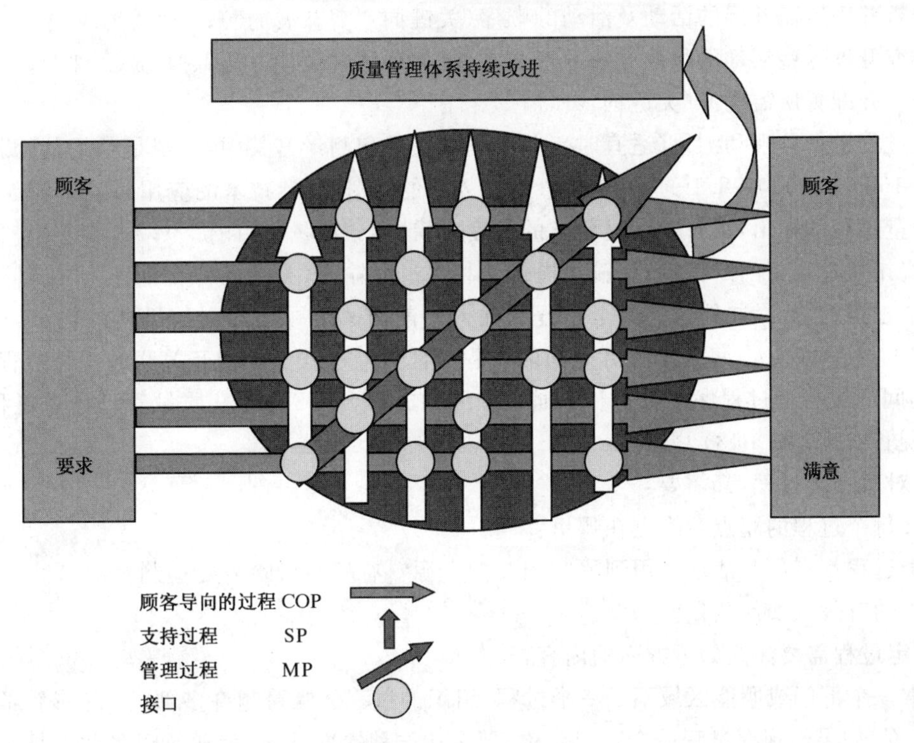

图 3-5 过程相互关系图

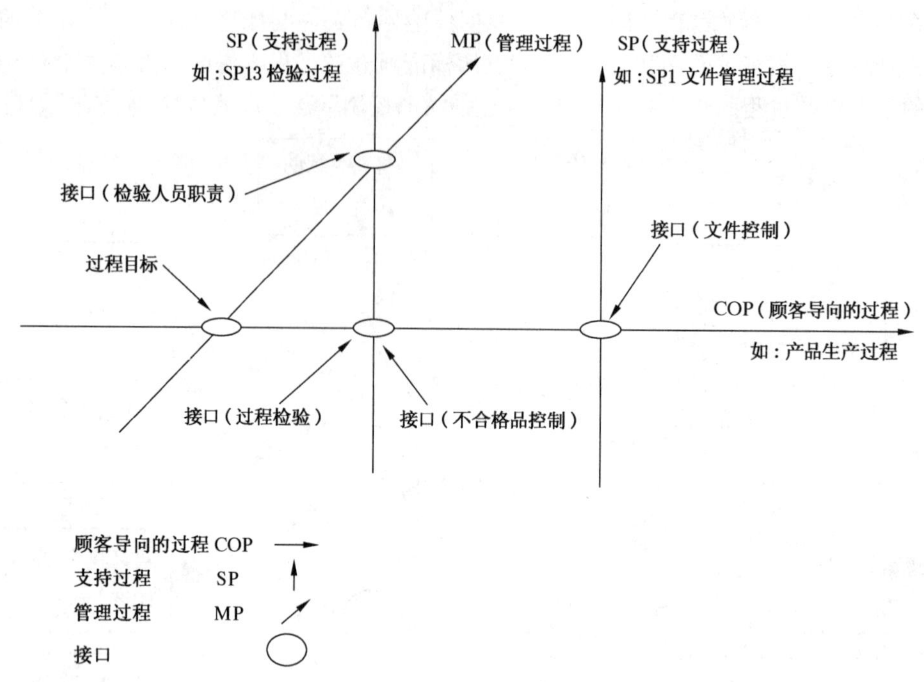

图 3-6　过程相互关系与管理途径(方法)示例

5. 过程方法的实施步骤:

(1) 系统地识别过程中的所有活动,确定过程目标(关键词:“系统识别”、“确定”);

(2) 明确管理这些过程的职责和权限(关键词:“明确”);

(3) 确定过程的输入及其内涵(关键词:“确定”);

(4) 确定过程的输出及其内涵(关键词:“确定”);

(5) 分析并确定需开展的活动及活动的顺序(关键词:“需开展的”);

(6) 研究开展这些活动的最佳方法并形成文件(关键词:“最佳方法”、“形成文件”);

(7) 确定并配置所需资源(关键词:“所需”);

(8) 对过程进行监视和测量(适宜时)(关键词:“监视和测量”,其中,监视是长期的,测量是临时的,按 ISO/TS 16949:2009 中 8.1 的要求,是事先策划好的,包括统计技术的应用);

(9) 测量过程的输出,评价其满足要求的程度(关键词:“测量”、“评价”);

(10) 安排好过程之间的接口,将输出提供给相关过程输入(关键词:“安排好”、“接口”)。

6. 一个过程的输出,往往是另一个过程的输入。前面一个顾客导向的过程的输出,可形成后面一个顾客导向的过程的输入,每一个顾客导向的过程中都可能有若干个相互关联的支持过程,相关的顾客导向的过程间通过管理过程保持联系和沟通。从而构成 ISO/TS 16949 质量管理体系过程的顺序和相互关系图(见图 3-12、图 3-13)。

(1) 针对每一个过程,都需要:

① 定义每个过程的起点和终点在哪里?

② 每个过程都有哪些活动?用到哪些相关的资源?有哪些风险需要控制?

③ 过程的有效性如何测量?

(2) 确定过程需要注意如下方面的内容:

① 通常一个部门或职能区域不是一个过程:组织的过程通常跨越许多部门,在一个部门里,可能有许多小的过程,如果给现存过程一个部门名称,那么在这种情况下,过程和部门名称就是一样的。

② 一个标准的条款不一定是一个过程:在过程中满足标准的要求,首先组织应先识别和确定它们

的过程，在过程的活动里去满足标准条款的要求。

③ 过程与程序的关系：过程的活动是通过程序（为进行某项活动或过程所规定的途径）来完成的，因此，任何一个程序可能满足一个过程，也可能满足一些过程或所有过程的要求。

④ 输入或输出不是过程：输入是顾客需求，输出是满足需求的结果，因此过程有一个开始和结果。过程是行动，是一系列增值的活动，这些活动是通过程序来完成的（见图 3-7）。

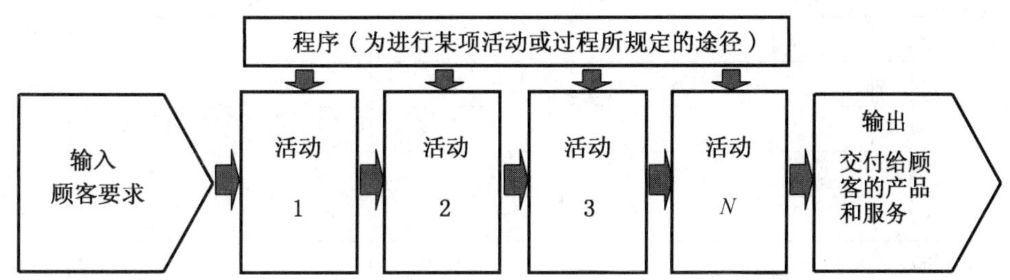

图 3-7 过程、活动和程序的关系图

(3) 确定好有哪些顾客导向的过程(COP)，然后再确定好有哪些支持过程(SP)，有哪些管理过程(MP)，可以列出一个组织的过程清单。

(4) 下面通过几个示例，介绍不同组织确定的过程与过程间的顺序和相互关系，但是过程的多少和复杂程度与组织的规模和产品的复杂程度有密切的关系，这有赖于组织具体情况的具体分析。

示例一：组织结构和过程关系复杂的 A 公司（生产发动机，有设计职能）

① 识别了 10 个 COP 过程、16 个 SP 过程、11 个 MP 过程，过程清单见表 3-1。

② 根据其过程清单，识别过程间的相互作用（见表 3-2）。

表 3-1 A 公司过程清单

编码	过 程 名 称	编码	过 程 名 称	编码	过 程 名 称
C1	市场分析/顾客要求	S1	文件管理	M1	经营策划
C2	投标	S2	记录控制	M2	管理评审
C3	订单/要求	S3	人力资源管理	M3	信息管理
C4	产品和过程设计	S4	采购管理	M4	FMEA 分析
C5	产品和过程验证/确认	S5	过程控制管理	M5	测量系统分析(MSA)
C6	产品生产	S6	控制计划管理	M6	体系内部审核
C7	产品交付	S7	设备管理	M7	过程审核
C8	支付	S8	工装管理	M8	产品审核
C9	担保/服务	S9	生产计划管理	M9	统计过程控制研究
C10	销售/顾客反馈	S10	标识和可追溯性管理	M10	数据分析
		S11	产品防护管理	M11	质量成本管理
		S12	监测和测量装置管理		
		S13	检验和试验		
		S14	不合格品管理		
		S15	持续改进管理		
		S16	纠正与预防措施控制		
注："C"表示公司顾客导向的过程，"S"表示公司支持过程，"M"表示公司管理过程。					

表 3-2 A 公司过程相互作用表

顾客导向的过程与支持过程及管理过程的相互关系和作用			顾客导向的过程(COP)									
			1	2	3	4	5	6	7	8	9	10
			C1	C2	C3	C4	C5	C6	C7	C8	C9	C10
支持过程(包括管理过程)	1	S1	×	×	×	×	×	×	×	×	×	×
	2	S2	×	×	×	×	×	×	×	×	×	×
	3	S3	×	×	×	×	×	×	×	×	×	×
	4	S4			×	×	×	×	×		×	×
	5	S5				×	×	×	×		×	×
	6	S6				×	×	×	×		×	×
	7	S7			×	×	×	×			×	×
	8	S8			×	×	×	×			×	×
	9	S9			×	×	×	×	×			
	10	S10				×	×	×	×		×	×
	11	S11			×	×	×	×			×	×
	12	S12				×	×	×	×		×	×
	13	S13				×	×	×				
	14	S14				×	×	×	×		×	×
	15	S15	×	×	×	×	×	×	×	×	×	×
	16	S16	×	×	×	×	×	×	×	×	×	×
	17	M1	×	×	×	×	×	×	×	×	×	×
	18	M2	×	×	×	×	×	×	×	×	×	×
	19	M3	×	×	×	×	×	×	×	×	×	×
	20	M4				×	×	×	×		×	×
	21	M5				×	×	×	×		×	×
	22	M6	×	×	×	×	×	×	×	×	×	×
	23	M7			×	×	×	×	×		×	×
	24	M8			×	×	×	×	×		×	×
	25	M9				×	×	×	×		×	×
	26	M10	×	×	×	×	×	×	×	×	×	×
	27	M11	×	×	×	×	×	×	×	×	×	×

注:×表示强相关。

③ A 公司过程间的相互顺序(见图 3-8)。

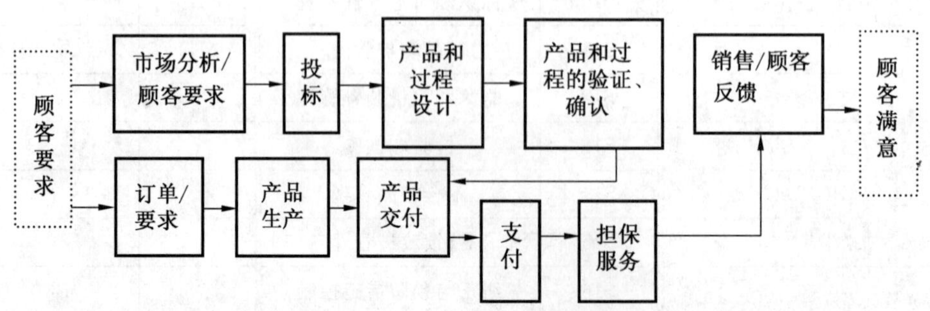

图 3-8 A 公司过程间的相互顺序图

示例二：组织结构和过程关系简单的B公司(生产注塑件,没有产品设计职能)

① 确定了5个COP过程、8个SP过程、4个MP过程,过程清单见表3-3。

表3-3　B公司过程清单

编　码	过程名称	编　码	过程名称
顾客导向的过程		支持过程	
C1	顾客要求评审	S1	文件管理
C2	产品质量先期策划	S2	人力资源管理
C3	产品生产	S3	采购管理
C4	产品交付	S4	设备/工装管理
C5	顾客反馈	S5	产品防护管理
		S6	监测和测量装置管理
		S7	产品/过程监测和测量
		S8	改进管理
		管理过程	
		M1	经营策划
备注		M2	管理评审
		M3	体系审核
		M4	数据分析和信息管理

② B公司根据其过程清单,识别过程间的相互作用见表3-4。

③ B公司过程图的相互顺序见图3-9。

表3-4　B公司过程间的相互作用表

顾客导向的过程与支持过程相互关系		顾客导向的过程(COP)				
		C1	C2	C3	C4	C5
支持过程(SP)	S1	×	×	×	×	×
	S2	×	×	×	×	×
	S3		×	×		
	S4		×	×		
	S5		×	×		
	S6		×	×		
	S7		×	×	×	×
	S8	×	×	×	×	×
管理过程(MP)	M1	×	×	×	×	×
	M2	×	×	×	×	×
	M3	×	×	×	×	×
	M4	×	×	×	×	×
注:"C"表示顾客导向的过程,"S"表示支持过程,"M"表示管理过程。						

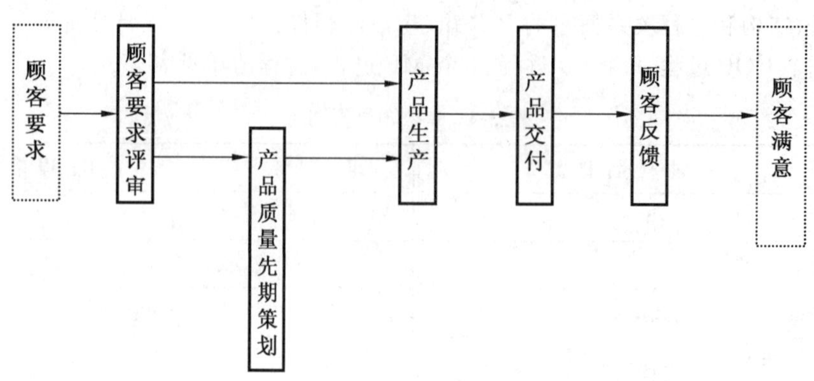

图 3-9 B 公司过程间的相互顺序图

另外,组织有哪些是外包过程?是否有活动或过程在支持场所?都需要在质量手册中表述清楚。

7. 运用“乌龟图”来分析过程,识别风险以管理过程。

(1) 用乌龟图(见图 3-10、图 3-11)描述过程的要素:输入、输出;过程的资源:人、机、料、方法和过程的测量要求;目标/指标。

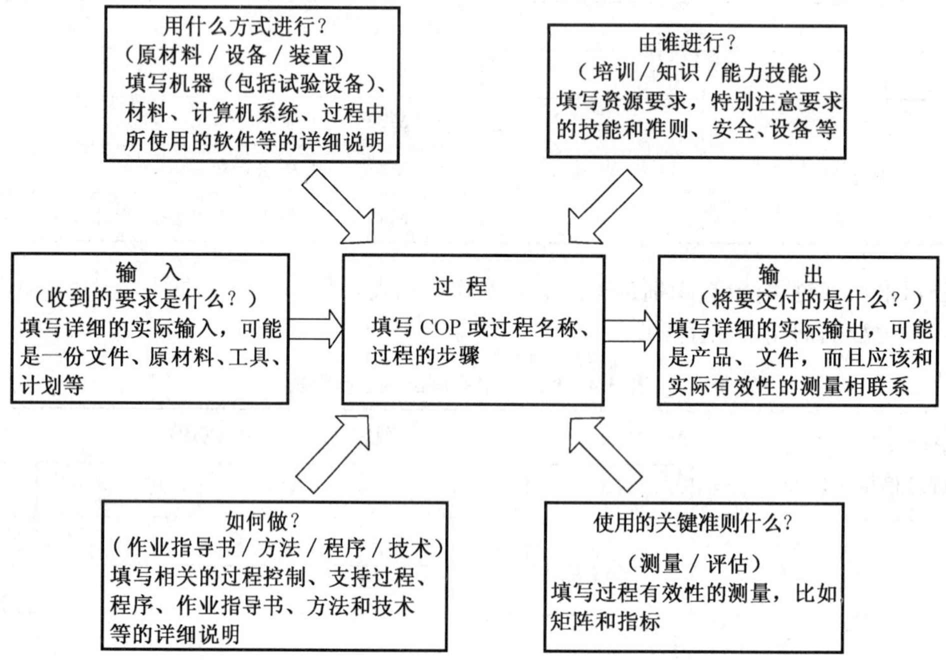

图 3-10 风险分析乌龟图

(2) 风险是指可能阻碍获取多要求的结果的,不想其发生的事件;识别所有可能阻碍过程达成期望结果的潜在事故。

“乌龟图”可以帮助对过程进行风险分析,但“乌龟图”的使用并不是强制性的。

8. 用过程标识卡(见表 3-5)描述过程:

(1) 在识别分析各类过程后,还需要构建过程的“标识卡”来描述单个的过程。过程的流程图可以将“乌龟图”运用于过程内的每一个活动。

(2) 对每一个活动都可以思考下列问题:

① 过程的输入是什么?过程的输出是什么?有什么增值?

② 每个过程的顾客是谁?

③ 定义的每个过程的起点和终点在哪里?

④ 这些顾客的要求是什么?

⑤ 过程的负责人是谁？

⑥ 每个过程都有哪些活动？

⑦ 需要哪些相关的资源（负责或参与每个活动的人员；必要的设备、物料；要遵守的要求或方法）？

⑧ 过程的有效性如何进行测量？

⑨ 这些过程中是否有外包过程？

⑩ 过程评审何时进行？

（3）过程标识卡举例：

过程标识卡让我们理解了过程受控的内涵，要让过程中的每一项活动得到控制，使过程活动和“乌龟图”能有机地结合。

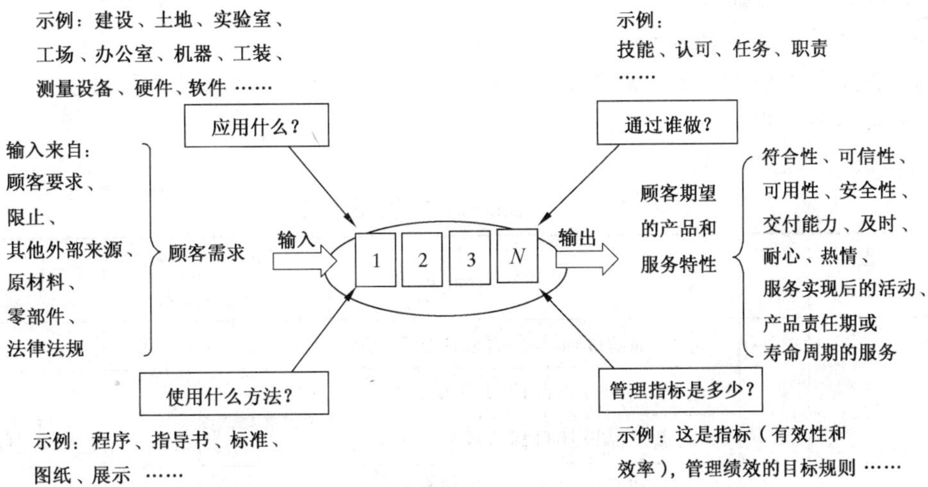

图 3-11 风险分析乌龟图示例

表 3-5 过程标识卡

<table>
<tr><td>标志</td><td>过程</td><td colspan="3">S1:供应商管理</td><td colspan="2">负责人:</td><td colspan="3">日期:</td></tr>
<tr><td>过程顾客</td><td>其他过程</td><td>过程输出</td><td colspan="3"></td><td>过程提供者</td><td colspan="3"></td></tr>
<tr><td colspan="2">测量顾客满意度</td><td colspan="5">测量内部绩效</td><td colspan="3">过程评审</td></tr>
<tr><td colspan="2">降低采购价格</td><td colspan="3">降低供应商数量
在规定的时间内解决发票</td><td colspan="5">每月:指标和措施
每年:整体评审</td></tr>
<tr><td colspan="3">过程概述</td><td colspan="4">过程分析</td><td colspan="3">风险分析</td></tr>
<tr><td>输入</td><td>活动</td><td>输出</td><td>实施者</td><td>设备</td><td>指标</td><td>说明</td><td>风险</td><td>控制和相互作用</td><td>措施</td></tr>
<tr><td>采购政策
采购要求
和数量</td><td rowspan="6">采购要求
↓
咨询供应商
↓
选择和评价
↓
订单管理
↓
绩效:质量和数量
↓
管理发票</td><td>接收要求</td><td>所有</td><td rowspan="6">电脑</td><td rowspan="6">QCD</td><td rowspan="4">程序</td><td rowspan="3">没有充分定义要求</td><td rowspan="2">项目管理</td><td rowspan="6">更新应急机会</td></tr>
<tr><td>采购日期</td><td>报价要求</td><td>采购员</td></tr>
<tr><td>报价</td><td>供应商选择</td><td>采购员</td><td>供应商评估</td></tr>
<tr><td></td><td>订购</td><td>采购员</td><td rowspan="3">财务风险及由顾客强加风险</td><td rowspan="3"></td></tr>
<tr><td>产品和服务交付(备注)</td><td>进货检验报告</td><td>检验员</td><td>控制计划</td></tr>
<tr><td>发票(供应商)</td><td>已付款供应商</td><td>财务人员</td><td>发票程序</td></tr>
</table>

9. 过程的管理:

(1) 顾客关注:

① 过程是交付产品(服务)或过程顾客(外部或内部)的一系列活动;

② 以指标进行管理,关注过程目标(有效性和效率);

③ 以顾客为关注焦点,要求来源于顾客,输出满足顾客要求。

(2) 组织制定过程指标/目标时应注意的问题:

过程指标/目标的制定,应符合"SMART"的原则,即:

——Specified:具体的;

——Measurable:可测量的;

——Attainable:可达到的;

——Real:符合客观、真实现状的;

——Time:具有时间性的内容要从两个方面入手,一是过程的有效性(顾客所关注的),二是过程的效率(最高管理者所关注的)。

(3) 过程绩效示例见表 3-6。

表 3-6 过程绩效指标/目标列表

过程类别	过程简称	过程名称	负责部门	绩效指标/目标	统计频率	统计结果	采取的措施和方法
顾客导向的过程(COP)	C4	产品和过程设计(产品实现—APQP、设计和开发)	技术部	1. 产品和过程设计/开发成功率:95%以上	半年		
				2. 产品和过程设计/开发计划达成率:100%	每月		
				3. 新产品设计目标达成率:100%			
				4. 新产品可靠性目标达成率:100%			
				5. 新产品质量目标达成率:100%			
				6. 产品和过程设计/开发成本控制目标:5 万元以下			
				7. 产品和过程设计/开发交付准时率:100%			
				8. 与顾客信息沟通及时率:100%			
				9. 新产品特殊特性之过程能力指标(P_{pk}/C_{pk}/C_{mk}/PPM)达成率:95%以上			
				10. 新产品之测量系统(MSA)分析指标达成率:95%以上			
备注	列举的过程绩效指标/目标和格式仅作为示例参考,不是每个组织的必须指标。						

(4) 发挥过程负责人的作用,确保过程活动受控。要求过程负责人:

① 激励过程参与人员;

② 确认目标和过程方向与顾客要求一致;

③ 确保资源可得;

④ 定义相关过程指标;

⑤ 识别和管理对顾客的风险;

⑥ 组织过程自评;

⑦ 改进措施计划;

⑧ 将资源作用于过程,成为过程运行的条件和获得有益的结果;

⑨ 过程负责人记录过程的绩效并沟通有效性和效率相关的信息。

(5) 定期评审过程，以达到过程的持续改进(见图 3-12)：定期进行的内部体系审核、过程审核、产品审核和管理评审等活动都是对过程的评审，过程评审也包括日常的过程负责人组织的自评。

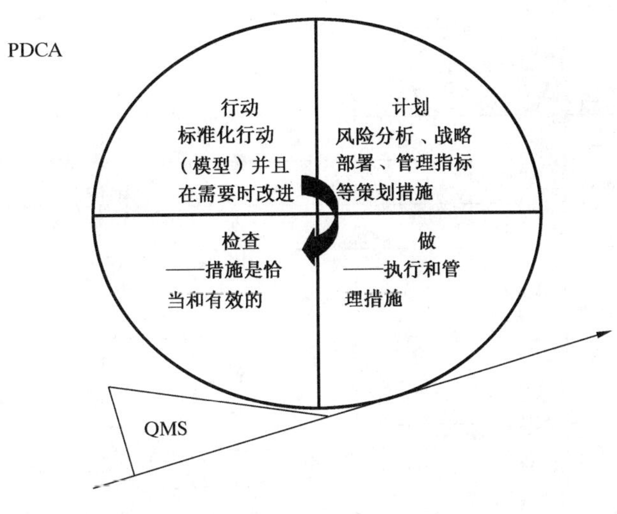

图 3-12　PDCA 循环

(6) 组织用过程方法建立了体系，通过过程将组织的质量体系联结成了一个有机的整体，ISO/TS 16949 条款融入过程，过程覆盖了 ISO/TS 16949 所有条款的要求和顾客的特殊要求(如果组织没有设计职责，关于产品设计的条款可以删减，删减条款除外)。

(7) 过程与 ISO/TS 16949 条款及顾客特殊要求的关系：

顾客特殊要求是指顾客要求与 ISO/TS 16949 比较，超出 ISO/TS 16949 范围的要求，广义指“顾客对组织质量管理方面的补充要求”。

顾客特殊要求在过程中实施，在过程活动中验证顾客特殊要求实施的有效性。顾客特殊要求有一个识别、确定、传递、实施和测量的过程，使相应的过程活动人员了解顾客特殊要求，在过程活动中去满足顾客的特殊要求。过程与标准条款矩阵表见表 3-7 和表 3-8。

10. 小结

每一个过程有自己的特征/特性，过程控制的对象/产品是不同的，但过程方法是相同的。

概括地说，无论是从体系建立的角度，还是从对体系、过程管理的角度，还是从审核的角度，组织或审核员在关注顾客导向的过程的同时，必须同时关注与顾客导向的过程相关的支持过程和管理过程，关注“相互关系和相互作用”。

(1) 外包过程要识别与确定清楚，组织是否有设计职责定义清楚。

(2) 识别的过程要与企业的规模和产品特点相适应，不能过多或过少。

(3) 过程的顺序应清晰，相互关系表达清楚。

(4) 过程之间的接口清楚，管理不能出现真空(建议建立很清晰的、相关过程的“接口”文件)。

(5) 输入和输出应完整，充分地关注顾客的要求和法律法规的要求。

(6) 充分地关注过程的风险。

(7) 指标要合理，应关注有效性和效率。

(8) 绩效指标应定义测量方法，不能引起歧义。

(9) 应按照策划的时间间隔对过程进行监视和测量，并定期评审。

(10) 对监视和测量的结果及时汇总，并识别改进的机会。

(11) 对分析的结果作为管理评审的输入，并从中识别质量管理体系改进的方向。

表 3-7 A公司过程与标准条款矩阵表

过程与标准条款矩阵表	A. 顾客导向的过程	C1：市场分析/顾客要求 过程所有者：营业部	C2：投标 过程所有者：营业部	C3：订单/要求 过程所有者：销售部	C4：产品和过程设计 过程所有者：开发部	C5：产品和过程验证/确认 过程所有者：技术部	C6：产品生产 过程所有者：生产部
顾客特殊要求		×			×		×
4.1总要求							
4.2文件要求							
4.2.3文件控制							
4.2.4记录控制							
5.1管理承诺							
5.2以顾客为关注焦点							
5.3质量方针							
5.4策划							
5.5职责、权限和沟通							
5.6管理评审							
6.1资源提供							
6.2人力资源							
6.2.2.2培训							
6.3基础设施					×		×
6.4工作环境					×		×
7.1产品实现的策划					×		
7.2与顾客有关的过程		×	×	×	×		
7.3设计和开发					×	×	
7.4采购							
7.4.3采购产品的验证							
7.5生产和服务的提供							×
7.5.1.1控制计划							×
7.5.1.2作业指导书							×
7.6监视和测量设备的控制							
8.1测量、分析和改进总则							
8.2.1顾客满意							
8.2.2内部审核							
8.2.3过程的监视和测量							
8.2.4产品的监视和测量							
8.3不合格品控制							
8.4数据分析							
8.5改进							
8.5.1持续改进							
8.5.2纠正措施							
8.5.3预防措施							

续表 3-7

过程与标准条款矩阵表	A. 顾客导向的过程	C7:产品交付 过程所有者:物流部	C8:支付 过程所有者:销售部	C9:担保/服务 过程所有者:销售部	C10:销售/顾客反馈 过程所有者:销售部	总经理活动	B. 支持过程	S1:文件管理 过程所有者:综合部、技术部、开发部
8.5.3预防措施						8.5.3		
8.5.2纠正措施						8.5.2		
8.5.1持续改进					×	8.5.1		
8.5改进						8.5		
8.4数据分析		×			×	8.4		
8.3不合格品控制						8.3		
8.2.4产品的监视和测量						8.2.4		
8.2.3过程的监视和测量						8.2.3		
8.2.2内部审核						8.2.2		
8.2.1顾客满意					×	8.2.1		
8.1测量、分析和改进总则						8.1		
7.6监视和测量设备的控制						7.6		
7.5.1.2作业指导书						7.5.1.2		
7.5.1.1控制计划						7.5.1.1		
7.5生产和服务的提供		×	×	×		7.5		
7.4.3采购产品的验证						7.4.3		
7.4采购						7.4		
7.3设计和开发						7.3		
7.2与顾客有关的过程						7.2		
7.1产品实现的策划						7.1		
6.4工作环境						6.4		
6.3基础设施						6.3		
6.2.2.2培训						6.2.2		
6.2人力资源						6.2		
6.1资源提供						6.1		
5.6管理评审						5.6		
5.5职责、权限和沟通						5.5		
5.4策划						5.4		
5.3质量方针						5.3		
5.2以顾客为关注焦点						5.2		
5.1管理承诺						5.1		
4.2.4记录控制						4.2.4		×
4.2.3文件控制						4.2.3		
4.2文件要求						4.2		
4.1总要求						4.1		
顾客特殊要求		×			×	顾客特殊要求		

续表 3-7

过程与标准条款矩阵表	B. 支持过程	S2:记录管理 过程所有者：综合部	S3:人力资源管理 过程所有者：人力资源部	S4:采购管理 过程所有者：供应部	S5:过程控制管理 过程所有者：生产部	S6:控制计划管理 过程所有者：技术部	S7:设备/工装管理 过程所有者：设备部	S8:工装管理 过程所有者：设备部	S9:生产计划管理 过程所有者：生产部
顾客特殊要求		×		×			×		
4.1总要求									
4.2文件要求									
4.2.3文件控制									
4.2.4记录控制									
5.1管理承诺									
5.2以顾客为关注焦点									
5.3质量方针									
5.4策划									
5.5职责、权限和沟通									
5.6管理评审									
6.1资源提供			×						
6.2人力资源			×						
6.2.2.2培训			×						
6.3基础设施							×		
6.4工作环境			×						
7.1产品实现的策划									
7.2与顾客有关的过程									
7.3设计和开发									
7.4采购				×					
7.4.3采购产品的验证									
7.5生产和服务的提供							×	×	×
7.5.1.1控制计划						×			
7.5.1.2作业指导书									
7.6监视和测量设备的控制									
8.1测量、分析和改进总则									
8.2.1顾客满意									
8.2.2内部审核									
8.2.3过程的监视和测量					×				
8.2.4产品的监视和测量									
8.3不合格品控制									
8.4数据分析									
8.5改进									
8.5.1持续改进									
8.5.2纠正措施									
8.5.3预防措施									

续表 3-7

过程与标准条款矩阵表	B. 支持过程	S10:标识和可追溯性管理 过程所有者：生产部	S11:产品防护管理 过程所有者：生产部/物流部	S12:监视和测量装置管理 过程所有者：质量部	S13:检验和试验 过程所有者：质量部	S14:不合格品管理 过程所有者：质量部	S15:持续改进管理 过程所有者：各部门	S16:纠正与预防措施控制 过程所有者：各部门
8.5.3预防措施								×
8.5.2纠正措施					×			×
8.5.1持续改进							×	
8.5改进							×	
8.4数据分析								
8.3不合格品控制			×			×		
8.2.4产品的监视和测量					×			
8.2.3过程的监视和测量								
8.2.2内部审核								
8.2.1顾客满意								
8.1测量、分析和改进总则								
7.6监视和测量设备的控制				×				
7.5.1.2作业指导书								
7.5.1.1控制计划								
7.5生产和服务的提供		×	×					
7.4.3采购产品的验证					×			
7.4采购								
7.3设计和开发								
7.2与顾客有关的过程								
7.1产品实现的策划								
6.4工作环境								
6.3基础设施								
6.2.2.2培训								
6.2人力资源								
6.1资源提供								
5.6管理评审								
5.5职责、权限和沟通								
5.4策划								
5.3质量方针								
5.2以顾客为关注焦点								
5.1管理承诺								
4.2.4记录控制								
4.2.3文件控制								
4.2文件要求								
4.1总要求								
顾客特殊要求			×		×			

表 3-8 B 公司过程与标准条款矩阵表

过程与标准条款矩阵表	A. 顾客导向的过程	C1:顾客要求评审 过程所有者: 供销部	C2:产品质量先期策划 过程所有者: 生技部	C3:产品生产 过程所有者: 生技部	C4:产品交付 过程所有者: 供销部	C5:顾客反馈 过程所有者: 质量部	B. 支持过程	S9:生产计划管理 过程所有者: 生产部
8.5.3预防措施								
8.5.2纠正措施						×		
8.5.1持续改进								
8.5改进						×		
8.4数据分析					×	×		
8.3不合格品控制								
8.2.4产品的监视和测量								
8.2.3过程的监视和测量								
8.2.2内部审核								
8.2.1顾客满意						×		
8.1测量、分析和改进总则								
7.6监视和测量设备的控制								
7.5.1.2作业指导书				×				
7.5.1.1控制计划			×	×				
7.5生产和服务的提供				×	×	×		×
7.4.3采购产品的验证								
7.4采购								
7.3设计和开发			×					
7.2与顾客有关的过程		×	×					
7.1产品实现的策划		×	×					
6.4工作环境			×	×				
6.3基础设施			×	×				
6.2.2.2培训								
6.2人力资源								
6.1资源提供								
5.6管理评审								
5.5职责、权限和沟通								
5.4策划								
5.3质量方针								
5.2以顾客为关注焦点								
5.1管理承诺								
4.2.4记录控制								
4.2.3文件控制								
4.2文件要求								
4.1总要求								
顾客特殊要求		×	×	×	×	×		

续表 3-8

过程与标准条款矩阵表	B. 支持过程	S10:标识和可追溯性管理 过程所有者：生产部	S12:监视和测量装置管理 过程所有者：质量部	S13:检验和试验 过程所有者：质量部	S14:不合格品管理 过程所有者：质量部	S15:持续改进管理 过程所有者：各部门	S16:纠正与预防措施控制 过程所有者：各部门
8.5.3预防措施							×
8.5.2纠正措施				×			×
8.5.1持续改进						×	
8.5改进						×	
8.4数据分析							
8.3不合格品控制					×		
8.2.4产品的监视和测量				×			
8.2.3过程的监视和测量							
8.2.2内部审核							
8.2.1顾客满意							
8.1测量、分析和改进总则							
7.6监视和测量设备的控制			×				
7.5.1.2作业指导书							
7.5.1.1控制计划							
7.5生产和服务的提供		×					
7.4.3采购产品的验证				×			
7.4采购							
7.3设计和开发							
7.2与顾客有关的过程							
7.1产品实现的策划							
6.4工作环境							
6.3基础设施							
6.2.2.2培训							
6.2人力资源							
6.1资源提供							
5.6管理评审							
5.5职责、权限和沟通							
5.4策划							
5.3质量方针							
5.2以顾客为关注焦点							
5.1管理承诺							
4.2.4记录控制							
4.2.3文件控制							
4.2文件要求							
4.1总要求							
顾客特殊要求				×			

续表 3-8

过程与标准条款矩阵表	C. 管理过程	M1:经营策划 过程所有者:高层管理者	M2:管理评审 过程所有者:高层管理者	M3:内部审核 过程所有者:质量部/生技部	M4:数据分析和信息管理 过程所有者:综合部门/财务部
顾客特殊要求					
4.1总要求			×		
4.2文件要求					
4.2.3文件控制					
4.2.4记录控制					
5.1管理承诺		×			
5.2以顾客为关注焦点		×			
5.3质量方针		×			
5.4策划			×		
5.5职责、权限和沟通			×		
5.6管理评审			×		×
6.1资源提供			×		
6.2人力资源					
6.2.2.2培训					
6.3基础设施			×		
6.4工作环境					
7.1产品实现的策划					
7.2与顾客有关的过程					
7.3设计和开发					
7.4采购					
7.4.3采购产品的验证					
7.5生产和服务的提供					
7.5.1.1控制计划					
7.5.1.2作业指导书					
7.6监视和测量设备的控制					
8.1测量、分析和改进总则			×		×
8.2.1顾客满意					
8.2.2内部审核				×	
8.2.3过程的监视和测量					
8.2.4产品的监视和测量					
8.3不合格品控制					
8.4数据分析		×			×
8.5改进					
8.5.1持续改进				×	
8.5.2纠正措施				×	
8.5.3预防措施					

11. **常见问题**

(1) 过程识别不完整

外包过程没有识别或顾客抱怨处理的过程没有识别(有的企业没有发生过顾客退货或抱怨,因此也没有确定顾客抱怨处理或有关的过程)。

(2) 过程过多

过程过多将直接导致控制过度,增加管理成本。

建议:按组织的规模及职责分配,平均每个部门主要负责 2~4 个过程为宜。

(3) 过程关系错误

上一个过程的输出不能形成下一个过程的输入。

建议:针对每个过程,建立“乌龟图”,确保每个过程的输入,输出都能形成“接口”关系。

(4) 过程未建立控制方法

过程一旦得到识别和确定,必须确定每一个过程的控制方法,对所有过程进行控制,否则会造成矩阵表(表 3-7、表 3-8)中某些要求的失控。

建议:做一张表 3-9 所示矩阵表,确保体系所有过程都有控制。

表 3-9 过程与文件矩阵表

控 制 依 据	过程 1	过程 2	过程 3	过程……
××1 文件	M		S	
××2 文件	S	M		
××3 文件			M	
××n 文件		S		
注:M 表示主相关;S 表示次相关。				

(5) 组织内部责任者不明确

没有责任者,往往是规定很好,却没有执行及监督,从而造成失控。

建议:做一张如表 3-10 所示矩阵表,确保体系所有过程都有责任者、监督者。

表 3-10 过程与职能矩阵表

	过程 1	过程 2	过程 3	过程……
××1 部门	M		S	
××2 部门	S	M		
××3 部门			M	
××n 部门		S		
注:M 表示主相关;S 表示次相关。				

(6) 组织依照顾客的图纸进行生产加工,组织没有产品设计,却将 7.3 条款全部删减。

ISO/TS 16949 的 1.2 明确规定,不允许删减制造过程设计,因此,针对设计责任,只允许删减 7.3 中与产品设计有关的条款,如 7.3.2.1、7.3.3.1。

(7) 文件资料管理和人力资源管理确定为管理过程

文件资料管理和人力资源管理应确定为支持过程,它们能对顾客导向的过程提供资源和风险控制。

12. **各过程间相互关系案例**

案例一:W 公司各过程之间的相互关系,通过“过程关联图”形式(见图 3-13)明确顾客导向的过程(COP)、支持过程(SP)、管理过程(MP)。

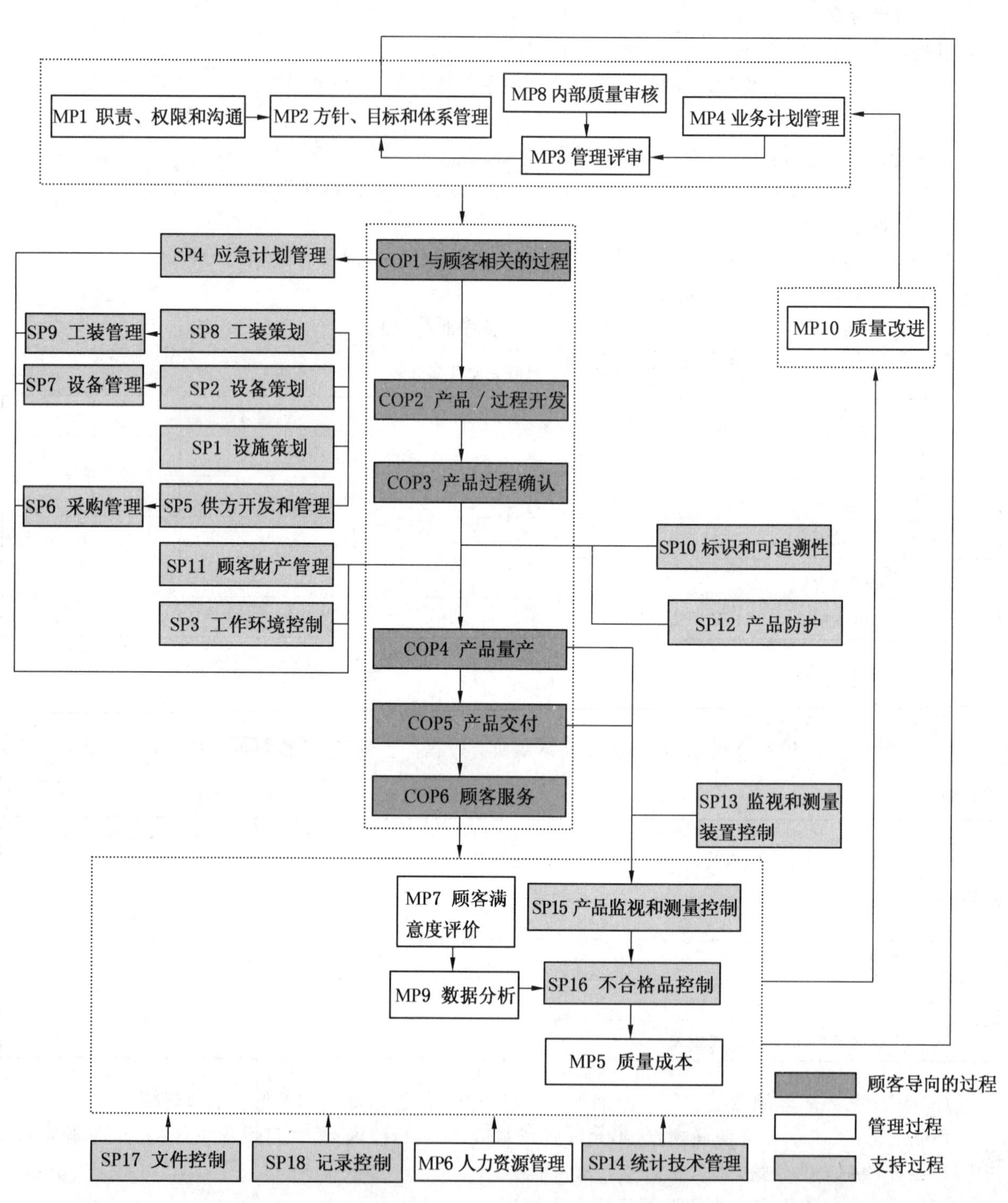

图 3-13 W 公司过程关联图

案例二：Y 公司各过程之间的"过程关联图"（见图 3-14），明确了顾客导向过程（COP）、支持过程（SP）、管理过程（MP）。

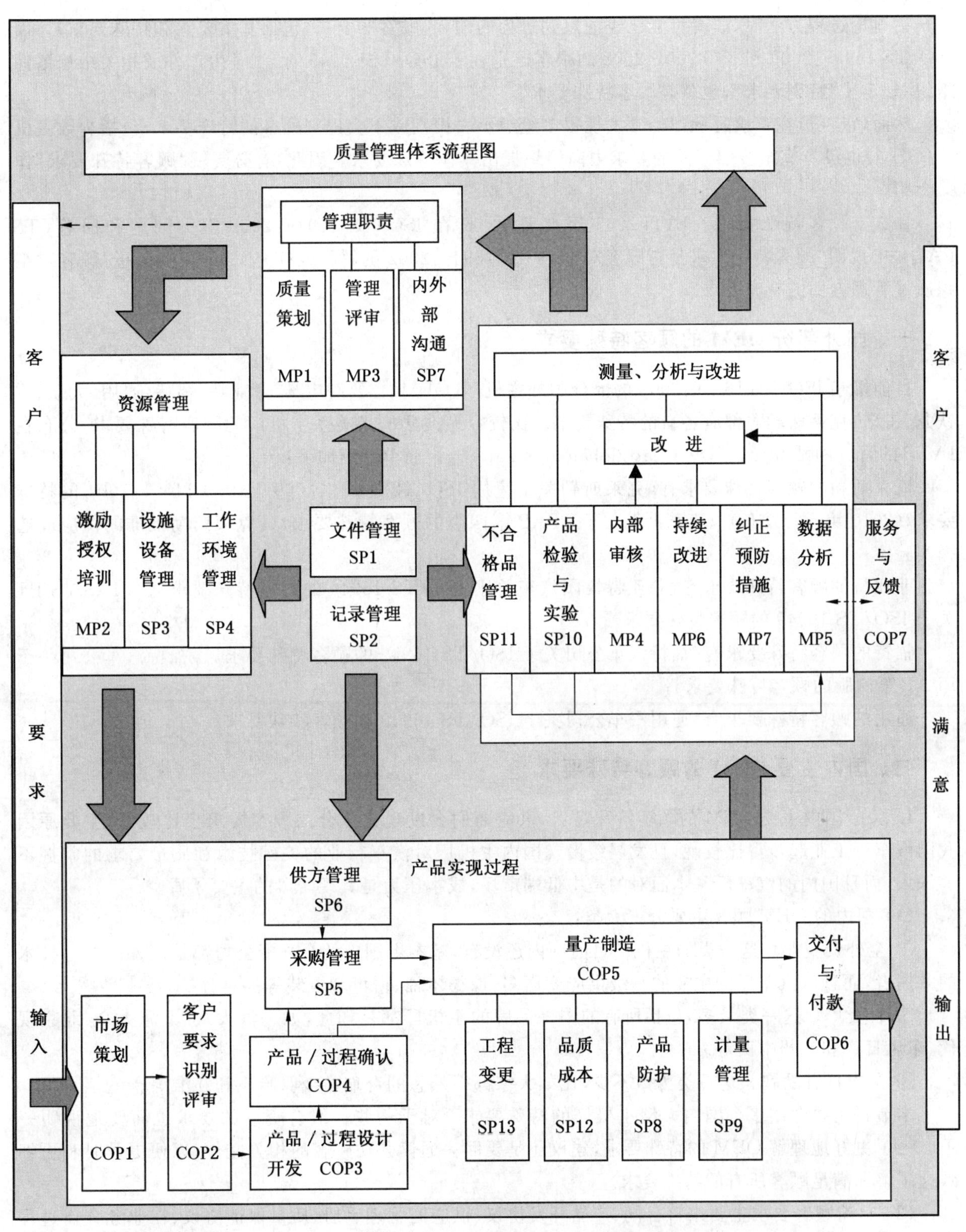

图 3-14 Y 公司过程关联图

第三节　顾客特殊要求简介

在讨论过程方法时,读者可能已经注意到过程的输入、顾客的要求(包括基本要求和特殊要求)。而ISO/TS 16949:2009 和 ISO 9001:2008 的根本区别在于 ISO/TS 16949 对"汽车生产件及相关维修零件组织"规定了"特别要求",也就是顾客特殊要求。

然而,审核员在审核过程即经常发现很多组织不去识别或不会识别顾客的特殊要求,包括少数主机厂(OEM)也没有完全按照产品的要求去向组织提出具体特殊要求。因此,有必要就"顾客特殊要求"作一介绍。

什么是顾客特殊要求?IATF2005 年 9 月 22 日在 ISO/TS 16949:2002 常见问题和回答(TS FAQs)中说明"顾客特殊要求是指顾客对 ISO/TS 16949:2002 的解释或补充"。现在广义指"顾客对组织质量管理方面的补充要求"。

一、国外部分 OEM 的顾客特殊要求

目前推崇 ISO/TS 16949:2002 的部分国外主机厂(OEM)主要有宝马、菲亚特、福特、通用、大众、雪铁龙、雷诺、克莱斯勒等都有各自的特殊要求。比较容易搜集的是美系主机厂的顾客特殊要求,公布在 IATF 的官方网站 http://www.iatfglobaloversight.org。简单介绍如下:

克莱斯勒的顾客特殊要求有《克莱斯勒关于应用 ISO/TS 16949:2009 及 ISO 14001:2004 的特殊要求》(2010 年 6 月发布)、《克莱斯勒关于 PPAP 第四版的顾客特殊要求》、《克莱斯勒批准的供应商选择实验室》;

菲亚特的顾客特殊要求有《菲亚特集团汽车关于 ISO/TS 16949 的顾客特殊要求》、《FIASA/FPT 关于 ISO/TS 16949 的顾客特殊要求》;

福特的顾客特殊要求有《福特汽车公司关于 ISO/TS 16949 的顾客特殊要求》、《福特汽车公司关于 PPAP 第四版的顾客特殊要求》;

通用的顾客特殊要求有《通用汽车公司关于 ISO/TS 16949 的顾客特殊要求》。

二、国内主要 OEM 的顾客特殊要求

1. 关于国内主要 OEM 的顾客特殊要求,供应商们会发现大部分的顾客要求会比较低,主要原因我国汽车行工业起步得比较晚,且发展缓慢。国内主机厂对汽车行业的关键技术和质量要求的掌握不够深入,而且国内的汽车厂基本面对的是中低端市场,成本压力是其现阶段的主要矛盾。

(1) 国内的 OEM 顾客主要分三大类:

① 全外资企业。这一类的主机厂目前国内还没有,基本上国内的全外资公司都是国外的核心技术的掌握者,而且以汽车厂的主要的一级供应商居多,像德尔福、博世和电装等。

② 合资厂。这一类最多,包括所有的国外品牌的主机厂都是如此,如一汽大众、上海大众、北京现代、东风日产和广州本田等。

③ 国内自有品牌。这一类为数不少,比如大家都很熟悉的奇瑞、吉利、哈飞和江淮等。

本节将主要介绍多个国内大型主机厂的特殊要求,对于一些一级合资厂的要求也简要地说明一下。为了更好地理解 OEM 的特殊要求,建议还是要回去通读公司顾客的相关文件,以便更及时和更细致地了解和满足顾客所有的特殊要求。

(2) 目前顾客要求主要来自合同、产品开发协议、供应商管理手册、质量保证协议、在业务合作过程中确定的要求等。这些可能通过组织内不同部门与顾客接口而获得。

(3) 在识别顾客特殊要求时一定要注意不同来源的顾客要求均能被有效识别。应该将组织内部识别顾客要求的职责落到实处。适用的顾客要求应该纳入体系运行的各个过程中。在实施过程中注意顾

客要求的更新和及时跟踪评审，新客户的要求要及时纳入体系，以确保体系运行过程能始终能够满足顾客要求。

2. 国内知名度最高和来中国最早的OEM，不得不提及大众(Volkswagen)，特别是一汽大众和上海大众是大家耳熟能详的品牌，旗下的捷达、桑塔纳、帕萨特和奥迪更是车型中的经典。大众对顾客的要求主要是三个方面：

(1) 体系要求：原先的VDA要求并没有公布何时废止，但是同时也认可ISO/TS 16949的要求，因此在体系上可以说是接受ISO/TS 16949认证的。但是在过程审核和产品审核时都必须遵守VDA6.3和VDA6.5标准的要求。而且在对特殊工序供应商，如热处理供方进行审核时，还必须采用相关的VDA标准。

(2) 供方要求：大众会针对供方进行潜在供方评审和正式供方评审，相关的要求基本上都是从VDA标准中收集的(Formel Q)，因此作为其供应商，对VDA标准的必须很熟悉，而且对其产品来说，VDE和DIN标准也是必不可少的。

(3) 合同要求：这一条就不再作说明了，合同不尽相同，只要按合同要求进行识别、评审、满足就可以了。

3. 美国车系，现阶段国内生产量最大的是通用(GM)，包括其在内的美国三大主机厂要求(还有福特Q1和克莱斯勒PSO)，要求基本上是大同小异的，其特殊要求被发布和更新在http://www.iatf-globaloversight.org中，因此收集其要求并不困难。其主要供应商如德尔福等又制定了供应商手册对供应商特殊要求进行详细的说明。特别需要说明的是，美国汽车行动工业集团(AIAG)针对热处理供方制定了《CQI-9：面向顾客特殊要求的热处理工艺控制和系统审核》，这个要求针对三大主机厂的一级供应商是强制的，而且从2006年8月1日开始实施。当然其国内的合资厂如上汽通用、长安福特和北京-克莱斯勒等，也均是采用其美国公司的特殊要求，不过在签订的年度合同上，会有所不同。

4. 日本主要的三大汽车厂(日产、丰田和本田)在国内的产能也非常大，但是其部件供应商很多为日资或合资的企业，这方面与韩国汽车很类似，说明他们非常重视对本国汽车产业链的保护，另一方面也提高了中国汽车供应商的门槛，很值得国内的汽车厂学习。

原来日本主机厂只要认可ISO 9000，但是他们目前已经能认同ISO/TS 16949，并将其作为供应商的必要条件。而且每个厂都还有一些特殊的体系之外的要求，如本田体系以QAV系列管理过程为主，丰田则着重推行其精益生产管理过程，而日产由于同雷诺汽车的联合，具体推行一套融合了日产与欧系雷诺汽车的联合汽车公司对供应商的体系管理要求——该要求最接近ISO/TS 16949的要求。现代集团包括北京现代和悦达起亚等，他们最主要的特殊要求在于产品开发系统基本上都是使用“PSO十阶段”的方式。

5. 国内的汽车厂数量众多，从卡车、轿车到特种车辆一应俱全，比如一汽、东风、奇瑞、吉利、江淮、哈飞等，但是就管理水平来说，还是与外资企业有一定的差距，但是随着全球经济一体化进程的加快，我国的汽车行业也在进一步的整合和提升，就目前所了解到的OEM要求中，以下信息可作为参考。

(1) 奇瑞(CHERY)的特殊要求

奇瑞作为这几年发展最快的汽车主机厂，其实力和速度是有目共睹的，目前其主要的特殊要求体现在《采购管理手册Ⅲ》和相关的技术、质量协议中，相对国内一些汽车制造商，在供方管理上确实有其独到之处。

(2) 江淮(JAC)的特殊要求

江淮老本行是做卡车，目前大家熟悉的瑞风车系是近几年和现代的合资的努力成果。江淮目前已经针对这两个市场进行了细分，并分别成立了乘用车和商用车两个事业部。但是许多特殊要求还是一致的，目前其供应商会收到一份供应商管理手册，并会同《JAC采购件质量保证协议》、《JAC售后保证协议》及其采购订单,作为它的特殊要求的必要组成部分。瑞风系列目前是中国车市最受欢迎的 MPV 之一,目前后续的首款中档轿车已经推出了“宾悦”系列,市场反应令人期待。

(3) 吉利(GEELY)的特殊要求

作为国内第一个私营汽车主机厂,吉利无疑是中国经济型轿车的先锋。其目前的生产基地有四个,分别为台州路桥、台州临海、宁波北仑和上海华普发动机,长沙总装厂已于 2007 年投入运营,其他几个基地也正在紧张的建设中,是目前中低档轿车国内比较知名的品牌,他们的特殊要求一般都集中在质量协议、技术协议、年度合同中。

(4) 比亚迪(BYD)的特殊要求

是目前国内转型最成功的汽车制造商之一,在电池行业如鱼得水的王传福转入汽车行业,也是创造了一个汽车行业的奇迹。中档轿车从 F3 到现在的 F6,他们的供应商管理体系也在逐步完善过程中,目前主要的特殊要求来源于供货质量协议、供货技术协议、开发技术协议和基本合同。

(5) 重庆力帆(LIFAN)的特殊要求

从摩托车到汽车,力帆集团走了一条横向一体化的路线,从逐步萎缩的摩托车市场转到了正在发展中的汽车行业。基本上其特殊要求都是体现在《汽车零部件和原材料采购通则》和相关的技术开发协议中。

(6) 哈飞的特殊要求

其东安发动机研发能力非常不错,为原兵器工业部的直属单位,通过对核心技术的掌握,哈飞从车型外观到核心技术,形成了相对完整的研发、生产和销售能力。其主要特殊要求体现在相关的质量协议和技术协议中,生产件以 ISIR 方式进行批准。

(7) 一汽解放(FAW)的特殊要求

中国最老牌的卡车制造商,世界范围内都享有很高的知名度,也是中国卡车行业的龙头。当然由于其独特的历史发展问题,就供应商管理体系来说,目前其特殊要求体现在质量保证协议和年度合同中。

(8) 长城(GREAT WALL)的特殊要求

长城是国内最大的皮卡制造商,这几年的在皮卡专业领域不断挖掘潜力,取得了不菲的成绩。其特殊要求体现在《长城汽车配套产品采购合同》、《长城汽车配套产品备件供应及委托服务协议》和技术协议中。

(9) 中国重汽(CNHTC)的特殊要求

中国重汽作为中国重型汽车的制造第一家,在这几年卡车行业大发展的形势上,业务上对内对外都有长足的进步,并与斯太尔和沃尔沃进行了重卡的合资生产,从特殊要求来说主要是集中在年度合同和技术协议。

(10) 宇通的特殊要求

郑州宇通集团有限公司是以资产为纽带组建的涵盖客车、工程机械、零部件、房地产等行业的大型综合企业集团。其成员企业有郑州宇通(上市公司)、兰州宇通、猛狮客车、宇通重工、科林空调、集团零部件厂以及绿都置业等企业。大、中型客车国内市场占有率超过 20%,企业综合实力居国内同行业首位。其质量管理主要是通过其特殊要求在年度合同和质量协议中体现。

(11) 金龙的特殊要求

金龙集团共有四个制造厂,其中业内称为大金龙和小金龙,所在地分别在福建厦门和江苏苏州,还有包括绍兴制造厂和南京金龙控股公司,其生产能力和产量均占中国客车行业的前列,其质量管理主要是通过其特殊要求在年度合同和质量协议中体现。金龙会针对每个供应商每月进行质量服务的评分。

(12) 福田(FOTON)的特殊要求

目前,北汽福田汽车股份有限公司旗下拥有欧曼、福田欧 V、欧马可、MP-X 蒙派克、福田风景、福田传奇、奥铃、时代汽车、萨普等九大业务品牌,在京、津、鲁、冀、湘、鄂、辽、粤、琼等 9 个省市区拥有整车和零部件事业部。其特殊要求相对各个品牌都有所区别，大致为《汽车零部件（原材料及辅料）采购合同》、《欧曼品牌服务供应商管理手册》以及相关的技术开发协议等。

(13) 五菱（Wulin）的特殊要求

柳州五菱汽车有限责任公司，主营业务为生产和销售汽车零部件、发动机和专用汽车。2002年，通过资产重组和深化改革，成立了上汽通用五菱汽车股份有限公司（SGMW），但是两者使用的顾客特殊要求是一致的，其特殊要求体现在《原材料购销合同》、质量保证协议、技术协议、寄销存协议等，其中SGMW还包括了通用的特殊要求，在新品开发到量产各方面都有所体现。而且每年会有针对供应商的年度评价，以表明对供应商产品质量、管理体系和服务的总体评估。

(14) 海马（Haima）的特殊要求

海马汽车，最让人感慨的就是几起几落的成长历程，公司从一个冲压件厂成长为国内知名的大型汽车集团，其经历完全可以写一本书。目前海马通过与马自达的多年的技术合作，形成了一套自主研发和制造之路。其供应商管理体系通过学习日本的管理经验，并形成了相对科学和严谨的管理系统，特别是其每月都有对供应商严格的评价制度，这一点无疑对所有的供应商都有鞭策作用，其特殊要求体现在《供应商管理手册》、采购合同、质量保证协议和技术协议中。

(15) 上汽集团南京汽车制造厂的特殊要求

该厂前身是南京汽车集团有限公司，曾是我国特大型汽车骨干生产企业之一，生产跃进、依维柯、菲亚特、MG名爵四大品牌系列400多个品种汽车。其技术要求主要体现在技术质量保证协议、年度合同中。

第四章

ISO/TS 16949:2009 标准理解

本章重点向读者提示了 ISO/TS 16949:2009 各章节的要点，通过要点的思考，可以加深读者对标准的理解和应用。这也是本教材与其他教材的明显区别之处。

同时，为方便读者阅读，本章将 ISO/TS 16949 的要求都放在方框内(按章节号)，其中，ISO 9001:2008 的内容用宋体字表示，汽车行业补充要求用楷体字表示。

第一节　范　　围

ISO/TS 16949:2009 适用于汽车供应链中的组织的顾客指定的生产件和/或服务件的设计开发、生产/制造现场；对现场起外部的支持性作用而构成现场审核的一部分；但不能单独获得本技术规范的认证。

ISO/TS 16949:2009 的应用：当组织不具有产品设计和开发职责时，只有本技术规范与 7.3 有关的部分是允许的删减。但不允许删减制造过程的设计。

第二节　引用标准

ISO/TS 16949:2009 引用 ISO 9000:2005《质量管理体系　基础和术语》。

关注 ISO/TS 16949:2009 和引用标准的修订。

第三节　术语和定义

3.1　汽车行业的术语和定义

本标准采用 ISO 9000:2005 和以下给出的术语和定义。

3.1.1　控制计划　control plan

对控制产品所要求的系统和过程的形成文件的描述。

3.1.2 **有设计责任的组织 design responsible organization**

有权建立新的产品规范，或对现有的产品规范进行更改的组织。

注：本责任包括在顾客规定的应用范围内对设计性能的试验和验证。

3.1.3 **防错 error proofing**

为防止不合格产品的制造而进行的产品和制造过程的设计和开发。

3.1.4 **实验室 laboratory**

可进行检验、试验或校准的设施，其范围包括但不限于化学、金相、尺寸、物理、电性能或可靠性试验。

3.1.5 **实验室范围 laboratory scope**

受控文件，包括：

——实验室有资格进行的特定试验、评价和校准；

——用以进行上述活动的设备清单；

——进行上述活动所用的方法和标准清单。

3.1.6 **制造 manufacturing**

以下制作或加工过程：

——生产材料；

——生产或服务件；

——装配；

——热处理、焊接、喷漆、电镀或其他表面服务。

3.1.7 **预见性维护** predictive maintenance

基于过程数据，通过预测可能的失效模式以避免维护性问题的活动。

3.1.8 **预防性维护 preventive maintenance**

为消除设备失效和生产的计划外中断的原因而策划的措施，作为制造过程设计的一项输出。

3.1.9 **附加运费 premium freight**

在合同约定的交付之外发生的附加成本或费用。

注：可因方法、数量、计划外或延迟交付等导致。

3.1.10 **外部场所 remote location**

支持现场且不存在生产过程的场所。

3.1.11 **现场 site**

发生增值的制造过程的场所。

3.1.12 **特殊特性 special characteristics**

可能影响产品的安全性或法规符合性、配合、功能、性能或其后续过程的产品特性或制造过程参数。

3.1 Terms and definitions for the automotive industry

For the purposes of this document, the terms and definitions given in ISO 9000:2005 and the following apply.

3.1.1

control plan

documented description of the systems and processes required for controlling product

NOTE See Annex A.

3.1.2

design responsible organization

organization with authority to establish a new, or change an existing, product specification

NOTE This responsibility includes testing and verification of design performance within the customer's specified application.

3.1.3
error proofing
product and manufacturing process design and development to prevent manufacture of non-conforming products
3.1.4
laboratory
facility for inspection, test or calibration that may include, but is not limited to, chemical, metallurgical,dimensional, physical, electrical or reliability testing
3.1.5
laboratory scope
controlled document containing
——specific tests, evaluations and calibrations that a laboratory is qualified to perform,
——a list of the equipment which it uses to perform the above,and
——a list of methods and standards to which it performs the above
3.1.6
manufacturing
process of making or fabricating
——production materials,
——production or service parts,
——assemblies, or
——heat treating, welding, painting, plating or other finishing services
3.1.7
predictive maintenance
activities based on process data aimed at the avoidance of maintenance problems by prediction of likely failure modes
3.1.8
preventive maintenance
planned action to eliminate causes of equipment failure and unscheduled interruptions to production, as an output of the manufacturing process design
3.1.9
premium freight
extra costs or charges incurred additional to contracted delivery
NOTE This can be caused by method, quantity, unscheduled or late deliveries, etc.
3.1.10
remote location
location that supports sites and at which non-production processes occur
3.1.11
site
location at which value-added manufacturing processes occur
3.1.12
special characteristic
product characteristic or manufacturing process parameter which can affect safety or compliance with regulations, fit, function, performance or subsequent processing of product

第四节 质量管理体系

ISO 9001:2008 质量管理体系 要求

4 质量管理体系

4.1 总要求

组织应按本标准的要求建立质量管理体系,将其形成文件,加以实施和保持,并持续改进其有效性。

组织应：

a) 确定质量管理体系所需的过程及其在整个组织中应用(见 1.2)；

b) 确定这些过程的顺序和相互作用；

c) 确定所需的准则和方法，以确保这些过程的运行和监视；

d) 确保可以获得必要的资源和信息，以支持这些过程的运行和对这些过程的监视；

e) 监视、测量(适用时)和分析这些过程；

f) 实施必要的措施，以实现所策划的结果和对这些过程的持续改进。

组织应按本标准的要求管理这些过程。

针对组织如果选择将产品符合要求的任何过程外包，应确保对这些过程的控制。对此类外包过程控制的类型和程度应在质量管理体系中加以规定。

注 1：上述质量管理体系所需的过程包括与管理活动、资源提供、产品实现以及测量、分析和改进有关的过程。

注 2："外包过程"是为了质量管理体系的需要，由组织选择，并由外部方实施的过程。

注 3：组织确保对外包过程的控制，并不免除其满足所有顾客要求和法律法规要求的责任。对外包过程控制的类型和程度可受诸如下列因素影响：

a) 外包过程对组织提供满足要求的产品的能力的潜在影响；

b) 对外包过程控制的分担程度；

c) 通过应用 7.4 实现所需控制的能力。

ISO 9001:2008, Quality management systems—Requirements

4 Quality management system

4.1 General requirements

The organization shall establish, document, implement and maintain a quality management system and continually improve its effectiveness in accordance with the requirements of this International Standard.

The organization shall

a) determine the processes needed for the quality management system and their application throughout the organization (see 1.2),

b) determine the sequence and interaction of these processes,

c) determine criteria and methods needed to ensure that both the operation and control of these processes are effective,

d) ensure the availability of resources and information necessary to support the operation and monitoring of these processes,

e) monitor, measure where applicable, and analyse these processes, and

f) implement actions necessary to achieve planned results and continual improvement of these processes.

These processes shall be managed by the organization in accordance with the requirements of this International Standard.

Where an organization chooses to outsource any process that affects product conformity to requirements, the organization shall ensure control over such processes. The type and extent of control to be applied to these outsourced processes shall be defined within the quality management system.

NOTE 1 Processes needed for the quality management system referred to above should include processes for management activities, provision of resources, product realization, measurement, analysis and improvement.

NOTE 2 An "outsourced process" is a process that the organization needs for its quality management system and which the organization chooses to have performed by an external party.

NOTE 3 Ensuring control over outsourced processes does not absolve the organization of the responsibility of conformity to all customer, statutory and regulatory requirements. The type and extent of control to be applied to the outsourced process can be influenced by factors such as

a) the potential impact of the outsourced process on the organization's capability to provide product that conforms to requirements,

b) the degree to which the control for the process is shared,

c) the capability of achieving the necessary control through the application of 7.4.

要点:

(1) 本条款是组织建立、实施、保持和持续改进质量管理体系的总体思路,要求系统地识别组织运作所需的过程、相互作用、提供控制方法获得必要资源和信息,进行测量监视,加以实施管理和持续改进。

(2) 从总体上看,组织的质量管理体系是否层次分明?过程顺序及相互关系是否清楚?有哪些控制方法和准则?获得的资源和信息是否符合质量控制的要求并进行测量分析和持续的改进?过程是否覆盖了ISO/TS 16949:2009的所有的条款?

(3) 4.1a)"质量管理体系所需过程",包括那些"与产品实现有关的过程"以及"与质量管理体系实施有关的过程"。

(4) 注3中a)、b)、c)的控制程度,将直接影响组织满足顾客和法律法规要求的责任,而且明确条款7.4在外包过程中的应用。

4.1.1 总要求——补充

确保对外包加工的控制不应免除组织对符合所有顾客要求的责任。

注:见7.4.1和7.4.1.3。

4.1.1 General requirements—Supplemental

Ensuring control over outsourced processes shall not absolve the organization of the responsibility of conformity to all customer requirements.

NOTE See also 7.4.1 and 7.4.1.3.

要点:

(1) 当组织实施外包加工时,如果交付的产品质量不能满足顾客要求,组织是有责任的。因此,如果有外包过程应对其进行管理和控制。

(2) 外包过程一般应在《质量手册》里加以识别。标准7.4.1和7.4.1.3条款也有相似的要求,并且7.4条款的要求适用于提供技术和服务外包过程的供应商。

ISO 9001:2008 质量管理体系 要求

4.2 文件要求

4.2.1 总则

质量管理体系文件应包括：

a）形成文件的质量方针和质量目标；

b）质量手册；

c）本标准所要求的形成文件的程序和记录；

d）组织确定的为确保其过程有效策划、运行和控制所需的文件和记录；

注1：本标准出现“形成文件的程序”之处，即要求建立该程序，形成文件，并加以实施和保持。

一个文件可包括一个或多个程序的要求。一个形成文件的程序的要求可以被包含在多个文件中。

注2：不同组织的质量管理体系文件的多少与详略程度可以不同，取决于：

a）组织的规模和活动的类型；

b）过程及其相互作用的复杂程度；

c）人员的能力。

注3：文件可采用任何形式或类型的媒体。

ISO 9001:2008，Quality management systems—Requirements

4.2 Documentation requirements

4.2.1 General

The quality management system documentation shall include

a) documented statements of a quality policy and quality objectives,

b) a quality manual,

c) documented procedures and records required by this International Standard, and

d) documents, including records, determined by the organization to be necessary to ensure the effective planning, operation and control of its processes.

NOTE 1 Where the term “documented procedure” appears within this International Standard, this means that the procedure is established, documented, implemented anci maintained. A single document may address the requirements for one or more procedures. A requirement for a documented procedure may be covered by more than one document.

NOTE 2 The extent of the quality management system documentation can differ from one organization to another due to

a) the size of organization and type of activities,

b) the complexity of processes and their interactions, and

c) the competence of personnel.

NOTE 3 The documentation can be in any form or type of medium.

要点:

(1) 本条是对质量管理体系文件的总要求。编制的质量管理体系文件的详略,应取决于组织的规模、产品类型、特点、过程复杂性及相关性、员工的能力等。切实结合实际起到有效和增值的作用。

(2) 质量手册须包括质量管理体系的范围、标准所规定要求的六个程序文件或其他程序文件的引用以及体系过程之间相互作用的表述。

(3) 组织为确保其过程有效策划、运作和控制所需的文件(不局限于文件形式,可以是标准中规定的文件形式,也可以是表格、工作标准、流程图、规范等)。

(4) 是否能配置满足标准要求的记录表式?

ISO 9001:2008 质量管理体系 要求

4.2.2 质量手册

组织应编制和保持质量手册,质量手册包括:

a) 质量管理体系的范围,包括任何删减的细节和正当的理由(见 1.2);

b) 为质量管理体系编制的形成文件的程序或对其引用;

c) 质量管理体系过程之间的相互作用的表述。

ISO 9001:2008, Quality management systems—Requirements

4.2.2 Quality manual

The organization shall establish and maintain a quality manual that includes

a) the scope of the quality management system, including details of and justification for any exclusions (see 1.2),

b) the documented procedures established for the quality management system, or reference to them, and

c) a description of the interaction between the processes of the quality management system.

要点:

(1) 质量手册的编写没有统一的标准化格式,所以不作具体规定,但表述应该清楚、有效。

(2) 质量手册的范围说明和删减细节是否合理?

(3) 手册内容是否完整并覆盖标准的要求?

(4) 质量手册中对各过程的描述,是否反映了组织所提供的产品的特点?过程的相互作用是否表达清楚?

(5) 审查质量手册和明示的六个程序文件,是否能结合产品特点及其实现过程?

(6) 通过对文件的审查,对过程的描述和活动的顺序及引用,是否满足标准的要求?

ISO 9001:2008 质量管理体系 要求

4.2.3 文件控制

质量管理体系所要求的文件应予以控制,记录是一种特殊类型的文件,应依据 4.2.4 的要求进行控制。

应编制形成文件的程序,以规定以下方面所需的控制:

a) 为使文件是充分与适宜的,文件发布前得到批准;

b) 必要时对文件进行评审与更新,并再次批准;

c) 确保文件的更改和现行修订状态得到识别;

d) 确保在使用处可获得适用文件的有关版本；
e) 确保文件保持清晰，易于识别；
f) 确保组织所确定的策划和运行质量管理体系所需的外来文件得到识别，并控制其分发；
g) 防止作废文件的非预期使用，如果出于某种目的而保留作废文件，对这些文件进行适当的标识。

ISO 9001:2008, Quality management systems—Requirements

4.2.3 Control of documents

Documents required by the quality management system shall be controlled. Records are a special type of document and shall be controlled according to the requirements given in 4.2.4.

A documented procedure shall be established to define the controls needed

a) to approve documents for adequacy prior to issue,
b) to review and update as necessary and re-approve documents,
c) to ensure that changes and the current revision status of documents are identified,
d) to ensure that relevant versions of applicable documents are available at points of use,
e) to ensure that documents remain legible and readily identifiable,
f) to ensure that documents of external origin determined by the organization to be necessary for the planning and operation of the quality management system are identified and their distribution controlled, and
g) to prevent the unintended use of obsolete documents, and to apply suitable identification to them if they are retained for any purpose.

要点：

(1) 询问查看组织的质量管理体系文件的层次分类；

(2) 审查文件控制的范围是否包括了管理性文件、技术性文件及策划和运行质量管理体系所需的外来文件；

(3) 文件的编写、审核、批准是否有手续；

(4) 在组织内部及使用场所是否能得到有效的受控版本；

(5) 抽查若干质量管理体系文件、了解其编号及受控情况；

(6) 检查文件更改情况，抽查若干文件的更改是否有依据，更改是否一致；

(7) 外来文件是否得到识别和控制；

(8) 作废文件处理是否符合规定的要求，保留的是否标识明显；

(9) 是否明确了文件评审要求和评审的实施；

(10) 4.2.3a)包括了适用于新制定的文件。对“充分与适宜”的要求，由有关人员对其的检查、考核、评价。因此，不需要再进行如 ISO 9000:2005 标准 3.8.7 条款所定义的“评审”(ISO/TC 176N774)。

4.2.3.1 工程规范

组织应有一个过程，以保证按顾客要求的时间安排及时评审、发放和实施所有顾客工程标准/规范及其更改。及时评审应当尽快进行，不应超过两个工作周。

组织应保存每项更改在生产中实施日期记录。实施应包括所有文件的更新。

注：当设计记录引用这些规范或这些规范影响生产件批准过程的文件(例如，控制计划、FMEAs 等)时，这些标准/规范的更改要求对顾客的生产件批准记录进行更新。

4.2.3.1 Engineering specifications

The organization shall have a process to assure the timely review, distribution and implementation of all customer engineering standards/specifications and changes based on customer-required schedule. Timely review should be as soon as possible, and shall not exceed two working weeks.

The organization shall maintain a record of the date on which each change is implemented in production. Implementation shall include updated documents.

NOTE　A change in these standards/specifications requires an updated record of customer production part approval when these specifications are referenced on the design record or if they affect documents of production part approval process, such as control plan, FMEAs, etc.

要点：

(1) 对顾客工程标准/技术规范(图纸等)的评审不得慢于2个工作周，评审、分发和执行能够按顾客要求执行。

(2) 做法和应达到的要求应被文件化。

(3) 当以上工作影响PPAP系列文件时(如控制计划、FMEA)，需要随时更新。因此，审核时应关注组织的PPAP文件是否随着这些工程规范的更新而适时进行了更新?

ISO 9001:2008　质量管理体系　要求

4.2.4　记录控制

为提供符合要求及质量管理体系有效运行的证据而建立的记录，应得到控制。

组织应编制形成文件的程序，以规定记录的标识、贮存、保护、检索、保留和处置所需的控制。

记录应保持清晰、易于识别和检索。

注1：上述“处置”包括废弃。

注2：“记录”也包括顾客规定的记录。

4.2.4.1　记录保存

记录控制必须满足(依据)法规和顾客的要求。

ISO 9001:2008, Quality management systems—Requirements

4.2.4　Control of records

Records established to provide evidence of conforrnity to requirements and of the effective operation of the quality management system shall be controlled.

The organization shall establish a documented procedure to define the controls needed for the identification, storage, protection, retrieval, retention and disposition of records.

Records shall remain legible, readily identifiable and retrievable.

NOTE 1　“Disposition” includes disposal.

NOTE 2　“Records” also include customer-specified records.

4.2.4.1　Records retention

The control of records shall satisfy statutory, regulatory and customer requirements.

要点：

(1) 记录是提供证据的文件。

(2) 是否制定了记录控制的程序。

(3) 检查程序内容是否符合标准的要求,并与质量手册的有关内容相协调。

(4) 记录表式的设置是否满足标准的要求。

(5) 记录标识是否清楚、检索是否方便。

(6) 抽查若干记录,看其保存期限和处置是否作了明确规定,执行如何?

(7) 记录的填写是否规范。

(8)如果顾客或法规对记录提出控制要求时,组织应按要求控制并满足要求(如保存期)。

第五节 管理职责

本节强调了最高管理者在ISO/TS 16949质量管理体系的建立、实施、保持和改进的领导作用,并表达了最高管理者应在五个方面做出承诺。

本节特别强调了最高管理者对产品实现过程和支持过程有效性和效率进行关注与评审;对产品/过程质量责任人员的落实;体现顾客要求的顾客代表的人员落实,以及对质量管理体系业绩的评审的一些做法提出了要求。

ISO 9001:2008 质量管理体系 要求

5 管理职责

5.1 管理承诺

最高管理者应通过以下活动,对其建立、实施质量管理体系并持续改进其有效性的承诺提供证据:

a) 向组织传达满足顾客和法律法规要求的重要性;

b) 制定质量方针;

c) 确保质量目标的制定;

d) 进行管理评审;

e) 确保资源的获得。

ISO 9001:2008, Quality management systems—Requirements

5 Management responsibility

5.1 Management commitment

Top management shall provide evidence of its commitment to the development and implementation of the quality management system and continually improving its effectiveness by

a) communicating to the organization the importance of meeting customer as well as statutory and regulatory requirements,

b) establishing the quality policy,

c) ensuring that quality objectives are established,

d) conducting management reviews, and

e) ensuring the availability of resources.

要点:

(1) 组织的最高管理者对建立、实施质量管理体系并持续改进其有效性做了哪些承诺? 并提供相关证据。

(2) 最高管理者对满足顾客的要求和法律法规的要求的重要性有哪些认识? 采取了哪些措施向组织的员工传达了这些重要性? 员工的认识如何?

(3) 质量方针、质量目标是否制定?采取了哪些措施使员工理解和执行(可结合条款 5.3、5.4 审核)?

(4) 管理评审是否按计划的时间间隔进行,查记录(可结合条款 5.6 审核)。

(5) 如何确保质量管理体系如产品实现所需的资源(可结合条款 6 审核)。

5.1.1 过程效率

最高管理层应评审产品实现过程和支持过程,以确保它们的有效性和效率。

5.1.1 Process efficiency

Top management shall review the product realization processes and the support processes to assure their effectiveness and efficiency.

要点:

组织的最高管理者通过哪些方法关注产品实现过程和支持过程及其效果?一般来讲,最高管理者通常能够通过管理评审,听取内审结果,跟踪整改措施的执行,适当参与新产品开发过程,定期听取管理者代表关于过程实施效果和改进建议的汇报等途径来实现该承诺。

ISO 9001:2008 质量管理体系 要求

5.2 以顾客为关注焦点

最高管理者应以增强顾客满意为目的,确保顾客的要求得到确定并予以满足(见 7.2.1 和 8.2.1)。

ISO 9001:2008, Quality management systems—Requirements

5.2 Customer focus

Top management shall ensure that customer requirements are determined and are met with the aim of enhancing customer satisfaction (see 7.2.1 and 8.2.1).

要点:

(1) 组织如何确定顾客的要求和期望?(可结合条款 7.2.1、7.2.3 审核)

(2) 组织如何证实顾客的要求得到了满足?(可结合条款 8.2.1 审核)

ISO 9001:2008 质量管理体系 要求

5.3 质量方针

最高管理者应确保质量方针:

a) 与组织的宗旨相适应;

b) 包括对满足要求和持续改进质量管理体系有效性的承诺;

c) 提供制定和评审质量目标的框架;

d) 在组织内得到沟通和理解;

e) 在持续适宜性方面得到评审。

ISO 9001:2008, Quality management systems—Requirements

5.3　Quality policy

Top management shall ensure that the quality policy

a) is appropriate to the purpose of the organization,

b) includes a commitment to comply with requirements and continually improve the effectiveness of the quality management system,

c) provides a framework for establishing and reviewing quality objectives,

d) is communicated and understood within the organization, and

e) is reviewed for continuing suitability.

要点：

(1) 组织的质量方针是什么？内涵是什么？是否与组织的宗旨相适应？是否能在组织内得到一致的理解并包含有持续改进、不断满足顾客要求的内涵？

(2) 制定的质量方针能否满足标准的要求？

(3) 质量方针与质量目标的关系是否明确？

(4) 有哪些有效的措施向员工进行了质量方针的传达和教育？员工的理解如何？

(5) 质量方针的持续适宜性是否得到评审？是否作过修改？修改是否符合文件控制要求？

ISO 9001:2008　质量管理体系　要求

5.4　策划

5.4.1　质量目标

最高管理者应确保在组织的相关职能和层次上建立质量目标，质量目标包括满足产品要求所需要的内容[见 7.1a)]。质量目标应是可测量的，并与质量方针保持一致。

ISO 9001:2008, Quality management systems—Requirements

5.4　Planning

5.4.1　Quality objectives

Top management shall ensure that quality objectives, including those needed to meet requirements for product [see 7.1 a)], are established at relevant functions and levels within the organization. The quality objectives shall be measurable and consistent with the aualitv policy.

要点：

(1) 最高管理者是否制定了组织的质量目标？是否分解到相关的过程并由相关的部门进行统计？分解是否适宜？

(2) 质量目标是否与质量方针给出的框架相一致？目标内容是否包含了产品的要求？

(3) 质量目标是否可测量并具有一定的先进性和可实现性？测量的方法是否明确？

(4) 质量目标的实现情况是否进行过评价？适宜性是否进行过评审？是否随着质量方针的更新而作过修改？

5.4.1.1　质量目标——补充内容

最高管理者应确定质量目标及测量要求，并必须包含在经营计划中，用于展开质量方针。

注：质量目标应当体现顾客期望并在规定的时间内是可实现的。

5.4.1.1 Quality objectives—Supplemental

Top management shall define quality objectives and measurements that shall be included in the business plan and used to deploy the quality policy.

NOTE Quality objectives should address customer expectations and be achievable within a defined time period.

要点:

(1) 经营计划(业务计划)中是否包括了质量目标和评测的方法?

(2) 质量目标是否是通过努力能够达到的并且体现了顾客的期望?

ISO 9001:2008 质量管理体系 要求

5.4.2 质量管理体系策划

最高管理者应确保:

a) 对质量管理体系进行策划,以满足质量目标以及4.1的要求。

b) 在对质量管理体系的变更进行策划和实施时,保持质量管理体系的完整性。

ISO 9001:2008, Quality management systems—Requirements

5.4.2 Quality management system planning

Top management shall ensure that

a) the planning of the quality management system is carried out in order to meet the requirements given in 4.1, as well as the quality objectives, and

b) the integrity of the quality management system is maintained when changes to the quality management system are planned and implemented.

要点:

(1) 最高管理者进行了哪些质量管理体系的策划?换句话说体系的建立过程中,最高管理者从宏观的角度上作出了哪些工作?

(2) 质量管理体系是如何满足质量目标及4.1的总体要求的?

(3) 质量管理体系发生更改时将用怎样的操作来保持质量管理体系的完整性?现在的体系文件能为这种操作提供途径吗?

ISO 9001:2008 质量管理体系 要求

5.5 职责、权限与沟通

5.5.1 职责和权限

最高管理者应确保组织内的职责、权限得到规定和沟通。

ISO 9001:2008, Quality management systems—Requirements

5.5 Responsibility, authority and communication

5.5.1 Responsibility and authority

Top management shall ensure that responsibilities and authorities are defined and communicated within the organization.

要点：

（1）组织如何对质量管理体系各过程进行职责分工？

（2）部门和岗位的职责、权限及相互关系是否作了明确的规定？关系是否协调？

（3）部门负责人和各岗位的员工是否清楚了解自己的职责、权限及相互关系？

> **5.5.1.1 质量职责**
>
> 应立即把不符合要求的产品或过程通报给负有纠正措施职责权限的管理者。
>
> 负责产品符合要求的人员，应有权停止生产，以纠正质量问题。
>
> 所有班次的生产作业都应安排负责保证产品符合要求的人员，或指定其代理人员。

> **5.5.1.1 Responsibility for quality**
>
> Managers with responsibility and authority for corrective action shall be promptly informed of products or processes which do not conform to requirements.
>
> Personnel responsible for conformity to product requirements shall have the authority to stop production to correct quality problems.
>
> Production operations across all shifts shall be staffed with personnel in charge of, or delegated responsibility for, ensuring conformity to product requirements.

要点：

（1）是否为所有的生产班次规定了负责产品质量的人员？

（2）生产现场各操作人员是否了解谁是指定人员？所有生产现场操作人员在出现不合格时能够立即向具有职责的人员传递不合格信息吗？

（3）负责产品质量的人员是否有权停产？

（4）需要注意的是，这里所提到的“负责产品质量的人员”并不仅仅是质检人员，生产者也是这个范畴的人员。

> **ISO 9001:2008 质量管理体系 要求**
>
> **5.5.2 管理者代表**
>
> 最高管理者应在本组织管理层中指定一名成员，无论该成员在其他方面的职责如何，应使其具有以下方面的职责和权限：
>
> a） 确保质量管理体系所需的过程得到建立、实施和保持；
>
> b） 向最高管理者报告质量管理体系的绩效和任何改进的需求；
>
> c） 确保在整个组织内提高满足顾客要求的意识。
>
> 注：管理者代表的职责可包括就质量管理体系有关事宜与外部方进行联络。

> ISO 9001:2008, Quality management systems—Requirements
>
> 5.5.2 Management representative
>
> Top management shall appoint a member of the organization's management who, irrespective of other responsibilities, shall have responsibility and authority that includes
>
> a) ensuring that processes needed for the quality management system are established, implemented and maintained,
>
> b) reporting to top management on the performance of the quality management system and any need for improvement, and
>
> c) ensuring the promotion of awareness of customer requirements throughout the organization.
>
> NOTE The responsibility of a management representative can include liaison with external parties on matters relating to the quality management system.

要点:

(1)“本组织管理者”包括“不是组织的正式员工,而是根据合同进行全日制工作的人员”(ISO/TC 176 N752)。

(2)管理者代表是否经最高管理者正式指定?

(3)管理者代表的职责和权限是否明确规定?规定是否与标准要求一致?

> **5.5.2.1 顾客代表**
>
> 最高管理者应指定人员,赋予其职责和权限,以确保顾客要求得到体现,包括特殊特性的选择、制定质量目标和相关的培训、纠正和预防措施、产品设计和开发。

> 5.5.2.1 Customer representative
>
> Top management shall designate personnel with responsibility and authority to ensure that customer requirements are addressed. This includes selection of special characteristics, setting quality objectives and related training, corrective and preventive actions, product design and development.

要点:

(1)最高管理层是否指定了客户代表?

(2)顾客代表的工作是否包括标准条款所要求的内容?

(3)顾客代表是如何确保顾客要求在公司内部得到识别、落实和监控顾客要求在公司内部实施情况的?

> **ISO 9001:2008 质量管理体系 要求**
>
> **5.5.3 内部沟通**
>
> 最高管理者应确保在组织内建立适当的沟通过程,并确保对质量管理体系的有效性进行沟通。

> ISO 9001:2008, Quality management systems—Requirements
>
> 5.5.3 Internal communication
>
> Top management shall ensure that appropriate communication processes are established within the organization and that communication takes place regarding the effectiveness of the quality management system.

要点:

组织是否规定了内部沟通的职责、渠道、内容和方式?是否得到实施?效果如何?

> **ISO 9001:2008 质量管理体系 要求**
>
> **5.6 管理评审**
>
> **5.6.1 总则**
>
> 最高管理者应按策划的时间间隔评审质量管理体系,以确保其持续的适宜性、充分性和有效性。评审应包括评价改进的机会和质量管理体系变更的需求,包括质量方针和质量目标变更的需求。
>
> 应保持管理评审的记录(见4.2.2)。

ISO 9001:2008, Quality management systems—Requirements

5.6 Management review

5.6.1 General

Top management shall review the organization's quality management system, at planned intervals, to ensure its continuing suitability, adequacy and effectiveness. This review shall include assessing opportunities for improvement and the need for changes to the quality management system, including the quality policy and quality objectives.

Records from management reviews shall be maintained (see 4.2.4).

要点:

(1) 最高管理者是否按计划进行管理评审?

(2) 管理评审的执行人、时间间隔、输入和输出是否符合标准的要求?

(3) 组织是否按规定进行了管理评审? 管理评审的记录是否保存? 记录是否符合规定的要求?

5.6.1.1 质量管理体系业绩

作为持续改进过程的一个必不可少的部分,这些评审应包括对质量管理体系的所有要求及其业绩趋势的评审。

对质量目标进行监视及对不良质量成本定期报告和评价应是管理评审的一部分内容(见8.4.1和8.5.1)。

这些结果应予以记录,至少能为以下方面的业绩提供证据:

——业务计划中规定的质量目标;

——对所供应产品的顾客满意情况。

5.6.1.1 Quality management system performance

These reviews shall include all requirements of the quality management system and its performance trends as an essential part of the continual improvement process.

Part of the management review shall be the monitoring of quality objectives, and the regular reporting and evaluation of the cost of poor quality (see 8.4.1 and 8.5.1).

These results shall be recorded to provide, as a minimum, evidence of the achievement of

——the quality objectives specified in the business plan, and

——customer satisfaction with product supplied.

要点:

(1) 管理评审是否考虑了体系所有要求的适合性?

(2) 管理评审是否关注了体系的绩效,并对绩效的结果考虑采取必要的措施?

(3) 管理评审的内容是否包括质量目标监控? 是否在管理评审上对不良质量成本做了定期的报告和评估?

(4) 管理评审的记录中是否包括质量目标评测的证据? 是否包括顾客满意度的成绩?

ISO 9001:2008 质量管理体系 要求

5.6.2 评审输入

管理评审的输入应包括以下方面的信息:

a) 审核结果;

b) 顾客反馈;

c) 过程的绩效和产品的符合性;

d) 预防措施和纠正措施的状况;

e) 以往管理评审的跟踪措施;

f) 可能影响质量管理体系的变更;

g) 改进的建议。

ISO 9001:2008, Quality management systems—Requirements

5.6.2 Review input

The input to management review shall include information on

a) results of audits,

b) customer feedback,

c) process performance and product conformity,

d) status of preventive and corrective actions,

e) follow-up actions from previous management reviews,

f) changes that could affect the quality management system, and

g) recommendations for improvement.

要点:

(1) 评审的输入是否包括了标准所要求的内容?

(2) 输入的内容是否充分?

5.6.2.1 评审输入——补充

管理评审输入应包括实际的和潜在的售后失效及其对质量、安全或环境的影响分析。

5.6.2.1 Review input—Supplemental

Input to management review shall include an analysis of actual and potential field-failures and their impact on quality, safety or the environment.

要点:

(1) 将外部失效分析(实际的和潜在的)作为管理评审的输入提供或报告。

(2) 分析中应包括对质量、安全或环境的影响的内容。

ISO 9001:2008 质量管理体系 要求

5.6.3 评审输出

管理评审的输出应包括与以下方面有关的任何决定和措施:

a) 质量管理体系有效性及其过程有效性的改进;

b) 与顾客要求有关的产品的改进;

c) 资源需求。

ISO 9001:2008, Quality management systems—Requirements

5.6.3 Review output

The output from the management review shall include any decisions and actions related to

a) improvement of the effectiveness of the quality management system and its processes,

b) improvement of product related to customer requirements, and

c) resource needs.

要点：

(1) 5.6.3b)条是针对"产品"改进的，其他均针对"质量管理体系的有效性"。改进产品形成新产品，可以是管理评审的一项结果。

(2) 是否有有效的管理评审输出？是否有与最高管理者沟通时，最高管理者所谈到的规划与改善点？

(3) 对本次管理评审输出的改进措施是否进行了跟踪验证？

(4) 上次管理评审的改进措施是否得到了实施？有效性如何？

(5) 管理评审报告是否符合要求？是否按受控文件进行管理？

第六节 资源管理

本节重点阐述质量管理体系运行所需资源的类别及其控制要求。

例如：在人力资源上，不仅仅是教育训练，而是强调把人作为资源进行管理，突出了对人员特定的技术与能力要求、意识要求以及相应的激励和授权。

例如：在基础设施上，不仅是对工厂、设施和设备的控制方法、原则的策划，还应通过对工厂布局的优化，确保材料的同步流动以及确定评价和监视有效性的方法。

例如：在工作环境的控制上，重点是安全环境潜在风险的识别和管理，以及生产现场的清洁要求和维护状态，能与产品和制造过程的需求相一致。

ISO 9001:2008 质量管理体系 要求

6 资源管理

6.1 资源提供

组织应确定并提供以下方面所需的资源：

a) 实施、保持质量管理体系并持续改进其有效性；

b) 通过满足顾客要求，增强顾客满意。

ISO 9001:2008, Quality management systems—Requirements

6 Resource management

6.1 Provision of resources

The organization shall determine and provide the resources needed

a) to implement and maintain the quality management system and continually improve its effectiveness, and

b) to enhance customer satisfaction by meeting customer requirements.

要点：

(1) 一般在和最高管理层沟通时会审核到此要求，这是对资源管理的总要求。重点是确定和提供为满足6.1a)、b)条款要求所需资源。

(2)在确定和提供所需资源时,不仅要考虑满足顾客当前的需求,还要考虑顾客未来的、日益变化的需求。

ISO 9001:2008　质量管理体系　要求

6.2　人力资源

6.2.1　总则

基于适当的教育、培训、技能和经验,从事影响产品要求符合性工作的人员应是能够胜任的。

注:在质量管理体系中承担任何任务的人员都可能直接或间接地影响产品要求符合性。

ISO 9001:2008, Quality management systems—Requirements

6.2 Human resources

6.2.1 General

Personnel performing work affecting conformity to product requirements shall be competent on the basis of appropriate education, training, skills and experience.

NOTE Conformity to product requirements can be affected directly or indirectly by personnel performing any task within the quality management system.

要点:

(1)这是对人力资源的总要求,包括直接或间接地影响产品符合要求人员的能力要求。

(2)影响产品质量工作的人员的能力能否胜任是审核时所关注的,包括能力要求和评价。

(3)如何证明人员能力能满足要求是围绕教育、培训、技能和经验等方面来进行确认的。

ISO 9001:2008　质量管理体系　要求

6.2.2　能力、培训和意识

组织应:

a)确定从事影响产品要求符合性工作的人员所需的能力;

b)适用时,提供培训或采取其他措施以获得所需的能力;

c)评价所采取措施的有效性;

d)确保组织的人员认识到所从事活动的相关性和重要性,以及如何为实现质量目标作出贡献;

e)保持教育、培训、技能和经验的适当记录(见4.2.4)。

ISO 9001:2008, Quality management systems—Requirements

6.2.2 Competence, training and awareness

The organization shall

a) determine the necessary competence for personnel performing work affecting conformity to product requirements,

b) where applicable, provide training or take other actions to achieve the necessary competence,

c) evaluate the effectiveness of the actions taken,

d) ensure that its personnel are aware of the relevance and importance of their activities and how they contribute to the achievement of the quality objectives, and

e) maintain appropriate records of education, training, skills and experience (see 4.2.4).

要点：

（1）组织是否识别和确定了从事影响产品质量工作的人员所必要的能力？

（2）组织有哪些措施确保相关人员满足所要求的能力？

（3）对有关人员能力的胜任情况是否进行了考核？人员安排是否满足需要？

（4）对未满足能力要求的人员采取了哪些培训或其他措施（包括调动、招聘、辞退等）？是否得到实施？是如何评价措施的有效性的？

（5）员工的质量意识如何？组织采取了哪些措施来确保员工的意识已达到所从事的相关活动？以及如何为实现质量目标作出贡献的？

（6）是否保持了员工教育、培训、技能和经历的适当记录？记录管理是否符合记录控制的要求。

6.2.2.1 产品设计技能

组织应确保具有产品设计责任的人员有达到设计要求的能力，且熟练掌握适用的工具和技术。

组织应识别适用的工具和技术。

6.2.2.1 Product design skills

The organization shall ensure that personnel with product design responsibility are competent to achieve design requirements and are skilled in applicable tools and techniques.

Applicable tools and techniques shall be identified by the organization.

要点：

组织对负责产品设计人员的能力是否做了认可？用怎样的方式？

6.2.2.2 培训

组织应建立并保持形成文件的程序，识别培训需求并使所有从事影响产品质量活动的人员具备能力。承担特定任务的人员应具备要求的资格，在满足顾客要求方面给予特别的关注。

注1：本要求适用于组织内各层次中影响质量的所有员工。

注2：顾客特殊要求的一个例子：数字型数学数据的应用。

6.2.2.2 Training

The organization shall establish and maintain documented procedures for identifying training needs and achieving competence of all personnel performing activities affecting conformity to product requirements. Personnel performing specific assigned tasks shall be qualified, as required, with particular attention to the satisfaction of customer requirements.

NOTE 1 This applies to all employees having an effect on quality at all levels of the organization.

NOTE 2 An example of the customer-specific requirements is the application of digitized mathematically based data.

要点：

（1）对质量有影响的工作人员都有哪些？是否识别清楚？

（2）组织具有怎样的系统能够确保这些人员具有相应的能力？培训是否立足于顾客的特殊要求？

(3) 培训后效果是否评估?

(4) 相关人员是否了解相应的顾客特殊要求?

6.2.2.3 岗位培训

对影响产品质量的岗位,组织应对新上岗或调整工作的人员提供岗位培训,包括合同工和代理工作人员。应将不符合质量要求给顾客带来的后果告知对质量有影响的工作人员。

6.2.2.3 Training on the job

The organization shall provide on-the-job training for personnel in any new or modified job affecting conformity to product requirements, including contract or agency personnel. Personnel whose work can affect quality shall be informed about the consequences to the customer of nonconformity to quality requirements.

要点:

(1) 组织是否为新员工及转岗人员提供在职培训?这些培训是否包括临时员工?

(2) 在培训时,是否会告知与质量有关的人员,由于不符合质量要求会给顾客带来的后果?通过什么方式来告知?

6.2.2.4 员工激励和参与

组织应有一个激励员工实现质量目标、开展持续改进和建立促进创新环境的过程。该过程应包括在整个组织内提高质量和技术的意识。

组织应有一个过程,以测量员工对于所从事活动的相关性和重要性,以及如何为实现质量目标作出贡献[见 6.2.2d)]的认识程度。

6.2.2.4 Employee motivation and empowerment

The organization shall have a process to motivate employees to achieve quality objectives, to make continual improvements, and to create an environment to promote innovation. The process shall include the promotion of quality and technological awareness throughout the whole organization.

The organization shall have a process to measure the extent to which its personnel are aware of the relevance and importance of their activities and how they contribute to the achievement of the quality objectives [see 6.2.2 d)].

要点:

(1) 组织是否为激励员工在实现质量目标、实现持续改进和促进创新方面作出规定,激励措施是否对促进质量和技术意识方面进行了关注?

(2) 怎样衡量员工对自己工作的认识和关注程度?

ISO 9001:2008 质量管理体系 要求

6.3 基础设施

组织应确定、提供并维护为达到产品符合要求所需的基础设施。适用时,基础设施包括:

a) 建筑物、工作场所和相关的设施;

b) 过程设备(硬件和软件);

c) 支持性服务(如运输、通讯或信息系统)。

ISO 9001:2008, Quality management systems—Requirements

6.3 Infrastructure

The organization shall determine, provide and maintain the infrastructure needed to achieve conformity to product requirements. Infrastructure includes, as applicable,

a) buildings, workspace and associated utilities,

b) process equipment (both hardware and software), and

c) supporting services (such as transport, communication or information systems).

要点:

(1) 为实现产品的符合性,组织确定和提供了哪些所需的基础设施?这些基础设施(包括标准要求的6.3a)、b)、c)是否得到了维护,并能持续满足运行要求?

(2) 基础设施的维护是否作了安排?维护的实施情况和效果如何?

(3) 条款没有要求"具有维护基础设施的记录"。

6.3.1 工厂、设施和设备策划

组织应采用多方论证的方法(见7.3.1.1)来制定工厂、设施和设备的计划,工厂布局应优化材料的转移、搬运,以及对场地空间的增值使用,并应便于材料的同步流动,应制定并实施对现有操作的有效性进行评价和监视的方法。

注:这些要求应当关注精益制造原则以及与质量管理体系有效性的关联。

6.3.1 Plant, facility and equipment planning

The organization shall use a multidisciplinary approach (see 7.3.1.1) for developing plant, facility and equipment plans. Plant layouts shall optimize material travel, handling and value-added use of floor space, and shall facilitate synchronous material flow. Methods shall be developed and implemented to evaluate and monitor the effectiveness of existing operations.

NOTE These requirements should focus on lean manufacturing principles and the link to the effectiveness of the quality management system.

要点:

(1) 基础设施选址、布置是否适宜?是否足够?

(2) 组织对厂房、设施和设备策划做了哪些工作(如:充分性的考虑、适用性的考虑、人机配合的考虑等)?

(3) 组织是否具有厂区布置图?是否能做到厂地间的增值使用最优化,并在物流流转方面实施同步工作?是否决定了评估和监控现有运作的有效性的方法,并按规定执行评估?

6.3.2 应急计划

组织应制定应急计划,以便在紧急情况下(如公用事业的供应中断、劳动力短缺,关键设备故障和售后退货等)满足顾客的要求。

6.3.2 Contingency plans

The organization shall prepare contingency plans to satisfy customer requirements in the event of an emergency such as utility interruptions, labour shortages, key equipment failure and field returns.

要点:

(1)组织是否制定了应急计划?

(2)应急计划中是否为能满足顾客要求而制定了系统的操作方法?

(3)应急计划所考虑的内容是否全面,是否包括了如供应中断、人力短缺、关键设备故障、产品售后退回及客户要求在内的考虑?

ISO 9001:2008 质量管理体系 要求

6.4 工作环境

组织应确定和管理为达到产品符合要求所需的工作环境。

注:术语"工作环境"是指工作时所处的条件,包括物理的、环境的和其他因素,如噪声、温度、湿度、照明或天气等。

ISO 9001:2008, Quality management systems—Requirements

6.4 Work environment

The organization shall determine and manage the work environment needed to achieve conformity to product requirements.

NOTE The term "work environment" relates to those conditions under which work is performed including physical, environmental and other factors (such as noise, temperature, humidity, lighting or weather).

要点:

(1) 工作环境是指工作时的一组条件,包括:影响工作的人的因素和物的因素。人的因素中还包括社会因素和心理因素。

(2) 组织是否有效识别出产品生产过程所需的工作环境,包括人员安全方面的要求。

6.4.1 与实现产品质量相关的人员安全

组织应强调产品安全性和方法,以最大程度地降低对员工造成的潜在风险,特别是在设计和开发过程、制造过程活动中。

6.4.1 Personnel safety to achieve conformity to product requirements

Product safety and means to minimize potential risks to employees shall be addressed by the organization, especially in the design and development process and in manufacturing process activities.

要点：

(1) 在工作环境的识别过程中，组织是否关注到人员的安全要求？

(2) 在生产过程中和过程设计阶段是否就产品的安全性考虑了怎样降低人员的潜在风险？

(3) 是否在制造过程中采取和配备了安全防护手段？

> **6.4.2 生产现场的清洁**
>
> 组织应保持生产现场处于与产品和制造过程的需求相协调的有序、清洁和维护的状态。

> **6.4.2 Cleanliness of premises**
>
> The organization shall maintain its premises in a state of order, cleanliness and repair consistent with the product and manufacturing process needs.

要点：

(1) 组织对实现产品符合性所需的工作环境是否作了规定？这些规定是否涉及有关法律法规的要求？这些要求是否得到满足？

(2) 对规定的工作环境是否进行了管理？

第七节 产品实现

本节是标准的核心部分，着重对产品实现过程的职能活动进行了重点描述，包含了体系过程策划中大部分核心过程(COP)的内容。

本节通过对项目来源，顾客要求的导入，产品质量的先期策划(APQP)，合同评审，产品和过程的设计开发，产品和过程的顾客批准，到原材料的采购控制、生产过程控制、计量检测设施的控制以及产品交付诸过程的控制，让读者了解如何去具体有效地实施这些过程，并掌握达到或满足标准要求的方法。

本节也是评价一个企业是否能有效运行 ISO/TS 16949 体系的关键，尤其是五大工具中有四个工具(产品质量先期策划和控制计划、PPAP、FMEA 及测量系统分析)在本节中得到运用，成为体现体系有效性和效率的重要组成部分。

> **ISO 9001:2008 质量管理体系 要求**
>
> **7 产品实现**
>
> **7.1 产品实现的策划**
>
> 组织应策划和开发产品实现所需的过程。产品实现的策划应与质量管理体系其他过程的要求相一致(见 4.1)。
>
> 在对产品实现进行策划时，组织应确定以下方面的适当内容。
>
> a) 产品的质量目标和要求；
>
> b) 针对产品确定过程、文件和资源的需求；
>
> c) 产品所要求的验证、确认、监视、测量、检验和试验活动，以及产品接收准则；
>
> d) 为实现过程及其产品满足要求提供证据所需的记录(见 4.2.4)。
>
> 策划的输出形式应适合于组织的运作方式。

注1:对应用于特定产品、项目或合同的质量管理体系的过程(包括产品实现过程)和资源作出规定的文件可称之为质量计划。

注2:组织也可将7.3的要求应用于产品实现过程的策划。

注:有些顾客将项目管理或产品质量先期策划作为一种产品实现的手段。产品质量先期策划包含着防错和持续改进的概念,与缺陷探测不同,并且是基于多方论证的方法。

ISO 9001:2008, Quality management systems—Requirements

7 Product realization

7.1 Planning of product realization

The organization shall plan and develop the processes needed for product realization. Planning of product realization shall be consistent with the requirements of the other processes of the quality management system (see 4.1).

In planning product realization, the organization shall determine the following, as appropriate:

a) quality objectives and requirements for the product;

b) the need to establish processes and documents, and to provide resources specific to the product;

c) required verification, validation, monitoring, measurement, inspection and test activities specific to the product and the criteria for product acceptance;

d) records needed to provide evidence that the realization processes and resulting product meet requirements (see 4.2.4).

The output of this planning shall be in a form suitable for the organization's method of operations.

NOTE 1 A document specifying the processes of the quality management system (including the product realization processes) and the resources to be applied to a specific product, project or contract can be referred to as a quality plan.

NOTE 2 The organization may also apply the requirements given in 7.3 to the development of product realization processes.

NOTE Some customers refer to project management or advanced product quality planning as a means to achieve product realization. Advanced product quality planning embodies the concepts of error prevention and continual improvement as contrasted with error detection, and is based on a multidisciplinary approach.

要点:

本节基于过程方法,结合7.2和7.3条款,以下要求将不难理解:

(1) 组织是否确定了产品的质量目标和要求?需要考虑产品的质量目标应来自何处?可以结合7.2和7.3条款,考虑顾客的明示要求,隐含要求,法律法规要求和组织自己的经验、要求等方面。

(2) 组织是否根据产品的特点与相关的要求策划产品实现工艺/作业流程?在产品流程图中,过程及顺序是否恰当?哪些过程需建立文件?需要提供哪些资源保证产品项目的实现?这里资源要注意应为广义的资源:人力资源,基础设施资源,设备设施资源以及计量检测资源,还有供应商资源。

(3) 产品实现过程是否基于多方论证的工作方法?

(4) 是否基于顾客的要求制定了质量计划(项目策划计划和控制计划)?时间接点要求是否明确?

关键路径是否考虑得当？

（5）产品的接收准则是否确定？如何确定的？是否经过了顾客的确认？

（6）对需要确定的验证、确认、检验和试验活动都有哪些？哪些是组织能够自己做的？哪些需要委外的？哪些是顾客能够提供支持的？

（7）为实现过程及其产品满足要求提供证据，哪些记录是必需的？是否能够提供？

(8)产品实现的策划输出是否适合于组织的运作形式？并满足顾客的要求？

7.1.1 产品实现的策划——补充

作为质量计划的一部分，产品实现的策划应包括顾客要求和对其技术规范的引用。

7.1.2 接收准则

组织应规定接收准则，要求时，由顾客批准。

对于计数型数据抽样，接收水平应是零缺陷(见 8.2.3.1)。

7.1.3 保密

组织应确保顾客委托的正在开发的产品、项目和有关产品信息的保密。

7.1.1 Planning of product realization—Supplemental

Customer requirements and references to its technical specifications shall be included in the planning of product realization as a component of the quality plan.

7.1.2 Acceptance criteria

Acceptance criteria shall be defined by the organization and, where required, approved by the customer. For attribute data sampling, the acceptance level shall be zero defects (see 8.2.3.1).

7.1.3 Confidentiality

The organization shall ensure the confidentiality of customer-contracted products and projects under development, and related product information.

要点：

（1）在对产品实现策划时，必须将与顾客产品要求相关的技术规范信息（包括特殊要求）作为质量策划的一部分列入质量计划中。

（2）在对产品实现策划时，应规定对计数型数据的抽样方案。必须制定零缺陷的产品接收准则，应规定在什么情况下接收标准需经客户批准。

（3）策划时，必须考虑对顾客的合同、产品、开发项目及相关产品信息的保密，并按照策划的保密规定实施。

7.1.4 更改控制

组织应有一个对影响产品实现的更改进行控制并作出反应的过程。任何更改的影响，包括由任何供方引起的更改，都应进行评估，且应规定验证和确认的活动，以确保与顾客要求相一致。更改在实施前应予以确认。

对有专有权的设计，对外形、配合、功能(包括性能和/或耐久性)的影响应与顾客共同进行评审，以便所有的影响都能得到适当的评价。

当顾客要求时，还应满足附加的验证/标识要求，如对新产品引入的那些要求。

注 1：任何影响顾客要求的产品实现的更改都要通知顾客，并征得顾客同意。

注 2：以上要求适用于产品和制造过程更改。

7.1.4 Change control

The organization shall have a process to control and react to changes that impact product realization. The effects of any change, including those changes caused by any supplier, shall be assessed, and verification and validation activities shall be defined, to ensure compliance with customer requirements. Changes shall be validated before implementation.

For proprietary designs, impact on form, fit and function (including performance and/or durability) shall be reviewed with the customer so that all effects can be properly evaluated.

When required by the customer, additional vedfication/identification requirements, such as those required for new product introduction, shall be met.

NOTE 1 Any product realization change affecting customer requirements requires notification to, and agreement from, the customer.

NOTE 2 The above requirement applies to product and manufacturing process changes.

要点:

(1) 是否建立了程序来控制产品实现过程中的更改?

(2) 更改应包括的内容如下:变更后果的评估、更改前的有效性确认、更改验证、更改有效性验证。

(3) 当更改涉及专利设计的外形、装配、性能和/或耐久性时,是否能与顾客沟通并评估由于变更带来的影响?

(4) 怎样在内部传递顾客附件的验证/有效性要求?

(5) 如果顾客的要求受到产品实现更改的影响,怎样对顾客进行通知,并取得顾客的认可?组织在哪里对这种做法进行了约定?

ISO 9001:2008 质量管理体系 要求

7.2 与顾客有关的过程

7.2.1 与产品有关的要求的确定

组织应确定:

a) 顾客规定的要求,包括对交付及交付后活动的要求;

b) 顾客虽然没有明示,但规定用途或已知的预期用途所必需的要求;

c) 适用于产品的法律法规要求;

d) 组织认为必要的任何附加要求。

注:交付后活动包括诸如保证条款规定的措施、合同义务(例如,维护服务)、附加服务(例如,回收或最终处置)等。

注1:交付后活动包括作为顾客合同或采购订单一部分所提供的任何售后产品服务。

注2:此要求包括再利用、对环境的影响以及根据组织对产品和制造过程所掌握知识的结果所识别的特性(见7.3.2.3)。

注3:条款c)的符合性包括所有适用的政府、安全和环境法规,适用于材料的获得、贮存、搬运、再利用、销毁或废弃。

ISO 9001:2008, Quality management systems—Requirements

7.2 Customer-related processes

7.2.1 Determination of requirements related to the product

The organization shall determine

a) requirements specified by the customer, including the requirements for delivery and post-delivery activities,

b) requirements not stated by the customer but necessary for specified or intended use, where known,

c) statutory and regulatory requirements applicable to the product, and

d) any additional requirements considered necessary by the organization.

NOTE Post-delivery activities include, for example, actions under warranty provisions, contractual obligations such as maintenance services, and supplementary services such as recycling or final disposal.

NOTE 1 Post-delivery activities include any after-sales product, service provided as part of the customer contract or purchase order.

NOTE 2 This requirement includes recycling, environmental impact and characteristics identified as a result of the organization's knowledge of the product and manufacturing processes (see 7.3.2.3).

NOTE 3 Compliance to item c) includes all applicable government, safety and environmental regulations, applied to acquisition, storage, handling, recycling, elimination or disposal of materials.

要点：

(1) 组织如何确定顾客的要求？

(2) 顾客的要求是否形成了文件？要求是否包括明示的和隐含的要求？

(3) 是否将与产品有关的强制性标准、法律法规要求考虑进来(包括注 3 提示的)？是否对其进行了识别、确定和控制？

(4) 组织对产品是否有附加要求？是否进行了识别和控制？

(5)“有些国家的法律要求从事专业工作的人员应该是适当团体的成员，并具有一定的级别，这种规定也属于与产品有关的要求”。

(6) 在 7.2.1a)和 7.3.3d)、7.3.6 等条款中使用的“规定的”或“规定”一词，是否要形成文件？答案是否。ISO 9000:2005“程序”的定义及其“注 1”是支持这个条款的适当例子。

7.2.1.1 顾客确定的特殊特性

组织应证实在特殊特性的指定、形成文件和控制方面符合顾客的要求。

7.2.1.1 Customer-designated special characteristics

The organization shall demonstrate conformity to customer requirements for designation, documentation and control of special characteristics.

要点：

(1) 组织是否对顾客的要求，对其特殊特性进行控制？

(2) 控制内容是否包括了标识、书面化、生产过程中对特殊特性的控制？

ISO 9001:2008 质量管理体系 要求

7.2.2 与产品有关的要求的评审

组织应评审与产品有关的要求。评审应在组织向顾客作出提供产品的承诺(如:提交标书、接受合同或订单及接受合同或订单的更改)之前进行,并应确保:

a) 产品要求已得到规定;

b) 与以前表述不一致的合同或订单的要求已得到解决;

c) 组织有能力满足规定的要求。

评审结果及评审所引起的措施的记录应予保持(见 4.2.4)。

若顾客没有提供形成文件的要求,组织在接受顾客要求前应对顾客要求进行确认。

若产品要求发生变更,组织应确保相关文件得到修改,并确保相关人员知道已变更的要求。

注:在某些情况中,如网上销售,对每一个订单进行正式的评审可能是不实际的。而作为替代方法,可对有关的产品信息,如产品目录、产品广告内容等进行评审。

ISO 9001:2008, Quality management systems—Requirements

7.2.2 Review of requirements related to the product

The organization shall review the requirements related to the product. This review shall be conducted prior to the organization's commitment to supply a product to the customer (e.g. submission of tenders, acceptance of contracts or orders, acceptance of changes to contracts or orders) and shall ensure that

a) product requirements are defined,

b) contract or order requirements differing from those previously expressed are resolved, and

c) the organization has the ability to meet the defined requirements.

Records of the results of the review and actions arising from the review shall be maintained (see 4.2.4).

Where the customer provides no documented statement of requirement, the customer requirements shall be confirmed by the organization before acceptance.

Where product requirements are changed, the organization shall ensure that relevant documents are amended and that relevant personnel are made aware of the changed requirements.

NOTE In some situations, such as internet sales, a formal review is impractical for each order. Instead the review can cover relevant product information such as catalogues or advertisifig material.

要点:

(1) 顾客的产品要求有哪些形式？针对顾客产品要求不同的表现形式,组织采取了哪些方法予以接收、确定和评审？

(2) 常规合同与非常规合同要求界限是否确定？该界限标准考虑因素(包括产品价格、技术质量要求、交付期、付款、必要的评审部门)是否得到全面考虑？

(3) 评审是否在接受合同、订单、协议之前进行？

(4) 针对常规与非常规合同,组织采取了哪些评审方式？这些评审方式是否有效？

(5) 若顾客要求未形成文件,组织在提供产品承诺前是否采用了合适的方式对顾客要求进行确认?

(6) 评审结果及评审后所采取的措施是否形成记录并予以保持?

(7) 若产品要求发生变更,相关文件是否得到及时更改? 更改是否符合规定? 相关人员是否知道更改的情况?

(8) 抽查交付及交付后活动记录,验证组织通过评审是否能满足:

① 产品要求最终确定并被理解;

② 与以前表述不一致的合同或订单的要求已得到妥善解决;

③ 组织有能力满足合同规定的要求。

7.2.2.1 与产品相关要求的评审——补充

对 7.2.2 中描述正式评审(见注)的获免应得到顾客的授权。

7.2.2.1 Review of requirements related to the product—Supplemental

Waiving the requirement stated in 7.2.2 for a formal review (see note) shall require customer authorization.

要点:

对网上销售而言,如感觉免除对合同的评审,直接对目录和宣传资料评审更有意义的话,应得到顾客的书面授权。

7.2.2.2 组织制造可行性

组织应在合同评审过程中,对所涉及产品的制造可行性进行研究、确认并形成文件,包括进行风险分析。

7.2.2.2 Organization manufacturing feasibility

The organization shall investigate, confirm and document the manufacturing feasibility of the proposed products in the contract review process, including risk analysis.

要点:

(1) 合同评审的内容是否包括了制造可行性(工艺水平、交付时间、技术要求等)?

(2) 制造可行性分析中是否对来自供应商、交付期限、技术要求、售后服务等方面的风险分析?

ISO 9001:2008 质量管理体系 要求

7.2.3 顾客沟通

组织应对以下有关方面确定并实施与顾客沟通的有效安排:

a) 产品信息;

b) 问询、合同或订单的处理,包括对其修改;

c) 顾客反馈,包括顾客抱怨。

ISO 9001:2008, Quality management systems—Requirements

7.2.3 Customer communication

The organization shall determine and implement effective arrangements for communicating with customers in relation to

a) product information,

b) enquiries, contracts or order handling, including amendments, and

c) customer feedback, including customer complaints.

要点:

(1) 组织是否已建立了可靠的有效的与顾客沟通的职责、渠道和方式?在和顾客沟通过程中,组织是否尽力、充分、主动?

(2) 组织在产品信息问询,合同、订单的处理,顾客反馈(包括顾客投诉)三方面是否已建立有效的沟通方式,并能及时沟通?

(3) 组织如何使顾客反馈简单、有效、及时?

(4) 组织是否会主动要求顾客提供反馈信息?

7.2.3.1 **顾客沟通——补充**

组织应有能力按顾客规定的语言和方式(如计算机辅助设计数据、电子数据交换等)沟通必要的信息,包括数据。

7.2.3.1 Customer communication—Supplemental

The organization shall have the ability to communicate necessary information, including data, in a customer-specified language and format (e. g. computer-aided design data, electronic data exchange).

要点:

(1) 组织是否有能力按照顾客的要求(语言、格式)与之进行交流?

(2) 是否有不能做到的情况?如有,如何处理?

7.3 **设计和开发**

注:7.3的要求包括对产品和制造过程的设计和开发,且关注于防错,而不是找出错误。

ISO 9001:2008 质量管理体系 要求

7.3.1 **设计和开发策划**

组织应对产品的设计和开发进行策划和控制。

在进行设计和开发策划时,组织应确定:

a) 设计和开发的阶段;

b) 适合于每个设计和开发阶段的评审、验证和确认活动;

c) 设计和开发的职责和权限。

组织应对参与设计和开发的不同小组之间的接口实施管理,以确保有效的沟通,并明确职责分工。

随着设计和开发的进展,在适当时,策划的输出应予以更新。

注:设计和开发的评审、验证和确认具有不同的目的。根据产品和组织的具体情况,可以单独或以任意组合的方式进行并记录。

ISO 9001:2008, Quality management systems—Requirements

7.3 Design and development

7.3.1 Design and development planning

The organization shall plan and control the design and development of product.

During the design and development planning, the organization shall determine

a) the design and development stages,

b) the review, verification and validation that are appropriate to each design and development stage, and

c) the responsibilities and authorities for design and development.

The organization shall manage the interfaces between different groups involved in design and development to ensure effective communication and clear assignment of responsibility.

Planning output shall be updated, as appropriate, as the design and development progresses.

NOTE Design and development review, verification and validation have distinct purposes. They can be conducted and recorded separately or in any combination, as suitable for the product and the organization.

要点：

(1) 组织应依据 7.3.1b)条款的要求，自行决定每个设计和开发的评审、验证和确认活动，并按照 7.3.4、7.3.5 和 7.3.6 条款的要求实施。

(2) 组织的业务流程是包括产品及过程的设计和开发，还是仅有过程设计和开发？

(3) 组织的设计信息来源主要来自于哪里？在设计开发前，组织的市场调研活动是否充分、广泛并形成文件(如市场调研报告)？

(4) 谁能提出产品设计开发建议？谁决定产品设计开发？其决定的依据是否充分、可靠？对参与设计和开发的不同组(人员)之间的接口是否作出规定？是否进行了有效管理？沟通的效果如何？

(5) 参与设计和开发人员的能力是否足够？是否具有工作所需的充分资源和信息？

(6) 随着设计和开发的进展，策划的输出是否在适当时进行了必要的更新？更新是否符合文件控制的要求？

7.3.1.1 **多方论证方法**

组织应采用多方论证方法进行产品实现的准备工作，包括：

——特殊特性的开发/最终确定和监视；

——潜在失效模式及后果分析(FMEAs)的开发和评审，包括采取降低潜在风险的措施；

——控制计划的开发和评审。

注：多方论证方法通常包括组织的设计、制造、工程、质量、生产和其他适当的人员。

7.3.1.1 Multidisciplinary approach

The organization shall use a multidisciplinary approach to prepare for product realization, including

——development/finalization and monitoring of special characteristics,

——development and review of FMEAs, including actions to reduce potential risks, and

——development and review of control plans.

NOTE A multidisciplinary approach typically includes the organization's design, manufacturing, engineering, quality, production and other appropriate personnel.

要点：

(1) 组织是否在新产品开发过程中采用了多方论证方法？

(2) 多方论证方法是否包括特殊特性的选择、建立、控制？是否包括了FMEA、控制计划的操作？

(3) 多方论证小组的人员是否合适？(应来自于相关的部门，如设计、制造、工程、质量、生产，顾客代表等，而不能仅仅局限于技术部门)。

> **ISO 9001:2008 质量管理体系 要求**
>
> **7.3.2 设计和开发输入**
>
> 应确定与产品要求有关的输入，并保持记录(见4.2.4)。这些输入应包括：
>
> a) 功能要求和性能要求；
>
> b) 适用的法律法规要求；
>
> c) 适用时，来源于以前类似设计的信息；
>
> d) 设计和开发所必需的其他要求。
>
> 应对这些输入的充分性和适宜性进行评审。要求应完整、清楚，并且不能自相矛盾。
>
> 注：特殊特性包含在这个要求中(见7.2.1.1)。

> ISO 9001:2008, Quality management systems—Requirements
>
> 7.3.2 Design and development inputs
>
> inputs relating to product requirements shall be determined and records maintained (see 4.2.4). These inputs shall include
>
> a) functional and performance requirements,
>
> b) applicable statutory and regulatory requirements,
>
> c) where applicable, information derived from previous similar designs, and
>
> d) other requirements essential for design and development.
>
> The inputs shall be reviewed for adequacy. Requirements shall be complete, unambiguous and not in conflict with each other.
>
> NOTE Special characteristics (see 7.2.1.1) are included in this requirement.

要点：

(1) 抽查新产品设计控制，了解被查新产品的开发要求来源(即设计输入)。

(2) 设计输入资料是否齐全？是否包括了新产品的功能和性能要求？与新产品有关的国家标准、行业标准及相关法律、法规是否被考虑？是否包括了以往类似的设计信息(FMEA、控制计划、质量状况等)？

(3) 新产品设计输入的充分性怎样得到保证？(经过了哪些必要的评审?)通过评审是否确保了要求的完整、清晰、没有自相矛盾？是否尽了最大可能使所有要求定量化，为设计提供统一的准则？设计输入要求是否具有先进性、合理性、可行性和经济性？

(4) 顾客是否有特殊特性方面的要求？

> **7.3.2.1 产品设计输入**
>
> 组织应识别产品设计输入要求，形成文件并进行评审，包括：
>
> ——顾客的要求(合同评审)如特殊特性(见7.3.2.3)、标识、可追溯性和包装；
>
> ——信息的利用：组织应有一个过程，将从以往设计项目、竞争对手分析、供方反馈、内部输入、售后数据及其他相关来源获取的信息推广应用于当前或未来有相似性质的项目；
>
> ——产品符合要求、寿命、可靠性、耐久性、可维修性、时间性和成本的目标。

7.3.2.1 Product design input

The organization shall identify, document and review the product design input requirements, including the following:

——customer requirements (contract review) such as special characteristics (see 7.3.2.3), identification, traceability and packaging;

——use of information: the organization shall have a process to deploy information gained from previous design projects, competitor analysis, supplier feedback, internal input, field data, and other relevant sources, for current and future projects of a similar nature;

——targets for conformity to product requirements, life, reliability, durability, maintainability, timing and cost.

要点：

(1) 组织对产品设计的输入要求是否予以了书面的确定，并经过评审？

(2) 输入要求是否包括合同评审（设计可行性、制造可行性、特殊特性识别、可追溯性、包装、运输等顾客要求）？

(3) 组织怎样合理地利用以往类似产品的信息资料及相关的信息？有没有程序化文件进行说明？

(4) 组织是否在产品设计输入信息中考虑了新产品的设计目标（有关于产品质量、寿命、可靠性、耐久性、可维护性、时间及成本方面的目标）？

7.3.2.2 制造过程设计输入

组织应识别制造过程设计输入要求，形成文件并进行评审，包括：

——产品设计输出数据；

——生产率、过程能力及成本的目标；

——顾客要求（若存在）；

——以往的开发经验。

注：制造过程设计包括采用防错方法，其程度与问题的重要性和所存在风险的程度相适应。

7.3.2.2 Manufacturing process design input

The organization shall identify, document and review the manufacturing process design input requirements, including

——product design output data,

——targets for productivity, process capability and cost,

——customers requirements, if any, and

——experience from previous developments.

NOTE The manufacturing process design includes the use of error-proofing methods to a degree appropriate to the magnitude of the problems and commensurate with the risks encountered.

要点：

(1) 组织是否确定了过程设计输入的书面要求，并经过评审？

(2) 输入要求是否包括：产品设计输出的内容，生产率、工序能力和成本方面的目标客户的要求、以往的开发经验?

(3) 是否考虑了可能遇到问题的严重性和所遇风险的大小?针对分析的结果采取了哪些防错措施?

> **7.3.2.3 特殊特性**
>
> 组织应确定特殊特性[见7.3,3d)],并且
>
> ——在控制计划中包括所有的特殊特性;
>
> ——与顾客规定的定义和符号相符合;
>
> ——对过程控制文件,包括图样、FMEAs、控制计划及作业指导书,用顾客的特殊特性符号或组织的等效符号或说明来加以标识,以包括对特殊特性有影响的那些过程步骤。
>
> 注:特殊特性可包括产品特性和过程参数。

> **7.3.2.3 Special characteristics**
>
> The organization shall identify special characteristics [see 7.3.3 d)] and
>
> ——include all special characteristics in the control plan,
>
> ——comply with customer-specified definitions and symbols, and
>
> ——identify process control documents including drawings, FMEAs, control plans, and operator instructions with the customer's special characteristic symbol or the organization's equivalent symbol or notation to include those process steps that affect special characteristics.
>
> NOTE Special characteristics can include product characteristics and process parameters.

要点:

(1) 组织是否对特殊特性予以了必要的关注?

(2) 是否将所有的特殊特性纳入控制计划中?

(3) 是否在包括图纸、FMEA、控制计划、作业指导书中的工艺控制文件上,标注顾客要求的特殊特性符号或组织等同的、纳入影响特殊特性工序步骤的符号或注释?

(4) 特殊特性的考虑是否全面?怎样保证全面?

> **ISO 9001:2008 质量管理体系 要求**
>
> **7.3.3 设计和开发输出**
>
> 设计和开发输出的方式应适于对照设计和开发的输入进行验证,并应在放行前得到批准。
>
> 设计和开发输出应:
>
> a) 满足设计和开发输入的要求;
>
> b) 给出采购、生产和服务提供的适当信息;
>
> c) 包含或引用产品接收准则;
>
> d) 规定对产品的安全和正常使用所必需的产品特性。
>
> 注:生产和服务提供的信息可能包括产品防护的细节。

ISO 9001:2008, Quality management systems—Requirements

7.3.3 Design and development outputs

The outputs of design and development shall be in a form suitable for verification against the design and development input and shall be approved prior to release.

Design and development outputs shall

a) meet the input requirements for design and development,

b) provide appropriate information for purchasing, production and service provision,

c) contain or reference product acceptance criteria, and

d) specify the characteristics of the product that are essential for its safe and proper use.

NOTE Information for production and service provision can include details for the preservation of product.

要点:

(1) 设计和开发输出的文件有哪些? 这些文件是否得到事前确定? 是否针对设计和开发输入进行验证的方式提出? 这些文件在发放、实施前是否得到具有资格的人的批准?

(2) 设计和开发输出的文件是否满足了以下要求:

① 每一设计和开发输出阶段都有明确、齐全的文件?

② 每一输出文件都能满足输入要求?

③ 在输出文件中已规定或引用、评价产品接收准则?

④ 输出文件中已规定与产品安全和正常使用至关重要的产品特性(如操作、贮存、维修和处置要求)?

⑤ 已确保输出文件完整、准确、协调、统一、清晰?

7.3.3.1 产品设计输出——补充内容

产品设计输出应以能够对照产品设计输入要求进行验证和确认的形式来表示。产品设计输出应包括:

——设计 FMEA,可靠性结果;

——产品特殊特性和规范;

——适当时,产品防错;

——产品定义,包括图样或数学数据;

——产品设计评审结果;

——适用时,诊断指南。

7.3.3.1 Product design outputs—Supplemental

The product design output shall be expressed in terms that can be verified and validated against product design input requirements. The product design output shall include

——design FMEA, reliability results,

——product special characteristics and specifications,

——product error-proofing, as appropriate,

——product definition including drawings or mathematically based data,

——product design reviews results, and

——diagnostic guidelines, where applicable.

要点:

(1) 产品设计的输出是否包括 DFMEA 及可靠性目标?

(2) 是否包括产品特殊特性技术要求的制定?

(3) 是否考虑了适当的防错方法?

(4) 是否明确了对产品的定义?

(5) 是否对产品设计进行了必要的评审并保留了评审的结果?

7.3.3.2 制造过程设计输出

制造过程设计输出应以能够对照制造过程设计输入要求进行验证和确认的形式来表达。制造过程设计输出应包括:

——规范和图样;

——制造过程流程图/布局;

——制造过程的 FMEAs;

——控制计划(见 7.5.1.1);

——作业指导书;

——过程批准接收准则;

——有关质量、可靠性、可维修性和可测量性的数据;

——适当时,防错活动的结果;

——产品/制造过程不合格的及时发现和反馈的方法。

7.3.3.2 Manufacturing process design output

The manufacturing process design output shall be expressed in terms that can be verified against manufacturing process design input requirements and validated. The manufacturing process design output shall include

——specifications and drawings,

——manufacturing process flow chart/layout,

——manufacturing process FMEAs,

——control plan (see 7.5.1.1),

——work instructions,

——process approval acceptance criteria,

——data for quality, reliability, maintainability and measurability,

——results of error-proofing activities, as appropriate, and

——methods of rapid detection and feedback of product/manufacturing process nonconformities.

要点:

(1) 过程设计输出是否验证了过程设计输入的要求? 结果如何? 顾客意见如何?

(2) 过程设计输出是否包含了:

① 规范和图样;

② 制造工艺流程图/平面图;

③ 过程的 FMEA;

④ 控制计划(见 7.5.1.1);

⑤ 作业指导书;

⑥ 过程批准接收准则；

⑦ 有关质量、可靠性、可维修性和可测量性的数据；

⑧ 恰当防错手段的结果；

⑨ 对产品/制造过程不符合项的及时发现和反馈的方法。

ISO 9001:2008 质量管理体系 要求

7.3.4 设计和开发评审

应依据所策划的安排(见7.3.1)，在适宜的阶段对设计和开发进行系统的评审，以便：

a) 评价设计和开发的结果满足要求的能力；

b) 识别任何问题并提出必要的措施。

评审的参加者应包括与所评审的设计和开发阶段有关的职能的代表。评审结果及任何必要措施的记录应予保持(见4.2.4)。

注：这些评审通常与设计阶段相协调，还应该包括制造过程设计和开发。

7.3.4.1 监视

设计和开发的特定阶段的测量应被确定、分析，以汇总结果的形式来报告，作为对管理评审的输入。

注：在适当的情况下，这些测量包括质量风险、成本、前置期、关键路径和其他。

ISO 9001:2008, Quality management systems—Requirements

7.3.4 Design and development review

At suitable stages, systematic reviews of design and development shall be performed in accordance with planned arrangements (see 7.3.1)

a) to evaluate the ability of the results of design and development to meet requirements, and

b) to identify any problems and propose necessary actions.

Participants in such reviews shall include representatives of functions concerned with the design and development stage(s) being reviewed. Records of the results of the reviews and any necessary actions shall be maintained (see 4.2.4).

NOTE These reviews are normally coordinated with the design phases and include manufacturing process design and development.

7.3.4.1 Monitoring

Measurements at specified stages of design and development shall be defined, analysed and reported with summary results as an input to management review.

NOTE These measurements include quality risks, costs, lead-times, critical paths and others, as appropriate.

要点：

(1) 组织如何规定对设计开发各阶段工作进展的状况(质量风险、成本、提前期、关键路径和其他适宜的方面)?

(2) 组织是否对新产品开发工作的执行情况进行汇总，并将汇总结果提交管理评审?

ISO 9001:2008 质量管理体系 要求

7.3.5 设计和开发验证

为确保设计和开发输出满足输入的需求，应依据所策划的安排(见7.3.1)对设计和开发进行验证。验证结果及任何必要措施的记录应予保持(见4.2.4)。

ISO 9001:2008, Quality management systems—Requirements

7.3.5 Design and development verification

Verification shall be performed in accordance with planned arrangements (see 7.3.1) to ensure that the design and development outputs have met the design and development input requirements. Records of the results of the verification and any necessary actions shall be maintained (see 4.2.4).

要点:

(1) 是否设置了合适的设计验证点?

(2) 各验证点验证内容是否明确?

(3) 各验证点是否采取了适宜的验证方法?验证是否在与实际使用的情况相似的条件下进行?验证所需客观证据是否能够充分证明已满足规定要求?

(4) 各验证点验证结果及跟踪措施是否有记录并予以保持?

(5) 验证时发现的问题是否采取了措施并对其效果重新验证?

ISO 9001:2008 质量管理体系 要求

7.3.6 设计和开发确认

为确保产品能够满足规定的使用要求或已知的预期用途的要求,应依据所策划的安排(见7.3.1)对设计和开发进行确认。只要可行,确认应在产品交付或实施之前完成。确认结果及任何必要措施的记录应予保持(见4.2.4)。

注1:确认过程通常包括类似产品售后报告的分析。

注2:上述7.3.5和7.3.6的要求适用于产品和制造过程。

ISO 9001:2008, Quality management systems—Requirements

7.3.6 Design and development validation

Design and development validation shall be performed in accordance with planned arrangements (see 7.3.1) to ensure that the resulting product is capable of meeting the requirements for the specified application or intended use, where known. Wherever practicable, validation shall be completed prior to the delivery or implementation of the product. Records of the results of validation and any necessary actions shall be maintained (see 4.2.4).

NOTE 1 The validation process normally includes an analysis of field reports for similar products.

NOTE 2 The requirements of 7.3.5 and 7.3.6 above apply to both product and manufacturing processes.

要点:

(1) 在新产品交付前或批量投产前,是否经过设计确认?设计确认内容是否围绕着预期使用或应用要求进行?设计确认是否在规定的使用条件下进行?

(2) 对设计确认发现的问题是否已采取措施,并对其效果重新验证?能否做到在未解决问题前不得转入下一阶段?

(3) 确认结果及跟踪措施记录是否建立并予以保持?

7.3.6.1 设计和开发确认——补充内容

应按顾客的要求(包括项目时间进度)进行设计和开发确认。

7.3.6.1 Design and development validation—Supplemental

Design and development validation shall be performed in accordance with customer requirements, including programme timing.

要点:

顾客要求的关键路径的时间节点如何?是否按照顾客的要求进行?

7.3.6.2 样件计划

当顾客要求时,组织应制定样件计划和控制计划。只要可能,组织就应使用与正式生产中相同的供方、工装和制造过程。

应监视所有的性能试验活动,以便及时完成并符合要求。

当这些服务被外包时,组织应对外包服务负责,包括提供技术指导。

7.3.6.2 Prototype programme

When required by the customer, the organization shall have a prototype programme and control plan. The organization shall use, wherever possible, the same suppliers, tooling and manufacturing processes as will be used in production.

All performance-testing activities shall be monitored for timely completion and conformity to requirements.

While services may be outsourced, the organization shall be responsible for the outsourced services, including technical leadership.

要点:

(1) 是否尽可能使用与正式生产中相同的供方、工装和制造过程?

(2) 所有的性能试验是否有计划,并按照计划进行?

(3) 当服务外包完成时,供应商的能力如何?组织是否为其提供技术指导?

7.3.6.3 产品批准过程

组织应符合由顾客承认的产品和制造过程的批准程序。

注:产品批准应当在制造过程验证之后进行。

该产品和制造过程的批准程序也应适用于供方。

7.3.6.3 Product approval process

The organization shall conform to a product and manufacturing process approval procedure recognized by the customer.

NOTE Product approval should be subsequent to the verification of the manufacturing process.

This product and manufacturing process approval procedure shall also be applied to suppliers.

要点:

(1) 与 PPAP 手册结合起来考虑。

(2) 是否具备了书面的生产件批准控制程序文件?

(3) 组织是否将此条款同样用于供应商?是否对供应商进行了产品和过程的批准?

ISO 9001:2008 质量管理体系 要求

7.3.7 设计和开发更改的控制

应识别设计和开发的更改,并保持记录。应对设计和开发的更改进行适当的评审、验证和确认,并在实施前得到批准。设计和开发更改的评审应包括评价更改对产品组成部分和已交付产品的影响。更改的评审结果及任何必要措施的记录应予保持(见 4.2.4)。

注:设计和开发更改包括产品项目生命周期内的所有更改(见 7.1.4)。

ISO 9001:2008, Quality management systems—Requirements

7.3.7 Control of design and development changes

Design and development changes shall be identified and records maintained. The changes shall be reviewed, verified and validated, as appropriate, and approved before implementation. The review of design and development changes shall include evaluation of the effect of the changes on constituent parts and product already delivered. Records of the results of the review of changes and any necessary actions shall be maintained (see 4.2.4).

NOTE Design and development changes include all changes during the product programme life (see 7.1.4).

要点:

(1) 对设计和开发更改是否作出规定?更改是否形成记录?

(2) 对设计和开发的更改,是否在适当时进行了评审、验证和确认?

(3) 更改实施前是否得到批准?

(4) 更改的评审是否包括评价更改对已交付产品及其组成部分的影响?

(5) 更改评审、验证和确认的结果及任何必要的措施是否形成记录并予以保持(见 4.2.4)?

ISO 9001:2008 质量管理体系 要求

7.4 采购

7.4.1 采购过程

组织应确保采购的产品符合规定的采购要求。对控方及采购产品的控制类型和程度应取决于采购的产品对随后的产品实现或最终产品的影响。

组织应根据供方按组织的要求提供产品的能力评价和选择供方。应制定选择、评价和重新评价的准则。评价结果及评价所引起的任何必要措施的记录应予保持(见 4.2.4)。

注 1:上述采购的产品包括所有影响顾客要求的产品和服务,如分装、排序、分选、返工及校准服务。

注 2:当发生与供方相关的兼并、收购或从属关系时,组织应当验证供方质量管理体系的延续性和有效性。

ISO 9001:2008, Quality management systems—Requirements

7.4 Purchasing

7.4.1 Purchasing process

The organization shall ensure that purchased-product conforms to specified purchase requirements. The type and extent of control applied to the supplier and the purchased product shall be dependent upon the effect of the purchased product on subsequent product realization or the final product.

The organization shall evaluate and select suppliers based on their ability to supply products in accordance with the organization's requirements. Criteria for selection, evaluation, and re-evaluation shall be established. Records of the results of evaluations and any necessary actions arising from the evaluation shall be maintained (see 4.2.4).

NOTE 1 Purchased products above include all products and services that affect customer requirements such as subassembly, sequencing, sorting, rework and calibration services.

NOTE 2 When there are mergers, acquisitions or affiliations associated with suppliers, the organization should verify the continuity of the supplier's quality management system and its effectiveness.

要点:

(1) 组织对供方及采购产品控制的类型和程度是否作了规定?这些规定是否体现了采购产品对随后的产品实现或最终产品影响的差异?

(2) 组织是否制定了选择、评价和重新评价供方的准则?实施情况如何?

(3) 是否记录了评价结果及评价所引发的任何必要措施(按 4.2.4)?

(4) 提供服务的供应商是否也被考虑?

(5) 当供应商出现合并、产生分歧等情况下,组织会采取何种举措?是否会对供应商质量体系的连续性及其有效性进行验证?

7.4.1.1 法规符合性

用于产品而采购的所有产品或材料应符合适用的法规要求。

7.4.1.1 Statutory and regulatory conformity

All purchased products or materials used in product shall conform to applicable statutory and regulatory requirements.

要点:

清楚采购的产品或材料所适用的法律法规要求是什么?是否能满足?

7.4.1.2 供应商质量管理体系开发

组织应以供方符合本标准为目标进行供方质量管理体系的开发。符合 ISO 9001:2008 是达到这一目标的第一步。

注:供方开发的优先顺序取决于供方的质量业绩和所供应产品的重要性等。

除非顾客另有规定,否则组织的供方应通过经认可的第三方认证机构的 ISO 9001:2008 第三方认证。

7.4.1.2 Supplier quality management system development

The organization shall perform supplier quality management system development with the goal of supplier conformity with this Technical Specification. Conformity with ISO 9001:2008 is the first step in achieving this goal.

NOTE The prioritizalion of suppliers for development depends upon, for example, the supplier's quality performance and the importance of the product supplied.

Unless otherwise specified by the customer, suppliers to the organization shall be third party, registered to ISO 9001:2008 by an accredited third-party certification body.

要点:

(1) 对供应商体系开发的工作有没有适当的规定?在制定规定时是否考虑了供应商的质量表现、所提供产品的重要性而采取不同的顺序和评价措施?

(2) 所有的供应商质量体系的开发是否都以达到本技术规范为目标?

(3) 怎样针对供应商的不同情况实施体系开发工作?

(4) 当进行的是第三方审核时,至少每年进行一次监督审核。

(5) 组织可以对供货量小或对汽车产品质量影响极小,相对产品质量稳定的供应商,可建立形成文件的体系认证豁免制度或减少对其的验证频次,但应保留相关记录。

7.4.1.3 顾客批准的供货来源

若合同(如顾客工程图样、规范等)中有规定,组织应从批准的供货来源采购产品、材料或服务。

采用顾客指定的供货来源,包括工具/量具的供方,不能免除组织确保采购的产品质量的责任。

7.4.1.3 Customer-approved sources

Where specified by the contract (e. g. customer engineering drawing, specification), the organization shall purchase products, materials or services from approved sources.

The use of customer-designated sources, including tool/gauge suppliers, does not relieve the organization of the responsibility for ensuring the quality of purchased products.

要点:

(1) 当合同规定时,对顾客指定供应商的情况,组织将如何对待?

(2) 顾客指定供应商时,组织对货品质量如何控制?

ISO 9001:2008 质量管理体系 要求

7.4.2 采购信息

采购信息应表述拟采购的产品,适当时包括:

a) 产品、程序、过程和设备的批准要求;

b) 人员资格的要求;

c) 质量管理体系的要求。

在与供方沟通前,组织应确保规定的采购要求是充分与适宜的。

ISO 9001:2008, Quality management systems—Requirements

7.4.2 Purchasing information

Purchasing information shall describe the product to be purchased, including, where appropriate

a) requirements for approval of product, procedures, processes and equipment,

b) requirements for qualification of personnel, and

c) quality management system requirements.

The organization shall ensure the adequacy of specified purchase requirements prior to their communication to the supplier.

要点:

(1) 组织对拟采购的产品确定了哪些信息？对采购制定了哪些文件？

(2) 适当时是否包括了:a) 产品、程序、过程和设备批准的要求;b) 人员资格的要求;c) 质量管理体系的要求。这里的“适当时”是指对供方的控制程度,可以适当删减,而不是必需的。

(3) 组织是否按照规定过程实施采购？采购及批准权限是否明确并得到实施？

ISO 9001:2008 质量管理体系 要求

7.4.3 采购产品的验证

组织应确定并实施检验或其他必要的活动,以确保采购的产品满足规定的采购要求。

当组织或其顾客拟在供方的现场实施验证时,组织应在采购信息中对拟采用的验证安排和产品放行的方法作出规定。

ISO 9001:2008, Quality management systems—Requirements

7.4.3 Verification of purchased product

The organization shall establish and implement the inspection or other activities necessary for ensuring that purchased product meets specified purchase requirements.

Where the organization or its customer intends to perform verification at the supplier's premises, the organization shall state the intended verification arrangements and method of product release in the purchasing information.

要点:

(1) 组织是否针对不同供方的产品、性质及供货业绩进行分类或分级,规定并实施检验或其他必要活动,以确保采购产品满足规定的采购要求？

(2) 组织是否对采购产品的验证、与供方的沟通以及对不合格品的反应作出规定,以证实其符合规定要求？

(3) 组织对采购产品未实施检验时,是否建立实施了其他有效的控制措施(如对供方检验报告、测试报告的验证或其他监控措施等)？

(4) 组织是否规定采购产品在供方现场验证的情况并予以实施？顾客是否提出对采购产品在供方现场验证的要求并予以实施？如有,组织在采购文件中是否对拟验证的安排和产品的放行作出规定？

7.4.3.1 **进货产品要求的符合性**

组织应有一个采用以下一种或多种方法保证采购产品(见7.4.3)质量的过程:

——组织接收统计数据,并对其进行评价;

——进货检验和/或试验,如根据业绩的抽样;

——结合可接受的已符合要求产品记录,对供方现场进行第二方或第三方评定或审核;

——由指定的实验室进行的零件评价;

——与顾客达成一致的其他方法。

7.4.3.1 Incoming product conformity to requirements

The organization shall have a process to assure the quality of purchased product (see 7.4.3) utilizing one or more of the following methods:

——receipt of, and evaluation of, statistical data by the organization;

——receiving inspection and/or testing, such as sampling based on performance;

——second- or third-party assessments or audits of supplier sites, when coupled with records of acceptable delivered product conformity to requiremerts;

——part evaluation by a designated laboratory;

——another method agreed with the customer.

要点:

组织怎样确保采购产品的质量?其方法是否属于以上条款要求的内容之一或多种?

7.4.3.2 **对供方的监视**

供方业绩应通过以下指标进行监视:

——交付符合要求的产品;

——顾客生产中断包括售后退货;

——按计划交付的业绩(包括附加运费情况);

——关于质量或交付问题异常情况的顾客通知。

组织应促进供方对其制造过程业绩的监视。

7.4.3.2 Supplier monitoring

Supplier performance shall be monitored through the following indicators:

——delivered product conformity to requirements;

——customer disruptions, including field returns;

——delivery schedule performance (including incidents of premium freight);

——special status customer notifications related to quality or delivery issues.

The organization shall promote supplier monitoring of the performance of their manufacturing processes.

要点:

(1) 组织从哪些方面来评价供应商的供货质量?

(2) 是否有数据说明?

(3) 这些数据是否来自于对供应商不间断的供货表现？内容是否包括：交付产品的质量表现、包括售后）退回在内的客户抱怨、按时交付（包括超额运费）、在出现质量或交付特殊状况时，对客户的通知。

(4) 组织在促进供应商监控其制造过程方面做了哪些工作？

ISO 9001:2008 质量管理体系 要求

7.5 生产和服务提供

7.5.1 生产和服务提供的控制

组织应策划并在受控条件下进行生产和服务提供。适用时，受控条件应包括：

a) 获得表述产品特性的信息；

b) 必要时，获得作业指导书；

c) 使用适宜的设备；

d) 获得和使用监视和测量设备；

e) 实施监视和测量；

f) 产品放行、交付和交付后活动的实施。

ISO 9001:2008, Quality management systems—Requirements

7.5 Production and service provision

7.5.1 Control of production and service provision

The organization shall plan and carry out production and service provision under controlled conditions. Controlled conditions shall include, as applicable,

a) the availability of information that describes the characteristics of the product,

b) the availability of work instructions, as necessary,

c) the use of suitable equipment,

d) the availability and use of monitoring and measuring equipment,

e) the implementation of monitoring and measurement, and

f) the implementation of product release, delivery and post-delivery activities.

要点：

(1) 是否通过策划、识别建立了生产和服务提供的全过程？是否规定了相应的表述产品特性的信息，包括必要的作业指导书？

(2) 对生产和服务提供过程进行了哪些控制？

(3) 生产和服务的设施、设备是否符合生产和服务的要求？是否对其进行了维护和保养？

(4) 保证生产和服务提供的监视和测量装置是否配置齐全？其能力是否满足要求？

(5) 对生产和服务提供过程的监视和测量做了哪些规定？是否按这些规定进行了实施？

(6) 产品放行、交付的方法和准则是否明确？实施情况是否符合？

(7) 产品交付后的活动是否有规定？实施情况如何？

7.5.1.1 控制计划

组织应：

——针对所提供的产品在系统、子系统、部件和/或材料层次上制订控制计划（见附录 A），包括散装材料及零件的生产过程；

——在试生产和生产阶段都有考虑设计 FMEA 和制造过程 FMEA 输出的控制计划。

控制计划应:
——列出用于制造过程控制的方法;
——包括对由顾客和组织确定的特殊特性(见 7.3.2.3)所采取的控制进行监视的方法;
——如果有,包括顾客要求的信息;
——在过程变得不稳定或从统计的角度不具备能力时启动规定的反应计划(见 8.2.3.1)。
当任何影响产品、制造过程、测量、物流、供货来源或 FMEA 的更改发生时,应重新评审和更新控制计划(见 7.1.4)。
注:评审或更新后的控制计划可能要有顾客批准。

7.5.1.1 Control plan
The organization shall
——develop control plans (see Annex A) at the system, subsystem, component and/or material level for the product supplied, including those for processes producing bulk materials as well as parts, and
——have a control plan for pre-launch and production that takes into account the design FMEA and manufacturing process FMEA outputs.
The control plan shall
——list the controls used for the manufacturing process control,
——include methods for monitoring of control exercised over special characteristics (see 7.3.2.3) defined by both the customer and the organization,
——include the customer-required information, if any, and
——initiate the specified reaction plan (see 8.2.3.1) when the process becomes unstable or not statistically capable.
Control plans shall be reviewed and updated when any change occurs affecting product, manufacturing process, measurement, logistics, supply sources or FMEA (see 7.1.4).
NOTE Customer approval may be required after review or update of the control plan.

要点:

(1) 或参照 APQP 手册。
(2) 控制计划的重点在于:
① 必须具备试生产阶段、生产阶段的控制计划;
② 其内容必须包括客户要求和反应计划;
③ 控制计划应来自于 FMEA,而且是作业指导书的依据之一,最重要的是要能得到及时更新。

7.5.1.2 **作业指导书**
组织应为所有负责影响产品质量的过程操作人员提供形成文件的作业指导书。这些指导书应在工作岗位易于得到。
这些指导书应来自于诸如质量计划、控制计划及产品实现过程。

7.5.1.2 Work instructions
The organization shall prepare documented work instructions for all employees having responsibilities for the operation of processes that impact conformity to product requirements. These instructions shall be accessible for use at the work station.
These instructions shall be derived from sources such as the quality plan, the control plan and the product realization process.

要点：

(1) 作业指导书是否全面？影响产品质量所有负责加工操作的人员是否都能在不中断工作的情况下获得文件化的作业指导书？

(2) 策划时，是否在质量计划，控制计划中对作业指导书作出了安排？

> **7.5.1.3 作业准备的验证**
>
> 无论何时进行作业准备，如作业的初次运行、材料的更换、作业更改，均应进行作业准备的验证。
>
> 作业准备人员应能得到作业指导书。适用时，组织应使用统计方法进行验证。
>
> 注：推荐采用末件比较的方法。

> **7.5.1.3 Verification of job set-ups**
>
> Job set-ups shall be verified whenever performed, such as an initial run of a job, material changeover or job change.
>
> Work instructions shall be available for set-up personnel. The organization shall use statistical methods of verification, where applicable.
>
> NOTE Last-off-part comparisons are recommended.

要点：

(1) 组织是否为作业准备活动准备了作业指导书，且能被作业准备人员在不中断工作的情况下获得？

(2) 组织是否能在进行作业准备(初次运行、材料更换或作业变更)时，对作业准备进行验证？

(3) 在作业准备验证过程中，组织是否采用了如末件比较法之类的统计验证方法？

> **7.5.1.4 预防性和预见性维护**
>
> 组织应识别关键过程设备，为机器/设备的维护提供资源，并建立有效的、有计划的全面预防性维护系统。这个系统至少应包括：
>
> ——有计划的维护活动；
>
> ——设备、工装和量具的包装和防护；
>
> ——可得到关键生产设备的零配件；
>
> ——将维护目标形成文件并予以评价和改进。
>
> 组织应使用预见性维护方法，以持续改进生产设备的有效性和效率。

> **7.5.1.4 Preventive and predictive maintenance**
>
> The organization shall identify key process equipment and provide resources for machine/equipment maintenance and develop an effective planned total preventive maintenance system. As a minimum, this system shall include the following:
>
> ——planned maintenance activities;
>
> ——packaging and preservation of equipment, tooling and gauging;
>
> ——availability of replacement parts for key manufacturing equipment;
>
> ——documenting, evaluating and improving maintenance objectives.
>
> The organization shall utilize predictive maintenance methods to continually improve the effectiveness and the efficiency of production equipment.

要点:

(1) 组织是否对关键加工设备进行了必要的标识?

(2) 组织是否对机器/设备维护提供了文件依据? 文件是否在以下方面作出了具体的规定:

① 设备的计划性维护;

② 设备、工装和量具的包装以及必要的防护(包括闲置时的管理等);

③ 关键设备备件计划;

④ 评估和改进维护的目标。

(3) 组织是否采取了预见性维护与预防性维护的方法来提高生产设备的有效性和效率?

① 工装更改和文件修订;

② 工装标识,明确状态,如:在用、修理或废弃。

(4) 组织必须实施一个系统来监控任何分包业务活动。

7.5.1.5 生产工装的管理

组织应为工装和量具的设计、制造和验证活动提供资源。

组织应建立并实施生产工装的管理系统,包括:

——维护和修理的设施与人员;

——贮存和修复;

——工装准备;

——易损工装的更换计划;

——工装设计修改的文件,包括工程更改等级;

——工装的修改和文件的修订;

——工装标识,明确其状态,诸如在用、修理或废弃。

如果其中任何一项工作被外包,组织应实施监视这些活动的系统。

注:此要求也适用于车辆维修零件的工装。

7.5.1.5 Management of production tooling

The organization shall provide resources for tool and gauge design, fabrication and verification activities.

The organization shall establish and implement a system for production tooling management including:

——maintenance and repair facilities and personnel;

——storage and recovery;

——set-up;

——tool-change programmes for perishable tools;

——tool design modification documentation, including engineering change level;

——tool modification and revision to documentation;

——tool identification, defining the status, such as production, repair or disposal.

The organization shall implement a system to monitor these activities if any work is outsourced.

NOTE This requirement also applies to the availability of tools for vehicle service parts.

要点：

(1) 组织是否为工装、量具的设计、制造、验证提供了必要的资源？从哪里可以看到？

(2) 组织是否为工装管理制定了规定？规定中是否包括如下内容：

① 为维护和修理工装提供设施及人员；

② 为工装库存和修复提供操作途径；

③ 为工装调试提供操作途径；

④ 提供易损工装的工装更换计划；

⑤ 工装设计修改文件，包括工程更改级别；

⑥ 当工装更改时，为其提供操作途径并保证能在文件修订与其保持一致步伐；

⑦ 对工装进行标识，明确状态，如：在用，修理或废弃。

(3) 当有供应商参与到工装设计、制造、验证或工装管理工作中时，组织是否有必要的监控措施？

7.5.1.6 生产计划

应有满足顾客要求的生产计划，例如由信息系统支持的“准时”计划，该信息系统允许在过程的关键阶段获得生产信息并且是订单驱动的。

7.5.1.6 Production scheduling

Production shall be scheduled in order to meet customer requirements, such as just-in-time supported by an information system that permits access to production information at key stages of the process and is order driven.

要点：

(1) 组织为了保证生产计划能够满足顾客的要求，做了哪些工作监控生产进度？

(2) 在关键加工阶段是否允许调用，并且以订单为驱动？

7.5.1.7 服务信息反馈

应建立并保持与制造、工程和设计部门沟通服务问题的过程。

注：将“服务问题”增加到本条款，其目的是为了保证组织了解其外部发生的不合格。

7.5.1.7 Feedback of information from service

A process for communication of information on service concerns to manufacturing, engineering and design activities shall be established and maintained.

NOTE The intent of the addition of “service concerns” to this subclause is to ensure that the organization is aware of nonconformities that occur outside of its organization.

要点：

是否建立和保持了该程序，并明确交流方式？

7.5.1.8 与顾客的服务协议

当与顾客达成服务协议时，组织应验证以下项目的有效性：

——组织的任何一个服务中心；

——任何专用工具或测量设备；

——服务人员的培训。

7.5.1.8 Service agreement with customer

When there is a service agreement with the customer, the organization shall verify the effectiveness of

——any organization service centres,

——any special-purpose tools or measurement equipment, and

——the training of service personnel.

要点:

"所有的服务中心"是指所有的服务提供场所。

ISO 9001:2008 质量管理体系 要求

7.5.2 生产和服务提供过程的确认

当生产和服务提供过程的输出不能由后续的监视或测量加以验证,使问题在产品使用或服务已交付之后才显现时,组织应对任何这样的过程实施确认。

确认应证实这些过程实现所策划的结果的能力。

组织应对这些过程作出安排,适用时包括:

a) 为过程的评审和批准所规定的准则;

b) 设备的认可和人员资格的鉴定;

c) 特定的方法和程序的使用;

d) 记录的要求(见4.2.4);

e) 再确认。

ISO 9001:2008, Quality management systems—Requirements

7.5.2 Validation of processes for production and service provision

The organization shall validate any processes for production and service provision where the resulting output cannot be verified by subsequent monitoring or measurement and, as a consequence, deficiencies become apparent only after the product is in use or the service has been delivered.

Validation shall demonstrate the ability of these processes to achieve planned results.

The organization shall establish arrangements for these processes including, as applicable

a) defined criteria for review and approval of the processes,

b) approval of equipment and qualification of personnel,

c) use of specific methods and procedures,

d) requirements for records (see 4.2.4), and

e) revalidation.

要点:

(1) 在认定顾客7.5.2过程时,注意7.5.2所述的过程和"(特殊)过程"的区别(见ISO 9000:2005术语"过程"的"注"。

(2) 是否规定了确认过程能力的评审和批准准则?是否按评审和批准准则对过程能力进行了确认?确认的结果是否符合策划的要求?

(3) 是否对标准中b)、c)、d)、e)要求作出安排?实施情况如何?

(4) 确认和再确认的方法可采用建立数学模型、模拟试验、试验、请顾客参与一同验证、C_p 值等。

7.5.2.1 **生产和服务提供过程的确认——补充**

7.5.2 的要求应适用于生产和服务提供的所有过程。

7.5.2.1 Validation of processes for production and service provision—Supplemental

The requirements of 7.5.2 shall apply to all processes for production and service provision.

要点:

对所有的生产和服务提供过程,都需要进行过程能力的确认,确保每个过程的有效性。

ISO 9001:2008 质量管理体系 要求

7.5.3 **标识和可追溯性**

适当时,组织应在产品实现的全过程中使用适宜的方法识别产品。

组织应在产品实现的全过程中,针对监视和测量要求识别产品的状态。

在有可追溯性要求的场合,组织应控制产品的唯一性标识,并保持记录(见 4.2.4)。

注:在某些行业,技术状态管理是保持标识和可追溯性的一种方法。

注:在生产流程中产品所处的位置并不能表明其检验、试验状态,除非产品本身状态明显,如,自动化生产流转过程中的材料。如果状态能清楚地识别、形成了文件且达到了预定的目的,也可以采用其他替代的方法。

7.5.3.1 **标识和可追溯性——补充**

以上 7.5.3 中的"适当时"不适用。

ISO 9001:2008, Quality management systems—Requirements

7.5.3 Identification and traceability

Where appropriate, the organization shall identify the product by suitable means throughout product realization.

The organization shall identify the product status with respect to monitoring and measurement requirements throughout product realization.

Where traceability is a requirement, the organization shall control the unique identification of the product and maintain records (see 4.2.4).

NOTE In some industry sectors, configuration management is a means by which identification and traceability are maintained.

NOTE Inspection and test status is not indicated by the location of product in the production flow unless inherently obvious, such as material in an automated production transfer process. Alternatives are permitted, if the status is clearly identified, documented and achieves the designated purpose.

7.5.3.1 Identification and traceability—Supplemental

The words "Where appropriate" in 7.5.3 shall not apply.

要点:

(1) 组织在产品实现的全过程中对产品标识作了哪些规定(包括对产品的监视和测量的状态标

识)?实施情况如何?

(2) 在有可追溯性要求时,是否控制并记录了产品的唯一标识?实施效果如何?

(3) 对标识的使用有关人员是否清楚?是否进行了保护?

ISO 9001:2008 质量管理体系 要求

7.5.4 顾客财产

组织应爱护在组织控制下或组织使用的顾客财产。组织应识别、验证、保护和维护供其使用或构成产品一部分的顾客财产。如果顾客财产发生丢失、损坏或发现不适用的情况,组织应向顾客报告,并保持记录(见4.2.4)。

注:顾客财产可包括知识产权和个人信息。

注:本条款包括顾客所有的可回收包装。

ISO 9001:2008, Quality management systems—Requirements

7.5.4 Customer property

The organization shall exercise care with customer property while it is under the organization's control or being used by the organization. The organization shall identify, verify, protect and safeguard customer property provided for use or incorporation into the product. If any customer property is lost, damaged or otherwise found to be unsuitable for use, the organization shall report this to the customer and maintain records (see 4.2.4).

NOTE Customer property can include intellectual property and personal data.

NOTE Customer-owned returnable packaging is included in this subclause.

要点:

(1) 组织内是否存在顾客财产?如有,有哪些?

(2) 对顾客提供的财产是否进行了识别、验证、保护和维护?

(3) 当顾客财产发生丢失、损坏或不适用时是否向顾客报告?是否保持了记录?

(4) 顾客财产中是否含有知识产权?如有,组织是否按照法律和顾客要求采取了保护措施?

7.5.4.1 顾客拥有的生产工装

顾客所有的工具以及制造、试验、检验工装和设备应予以永久性标记,以使每一工装设备的权属关系清晰可见并可以确定。

7.5.4.1 Customer-owned production tooling

Customer-owned tools, manufacturing, test, inspection tooling and equipment shall be permanently marked so that the ownership of each item is visible, and can be determined.

要点:

(1) 是否对顾客拥有的工装做永久性地标识?

(2) 标识是否能够显而易见地将其所有权区别开来?

ISO 9001:2008 质量管理体系 要求

7.5.5 产品防护

组织应在产品内部处理和交付到预定地点期间对产品提供防护,以保持符合要求。适用时,这种防护应包括标识、搬运、包装、贮存和保护。防护也应适用于产品的组成部分。

ISO 9001:2008, Quality managemert systems—Requirements

7.5.5 Preservation of product

The organization shall preserve the product during internal processing and delivery to the intended destination in order to maintain conformity to requirements. As applicable, preservation shall include identification, handling, packaging, storage and protectionl Preservation shall also apply to the constituent parts of a product.

要点:

(1) 组织是否针对产品的符合性,在标识、搬运、包装、贮存期间采取防护措施,确保产品不损坏、不变质、不丢失?防护的范围是否包括内部处理和产品交付到预定的地点时间及产品的组成部分?

(2) 在顾客要求时,组织是否按照顾客要求提供防护措施且经验证有效?组织所采取的防护措施是否能延伸到产品交付地点?

7.5.5.1 贮存和库存

应按策划的适宜的时间间隔检查库存品状况,以便及时发现变质情况。

组织应使用一种库存管理系统,以优化库存周期,确保库存周转,如:"先进先出"(FIFO)。应以对待不合格品类似的方法控制过期产品。

7.5.5.1 Storage and inventory

In order to detect deterioration, the condition of product in stock shall be assessed at appropriate planned intervals.

The organization shall use an inventory management system to optimize inventory turns over time and assure stock rotation, such as "first-in-first-out" (FIFO). Obsolete product shall be controlled in a similar manner to nonconforming product.

要点:

(1) 组织是否为了防止产品质量发生变化,而制定合理的贮存期限,以便按计划对库存产品进行必要的评估?

(2) 组织是否在优化库存周期和确保库存周转方面做了工作?

(3) 对过期产品组织采用何种方法进行控制?

ISO 9001:2008 质量管理体系 要求

7.6 监视和测量设备的控制

组织应确定需实施的监视和测量以及所需的监视和测量设备,为产品符合确定的要求提供证据。

组织应建立过程,以确保监视和测量活动可行并以与监视和测量的要求相一致的方法实施。

为确保结果有效,必要时,测量设备应:

a) 对照能溯源到国际或国家标准的测量标准,按照规定的时间间隔或在使用前进行校准和(或)检定(验证)。当不存在上述标准时,应记录校准或检定(验证)的依据(见 4.2.4);

b) 必要时进行调整或再调整;

c) 具有标识,以确定其校准状态;

d) 防止可能使测量结果失效的调整;

e) 在搬运、维护和贮存期间防止损坏或失效。

此外,当发现设备不符合要求时,组织应对以往测量结果的有效性进行评价和记录。组织应对该设备和任何受影响的产品采取适当的措施。

校准和检定(验证)结果的记录应予保持(见 4.2.4)。

当计算机软件用于规定要求的监视和测量时,应确认其满足预期用途的能力。确认应在初次使用前进行,并在必要时予以重新确认。

注:确认计算机软件满足预期用途能力的典型方法包括验证和保持其适用性的技术状态管理。

注:可追溯到设备校准记录的编号或其他标识满足本要求 c)的意图。

ISO 9001:2008, Quality management systems—Requirements

7.6 Control of monitoring and measuring equipment

The organization shall determine the monitoring and measurement to be undertaken and the monitoring and measuring equipment needed to provide evidence of conformity of product to determined requirements.

The organization shall establish processes to ensure that monitoring and measurement can be carried out and are carried out in a manner that is consistent with the monitoring and measurement requirements.

Where necessary to ensure valid results, measuring equipment shall

a) be calibrated or verified, or both, at specified intervals, or prior to use, against measurement standards traceable to international or national measurement standards; where no such standards exist, the basis used for calibration or verification shall be recorded (see 4.2.4);

b) be adjusted or re-adjusted as necessary;

c) have identification in order to determine its calibration status;

d) be safeguarded from adjustments that would invalidate the measurement result;

e) be protected from damage and deterioration during handling, maintenance and storage.

In addition, the organization shall assess and record the validity of the previous measuring results when the equipment is found not to conform to requirements. The organization shall take appropriate action on the equipment and any product affected.

Records of the results of calibration and verification shall be maintained (see 4.2.4).

When used in the monitoring and measurement of specified requirements, the ability of computer software to satisfy the intended application shall be confirmed. This shall be undertaken prior to initial use and reconfirmed as necessary.

NOTE Confirmation of the ability of computer software to satisfy the intended application would typically include its verification and configuration management to maintain its suitability for use.

NOTE A number or other identifier traceable to the device calibration record meets the intent of requirement c) above.

要点：

(1) 组织是否确定了为保证产品符合性要求所需的必要的监视和测量设备？

(2) 所需的必要的监视和测量设备是否已得到满足？其能力是否与监视和测量要求相一致？

(3) 对监视和测量设备的控制是否满足标准中规定的 a)、b)、c)、d)、e)的要求？

(4) 发现监视和测量设备不符合要求时，是否对以往测量结果的有效性进行了评价和记录？对该装置和受影响的产品采取了哪些措施？

(5) 校准和验证结果的记录是否予以保持？

(6) 对规定用于监视和测量的软件是否进行了确认？

7.6.1 测量系统分析

为分析每种(类型)测量和试验设备系统得出的结果中出现的变差，应进行统计研究。此要求应适用于控制计划中提及的测量系统。所用的分析方法及接受准则应符合顾客关于测量系统分析的参考手册的要求。如果得到顾客的批准，也可使用其他分析方法和接收准则。

7.6.1 Measurement system analysis

Statistical studies shall be conducted to analyse the variation present in the results of each type of measuring and test equipment system. This requirement shall apply to measurement systems referenced in the control plan. The analytical methods and acceptance criteria used shall conform to those in customer reference manuals on measurement systems analysis. Other analytical methods and acceptance criteria may be used if approved by the customer.

要点：

(1) 控制计划中提到了几类测量系统？

(2) 是否每类测量系统均进行了测量系统分析？所应用的分析方法是否适宜？

(3) 具体参见 MSA 手册。

7.6.2 校准/验证记录

对所有量具、测量和试验设备(包括员工和顾客所有的设备)都应提供校准/验证活动的记录，用以提供符合确定的产品要求的证据。记录应包括：

——设备标识，包括校准设备所依据的测量标准；

——由工程更改所引发的修订；

——在校准/验证时获得的任何超出规范的读数；

——超出规范条件下影响的评估；

——在校准/验证后，有关符合规范的说明；

——在可疑产品或材料已发运的情况下，给顾客的通知。

7.6.2 Calibration/verification records

Records of the calibration/verification activity for all gauges, measuring and test equipment, needed to provide evidence of conformity of product to determined requirements, including employee and customer-owned equipment, shall include

——equipment identification, including the measurement standard against which the equipment is calibrated,
——revisions following engineering changes,
——any out-of-specification readings as received for calibration/verification,
——an assessment of the impact of out-of-specification condition,
——statements of conformity to specification after calibration/verification, and
——notification to the customer if suspect product or material has been shipped.

要点:

组织内所有量具的校准记录,是否包括了条款要求的内容?特别是内校的测量系统。

7.6.3 实验室要求

7.6.3.1 内部实验室

组织的内部实验室设施应有一个确定的范围,包括进行要求的检验、试验或校准服务的能力。实验室范围应包括在质量管理体系文件中。实验室至少应规定并实施以下方面的技术要求:
——实验室程序的充分性;
——实验室人员的能力;
——产品试验;
——正确地进行这些服务,可溯源到相关的过程标准(如 ASTM、EN 等)的能力;
——相关记录的评审。

注:按 ISO/IEC 17025(GB/T 15481)进行的认可可以用于证明组织内部实验室符合这一要求,但不是强制的。

7.6.3 Laboratory requirements

7.6.3.1 Internal laboratory

An organization's internal laboratory facility shall have a defined scope that includes its capability to perform the required inspection, test or calibration services. This laboratory scope shall be included in the quality management system documentation. The laboratory shall specify and implement, as a minimum, technical requirements for
——adequacy of the laboratory procedures,
——competency of the laboratory personnel,
——testing of the product,
——capability to perform these services correctly, traceable to the relevant process standard (such as ASTM, EN, etc.), and
——review of the related records.

NOTE Accreditation to ISO/IEC 17025 may be used to demonstrate the organization's in-house laboratory conformity to this requirement but is not mandatory.

要点:

(1) 组织有无内部实验室?

(2) 如有,内部实验室的业务范围是否被清楚阐述?内部实验室是否被纳入质量管理体系中?

(3) 组织怎样确定实验室程序,并保证其充分性?

(4) 组织是否清楚界定了实验室的人员资历，并有证据表明现有实验室人员的资格被认可？

(5) 组织是否有证据表明组织能够进行的产品试验被正确执行，并结果可靠？

(6) 组织对内部试验室的试验结果是否予以评审？

7.6.3.2　外部实验室

组织用于检验、试验或校准服务的外部/商业/独立的实验室设施应有一个确定的范围，包括进行要求的检验、试验或校准的能力，并且

——应有证据表明外部实验室对顾客是可接受的，或

——实验室应依据 ISO/IEC 17025(GB/T 15481)或国家等效文件获得认可。

注 1：顾客的评定或顾客批准的第二方评定等方式可作为证明实验室满足 GB/T 15481 或国家等效文件意图的证据。

注 2：对于某一设备，当没有具有资格的实验室时，校准服务可以由原设备制造厂家进行。这种情况下，组织应当确保上述 7.6.3.1 要求已得到满足。

7.6.3.2　External laboratory

External/commercial/independent laboratory facilities used for inspection, test or calibration services by the organization shall have a defined laboratory scope that includes the capability to perform the required inspection, test or calibration, and either

——there shall be evidence that the external laboratory is acceptable to the customer, or

——the laboratory shall be accredited to ISO/IEC 17025 or national equivalent.

NOTE 1　Such evidence may be demonstrated by customer assessment, for example, or by customer-approved second-party assessment that the laboratory meets the intent of ISO/IEC 17025 or national equivalent.

NOTE 2　When a qualified laboratory is not available for a given piece of equipment, calibration services may be performed by the equipment manufacturer. In such cases, the organization should ensure that the requirements listed in 7.6.3.1 have been met.

要点：

(1) 为组织作检测、试验或校准服务的外部实验室是否定义了其业务范围？

(2) 是否有证据表明该外部实验室被顾客接受？认可的方式可为指定或第二方评审。

(3) 外部实验室是否通过了诸如 ISO/IEC 17025 或等同的国家级标准的第三方认证？

(4) 对于组织的外部实验室是否具备了至少第二项与第三项之一要求？

(5) 组织内是否有无法找寻到具备资格的实验室进行核准的特定设备？如有，组织是如何对待该类问题的？

第八节　测量、分析和改进

期望通过本节的讲解，为读者和汽车零部件供应商在推行和实施 ISO/TS 16949 过程中，对质量管理体系进行监视和测量的意义、统计技术的应用和针对监视和测量结果所需的措施、持续改进质量管理体系的路径和方法以及审核中易出现的问题，提供一些思路，并指出需注意的地方。

ISO 9001:2008 质量管理体系 要求

8 测量、分析和改进

8.1 总则

组织应策划并实施以下方面所需的监视、测量、分析和改进过程:

a) 证实产品要求的符合性;

b) 确保质量管理体系的符合性;

c) 持续改进质量管理体系的有效性。

这应包括对统计技术在内的适用方法及其应用程度的确定。

ISO 9001:2008, Quality management systems—Requirements

8 Measurement, analysis and improvement

8.1 General

The organization shall plan and implement the monitoring, measurement, analysis and improvement processes needed

a) to demonstrate conformity to product requirements,

b) to ensure conformity of the quality management system, and

c) to continually improve the effectiveness of the quality management system.

This shall include determination of applicable methods, including statistical techniques, and the extent of their use.

要点:

组织是否根据其行业和产品特点策划并使用了适用的统计工具?

8.1.1 统计工具的确定

在质量先期策划中应确定每一过程适用的统计工具,并应包括在控制计划中。

8.1.1 Identification of statistical tools

Appropriate statistical tools for each process shall be determined during advance quality planning and included in the control plan.

要点:

组织是否在APQP时确定了各工序所适用的统计方法,并体现于控制计划中?

8.1.2 基本统计概念的知识

整个组织应理解和使用基础统计概念,如变差、控制(稳定性)、过程能力和过度调整。

8.1.2 Knowledge of basic statistical concepts

Basic statistical concepts, such as variation, control (stability), process capability and over-adjustment shall be understood and utilized throughout the organization.

要点：

（1）组织是否了解并运用了基本统计概念？

（2）特别是过程控制人员是否理解这些基本概念？

（3）要关注基本统计概念的知识在整个组织内的普及及效果。

ISO 9001:2008 质量管理体系 要求

8.2 监视和测量

8.2.1 顾客满意

作为对质量管理体系绩效的一种测量，组织应监视顾客关于组织是否满足其要求的感受的相关信息，并确定获取和利用这种信息的方法。

注：监视顾客感受可以包括从诸如顾客满意度调查、来自顾客的关于交付产品质量方面数据、用户意见调查、流失业务分析、顾客赞扬、索赔和经销商报告之类的来源获得输入。

注：对内部和外部顾客均应当加以考虑。

ISO 9001:2008, Quality management systems—Requirements

8.2 Monitoring and measurement

8.2.1 Customer satisfaction

As one of the measurements of the performance of the quality management system, the organization shall monitor information relating to customer perception as to whether the organization has met customer requirements. The methods for obtaining and using this information shall be determined.

NOTE Monitoring customer perception can include obtaining input from sources such as customer satisfaction surveys, customer data on delivered product quality, user opinion surveys, lost business analysis, compliments, warranty claims and dealer reports.

NOTE Consideration should be given to both internal and external customers.

要点：

（1）为监控和测量顾客是否满意，组织获取这些信息的渠道有哪些？采用哪些方法进行顾客满意程度的测量或监控？

（2）组织使顾客满意的因素有哪些？顾客是否就这些因素对组织的顾客满意度做了测量和监控？

（3）组织是否对监控和测量的信息进行分析，并就分析的结果采取了措施？

（4）组织的顾客是否考虑了直接顾客和内部顾客的满意情况？

（5）组织对顾客满意度的评价是否来自顾客的意见感受？是否具有代表性和可信性？

8.2.1.1 顾客满意——补充

顾客对组织的满意应通过对（产品）实现过程业绩的持续评价进行监视，业绩的指标应基于客观数据，包括但不局限于：

——交付零件的质量性能；

——顾客生产中断，包括售后退货；

——按计划交付的业绩（包括附加运费情况）；

——关于质量或交付问题的顾客通知。

组织应对制造过程的业绩进行监视，以证实其符合顾客对产品质量和过程效率的要求。

8.2.1.1 Customer satisfaction—Supplemental

Customer satisfaction with the organization shall be monitored through continual evaluation of performance of the realization processes. Performance indicators shall be based on objective data and include, but not be limited to:

——delivered part quality performance,

——customer disruptions, including field returns,

——delivery schedule performance (including incidents of premium freight), and

——customer notifications related to quality or delivery issues.

The organization shall monitor the performance of manufacturing processes to demonstrate compliance with customer requirements for product quality and efficiency of the process.

要点:

(1) 组织是否通过对过程实现的绩效连续评估来监测客户对组织的满意度?

(2) 监测数据是否至少包括了上述条款要求的内容?

ISO 9001:2008 质量管理体系 要求

8.2.2 内部审核

组织应按策划的时间间隔进行内部审核,以确定质量管理体系是否:

a) 符合策划的安排(见 7.1)、本标准的要求以及组织所确定的质量管理体系的要求;

b) 得到有效实施与保持。

组织应策划审核方案,策划时应考虑拟审核的过程和区域的状况和重要性以及以往审核的结果。应规定审核的准则、范围、频次和方法。审核员的选择和审核的实施应确保审核过程的客观性和公正性。审核员不应审核自己的工作。

应编制形成文件的程序,以规定审核的策划、实施、形成记录以及报告结果的职责和要求。

应保持审核及其结果的记录(见 4.2.4)。

负责受审核区域的管理者应确保及时采取必要的纠正和纠正措施,以消除所发现的不合格及其原因。后续活动应包括对所采取措施的验证和验证结果的报告(见 8.5.2)。

注:作为指南,参见 ISO 19011。

ISO 9001:2008, Quality management systems—Requirements

8.2.2 Internal audit

The organization shall conduct internal audits at planned, intervals to determine whether the quality management system

a) conforms to the planned arrangements (see 7.1), to the requirements of this International Standard and to the quality management system requirements established by the organization, and

b) is effectively implemented and maintained.

An audit programme shall be planned, taking into consideration the status and importance of the processes and areas to be audited, as well as the results of previous audits. The audit criteria, scope, frequency and methods shall be defined. The selection of auditors and conduct of audits shall ensure objectivity and impartiality of the audit process. Auditors shall not audit their own work.

A documented procedure shall be established to define the responsibilities and requirements for planning and conducting audits, establishing records and reporting results.

Records of the audits and their results shall be maintained (see 4.2.4).

The management responsible for the area being audited shall ensure that any necessary corrections and corrective actions are taken without undue delay to eliminate detected nonconformities and their causes. Follow-up activities shall include the verification of the actions taken and the reporting of verification results (see 8.5.2).

NOTE See ISO 19011 for guidance.

要点:

(1) 是否形成了内部审核的程序文件? 程序文件是符合标准的要求?

(2) 是否对内部审核方案进行了策划? 策划结果是否考虑了组织质量管理体系的现状及规定了审核的准则、范围、频次和方法? 是否采用了过程方法? 内审员在审核过程中是如何运用过程方法的?

(3) 审核人员和审核实施是否确保审核的客观性和公正性?

(4) 审核中发现的问题是否有记录? 是否采取了纠正措施消除已发现的不合格及其产生的原因。

(5) 对纠正措施是否进行了验证和报告?

(6) 内审报告是否作为管理评审的输入进行了评审?

8.2.2.1 质量管理体系审核

组织应审核质量管理体系,以验证与本标准和任何附加的质量管理体系要求的符合性。

8.2.2.1 Quality management system audit

The organization shall audit its quality management system to verify compliance with this Technical Specification and any additional quality management system requirements.

要点:

组织必须参见 8.2.2 条款和本书第六章第二节。

8.2.2.2 制造过程审核

组织应对每一个制造过程进行审核以确定其有效性。

8.2.2.2 Manufacturing process audit

The organization shall audit each manufacturing process to determine its effectiveness.

要点:

组织必须审核制造过程以确定其有效性。具体参见本书第六章第三节。

8.2.2.3 产品审核

组织应以确定的频次,在生产和交付的适当阶段对其产品进行审核,以验证符合所有规定的要求,如产品尺寸、功能、包装和标签。

8.2.2.3 Product audit

The organization shall audit products at appropriate stages of production and delivery to verify conformity to all specified requirements, such as product dimensions, functionality, packaging and labelling, at a defined frequency.

要点:

具体参见 VDA6.3 和 VDA6.5 和本书第六章第四节。

8.2.2.4 内审计划

内部审核应覆盖所有与质量管理有关的过程、活动和班次,且应按年度计划进行日程安排。当内部/外部不符合或顾客抱怨发生时,应适当增加审核频次。

注:每类审核应当使用特定的检查表。

8.2.2.4 Internal audit plans

Internal audits shall cover all quality management related processes, activities and shifts, and shall be scheduled according to an annual plan.

When internal/external nonconformities or customer complaints occur, the audit frequency shall be appropriately increased.

NOTE Specific checklists should be used for each audit.

要点:

(1) 内审计划是否全面?是否覆盖了与质量管理有关的所有过程、活动和班次?

(2) 内审计划是否根据年度计划进行安排?

(3) 组织是否发生了顾客抱怨或内外部审核发现严重的不符合项?是否增加了审核频次?

8.2.2.5 内审员资格

组织应具有有资格审核本标准要求的内部审核员(见 6.2.2.2)。

8.2.2.5 Internal auditor qualification

The organization shall have internal auditors who are qualified to audit the requirements of this Technical Specification(see 6.2.2.2).

要点:

(1) 组织的内审员的能力要求是否进行了规定?

(2) 组织的内审员是有相应的能力?

ISO 9001:2008 质量管理体系 要求

8.2.3 过程的监视和测量

组织应采用适宜的方法对质量管理体系过程进行监视,并在适宜时进行测量。这些方法应证实过程实现所策划的结果的能力。当未能达到所策划的结果时,应采取适当的纠正和纠正预防措施。

注:当确定适宜的方法时,建议组织根据每个过程对产品要求的符合性和质量管理体系有效性的影响,考虑监视和测量的类型与程度。

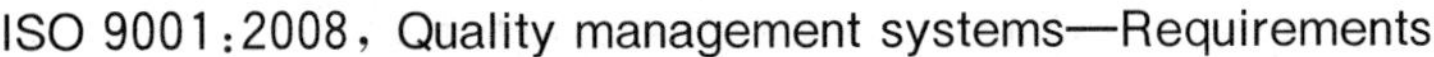

ISO 9001:2008, Quality management systems—Requirements

8.2.3 Monitoring and measurement of processes

The organization shall apply suitable methods for monitoring and, where applicable, measurement of the quality management system processes. These methods shall demonstrate the ability of the processes to achieve planned results. When planned results are not achieved, correction and corrective action shall be taken, as appropriate.

NOTE When determining suitable methods, it is advisable that the organization consider the type and extent of monitoring or measurement appropriate to each of its processes in relation to their impact on the conformity to product requirements and on the effectiveness of the quality management system.

要点:

(1) 监视和测量的对象是过程的能力,而不是过程的结果,监视是长期的,测量是临时的。

(2) 对哪些质量管理体系过程进行监视,在什么情况下测量,是事先策划好的(8.1要求),包括什么地方用什么统计技术方法也是事先策划好的。

(3) 对产品实现过程是否识别和建立了所需的监视和测量点?并是否对其规定了适宜的监视测量的要求和方法?针对关键过程,组织是否实施了有效的测量或监控活动?

(4) 是否按规定的要求和方法进行了监视和测量?效果如何?

(5) 当发现监视和测量的过程能力未能达到要求时,是否采取了适当的措施?

8.2.3.1 制造过程的监视和测量

组织应对所有新的制造过程(包括装配和排序)进行过程研究,以验证其过程能力并为过程控制提供附加的输入。过程研究的结果应形成文件,适用时,包括生产、测量和试验方法的规范及维护指导书。这些文件应包括制造过程能力、可靠性、可维修性和可用性的目标及其接收准则。

组织应保持顾客零件批准过程要求中规定的制造过程能力或性能。组织应确保实施控制计划和过程流程图,包括符合规定的:

——测量技术;

——抽样计划;

——接收准则;

——当未满足接收准则时的反应计划。

应记录重要的过程事件,如更换工装、修理机器等。

组织应对统计能力不足或不稳定的特性启动控制计划中的反应计划。适当时,反应计划应包括对产品的限制和100%检验。为保证过程变得稳定和有能力,组织随后应完成明确进度和责任要求的纠正措施计划。要求时,此计划应与顾客共同评审并经顾客批准。

组织应保持过程更改生效日期的记录。

8.2.3.1 Monitoring and measurement of manufacturing processes

The organization shall perform process studies on all new manufacturing (including assembly or sequencing) processes to verify process capability and to provide additional input for process control. The results of process studies shall be documented with specifications, where applicable, for means of production, measurement and test, and maintenance instructions. These documents shall include objectives for manufacturing process capability, reliability, maintainability and availability, as well as acceptance criteria.

The organization shall maintain manufacturing process capability or performance as specified by the customer part approval process requirements. The organization shall ensure that the control plan and process flow diagram are implemented, including adherence to the specified

——measurement techniques,

——sampling plans,

——acceptance criteria, and

——reaction plans when acceptance criteria are not met.

Significant process events, such as tool change or machine repair, shall be recorded.

The organization shall initiate a reaction plan from the control plan for characteristics that are either not statistically capable or are unstable. These reaction plans shall include containment of product and 100% inspection, as appropriate. A corrective action plan shall then be completed by the organization, indicating specific timing and assigned responsibilities to assure that the process becomes stable and capable. The plans shall be reviewed with and approved by the customer when so required.

The organization shall maintain records of effective dates of process changes.

要点:

(1) 组织是否有新的过程?是否对新的过程验证了其过程能力,并根据过程的能力确定合适的控制方案?这些控制方案是否文件化?

(2) 是否有顾客批准的PPAP?对其过程能力是否进行了保持?(统计过程能力,按照顾客批准的过程控制方案进行控制)

(3) 重要的过程事件是否进行了记录,并将这些过程事件记录用于控制图的分析?

(4) 是否在过程能力不足时能够及时发现?通过何种途径发现?采取了何种措施?是否启动控制计划中的反应计划?

(5) 是否有工艺更改?是否保持了工艺更改生效日期的记录?

ISO 9001:2008 质量管理体系 要求

8.2.4 产品的监视和测量

组织应对产品的特性进行监视和测量,以验证产品要求已得到满足。这种监视和测量应依据所策划的安排(见7.1)在产品实现过程的适当阶段进行。应保持符合接收准则的证据。

记录应指明有权放行产品以交付给顾客的人员(见4.2.4)。

除非得到有关授权人员的批准,适用时得到顾客的批准,否则在策划的安排(见7.1)已圆满完成之前,不应向顾客放行产品和交付服务。

注:当选择产品参数以监测与规定的内部和外部要求的符合性时,组织确定产品特性的类型,并得出:

——测量的类型;

——适当的测量方法;

——要求的能力和技术。

ISO 9001:2008, Quality management systems—Requirements

8.2.4 Monitoring and measurement of product

The organization shall monitor and measure the characteristics of the product to verify that product requirements have been met. This shall be carried out at appropriate stages of the product realization process in accordance with the planned arrangements (see 7.1). Evidence of conformity with the acceptance criteria shall be maintained.

Records shall indicate the person(s) authorizing release of product for delivery to the customer (see 4.2.4).

The release of product and delivery of service to the customer shall not proceed until the planned arrangements (see 7.1) have been satisfactorily completed, unless otherwise approved by a relevant authority and, where applicable, by the customer.

NOTE When selecting product parameters to monitor compliance to specified internal and external requirements, the organization determines the types of product characteristics, leading to

——the types of measurement,

——suitable measurement means, and

——the capability and skills required.

要点：

(1) 对产品特性的监视和测量做了哪些安排？形成了哪些文件？

(2) 产品交付前，对产品特性是否进行了测量和监控？交付顾客的产品是否符合下列条件？

① 所有规定的测量或监控项目都已圆满完成；

② 交付前产品测量和监控结果符合接收准则；

③ 有关证据齐备并获认可。

(3) 是否保持产品符合接收准则的证据？产品放行人员是否有授权证明？

(4) 例外放行是否得到有关授权人员和适用时得到顾客的批准？

8.2.4.1 全尺寸检验和功能试验

应根据适用的顾客工程材料及性能标准，按控制计划的规定，对每一种产品进行全尺寸检验和功能验证。其结果应可供顾客评审。

注：全尺寸检验是对设计记录上显示的所有产品尺寸进行完整的测量。

8.2.4.1 Layout inspection and functional testing

A layout inspection and a functional verification to applicable customer engineering material and performance standards shall be performed for each product as specified in the control plans. Results shall be available for customer review.

NOTE Layout inspection is the complete measurement of all product dimensions shown on the design records.

要点:

组织是否对控制计划中规定的每一产品进行全尺寸和功能验证?

8.2.4.2 外观项目

若组织生产的零件被顾客指定为“外观项目”,则组织应提供:

——适当的资源,包括评价用的照明;

——适当时,颜色、纹理、光泽、金属亮度、结构、鲜映性(DOI)的标准样品;

——外观标准样品及评价设备的维护和控制;

——对从事外观评价人员的能力和资格的验证。

8.2.4.2 Appearance items

For organizations manufacturing parts designated by the customer as “appearance items”, the organization shall provide

——appropriate resources, including lighting, for evaluation,

——masters for colour, grain, gloss, metallic brilliance, texture, distinctness of image (DOI), as appropriate,

——maintenance and control of appearance masters and evaluation equipment, and

——verification that personnel making appearance evaluations are competent and qualified to do so.

要点:

(1) 组织是否为评价外观的工作人员做了能力和资格的验证?

(2) 有无合适的光源?组织是否建立了对外观标样及评估设备的维护、控制方法?

(3) 组织是否具备适当的色标、纹理、光泽度、金属亮度、结构、鲜映性的标样?

ISO 9001:2008 质量管理体系 要求

8.3 不合格品控制

组织应确保不符合产品要求的产品得到识别和控制,以防止其非预期的使用或交付。应编制形成文件的程序,以规定不合格品控制以及不合格品处置的有关职责和权限。

适用时,组织应通过下列一种或几种途径处置不合格品:

a) 采取措施,消除发现的不合格;

b) 经有关授权人员批准,适用时经顾客批准,让步使用、放行或接收不合格品;

c) 采取措施,防止其原预期的使用或应用;

d) 当在交付或开始使用后发现产品不合格时,组织应采取与不合格的影响或潜在影响的程度相适应的措施。

在不合格品得到纠正之后应对其再次进行验证,以证实符合要求。

应保持不合格的性质的记录以及随后所采取的任何措施记录,包括所批准的让步的记录(见 4.2.4)。

ISO 9001:2008, Quality management systems—Requirements

8.3 Control of nonconforming product

The organization shall ensure that product which does not conform to product requirements is identified and controlled to prevent its unintended use or delivery. A documented procedure shall be established to define the controts and related responsibilities and authorities for dealing with nonconforming product.

Where applicable, the organization shall deal with nonconforming product by one or more of the following ways:

a) by taking action to eliminate the detected nonconformity;

b) by authorizing its use, release or acceptance under concession by a relevant authority and, where applicable, by the customer;

c) by taking action to preclude its original intended use or application;

d) by taking action appropriate to the effects, or potential effects, of the nonconformity when nonconforming product is detected after delivery or use has started.

When nonconforming product is corrected it shall be subject to re-verification to demonstrate conformity to the requirements.

Records of the nature of nonconformities and any subsequent actions taken, including concessions obtained, shall be maintained (see 4.2.4).

要点:

(1) 是否制定了程序文件对不合格品的控制和处置作出规定?

(2) 不合格品的处置方法是否做了明确规定? 是否满足标准 a)、b)、c)要求?

(3) 不合格品的识别及随后采取的措施是否保持了记录?

(4) 对不合格品纠正后是否进行了再次验证?

(5) 对交付和开始使用后发现产品不合格时,是否采取了相应措施? 效果如何?

8.3.1 **不合格品的控制——补充**

状态未经标识或可疑的产品,应归类为不合格品(见 7.5.3)。

8.3.1 Control of nonconforming product——Supplemental

Product with unidentified or suspect status shall be classified as nonconforming product (see 7.5.3).

要点:

现场是否有状态不明或可疑的产品?

8.3.2 **返工产品的控制**

返工指导书,包括重新检验的要求,应易于被适当的人员得到并使用。

8.3.2 Control of reworked product

Instructions for rework, including re-inspection requirements, shall be accessible to and utilized by the appropriate personnel.

要点:

产生需返工产品的工位和返工工位是否有返工作业指导书?

8.3.3 顾客信息

一旦发生不合格品被发运,应立即通知顾客。

8.3.3 Customer information

Customers shall be informed promptly in the event that nonconforming product has been shipped.

要点:

是否有不合格品被发运?当有时,是否立即通知了顾客?

8.3.4 顾客特许

无论何时,只要产品或制造过程与当前批准的不同,在继续生产之前,组织应获得顾客的让步或偏离许可。

组织应保持授权的期限或数量方面的记录。当授权期满时,组织还应确保符合原有的或替代的规范和要求。经授权的材料装运时,应在每一集装箱上作恰当的标识。

此规定同样适用于采购的产品。在提交给顾客前,组织应与供方就其提出的任何请求进行批准。

8.3.4 Customer waiver

The organization shall obtain a customer concession or deviation permit prior to further processing whenever the product or manufacturing process is different from that which is currently approved.

The organization shall maintain a record of the expiration date or quantity authorized. The organization shall also ensure compliance with the original or superseding specifications and requirements when the authorization expires. Material shipped on an authorization shall be properly identified on each shipping container.

This applies equally to purchased product. The organization shall approve any requests from suppliers before submission to the customer.

要点:

(1) 当产品或工艺与当前批准的产品或工艺不一致时,组织是否在进行后续工艺以前,获得顾客的让步或偏差许可?

(2) 对顾客让步或偏差许可,组织是否保存经授权的期限或数量记录?

(3) 当授权期限满时,组织是否能够保证产品符合原本或替换的规范和要求?

(4) 被授权的材料被发运时,组织是否在每个包装箱上都作标识?

(5) 组织是否将这一要求用于采购产品上?

ISO 9001:2008 质量管理体系 要求

8.4 数据分析

组织应确定、收集和分析适当的数据，以证实质量管理体系的适宜性和有效性，并评价在何处可以持续改进质量管理体系的有效性。这应包括来自监视和测量的结果以及其他有关来源的数据。

数据分析应提供有关以下方面的信息：

a) 顾客满意(见 8.2.1)；

b) 与产品要求的符合性(见 8.2.4)；

c) 过程和产品的特性及趋势，包括采取预防措施的机会(见 8.2.3 和 8.2.4)；

d) 供方(见 7.4)。

ISO 9001:2008, Quality management systems—Requirements

8.4 Analysis of data

The organization shall determine, collect and analyse appropriate data to demonstrate the suitability and effectiveness of the quality management system and to evaluate where continual improvement of the effectiveness of the quality management system can be made. This shall include data generated as a result of monitoring and measurement and from other relevant sources.

The analysis of data shall provide information relating to

a) customer satisfaction (see 8.2.1),

b) conformity to product requirements (see 8.2.4),

c) characteristics and trends of processes and products, including opportunities for preventive action (see 8.2.3 and 8.2.4), and

d) suppliers (see 7.4).

要点：

(1) 组织确定了哪些数据需要收集和分析？这些数据的来源是否包括来自监视和测量的结果？

(2) 数据分析采用了哪些统计技术？对统计技术的应用进行了哪些控制？

(3) 分析的结果提供了哪些信息？对这些信息作了哪些应用？效果如何？

8.4.1 数据的分析和使用

质量和运行业绩的趋势应与实现目标的进展进行比较，并形成措施以支持：

——确定迅速解决与顾客相关问题的优先顺序；

——确定与顾客相关的关键趋势和相互关系以支持状况评审、决策和长期策划；

——及时报告产品使用信息的信息系统。

注：应当将数据与竞争对手和/或适用的基准加以比较。

8.4.1 Analysis and use of data

Trends in quality and operational performance shall be compared with progress toward objectives and lead to action to support the following:

——development of priorities for prompt solutions to customer-related problems;

——determination of key customer-related trends and correlation for status review, decision-making and longer term planning;

——an information system for the timely reporting of product information arising from usage.

NOTE Data should be compared with those of competitors and/or appropriate benchmarks.

要点:

(1) 组织是否将质量和过程绩效趋势与目标进行不断比较?

(2) 组织是否将比较的结果运用于标准要求的方面,并作为采取措施的依据?

(3) 是否将数据与竞争对手和/或适当的标准进行对比?

ISO 9001:2008 质量管理体系 要求

8.5 改进

8.5.1 持续改进

组织应利用质量方针、质量目标、审核结果、数据分析、纠正措施和预防措施以及管理评审,持续改进质量管理体系的有效性。

ISO 9001:2008, Quality management systems—Requirements

8.5 Improvement

8.5 1 Continual improvement

The organization shall continually improve the effectiveness of the quality management system through the use of the quality policy, quality objectives, audit results, analysis of data, corrective and preventive actions and management review.

要点:

(1) 最高管理者如何认识"持续改进"?

(2) 组织通过哪些过程来持续改进质量管理体系的有效性?

8.5.1.1 组织的持续改进

组织应确定一个持续改进的过程(见 ISO 9004:2000 附录 B 中的示例)。

8.5.1.1 Continual improvement of the organization

The organization shall define a process for continual improvement.

要点:

组织怎样确定持续改进过程? 有无证据?

8.5.1.2 过程的改进

制造过程改进应持续地关注于产品特性及制造过程参数变差的控制和减少。

注 1:在控制计划中将受控特性形成文件。

注 2:持续改进是当制造过程有能力且稳定或当产品特性可预测且满足顾客要求时实施的。

8.5.1.2 Manufacturing process improvement

Manufacturing process improvement shall continually focus upon control and reduction of variation in product characteristics and manufacturing process parameters.

NOTE 1 Controlled characteristics are documented in the control plan.

NOTE 2 Continual improvement is implemented once manufacturing processes are capable and stable, or product characteristics are predictable and meet customer requirements.

要点：

（1）制造过程改进是否持续集中在控制和减少产品特性和制造过程参数的变差方面？

（2）组织是否在制造过程有能力并稳定或产品特性可以预计并能满足顾客的要求时，才能实施持续改进？

ISO 9001:2008 质量管理体系 要求

8.5.2 纠正措施

组织应采取措施，以消除不合格的原因，防止不合格的再发生。纠正措施应与所遇到不合格的影响程度相适应。

应编制形成文件的程序，以规定以下方面的要求：

a） 评审不合格(包括顾客抱怨)；

b） 确定不合格原因；

c） 评价确保不合格不再发生的措施的需求；

d） 确定和实施所需的措施；

e） 记录所采取措施的结果(见 4.2.4)；

f） 评审所采取的纠正措施的有效性。

ISO 9001:2008, Quality management systems—Requirements

8.5.2 Corrective action

The organization shall take action to eliminate the causes of nonconformities in order to prevent recurrence. Corrective actions shall be appropriate to the effects of the nonconformities encountered.

A documented procedure shall be established to define requirements for

a) reviewing nonconformities (including customer complaints),

b) determining the causes of nonconformities,

c) evaluating the need for action to ensure that nonconformities do not recur,

d) determining and implementing action needed,

e) records of the results of action taken (see 4.2.4), and

f) reviewing the effectiveness of the corrective action taken.

要点：

（1）组织是否编制了纠正措施的程序文件？文件是否满足标准规定的 a)、b)、c)、d)、e)的要求？

（2）组织采取的纠正措施是否充分、可靠、及时？所采取的纠正措施是否注重过程及有效性，能防止不合格的再发生，并与不合格的影响程度相适应？对纠正措施实施及有效性是否进行记录、评审并实施了闭环管理？

（3）是否按文件规定执行？效果如何？

（4）重大的纠正措施是否成为管理评审的输入？

8.5.2.1 解决问题

组织应有一个确定的过程用于解决问题，使根本原因得到识别并消除。

若有顾客规定的解决问题的方式，则组织应采用此方式。

8.5.2.1 Problem solving

The organization shall have a defined process for problem solving leading to root cause identification and elimination.

If a customer-prescribed problem-solving format exists, the organization shall use the prescribed format.

要点：

（1）当纠正措施制定后，组织是否能够按指定的方法来解决问题？

（2）当顾客指定解决方式，组织是否能够按顾客要求的方式来解决问题？

8.5.2.2 **防错**

组织应在纠正措施的过程中采用防错方法。

8.5.2.2 Error-proofing

The organization shall use error-proofing methods in their corrective action process.

要点：

组织在实施纠正措施的过程中采取的措施是否能够防错？

8.5.2.3 **纠正措施影响**

组织应将纠正措施和实施的控制应用于其他类似的过程和产品，以消除不合格原因。

8.5.2.3 Corrective action impact

The organization shall apply to other similar processes and products the corrective action, and controls implemented, in order to eliminate the cause of a nonconformity.

要点：

采取的措施是否能够针对不合格的原因？不合格的原因是否已经被消除，并将措施应用到类似的产品或工艺上？

8.5.2.4 **拒收产品的试验/分析**

组织应对顾客的制造厂、工程部门及经销商拒收的零件进行分析。组织应尽可能缩短该过程的周期。应保存分析的记录，而且在要求时可以提供。组织应进行分析，并采取纠正措施，以防止再发生。

注：与拒收产品分析有关的周期应当与确定根本原因、纠正措施和实施有效性监视相一致。

8.5.2.4 Rejected product test/analysis

The organization shall analyse parts rejected by the customer's manufacturing plants, engineering facilities and dealerships. The organization shall minimize the cycle time of this process. Records of these analyses shall be kept and made available upon request. The organization shall perform analysis and initiate corrective action to prevent recurrence.

NOTE Cycle time related to rejected product analysis should be consistent with the determination of root cause, corrective action and monitoring the effectiveness of implementation.

要点：

（1）组织是否对退回品进行分析？分析的记录是否予以了保留？为防止再发生，组织是否采取了纠正措施？

（2）组织是否尽量缩短对退回品的分析的时间周期？怎样操作？

ISO 9001:2008 质量管理体系 要求

8.5.3 预防措施

组织应确定措施，以消除潜在不合格的原因，防止不合格的发生。预防措施应与潜在问题的影响程度相适应。

应编制形成文件的程序，以规定以下方面的要求：

a） 确定潜在不合格及其原因；

b） 评价防止不合格发生的措施的需求；

c） 确定和实施所需的措施；

d） 记录所采取措施的结果（见 4.2.4）；

e） 评审所采取的预防措施的有效性。

ISO **9001:2008**, Quality management systems—Requirements

8.5.3 Preventive action

The organization shall determine action to eliminate the causes of potential nonconformities in order to prevent their occurrence. Preventive actions shall be appropriate to the effects of the potential problems.

A documented procedure shall be established to define requirements for

a) determining potential nonconformities and their causes,

b) evaluating the need for action to prevent occurrence of nonconformities,

c) determining and implementing action needed,

d) records of results of action taken (see 4.2.4), and

e) reviewing the effectiveness of the preventive action taken.

要点：

（1）是否制定了预防措施程序文件？文件是否满足标准规定的 a)、b)、c)、d)、e)的要求？

（2）如何识别和分析潜在不合格？

（3）预防措施是否按文件规定执行？效果如何？

（4）重大的预防措施是否成为管理评审的输入？

第五章 五大工具的应用

汽车行业的竞争是激烈的，这些竞争不仅仅体现在行业间，同时也存在于行业内和行业外。要想进入墙内来分一块蛋糕的企业比比皆是，这就要求我们在做好产品质量的同时更要关注如何提高效率才能满足整车厂的降价要求，以更低的成本、更高的品质和优质的服务坐稳在汽车供应链上。

为此，本章将向企业介绍一些汽车行业较为普及的先进工具。但使用工具并不是目的，也不能证明企业的先进性，最为关键的是希望能从这些工具的背后看到共性，使高效率、低成本的企业文化在使用工具的过程中逐渐形成。

第一节 APQP的应用

本节通过对APQP过程基本知识和案例的讲解，让读者掌握怎样的企业才会有设计职能以及在应用APQP的过程中和策划控制计划时容易忽略的细节。

一、产品质量先期策划的概述和基本原则

1．APQP的概念

APQP是Advanced Product Quality Planning（产品质量先期策划）英文的简称。

——A（Advanced）先期的；

——P（Product）产品；

——Q（Quality）质量；

——P（Planning）策划。

2．APQP的定义

用来确定和制定确保某产品使顾客满意所需步骤的一种结构化、系统化的方法。

3．APQP理解要点

（1）是结构化、系统化的一种方法，也是持续改进的一种工具；

（2）APQP是一个重要的顾客导向的过程（COP），它不仅仅是一个事项，而是系统考虑顾客特殊要求到相关的子系统到零部件进行策划、实现的过程，它确保使产品满足顾客的需要和期望；

（3）是多方论证小组活动的一种重要的方法；

（4）它是从产品的概念提出/批准、产品设计和开发、制造过程设计和开发、试生产到批量生产，以

及全过程中的信息反馈、纠正措施和持续改进活动；

(5) 是不断采取防错措施，以降低产品风险的方法；

(6) 通过策划引导资源，预防缺陷，降低成本、持续改进；

(7) 通过 APQP 制定必要的程序、标准和控制方法；

(8) 顾客要求(特别是顾客特殊要求，包括特殊特性)是重要的输入；

(9) 控制计划是 APQP 的重要输出；

(10) 有效的产品质量策划依赖于企业高层管理者对努力达到使顾客满意这一宗旨的承诺；

(11) 先期的策划应制定并实施开发计划时间进度表。

4. APQP 的来源

APQP 的前身是美国福特汽车公司的 AQP(Advanced Quality Planning)编辑 APQP & CP(Control Plan 控制计划)的时候，为了调合美国三大汽车厂及卡车本身的 APQP 需求，以福特汽车公司的 Mr. Mike Mazur 为主的团队/小组，在福特汽车公司的 AQP 基础上，参考各汽车厂的特色和要求，撰写编制了 APQP and Control Plan(产品质量先期策划和控制计划)。

5. ISO/TS 16949:2009 质量管理体系对 APQP 的要求(见 7.1 产品实现的策划)

组织必须策划和开发产品实现所需的过程。产品实现的策划必须与质量管理体系其他过程的要求相一致(见 4.1)。

(1) 在对产品实现进行策划时，组织必须确定以下方面的适当内容：

① 产品的质量目标和要求；

② 针对产品确定过程、文件和资源的需求；

③ 产品所要求的验证、确认、监视、测量、检验和试验活动，以及产品接收准则；

④ 为实现过程及其产品满足要求提供证据所需的记录(见 4.2.4)。策划的输出形式必须适合于组织的运作方式。

注 1：对应用于特定产品、项目或合同的质量管理体系的过程(包括产品实现过程)和资源作出规定的文件可称之为质量计划。

注 2：组织也可将 7.3 的要求应用于产品实现过程的开发。

注 3：有些顾客引用了项目管理或产品质量先期策划作为一种产品实现的方法；产品质量先期策划包含了防错措施和持续改进的概念，与缺陷探测不同，并且是基于多方论证的方法。

(2) 解释说明

① 美国四大汽车厂(OEMs：福特、通用、戴姆勒和克莱斯勒)和意大利菲亚特汽车公司认可的产品实现的方法为：APQP(产品质量先期策划)。

② 德国大众汽车公司认可的产品实现的方法为：VDA4.3 项目策划管理。

③ 法国标致-雪铁龙汽车公司认可的产品实现的方法为：AQMPP(产品和过程控制质量保证)。

④ 日本丰田汽车公司认可的产品实现的方法为：大日程策划管理。

6. APQP 的目的

APQP 的目的在于确定和制定确保产品使顾客满意所需的步骤，促进与所涉及的每一个人的联系，以确保所要求的步骤能按时完成，并引导资源，预防缺陷，降低成本，持续不断地改进，以最低的成本及时提供优质产品，使顾客满意。

7. APQP 实施的时机和范围

(1) 新产品；

(2) 更改的产品。

8. APQP 的目标

(1) 促进与所涉及每一个人的联系，以确保所要求的步骤按时完成；

(2) 顾客对新产品的确认准时率和交付准时率为 100%；

(3) 使产品质量问题最小或没有;

(4) 使产品投入的质量风险降至最低。

9. APQP 的益处

(1) 引导资源,使顾客满意;

(2) 促进对所需更改的早期识别;

(3) 避免试生产或试生产之后的晚期更改;

(4) 以最低的成本按时提供优质合格的产品;

(5) 减少与顾客在产品质量策划方面的复杂性;

(6) 可易于将其作为与供应商在产品质量策划需求上的沟通。

10. APQP 的组织结构——多方论证小组

在产品项目的最早阶段,为促进产品质量先期策划和对其工作所涉及的每一个人的联系,以确保产品质量先期策划所要求的工作按时完成,企业必须针对每一个新产品质量先期策划工作建立多方论证小组。多方论证小组的组建由技术部门主管负责,经管理者代表批准后,由管理者代表指派和任命多方论证小组组长(在产品质量先期策划循环中,多方论证小组组长可由小组成员轮流担任)。多方论证小组组长一般由技术部门主管担任。

(1) 企业多方论证小组成员一般包括:技术、生产/制造、材料控制、质量、销售/市场、现场服务人员,必要时,可视实际的工作需要包括顾客或顾客方面的代表(如:公司总经理指派和任命的"顾客代表")和/或供应商。

(2) 在每一个新产品质量先期策划各阶段中,多方论证小组必须对各阶段的计划和执行工作的结果进行审查和评估,以确保产品开发顺利进行;审查和评估的方式可以定期召开会议或以其他合理的方式进行,小组与小组间的联系程度可视需要解决的问题的数量来决定。

(3) "多方论证方法"的概念和定义

指一组人为完成一项任务或活动而被咨询的活动。多方认证的方法是试图把所有相关的知识和技能集中考虑地进行决策的过程。术语"多方论证"与术语"横向协调"是同义词。某些部门可以要求召集会议。

(4) 多方论证小组的职责和权限

① 确定顾客要求和需求及期望;

② 确定顾客——内部和外部;

③ 确定小组成员每一部门代表方的角色和职责及工作;

④ 确定过程所需的工艺文件和作业程序及方法;

⑤ 新产品设计和/或开发全过程之各阶段工作审查;

⑥ 对所提出来的设计、性能要求和制造过程评定其可行性;

⑦ 产品开发过程中相关问题之澄清及解决;

⑧ 确定产品成本、设计和/或开发进度、交付(提交)时间及其他必须考虑的限制条件;

⑨ 决定所设计和/或开发及交付(提交)的产品是否需要顾客或分承包方协助;

⑩ 特殊特性的开发和最终确定;

⑪ 潜在失效模式及后果分析的开发和评审,包括采取降低潜在风险的措施;

⑫ 控制计划的开发和评审。

11. APQP 中需确定的范围

在产品项目的最早阶段,对多方论证小组而言,重要的是识别顾客需求、期望和要求,多方论证小组必须召开会议,至少:

(1) 选出项目小组负责人负责监督策划过程(有时,在策划循环中小组负责人轮流担任可能更为有利);

（2）确定项目小组各成员的职责和作用；

（3）确定顾客（内部和外部）；

（4）确定顾客的要求（可利用质量功能展开——QFD 方法）；

（5）理解顾客的期望，如：设计、试验次数等；

（6）对所提出来的设计、性能要求和制造过程评定其可行性；

（7）确定成本、进度和必须考虑的限制条件；

（8）确定所需的来自于顾客的帮助；

（9）确定文件化过程或方法。

12．APQP 工具和技能的培训需求

（1）多方论证小组成员的培训

产品质量计划的成功依赖于有效的培训计划，它传授所有满足顾客需要和期望的要求及开发技能（如：质量功能展开——QFD、试验设计——DOE 等）。在未正式实施和执行新产品质量先期策划工作之前，为确保产品质量先期策划工作的顺利进行，凡被列为多方论证小组的成员均必须接受培训（培训的内容包括：APQP/CP、FMEA、PPAP、MSA、SPC、了解顾客的需求、全部满足顾客需求和期望的开发技能等）。培训的方式可由企业视其实际的工作需要决定内部培训或外部培训；但均需保存培训记录，以便日后追溯。

（2）产品设计和开发人员必须熟悉和掌握以下适用的工具和技能要求：

① 几何尺寸和公差（GD&T）；

② 质量功能展开（QFD）；

③ 制造设计（DFM）/装配设计（DFA）；

④ 价值工程（VE）；

⑤ 试验设计（DOE）；

⑥ 失效模式及后果分析（DFMEA/PFMEA 等）；

⑦ 有限元分析（FEA）；

⑧ 实体造型；

⑨ 仿真技术；

⑩ 计算机辅助设计（CAD）/计算机辅助工程（CAE）；

⑪ 可靠性工程计划。

（3）“试验设计（DOE）”的概念和定义

一种用于控制过程输入以便更好地理解对过程输出影响的试验技术。

指有计划地在某种条件下进行实验从而去获得能预测某种现象的统计资料，并且通过分析实验结果，从该现象中归纳出普遍性及再现性规则的一种有效方法。

一项设计的试验是一个试验或一连串的试验，可以使潜在的影响过程的变量根据制定的设计矩阵来进行系统化的变更。

① 所关注的反应在以下几种情况下评估：

——在受测试变量中识别有影响的变量；

——在变量等级所代表的范围内，将影响数量化；

——对过程中发生作用的系统本质的特性有一个更好的理解；

——对影响和相互作用关系进行比较。

② 在产品/过程开发循环的早期采用试验设计（DOE）这种技术可以导致：

——改善过程结果；

——减少围绕公差值或目标值的变异性;

——节省开发时间;

——降低总成本。

③ 试验设计的代表性方法包括“传统方法”和“田口方法”。

(4)“质量功能展开(Quality Function Deployment,QFD)”的概念和定义

① QFD是一种将顾客呼声转化为技术要求和操作条款,并将所转化的信息,以文件形式列在矩阵表中的系统化、结构化的方法和程序。用这种方法把顾客的要求转化为产品每一个阶段(开发和生产)适当的技术要求。是用来辅助产品开发利用设计的一种工具。

② QFD是一种直观的、强有力的计划方法,就是把形成质量的各功能按各个阶段、步骤(包括研究与开发、工艺设计、加工制造、市场开发、销售等)详细地予以展开。

——QFD重点放在最重要的项目上,并提供将目标准确地定位在选定区域,以提高竞争优势的方法。

——对于特定产品,QFD技术可以用作质量策划过程的一个组成部分,特别是QFD第一阶段——产品策划将顾客的要求(即顾客呼声)转化为相应的控制特性或设计要求。

——QFD提供了将通用的顾客要求转化为指定的最终产品和过程控制特性的方法。

③ QFD的类型

——质量展开:将顾客的要求转化为产品设计要求;

——功能展开:将设计要求转化为合适的零件、过程和生产要求。

④ QFD的好处

——提高顾客要求的保证度;

——减少由于对顾客要求的项目的增加而引起的更改的数量;

——识别有潜在冲突的设计要求;

——将各种公司的活动集中于以顾客为主的目标上;

——缩短产品的开发周期;

——减少开发、制造和服务的成本;

——改进产品和服务的质量。

(5)“制造设计/装配设计(DFM/DFA)”的概念和定义

DFM/DFA是一种优化设计功能、制造性,易于装配之间关系所设计的同步工程过程。改进装配和制造的设计是一个重要的步骤,应及早与工厂代表在设计过程上进行协商以评审部件或系统,并对特定的装配和制造要求提供输入。具体尺寸公差应在相似过程的基础上确定。该设计将有助于明确所要求的装置和所需的任何过程更改。

(6)“有限元分析(FEA)”的概念和定义

FEA是一种模拟复杂结构的技术。当该数学模型在已知载荷条件下时,便可以确定结构的位移(变位)。

(7)“几何尺寸与公差(GD&T)”的概念和定义

几何尺寸与公差是在工程图样上用来确定零件特征和关系的一套规则和标准符号。

CD&T描述零件特征(代替卡迪坐标关系)的几何关系、产品全功能的最大公差。

(8)“实体造型”的概念和定义

一种把体积物理性质加到产品设计中的几何CAD技术,它能自动进行几何与物理性质分析。

(9)“价值工程”的概念和定义

一种有计划地解决问题的、清单式的方法,它集中于具体的产品设计和过程设计特性上。如当

价值分析用于提高生产开始后的价值时，价值工程则用于在支付设施和工装费用之前使价值达到最大值。

（10）“仿真技术”的概念和定义

用一不同的、不相似的系统模拟某一个系统部分或全部行为特征的实践做法。

（11）“可靠性”的概念和定义

某项产品在某一观测点上，在规定的环境和工作负荷条件下，在顾客期望的水平上继续发挥功能的概率。

13. 同步工程在 APQP 中的运用

（1）“同步工程（Simultaneous Engineering，也称同步技术或并行工程）”的概念和定义：

一种为确保可制造性并节省时间，通过使用多方论证小组，同步地设计产品和该产品制造过程的方法。

同步工程是多方论证小组为一共同目的而进行的努力的程序，同步进行产品和制造过程设计和开发工作，它将替代逐级转换的工程技术实施过程的各个阶段，以保证可制造性、装配性并缩短开发周期，降低开发成本。同步工程取代按部就班的工程方法，是尽早促进优质产品的引入，使高质量产品早日实现生产。产品质量先期策划小组要确保其他领域/小组的计划和执行活动支持共同目标。

（2）同步工程的支持性技术举例：

① 网络技术和数据交换等相关技术；

② DFX 技术；

③ CAX 技术；

④ 质量功能展开（QFD）；

⑤ 此外，同步工程还大量用到田口方法、FMEA 分析和统计过程控制（SPC）等技术。

14. 控制计划在 APQP 中的运用

控制计划是 APQP 工作中重要的输出，控制计划是控制零件和过程系统的书面描述，单独的控制计划包括三个独立的阶段：

样件——在样件制造过程中，对尺寸测量和材料与性能试验的描述；如顾客有要求时，公司必须编制样件控制计划。

试生产——在样件试制之后，全面生产之前所进行的尺寸测量和材料与性能试验的描述。

生产——在大批量生产中，将提供产品/过程特性、过程控制、试验和测量系统的综合文件。

（1）控制计划是质量策划过程的一个重要阶段，是对控制零件和过程的体系的全面策划；一个单一的控制计划可以适用于以相同过程、相同原料生产出来的一组和一个系列的产品。

（2）控制计划是一份动态文件，它在整个产品寿命周期中得到保持和使用，并随着测量系统和控制方法的评价和改进对其进行修订，以确保按顾客的要求制造出优质的产品。

（3）当发生下述情况时，多方认证小组必须重新评审和更新控制计划：

① 产品更改；

② 过程（工序）更改；

③ 过程（工序）不稳定；

④ 过程（工序）能力不足；

⑤ 检验方法、频次等的修改。

15. APQP 中的“关键路径法”

关键路径法可以是 Pert 图或甘特（Gant）图。在甘特图上以粗线表示需要最长时间完成的任务，同时以细线表示需要并进行的任务子项；它表明了要求在预期的最长时间内完成任务的时间顺序。它可

以提供以下有价值和重要的信息:

(1) 各项任务之间的相互关系;

(2) 对问题的及早预测;

(3) 责任的识别;

(4) 资源识别、分配和水准测量。

16. APQP 中问题的解决

(1) 在策划过程中,多方论证小组将遇到一些产品设计/或加工过程的问题,这些问题可用表示规定职责和时间的矩阵表形成文件。

(2) 在遇到困难的情况下,建议使用多方论证的解决方法。

(3) 在适当的情况下,解决问题的常用分析技术方法应使用 APQP 手册附录 B 中所述的分析技术,如:因果图、关键路径法、防错、试验设计(DOE)、可制造性和装配设计、设计验证计划和报告、过程流程图、质量功能展开(QFD)、系统失效模式及后果分析(SFMEA)。

17. APQP 中的产品质量开发进度计划

产品质量策划小组在完成组织活动后的第一项工作是制定产品开发进度计划。在选择需作计划并绘制成图的进度要素时,应考虑产品的类型、复杂性和顾客的期望。

(1) 所有的小组成员都应在每一事项、措施和进度上取得一致意见。

(2) 一个组织良好的进度图应列出任务、安排和/或其他事项(适当时可用关键路径法)。同时,图中还对策划小组提供了跟踪进展和制定会议日程的统一格式。

(3) 为了便于报告状况,每一事项均应具备"起始"和"完成"日期,并记录进展的实际点。

(4) 有效的状况报告使监控焦点集中于要求特别注意的项目,以起到支持项目监测的作用。

18. APQP 中与时间进度有关的计划(见图 5-1 和图 5-2)

(1) 任何项目的成功都有赖于以及时和价有所值的方式满足顾客的需要和期望。

(2) 产品质量策划进度图表和产品质量策划循环要求 APQP 策划小组尽其全力预防缺陷。

(3) 缺陷预防由产品和制造工程同步进行的同步工程来推进。

(4) APQP 策划小组应准备修改产品质量计划以满足顾客的期望。

(5) 产品质量策划小组有责任确保其进度符合或提前于顾客进度计划。

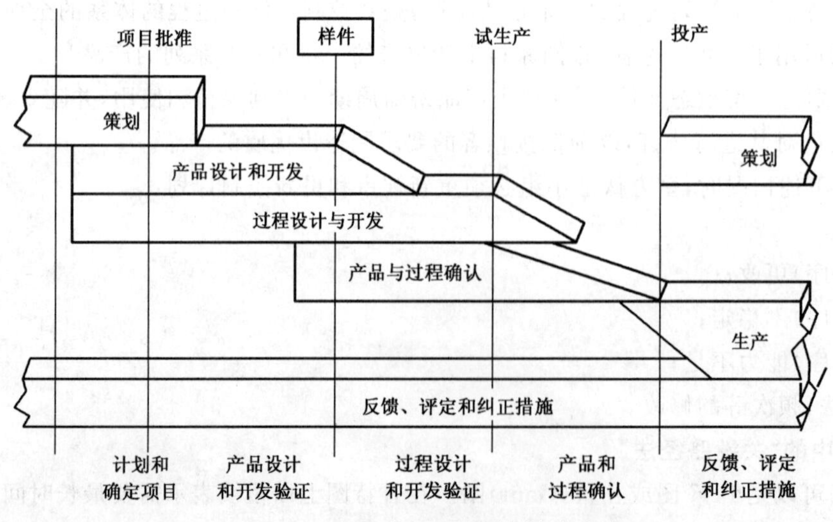

图 5-1 APQP 产品质量策划进度表

APQP中常用的产品质量策划时间进度表(甘特图)

阶段	工作任务和内容	责任部门	时间进度日程											
			1月	2月	3月	4月	5月	6月	7月	8月	9月	10月	11月	12月
1	计划和确定项目													
2	产品设计和开发													
3	过程设计和开发													
4	产品和过程确认													
5	反馈、评定和纠正措施													
备注	1. 前一个过程的输出是后一个过程的输入。 2. 各个过程在时间上的重叠，体现同步工程。 3. “反馈、评定和纠正措施”过程始终贯穿APQP整个过程。 4. 一个策划循环的结果是另一个策划循环的开始。													

里程碑　概念提出和批准　项目批准　样件制造　试生产　批量生产

图 5-2　时间进度表

19. APQP与防错

整个APQP的过程是不断采取防错措施，不断降低产品/服务交付到顾客时，产生问题的风险至最低的过程，这是APQP的核心(见图5-3)。

(1)“防错”的概念和定义

为防止不合格产品的制造而进行的产品和制造过程的设计和开发。防错是一种消除错误的技术，通常称之为“防止失效”。防错应作为控制重复性任务或行为的预防性技术，该技术用来减少顾客的顾虑。

(2)防错的方法

采用的防错方法一般有：改进工艺、制作固定或专用工装、采用报警装置、目标管理、看板管理、颜色管理等。

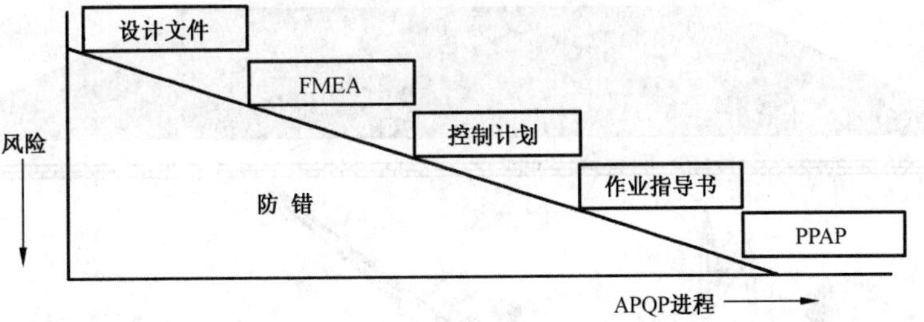

图 5-3　APQP与风险关系图

20. APQP与CP、FMEA、PPAP、MSA和SPC的关系(见图5-4)

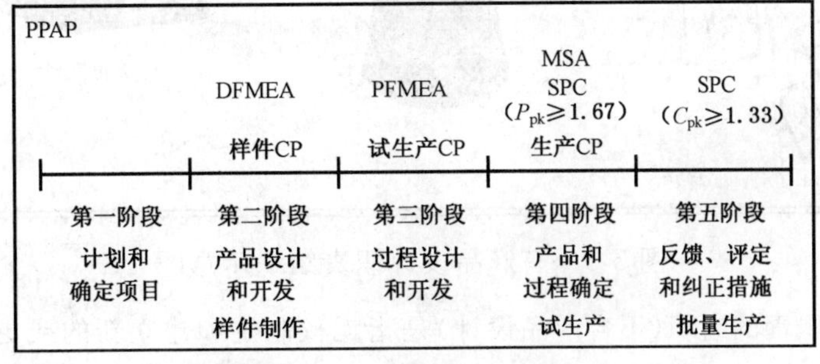

图 5-4　五大工具不同阶段关系图

二、组织产品设计责任的确定

对产品设计责任的确定可从两方面进行。

1. 有产品设计职责的组织(含产品设计)是指有权制定和建立新的或更改现有产品规范的组织(见图 5-5)。可以理解为:

(1) 可以开发新的或修改现行的产品设计的组织。

(2) 产品设计责任只有两种情况,即不是客户责任就是组织的责任,不存在第三种情况。

(3) 设计能力和设计责任是不同的,前者是指组织对产品的开发技能,后者是指对产品开发应承担的风险。也就是说,一个组织可能具有设计能力,但没有设计责任。

案例:某组织的客户要求组织按照样品和数模开发一个后视镜,组织完成该产品的设计后,把图纸交给客户确认,客户相关部门对图纸进行了会签,然后由客户的技术部门发行。组织没有修改该产品的任何权利和责任,因此,该组织是没有该产品的设计责任的。

(4) 设计责任的内容与职责:

		设计责任	仅限制造	服务组织 如热处理、贮存、运输等
确定范围		√	√	√
计划和确定	(第 1 章)	√		
产品设计和开发	(第 2 章)	√		
可行性	(2.13)	√	√	√
过程设计和开发	(第 3 章)	√	√	√
产品和过程确认	(第 4 章)	√	√	√
反馈、评定和纠正措施	(第 5 章)	√	√	√
控制计划方法论	(第 6 章)	√	√	√

注:产品设计责任——如果组织有权制定新的或修改现有的发送给顾客的产品图纸/规范,那么,组织就具有产品设计责任。顾客对具有产品设计责任的组织,其产品的批准并不改变组织具有产品设计责任的状态。

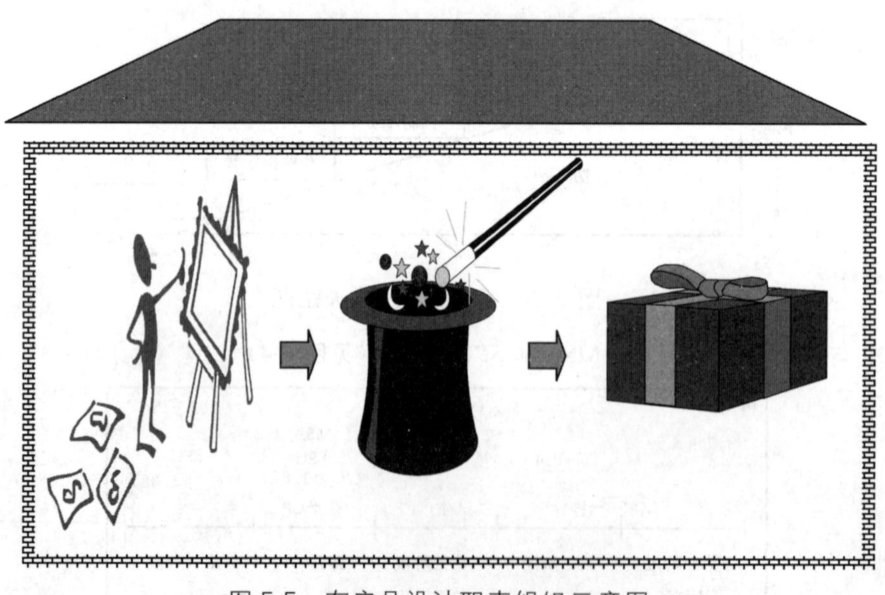

图 5-5　有产品设计职责组织示意图

2. 没有产品设计职责的组织(不含产品设计)是指无权制定和建立新的或更改现有产品规范的组织(见图 5-6)。

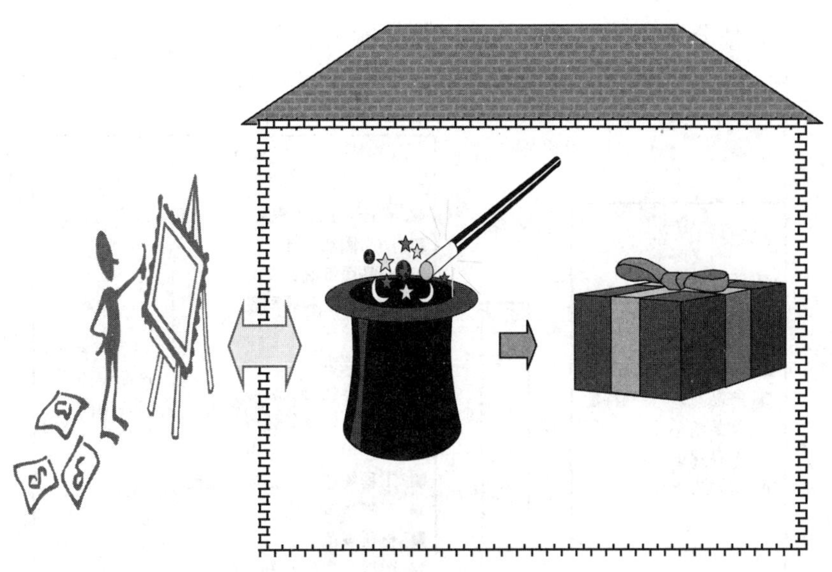

图 5-6　无产品设计职责的组织示意图

三、APQP 各阶段的任务(从各阶段的输入、输出可以简单地看到各阶段的任务)

APQP 的策划分 5 个阶段,每个阶段都是个过程,每个过程的输入、输出的内容,要求和目的是不同的,但又是相互关联的。输入是用于早期活动的,输出是活动的结果。下面提供的输入、输出内容是建议性的,不是必须的,组织在策划时要根据产品、过程和顾客满意及适用性来确定。

1. APQP 第一个阶段(计划和确定项目过程,见图 5-7)

计划和确定项目阶段是对产品的先期策划的过程,其输入是顾客的要求和期望,输出有 7 个方面内容。本过程的主要任务是确定顾客的需求和期望并做到十分清楚。牢记,做一切工作必须把顾客记在心上。

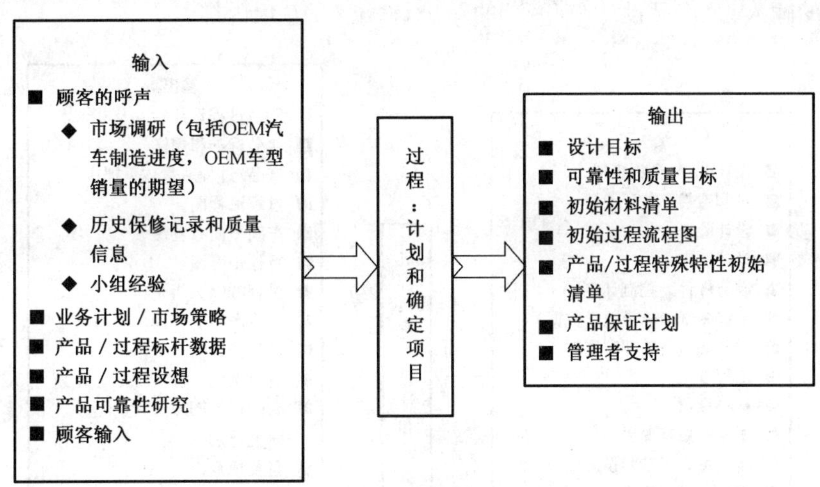

图 5-7　APQP 第一个阶段输入输出示意图

2. APQP 第二个阶段(产品设计和开发过程,见图 5-8)

本过程的任务和要点:

(1) 项目小组应考虑所有的设计要素,即使设计是顾客所有或双方共有;

(2) 步骤包括样件制造到验证产品和服务满足顾客呼声的要求;

(3) 一个可行的设计应能满足生产量、工期和工程要求,并满足质量、可靠性、投资成本、重量、单件成本和进度目标等;

(4) 保证对技术要求和有关技术资料的全面、严格的评审;

(5) 进行初始可行性分析,以评定制造过程可能发生的潜在问题;

(6) 本过程的输入为"计划和确定项目过程"的输出,输出有 17 项内容。

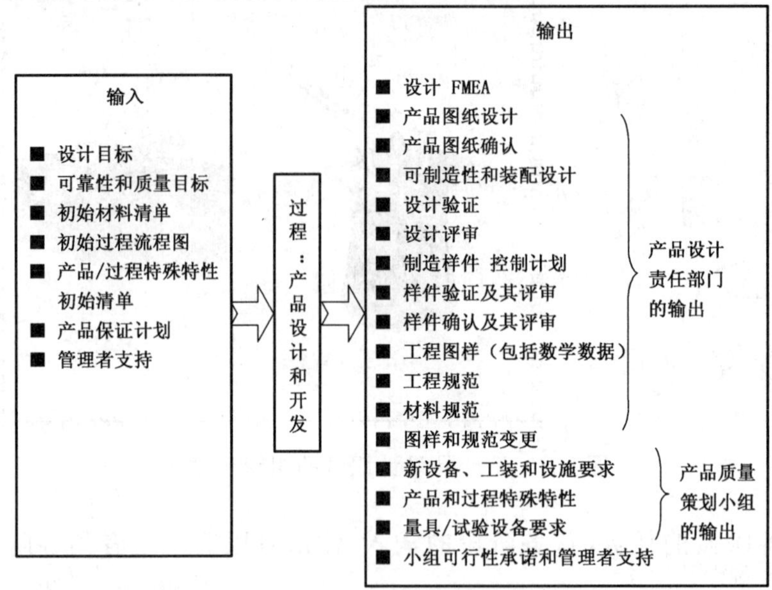

图 5-8 APQP 第二阶段输入输出示意图

3. APQP 第三个阶段(过程设计和开发阶段,见图 5-9)

本过程的任务和要点:

(1) 保证开发一个有效的制造系统,保证满足顾客的需要、要求和期望;

(2) 讨论为获得优质产品而建立的制造系统的主要特点及与其有关的控制计划;

(3) 本过程的输入为"产品设计和开发"的输出,输出有 15 项内容。

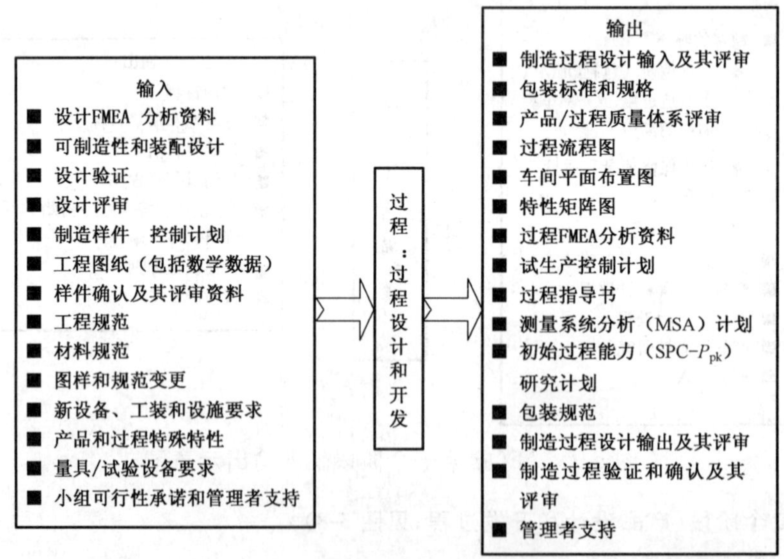

图 5-9 APQP 第三阶段输入输出示意图

4. APQP 第四个阶段(产品和过程确认阶段,见图 5-10)

本过程的任务和要点:

(1) 讨论通过试生产运行评价对制造过程进行验证;

(2) 验证是遵循控制计划和过程流程图,产品是否满足顾客的要求;

(3) 本过程的输入为“过程设计和开发”的输出,输出有 12 项内容。

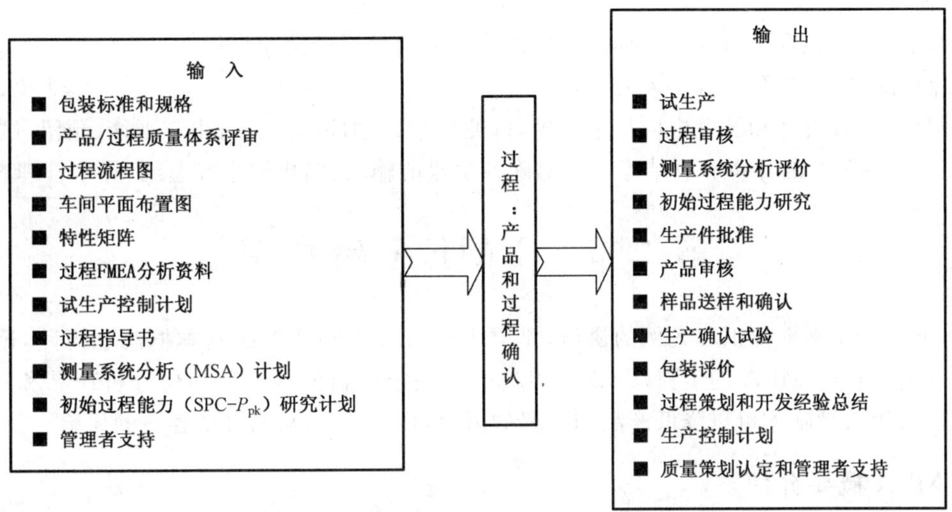

图 5-10 APQP 第四个阶段输入输出示意图

5. APQP 第五个阶段(反馈、评定和纠正措施阶段,见图 5-11)

本过程的任务和要点:

(1) 质量策划不因过程确认和就绪而停止。在制造阶段,所有的变差的特殊原因和普通原因都会表现出来,以输出进行评价,也是对质量策划工作有效性评价;

(2) 生产控制计划是用来评价产品和服务的基础;

(3) 应对计量和计数型数据进行评价;

(4) 本过程的输入为“产品和过程确认”的输出,输出有 4 项内容。

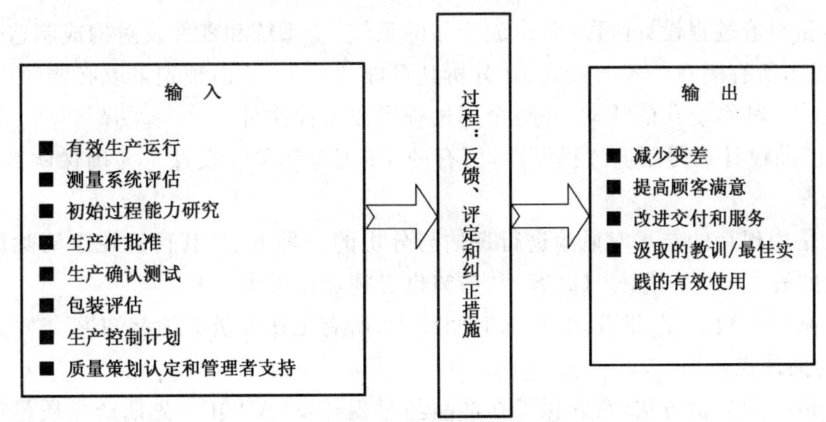

图 5-11 APQP 第五个阶段输入输出示意图

6. 存在的问题及解决方法

(1) 各项目间的协调不到位

明确各项目间的协调职责,在管理层中指派一人负责各项目进度协调和监控,合理分配各项目间的资源并定期召开项目调整例会。

(2) 未识别关键点和关键路线

项目组长根据项目开发输入的要求,准确识别项目开发的关键时间节点,确定关键路线,并在项目组成员中合理分配资源。

(3) 未明确各关键节点的监控职责

项目组长依 APQP 实施计划的时间节点进行动态跟踪和评审。

(4) 顾客需求不明确

顾客代表密切与顾客进行联系,及时、准确地将顾客信息反馈给项目组。

(5) 试制与产量产能不明确

试制计划在过程设计和开发中应尽早明确,以便生产计划部门能进行生产平衡、预留、试制产能。

(6) 未进行各阶段的评审和总结等——明确各阶段的输入、输出评审和总结,寻求管理者支持。

第二节 FMEA 的应用

通过对 FMEA4 基本知识和案例的讲解,掌握 DFMEA/PFMEA 的基本概念和思路,FMEA 的目的、范围和分类,制作 FMEA 的步骤,FMEA 表格的每一个栏目的含义及如何分析产品和过程的失效模式,以及采取什么措施才可以降低产品和过程的风险(RPN 值),从而降低客户的风险。

一、FMEA 概要介绍

1. FMEA 的概念

FMEA 是 Potential Failure Mode and Effects Analysis(潜在的失效模式及影响分析)的英文简称。

——P(Potential)潜在的;

——F(Failure)失效;

——M(Mode)模式;

——A(And)及/和;

——E(Effects)影响;

——A(Analysis)分析。

2. FMEA 的过程

在产品设计和制造过程设计阶段,对构成产品的系统、子系统和零件及对构成制造过程的各个工序逐一进行分析,找出所有潜在的失效模式,并分析其可能的后果,从而预先采取必要的措施,以提高产品的质量和可靠性的一种系统化的活动,并将全部过程形成书面文件。

(1) 无论是产品设计或是制造过程设计,所有的 FMEA 都关注设计。为确保顾客满意,FMEA 是对设计过程的完善。

(2) FMEA 是用现行的技术对风险进行评估与分析的一种方法,其目的在于清除风险或使其减少至一个可以接受的程度,其中对用户(顾客)利与弊也必须加以考虑。

(3) FMEA 是一个数据库,谁改动,什么时间改动,所有工作人员必须都知道。

3. FMEA 的关注点

(1) FMEA 是一种分析方法,它确保了在产品与过程开发(APQP—先期产品质量策划)的过程中,考虑并处理了潜在的问题。FMEA 的最显著的成果,就是将跨职能小组的集体知识文件化。

(2) 风险评估是评估与分析的一部分,它的重点是对有关设计(产品和过程)、功能和应用变更的评审,及对潜在失效可能带来的风险进行讨论。

(3) FMEA 应当关注到产品或总成内的每一个零部件,尤其对关键和涉及安全问题的零部件或过程,更应当受到优先关注。

(4) 顺利实施 FMEA 程序的重要因素之一,就是及时性。它是"事前"行为,而不是"事后"操作。为了实现最大价值,FMEA 必须在实施存在、潜在失效模式的产品和过程之前进行。如果预先完成了 FMEA 产品/过程的变更就变得更容易实施,并且实施成本也较低,从而将后期更改的危机减少到最小。FMEA 措施可以减少,甚至消除实施变更而带来更大问题的可能性。

(5) 理想状况下,设计 FMEA 应当在设计的早期阶段启用;过程 FMEA 应在工装和制造设备的开发、采购之前启动。FMEA 应贯穿于设计和制造开发过程的每一阶段，并且也可用于问题解决。

(6) FMEA 亦可用于非生产制造领域。例如，FMEA 可被用于行政管理过程的风险分析，或用于安全系统的评估。总的来说，FMEA 是应用于那些收益丰厚且明显的产品设计和制造过程中的潜在失效问题。

4. FMEA 的特点

(1) 预防：失效还未产生，可能会发生，但不一定会发生；

(2) 时机：应在产品图纸设计或制造过程开发阶段之前进行；

(3) 合作：FMEA 分析小组由各种有经验和专业知识的人员组成；

(4) 使用专用分析表格：具有作为动态文件使用的 FMEA 专用分析记录表格，包括按照过程/产品/服务寿命周期期间所要求的更改。

5. FMEA 的目的和使用

在本章第一节的第 19 款“APQP 与防错”中，我们清晰看到 FMEA 作为一种降低风险的“防错”工具被得到使用，可见，FMEA 的目的是很明显的。

(1) 认可并评价产品/过程中潜在失效以及该失效的后果。

(2) 确定能够消除或减少潜在失效发生机会的措施。

(3) 确定产品和过程的关键特性和重要特性(即：产品和过程特殊特性)，并确认和评估可能的失效及其严重程度。其应用范围包括(但不限于)：

① 新开发的产品；

② 更改的产品；

③ 生产和装配工序；

④ 复杂的系统；

⑤ 检查如硬件与软件之间重要界面在功能上的互相依赖情况。

(4) 通过改变设计或加强制造过程控制以减少失效的数量，甚至防止这些失效的发生。

(5) FMEA 作为一种控制工具或风险分析的一种方法，在下列活动中得到广泛运用：

① 产品和制造过程设计控制；

② 生产计划；

③ 制造过程控制；

④ 供应商的评估及其质量保证；

⑤ 冒险分析；

⑥ 风险分析；

⑦ 召回产品的评估；

⑧ 顾客运用；

⑨ 说明书和警告标签；

⑩ 售后服务和保修；

⑪ 工程更改通知；

⑫ 制造过程的差异等。

(6) FMEA 的全部过程、活动应形成书面文件/记录。

6. FMEA 的发展历史

FMEA 的前身是 FMECA(故障模式影响及危害性分析)，在 1950 年由格鲁曼提出，主要是对飞机主控系统进行失效分析。

1957 年波音与马丁公司正式编制 FMEA 的作业程序，并将其列在其工程手册中。

20 世纪 60 年代初期，美太空总署将 FMECA 成功的应用于太空计划，美军也同时开始应用 FMECA 技术，并于 1974 年出版 MIL-SID-1629 FMECA 作业程序。

20 世纪 60 年代中期，开始于航天业(阿波罗计划)。

1970 年年末,汽车工业将 FMEA 作为在对其零件设计和生产制造的评审项目中的一部分。

1972 年,NAAO 正式采用 FMEA 作为可靠度计划使用。

1974 年,美海军制定舰艇装备的标准《Mil-Std-1625"实行舰艇装备失效模式及后果分析的程序"》,这使 FMEA 第一次有机会进入军用品供货链条。

1976 年,美国国防部采用 FMEA 来作为领导军队服务的研发及后勤工作的标准,虽然只强调设计面。

1980 年,FMEA 被修改为 MIL-SID-1629A,并延用至今。

1980 年年初,产品事故责任的费用突升和不断的法庭起诉事件发生,使 FMEA 成为降低事故的不可或缺的重要工具。并由开始的 500 多家公司扩展到其供应商。

1985 年由国际电工委员会(IEC)参考 MIL-SID-1629A 加以部分修改而出版 FMECA 国际标准(IEC 812)。

1988 年,美运输部的联邦航空管理局发表通告要求所有航空系统的设计及分析均使用 FMEA。

1989 年,美健康与人类服务部颁发"生产质量保证计划"(FDA90-4236);FMEA 被要求用于设施资格认可。

1990 年,美汽油协会建议将 FMEA 融于设计之中(ANSI Z21.64 and Z21.47)。美铁道业建议用 FMEA 来提高火车车厢的安全性。ISO 9000 建议用 FMEA 作设计检讨。

1991 年,ISO 9000 系列改版后建议用 FMEA 来提高产品及过程的设计。

1993 年,美健康与人类服务部的 FDA(食品与药品管理局)计划将目前的 GMP 利用可靠性工具改变成综合性的研发文件;如:FMEA 及 FTA,来提高产品安全性及顾客的保护。

1993 年,包括美国三大汽车公司和美国质量管理协会在内的美汽车工业行动集团(AIAG)组织编制和采用了 FMEA 参考手册。

1994 年,FMEA 成为 QS-9000 体系证书获得的不可缺少的一部分。QS-9000 是一个自发性项目,是由美国三大汽车公司(克莱斯勒、福特和通用)组成的供应商质量要求特别工作组制定的。

1995 年,美海军工作队将 FMEA 运用于 2010 项目的后勤支持计划。

1996 年,美 FDA GMP(如今的质量体系规定)更新后,结合设计控制及规定作风险分析;如 FMEA。

ISO 9004 第 8.5 节将 FMEA 作为设计评审之要项。

CE 标志,以 FMEA 作为安全分析方法。

ISO 14000,以 FMEA 作为重大环境影响面来作为其分析与改进的方法。

2008 年年底,FMEA 手册作为美国三大汽车公司 QS 9000 的基本工具手册,现在已经更新至第四版。

7. FMEA 的原则

(1) FMEA 是一种指导产品研究与开发的技术工具,它针对市场/顾客的需求,符合一套制度、一种产品或一个项目的主要范围/目的并进一步对各项选择加以平衡。

(2) FMEA 可以于研究与开发阶段作为控制工具和冒险分析工具加以运用。FMEA 可以当作过程规划工具、过程控制工具、供应商质量保证工具、应用工具、服务工具(说明书及警告标签)。FMEA 最好的特性是可以将所有工程、操作、质量、服务方面工作效果结合为一体。

(3) FMEA 是一门学科、一种制造方法、一个过程及现存的文件。它能帮助工程师、管理人员、科学家们,根据产品的功能特性加以创新。它是能找出有关产品潜在问题的一个系统化的过程,而这些潜在问题可能是由于明确任务、设计意图和定功能的定义、设计平衡、产品的设计、产品制造、产品应用或现场产品服务而造成的。FMEA 与产品设计、过程开发、采购及供货商质量、下游应用和现场服务等,都始终有着互动的关系。

(4) 除了工业制造方面外,FMEA 这种集中处理方法也可运用于服务业,如:银行业务、高速公路/桥梁维护、港务运作、设备维护及服务项目规划、军队作业。

(5) FMEA 是有结构、有指引为一个流程,用来找出在完成预计的功能时潜在的失效和可能的失效原因(然后消除),以及确定失效影响的它们(然后消除其影响的后果)。

(6) FMEA 应在产品周期的前期可行阶段实施。要使 FMEA 的好处充分体现唯有其在设计效果、设计选择、折中设计(平衡设计)和制造过程规划中充当引导工具。当产品一确定就开始进行 FMEA 的那就相当好了。

8. 进行 FMEA 分析的必要性

(1) 减少风险和损失,提高产品可靠性。

① 由于策划设计的不足,措施不够,造成产品/过程/服务失效,给顾客带来损失。

② 事先花时间很好地进行 FMEA 分析,能够较容易地、低成本地对产品进行更改,减少事后修改的风险和巨大损失。

(2) 有助于对设计要求和不同的设计方案给予客观真实的评价。

(3) 有助于可制造性和装配性的初始设计。

(4) 设计 FMEA 有助于可制造性和装配性的早期考虑,实施同步工程技术。

(5) 为制定试验验证计划、质量控制计划提供正确的、恰当的依据。

(6) 对失效模式进行排序列表,建立改进设计和开发试验的优先控制系统。

(7) 能够发挥集体的经验和智慧。

(8) 经验积累,为以后的设计开发项目提供宝贵的参考意见。

(9) 是识别特殊特性的重要工具。

(10) 是现代质量策划的重要工具。

(11) 提供改进设计的优先控制系统,引导资源去解决需要优先解决的问题。

(12) 是重要设计文件之一,是设计评审的重要内容。

(13) 以下工作的需要:

① 工程创新与突破;

② 设计/开发、制造、应用所需要的服务(不是想要的服务);

③ 导入市场时间;

④ 成本;

⑤ 一致的工程/平衡设计;

⑥ 结合所有工作效果;

⑦ 产品创新与技术领先;

⑧ 顾客满意及期望;

⑨ 政府法规要求;

⑩ 代理推荐;

⑪ 冒险分析;

⑫ 法律问题及法庭意见。

因此,不进行 FMEA 分析,必然给组织带来风险。

9. 组织实施 FMEA 的好处

(1) 改进企业产品的质量、可靠性与安全性;

(2) 改进企业的形象和竞争力;

(3) 帮助增加顾客的满意度;

(4) 降低产品开发时间与成本;

(5) 书面规定并跟踪减少风险所采取的措施。

10. 实施 FMEA 对组织和管理者的影响

(1) 对任何公司而言,FMEA 都是非常重要的活动。它的有效实施依赖于良好的策划。这个过程需要大量的时间并且对所需资源的承诺至关重要。FMEA 开发的关键就是过程所有者以及高级管理

者的承诺。

(2) 虽然 FMEA 原则是相同的,但实施方法会根据公司规模和构架而变化:

① 适用时,覆盖设计 FMEA 和过程 FMEA;

② 使 FMEA 过程成为 APQP 过程的一个不可缺少的部分;

③ 是工程技术评审的一部分;

④ 范围应涵盖公司以及多个层级供应商的 FMEA;

⑤ 是产品和过程设计例行审定和批准的一部分。

(3) FMEA 由多功能(跨职能)小组开发,小组规模会根据设计的复杂性和公司规模大小而有所不同。小组成员要有相关的技术知识,足够的时间,以及管理者批准的权限。

(4) 应当实施一个综合性的培训方案,它包括:

① 管理者总体认知;

② 对使用者的培训;

③ 对供应商的培训;

④ 对辅导员的培训。

(5) 最后,管理者应负有开发并维护 FMEA 的责任。

11. FMEA 与各阶段纠正问题的成本关系

众所周知,产品在产生(策划与设计)、形成(制造)和交付服务(应用)过程,预防措施越向前,可能出现的和已经出现的质量问题发现得越早,损失(成本)就越小。图 5-12 直接显示了 FMEA 在产品各个阶段与成本的关系。

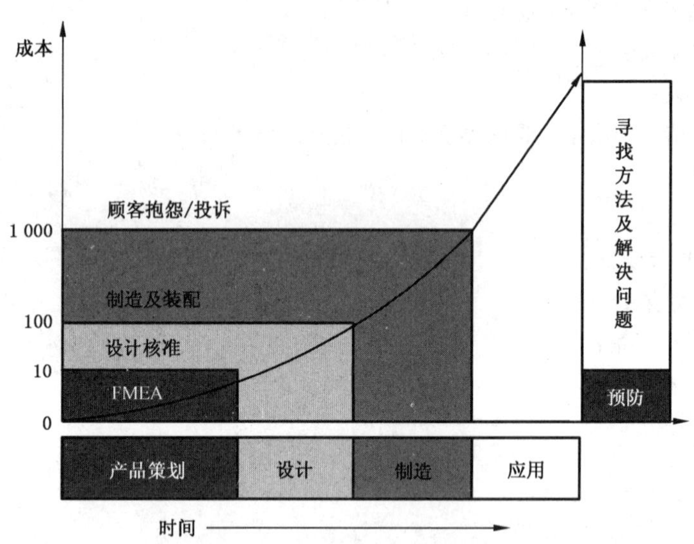

图 5-12 FMEA 与各阶段成本的关系

二、FMEA 开发的通用方法和思路

不论是设计 DFMEA 还是过程 PFMEA,它的开发都可使用以下共同的方法来处理:

① 是潜在的产品或过程对达到期望的失效。

② 潜在后果。

③ 失效模式的潜在原因。

④ 现行控制的应用。

⑤ 风险等级。

⑥ 风险降低。

⑦ 在 FMEA 文件开始前，小组必须定义项目范围，收集有效和有效率地进行 FMEA 开发过程的必要信息。

1. 基本结构

(1) 本章节中推荐适用的 FMEA 表格的目的在于整理并陈列收集到的 FMEA 相关信息。特定表格的使用可以根据组织和顾客的要求而变化。当客户有特殊要求时，按照客户指定的表格或者方式进行 FMEAs 的分析。

一般情况下，所使用的表格都覆盖下列方面的内容：

① 所分析产品或过程的功能、要求及输出。

② 当功能要求不符合时的失效模式。

③ 失效模式的影响和后果。

④ 失效模式的潜在原因。

⑤ 针对失效模式原因的控制和措施。

⑥ 防止失效模式再度发生的措施。

(2) 有些客户对组织存在特别的需求，这些需求要从组织和客户签订的合同，协议，或者客户提供的供应商管理手册等文件中获得。

2. 方法

FMEA 开发没有一个单一的或特有的过程，下面描述的是通用的要素，在后续的章节中还会分别描述 DFMEA 和 PFMEA 应该如何去分析。

(1) 建立小组

如前所述，FMEA 的开发应由多方论证(跨职能)小组负责，小组成员应具备必要的专业学科知识，这包括专门辅导技能和 FMEA 过程的知识。建议使用小组方式来实施 FMEA 开发过程，确保所有受影响的职能领域的足够的输入与协作。

FMEA 小组领导人应当挑选有相关经验，并且经过授权的小组成员，往往是开发工程师或者是开发、设计、技术部门的负责人。除了这些人之外，表 5-1 列出的是额外资源的例子(供参考)。

表 5-1　FMEA 小组成员的资源配置

FMEA 开发主题	相关资源和技术
范围	项目主管、顾客、集成负责人
职能、要求和期望	顾客、项目主管、集成负责人、市场或顾客服务机构、安全、制造与装配、包装、物流、材料
潜在失效模式—过程和产品可能导致失效的模式	顾客、项目主管、集成负责人、市场或顾客服务机构、安全、制造与装配、包装、物流、材料、质量
失效影响和结果——对组织的过程或者对下游顾客的影响和后果	顾客、项目主管、集成负责人、市场或顾客服务机构、安全、制造与装配、包装、物流、材料、质量
潜在失效的原因	顾客、制造与装配、包装、物流、材料、质量、可靠性、工程分析、设备制造商、维护
潜在失效的发生频率	顾客、制造与装配、包装、物流、材料、质量、可靠性、工程分析、统计分析、设备制造商、维护
现行预防控制的应用	制造与装配、包装、物流、材料、质量、设备制造商、维护
现行探测控制的应用	顾客、制造与装配、包装、物流、材料、质量、维护
要求的推荐措施	顾客、项目主管、集成负责人、制造与装配、包装、物流、材料、质量、可靠性、工程分析、统计分析、设备制造商、维护

注:

1) 审核经验告诉我们,一个成功开发的FMEAs,往往和各相关人员的参与分不开的,也就是说一个好的CFT(跨部门小组)对于FMEA的开发往往是确定性的。

2) 在接触到的被审核过的组织中,几乎没有任何一个把客户的和供应商的相关资源纳入CFT小组中,这是不好的,也是不经济的,因为很多失效模式和失效的原因,组织内部人员很难获得信息,而这些又往往是你的客户或者供应商的强项。

3) 让一个没有技术经验的人做CFT小组的组长是不可取的,甚至是失败的致命原因,而很多组织为了省事,为节约技术开发人员的时间,而让办公室的人员,甚至是文员做CFT的主要负责人,这非但不是在节约时间,节约成本,而是一种浪费。

(2)(定义)范围的界定

① 过程起始之初,就需要建立一个FMEA分析的边界范围,来确保一致的方向和关注点。一般它根据FMEA的类型(即:系统、子系统或零部件)来界定,明确应包括的和不应包括的内容。

② 在开始FMEA之前,必须清楚地明白评估的对象究竟是什么?在分析过程中,应清楚范围之外不包括的和范围之内应包括的都同样重要。

③ 下面所列方法可帮助小组界定FMEA的范围:

a) 功能模式;

b) 框(边界)图;

c) 参数(P)图;

d) 接口图;

e) 过程流程图;

f) 关联矩阵;

g) 示意图;

h) 材料清单(BOM)。

④ 现在组织常用的分析工具是:用于DFMEA的分析的"框图"和用于PFMEA的分析"过程流程图"。具体见本章节(表5-12《过程流程图》)。

⑤ 三个不同层次的FMEA分析:

a) 系统FMEA:一个系统FMEA由多个子系统组成。系统示例包括:底盘系统、动力系统、内饰系统等。系统FMEA主要处理系统、子系统、环境与顾客之间的所有接口与相互作用。

b) 子系统FMEA:子系统FMEA是系统FMEA的子集。比如:前悬挂子系统就是底盘系统的子集。子系统FMEA主要处理子系统内零部件之间的所有接口与相互作用,以及与其他子系统或系统的相互作用。

c) 零部件FMEA:零部件FMEA是子系统FMEA的子集。例如:刹车片是刹车总成的零部件之一,刹车总成又是底盘系统的一个子系统。

⑥ 之所以要首先确定FMEA分析的范围,是为了弄清我们分析的对象是什么?从哪里开始?到哪里结束?否则,一旦分析思路紊乱,就不利于后续的分析。

在审核中发现,有些客户需要组织提供其供应商的FMEA,以供客户评审。于是,有些组织的CFT小组就去分析供应商的FMEA,例如:组织是做冲压的,而冲压件的电镀是外加工的,于是,组织的CFT就去分析电镀的过程FMEA,这是不合理的。因为这样的组织往往没有实际的电镀过程控制经验。比较好的做法是:让供应商的电镀技术人员参与组织的FMEA的开发,或者是让供应商提供相应的FMEA供组织评审确认。

有些过程,如电镀过程,它有很多的前处理、后处理、烘烤等工序,有的组织在分析时仅仅分析一个"电镀"过程,这是不合理的。正确的做法是应该对每一个工序逐一进行分析。

(3)(定义)顾客

① 在FMEA过程中有三类主要顾客,这三类顾客都应列入FMEA分析的考虑范围:

a) 最终用户：使用产品的人员或组织。

FMEA 分析对最终用户的影响可能包括，例如：耐用性。OEM 组装和制造中心（工厂）：OEM 的制造过程（如：冲压、动力），以及汽车组装发生的场所。产品与装配过程的接口处理对 FMEA 的有效分析非常重要。

b) 供应链制造：材料和部件的制造、组装、装配的供应商场所，包括：

生产件和服务件的制造、装配，以及诸如热处理，焊接，涂漆，电镀或其他表面处理的过程；可以是任何后续操作/下游操作，或者下一层的制造过程。

c) 政府法规机构：制定要求并监督安全与环境规范符合性的政府代理机构（政府主管部门）。

政府代理机构这些要求和规范可能影响到产品过程。（在很多时候，组织分析这种客户是很少的）

② 了解这些顾客，将有助于更加充分有效地定义功能、要求和规范，也有利于帮助确定失效模式带来的相关影响。

③ 对很多层级比较低的组织，分析到最终用户或者 OEM 组长和制造中心时是比较困难的，那么分析后续加工或者直接客户是必要的。

(4) 识别功能、要求和规范

识别并理解与定义范围相关的功能、要求和规范。其目的在于阐明项目设计目的和过程目的，这可以针对功能的每个属性和每个方面帮助确定潜在失效模式。

(5) 识别潜在失效模式

失效模式可定义为产品和过程未满足设计目的或过程要求的方式或状态。假使失效可能发生但也可能不会发生。简明且易于理解的失效定义是很重要的，因为它可使分析集中在关注点上。潜在失效模式应当用专业的技术术语来描述，不要描述成顾客可感知到的现象。如果某单一的要求被识别了大量的失效模式，则说明此定义的要求不够简洁。

(6) 识别潜在影响

失效的潜在影响是指顾客可感知的失效模式的影响，可以将其描述为顾客可能的觉察或感受。这里的顾客可以是内部顾客，也可以是最终用户。

潜在影响的确定包括失效后果分析和后果严重性分析。

(7) 识别潜在原因

失效潜在原因是描述失效是如何发生的；它应被描述为可以纠正、控制的事情。失效的潜在原因可能显示出一个设计不足，它的后果就是失效模式。

原因及其导致的失效模式之间是有直接联系的（也就是说，如果有原因发生，失效模式就会发生）。在识别失效模式的根本原因时，要尽可能的详细，便于确定适当的控制和措施计划。如果有多个原因，就要对每个原因进行独立分析。

(8) 识别控制

控制是指预防或探测失效原因或失效模式的活动。在识别控制活动时，重要的是应明确哪里出了问题，原因是什么，怎样来预防或者发现问题。控制适用于产品设计或制造过程。注重预防的控制将会带来丰厚的回报。

(9) 识别与评估风险

FMEA 的重要步骤之一就是风险评估，评估包括三个方面：严重度、发生频率、探测度。

a) 严重度是评估失效对顾客影响的等级；

b) 发生频率是指一个失效原因可能的发生频率；

c) 探测度是评估产品和过程控制对失效原因或失效模式的探测能力；

组织需要明白顾客对风险评估的要求，这些要求可以从所识别的客户特殊要求中获得。

(10) 建议措施与结果

① 建议措施的目的在于降低整体风险和失效模式的发生可能性。建议措施目的是降低严重度、发

生频率,探测度。

② 为了确保采取了适当的措施,可以采用下面的方式,包括但不限于:

a) 确保达成了设计要求(包括可靠性);

b) 评审工程图和工程规范;

c) 确认并入装配/制造过程;和

d) 评审 FMEA、控制计划和操作指导。

③ 完成建议措施的职责和时间安排应当被记录。

④ 一旦措施完成、获得结果,应当重新评估并记录严重度、发生频率和探测度的等级。

(11) 管理者职能

① 管理者应负责 FMEA 过程。管理者对资源的选择和应用,以及确保有效的风险管理过程(包括时间安排)负有最终职责。

② 管理者职责还包括通过持续评审为小组提供直接,消除障碍,总结经验教训。

③ 这是 FMEA 第四版本新增加的内容,在实际的 FMEA 审核过程中,组织的最高管理者基本上对 FMEA 是没有了解的,这导致了很多最高管理者认为这是一个无用的工具,是仅仅为了应付审核而做的一个文件,也导致了组织内部对 FMEA 的不重视。

三、DFMEA 的开发

1. DFMEA 的概念

(1) DFMEA 是 Design Failure Mode and Effects Analysis(设计失效模式及影响分析)的英文简称。

——D(Design)设计;

——F(Failure)失效;

——M(Mode)模式;

——A(And)及/和;

——E(Effects)影响;

——A(Analysis)分析。

(2) DFMEA 针对产品,重点分析由产品设计缺陷引起的产品潜在失效模式。如:

① 1 系统;

② 1.1 附属系统;

③ 1.2 附属装配;

④ 1.3 部件/零件;

⑤ 1.4 原料。

(3) DFMEA 分析的对象是组织所承担设计责任的系统/子系统/部件和零件的失效后果,并通过设计过程的预防和探测的方法来对风险进行控制的一种分析工具。

2. DFMEA 简介

(1) 设计潜在 FMEA 是由"设计工程师/小组早期采用的一种分析技术,用来在最大范围内保证已充分的考虑到并指明各种潜在失效模式及与其相关的起因/机理。

(2) 应评估最后的产品以及每个与之相关的系统、子系统和零部件。

(3) FMEA 以其最严密的形式总结了设计一个零部件、子系统或系统时,一个工程师和设计小组的设计思想(包括根据以往的经验和教训对一些环节的分析)。

(4) 这种系统化的方法与一个工程师在任何设计过程中正常经历的思维过程是一致的,并使之规范化、文档化。

(5) 在设计阶段使用 FMEA 时,能够用以下方法降低产品的失效风险:

① 为对设计进行评估，包括功能要求及设计方案，提供帮助；

② 评价为生产，装配，服务和回收要求所做的初步设计；

③ 提高在设计/开发过程中，考虑潜在失效模式及其对系统车辆运行影响的(概率)可能性；

④ 对制定全面、有效的设计试验计划和开发项目，提供更多的信息；

⑤ 根据潜在失效模式对“顾客”的影响，对其进行排序列表，进而建立一套改进设计和开发试验的优先控制系统；

⑥ 为推荐和跟踪降低风险的措施提供一个公开的讨论形式；

⑦ 为将来分析研究现场情况，评价设计的更改及开发更先进的设计，提供参考。

(6) DFMEA 是一个动态文件，因此应当：

① 在设计概念最终确定之前开始 DFMEA。

② 在产品开发过程中，一旦有变更发生，或者获取到额外信息时，及时更新 DFMEA。

③ 在生产设计发布之前，基本上完成 DFMEA。

④ 作为一种经验累积，为将来的设计做准备。

(7) 理解

① DFMEA 是一个“活”的文件，它需要不断的被评审被更新，而这一点往往是目前国内组织在运行 ISO/TS 16949 的过程中最容易被忽视的问题，也是审核员在现场发现的主要问题之一。

② 当顾客投诉/退货发生时候，虽然对产品的设计结构进行了修改，但是 DFMEA 没有被评审和更新。

③ 当组织自己在产品生产过程中对产品设计进行了修改(如：材料变更/尺寸修改/结果修改/验证方式修改/结构重新设计等)，虽然重新出了图纸，并进行了验证，但是 DFMEA 并没有被评审和更新。

④ 相关方，如：供应商提供了更适合的材料，国家法律法规的要求的变更，如：3C 的要求，出口国的 RoHS 的要求等，虽然使用了更适合的材料，和提供了 RoHS 符合的报告，但是并没有对 DFMEA 进行评审和更新。

⑤ 为了满足 ISO/TS 16949：2009 中 5.6.2.1 的要求，在管理评审中评审 FMEA 也是必要的和适合的。

以上几点，都是在审核过程中经常开出不符合项的地方，请读者对照分析使用。

(8) 定义的顾客

在本章第 1 节一、10.(4)②中说明的“顾客”适用于 DFMEA。正确地识别顾客，对 DFMEA 的开发，以及设计功能的影响都起着指导作用，因此必须得到重视。

案例：

① 组织对后视镜存在产品设计责任，那么在分析 DFMEA 的时候，要考虑后视镜在主机厂(OEM)装配线可能存在的失效，还要考虑驾/乘人员在实际的行驶过程中可能存在怎样的失效模式(如：视野不开阔/镜子变形/模糊等)。

② 如果组织是做后视镜中塑料件的设计，那么组织除了要考虑上面所说的失效之外，还需要考虑塑料件在后视镜的装配线会有怎样的失效模式(如：变形/强度/阻燃等)。

③ 对于一些层级较低的组织，识别最终的客户是比较困难的，直接客户的需求的识别是必要的。

3. 小组方法(CFT)

(1) DFMEA 是由一个多方论证(跨职能)的小组来开发和维护的。小组通常有负责设计的工程师领导，此工程师来自有设计职能的部门(比如：OEM、第一级供应商或第二级供应商，依次类推)。

(2) 责任工程师应当积极直接的联系所有受影响领域的代表。这些专业和职责领域可能包括，但不限于，装配、制造、设计、分析/测试、可靠性、材料、质量、服务和供应商，同时也包括更高级或低级的总成或系统、子系统或零部件的设计的责任人员。

(3) 理解

① 由一个人去完成 DFMEA 的结果往往是 DFMEA 开发的失败。审核经验表明:这样的 DFMEA 只是为了应付第二方/第三方审核为唯一目的,起不到任何的预防错误发生的作用。

② 怎样理解供方可能会成为 CFT 的成员?如:组织在设计阅读灯,作为内饰的一部分,塑料件的阻燃性能是必须的,如果该组织没有对阻燃有足够的理解,那么会影响到塑料粒子的材料选择,这种情况下,CFT 小组中增加粒子材料供应商是必须的,他可以帮助选型。

③ 怎样理解客户可能会成为 CFT 的成员:当组织不清楚的了解所设计的产品在整车中的使用功能和安装性能时候,往往会求助于客户,那么把客户的相关部分的设计/装配人员纳入 CFT 是必要的。

④ 同样,制造部门会实现你的产品设计结果,质量部门会提供以往的/和该设计在验证阶段的信息等,那么这些人成为 CFT 的一部分是很容易理解的。

4. 可制造性、可装配性与可服务性的考虑

(1) DFMEA 应当包括所有在制造或装配过程中可能发生的,且由设计所导致的潜在失效模式和原因。这种失效模式可以通过设计变更来减少(比如,防止零件错误装配的设计特性——防错)。当这些失效模式没有在 DFMEA 分析中得到减少(该项内容被记录在措施计划里),则这些失效模式的识别、影响和控制应当转交并包括在 PFMEA 中。

(2) DFMEA 并不依靠过程控制来克服潜在的设计不足,但它会把制造和装配过程中的技术、物理限制考虑在内。例如:

① 必要的拔模斜度;

② 有限的表面处理能力;

③ 装配空间(比如:工具可达到);

④ 有限的钢的淬硬性;

⑤ 公差/过程能力/性能。

(3) 当产品投入现场使用后,DFMEA 还能将产品服务性和可回收的技术限制和物理限制考虑在内。例如:

① (维修或拆卸)工具的可达性;

② 诊断能力;

③ 材料分类标志(回收用);

④ 制造过程中使用到的材料/化学品。

(4) 理解

① DFMEA 主要考虑的是如何把产品设计出来,来预防失效的产生,如:经验设计、材料设计、尺寸设计、结果设计、公差设计、DOE 设计等,而不去考虑制造/装配过程是否能达到设计目的,这是 PFMEA 需要考虑的问题。

② 当然,在产品设计过程中要考虑产品的可制造性,如:你设计一根轴,轴的直径公差是 +/−0.000 5 mm,所用材料 45#钢的硬度要达到 HRC 60,这些要求在组织目前的制造过程中是没有能力达到的,那么就需要考虑设计的合理性,当然也要考虑上面列出的例子。

③ 制造过程要考虑 DFMEA 的输出,制造过程的失效后果可能是 DFMEA 的失效模式,如:轴的硬度设计要求是 HRC 58~62,如果轴在加工过程中因为热处理没有达到该要求,那么就可能导致产品在使用过程中失效。

④ 再比如,为了换轮胎,必须要到 4S 店去处理,在对于服务而言,当然也是不合理的,所以就应该设计成“快换”类型的。

5．DFMEA 的输入和输出

(1) DFMEA 的“输入”

多方论证小组在开展 DFMEA 工作时，应充分参考以下文件和资料：

① 顾客要求(如：顾客特殊要求；顾客要求提交的 PPAP 资料中对失效模式及后果分析 DFMEA 的资料要求等)；

② 公司要求(如：由 QFD 得到的产品设计要求，包括管理者支持)；

③ 设计目标；

④ 可靠性目标；

⑤ 质量目标；

⑥ 初始材料清单；

⑦ 初始过程流程图；

⑧ 产品和过程特殊特性初始清单；

⑨ 顾客抱怨/投诉和退货分析资料；

⑩ 售后服务和保修信息/资料；

⑪ 相关的纠正和预防措施报告；

(2) DFMEA 的“输出”

① 设计 FMEA 功能/环境框图；

② 设计失效模式及后果分析(DFMEA)资料(包括：潜在设计失效模式；潜在关键设计要求)；

③ 设计 FMEA 检查表(即：DFMEA 评审表)；

④ 设计验证计划和试验报告；

⑤ 纠正和预防措施报告；

⑥ 作业指导书；

⑦ 新设计要求：尚无制造或组装作业的经验；

⑧ 设计问题：曾经受到制造和装配作业挑战的设计问题；

⑨ 改进设计或更改原有设计。

6．设计 FMEA 的开发前提条件

(1) DFMEA 应当开始于信息的建立以理解被分析的系统、子系统或零部件，并定义它们的功能要求和特性。

(2) 为了确定 DFMEA 的范围，小组应当考虑下面适用于零部件、子系统或系统 DFMEA 的问题：

① 产品与过程、配合件或系统接口？如：灯具的各个部分是怎样配合连接的，又是如何相互影响的。

② 产品的功能和特性是否会影响到其他零部件或系统？如：灯罩密封不好，会导致漏水，而漏水又会导致起雾，而起雾又导致灯具的光线不好，从而影响司机的视线。

③ 产品实施预期功能是否需要来自其他零部件或系统的输入？产品的功能是否能够预防/探测与其连接的零部件或系统的潜在失效模式？

下面着重介绍设计框图(边界图)，用来帮助小组开发 DFMEA，其他工具这里不再说明。

7．设计框图(边界)的运用

(1) 主管设计工程师应拥有许多用于设计 FMEA 准备工作的文件。

(2) 设计 FMEA 应从列出设计希望做什么及不希望做什么开始，如设计意图、顾客需求、车辆要求文件、已知产品的要求和制造/装配/服务/回收要求都应结合起来。

(3) 期待特性的定义越明确，就越容易识别潜在的失效模式，采取纠正措施。

(4) 设计 FMEA 应从所要分析的系统、子系统或零部件的框图开始。这个框图也可指出信息、能量、力、流体等的流程。其目的在于明确对于框图的(输入)，框图中完成的过程(功能)，以及来自框图的(输出)。

(5) 框图说明了分析中包括的各项目之间的主要关系,并建立了分析的逻辑顺序。

(6) 用于 FMEA 的准备工作中,这种框图的复制件应伴随 FMEA 过程。

(7) DFMEA 的开发应该从设计框图开始。

(8) 理解

① 下列示例是一个关系框图,图 5-13 是一种框图形式,FMEA 小组也可用其他形式的框图来阐明他们分析中考虑的项目。

系统名称:闪光灯　　车型:1994 年新产品　　FEMA 识别号:×××110D001

工作环境极限条件:

工作温度:—20～160F　　耐腐蚀性:试验规范 B　　振动:不适用

冲击:6 英尺下落　　湿度:0～100%RH　　外部环境:灰尘

可燃性(靠近热源的部件是什么?):________________

其他:________________

字母=零件,—=附着的/相连的,---=界面、不相连,数字=连接方法,=不属于此 FMEA

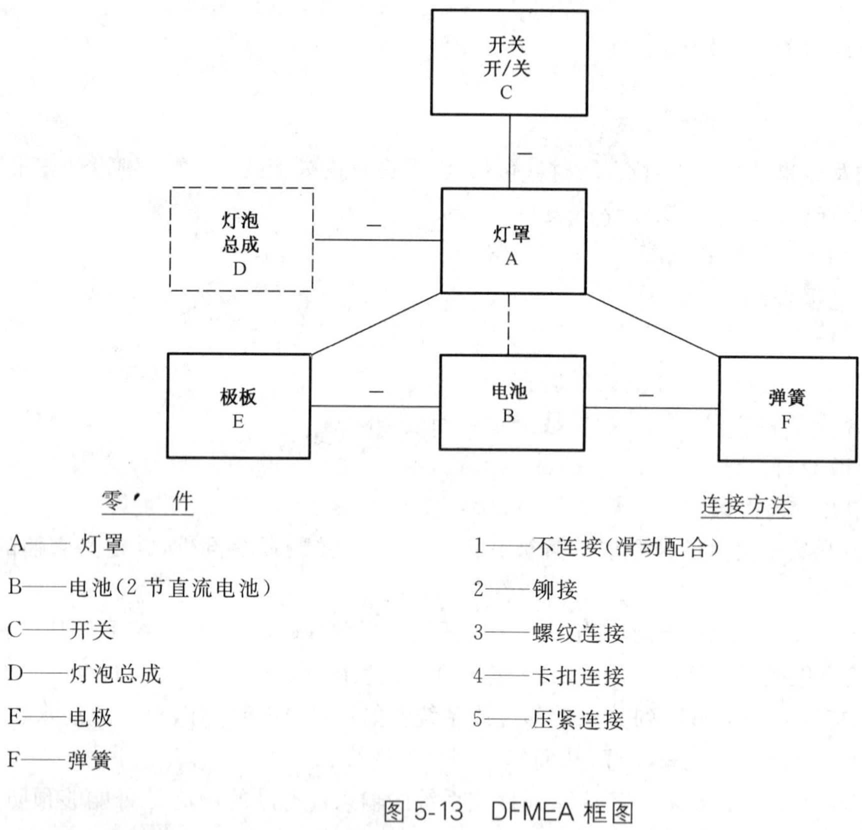

图 5-13　DFMEA 框图

② 从该示例中我们可以看出:

a) 该产品(闪光灯)是由哪几个部分组成的;

b) 每一个零件之间是怎样连接的;

c) 该产品的使用环境如何;

d) 产品的功能/性能要求分析是什么。

③ 在明确了以上事项之后,我们可以理清我们 DFMEA 的分析的逻辑思路和需要分析的对象:闪光灯在车辆中有怎样的功能,这些功能存在怎样的失效模式;产品的使用环境如何,环境是怎样影响产品设计的;产品是由哪些零件组成的;零件会有怎样的失效可能导致产品功能的实现;零件之间是怎样相互影响的;会有怎样的失效模式等。

8. DFMEA 的目的

新产品设计开发初期，通过分析产品潜在失效模式与相关产生原因，提出未来分析阶段注意事项，建立有效的品质控制计划，以便在分析/开发/确认和/或设计验证计划和报告时加以考虑。

(1) 失效的定义

在规定条件下(环境、操作、时间)不能完成既定功能。

(2) 理解

如图 5-13 示例中的闪光灯，需要在特定的工作环境下实现使用功能，这会影响到材料的选择。如果选材不正确，结果将实现不了使用功能，那么我们的控制方式就是如何选择适用的材料。

① 在规定条件下，产品参数值不能维持在规定的上下限之间。如上图中的开关是用螺纹连接的，在设计中我们该如何设计螺纹呢?

② 产品在工作范围内，导致零组件的破裂、断裂、卡死等损坏现象。如：上图中的电池是用滑动连接方式的，那么我们该怎样设计滑动配合而不被卡死?

9. DFMEA 的分析方法

(1) 硬件法：针对零件清单上的每一个零件，一次一个地逐个分析，直到整个产品分析完。

(2) 功能法：针对该产品之所有功能予以列表出来，然后逐个功能项目来加以分析。功能法包括：

① 功能块法：成组的零件/组成/次组成或子系统结合成功能块，分析其对功能之影响性，影响性最大者将得到较多的注意和优先权。

② 可靠度块法：将产品组合成可靠度块，然后依据其重要性来分析每一个区块。

③ 由上而下法：由最上层分析到最下层。

(3) 理解：在审核中发现，目前使用的比较多的是功能块法，从系统到子系统，到部件再到零件的由上而下的方式把产品进行分解分析。如：图 5-14 案例中，首先分析闪光灯在车辆中有着怎样的功能，功能失效会有什么后果，我们将如何设计；然后再分析每一个零件在闪光灯中有着怎样的功能实现，这些功能失效会有怎样的后果，我们将在设计中如何去预防如何去探测……直至最低的零件部分，一层一层地进行分析。

10. DFMEA 分析的流程/步骤

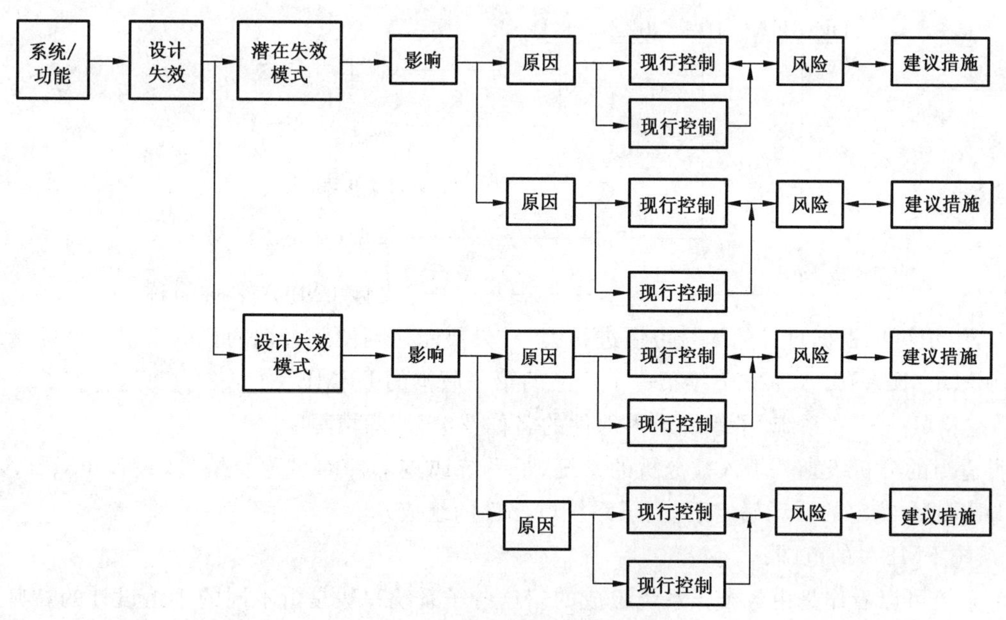

图 5-14　DFMEA 分析流程图

11．建立 DFMEA 的管理职责

(1) 对产品设计工程师进行设计 FMEA 和系统 FMEA 培训，并要求其理解产品设计控制的概念；

(2) 对顾客指定和公司内部确定的产品和过程特殊特性进行全面了解、掌握；

(3) 设计 FMEA 是一个创造性的工作，需要采用多方论证的方法进行评审(即:组建设计 FMEA 小组)；

(4) 应充分和全面考虑产品总成、分总成(即:系统、子系统)的所有功能，包括每个零部件的所有特性(包括:尺寸、功能、性能、外观和材料)；

(5) 需要对设计 FMEA 所需的资料进行调查研究和发挥多方论证小组成员的创造力；

注:设计 FMEA 的工具 :在开展设计 FMEA 工作时，应采用各种问题解决方法和调查工具，包括:

a) 脑力风暴；

b) 因果图；

c) 柏拉图；

d) 以前设计的经验；

e) 顾客要求；

f) 路试问题、保修记录；

g) 测试和型号资料；

h) 整车质量竞争趋势。

12．DFMEA 表格中的每一部分的含义及空格的填写

下面将着重讲解 DFMEA 表格(见表 5-2“潜在失效模式及后果分析”)中的每一个项目的制作方法和常见问题的解决方案。

“失效”就是丧失功能。“失效模式”就是失效表现的形式。“潜在的”是指可能发生，也可能不会发生。

(1) 空格(A)——“DFMEA 编号”的填写

填入 DFMEA 文件的编号，以便查询。

DFMEA 的编号方法:(供参考)

例如:

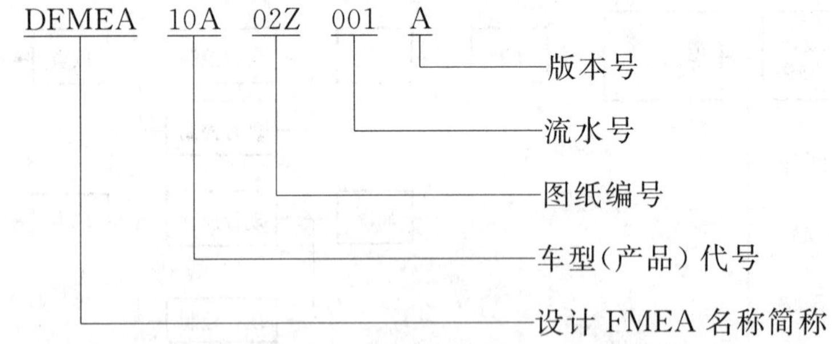

当然，组织可以根据自己的编号习惯进行编号，只要能达到便于查询的目的就可。如流水式的编号方式:2007-DFMEA-01-A0:2007 年第一个产品的第一版本的 DFMEA。

(2) 空格(B)——“系统、子系统或零部件的名称及编号”的填写

注明适当的分析级别并填入被分析的系统、子系统或零部件的名称及编号(设计 FMEA 小组必须为展开 DFMEA 特定的活动确定系统、子系统或部件的组成)。

① 系统 FMEA 的范围:

一个系统可以看作是由各个子系统组成的。这些子系统一般是由不同的小组设计的。典型的系统 FMEA 可能包括下列系统:底盘系统、传动系统、内饰系统等。系统 FMEA 的焦点是要确保组成系统的各子系统间的所有接口和交互作用以及该系统与车辆其他系统和顾客的接口都要覆盖。

表 5-2 潜在失效模式与影响分析

（设计 FMEA）

________系统　　　　　　　　　　　　　　　　　　　　FMEA 编号：____A____

________子系统　　　　　　　　　　　　　　　　　　　第______页，第______页

________零部件：____B____　　设计职责____C____　　编制人：____H____

车型年/项目____D____　　关键日期____E____　　FMEA 日期(原始)____F____

核心小组____G____

项目/功能	要求	潜在失效模式	失效潜在影响	严重度	分类	失效潜在原因	现行设计				RPN	建议措施	职责和目标完成日期	实施结果				
							控制预防	发生度	控制探测	探测度				采取的措施和完成日期	严重度	发生度	探测度	RPN
左前车门 H8HX-0000-A	维持车门内饰板的完整	整体性缺陷使环境侵蚀车门内板	内门板下方受腐蚀 车门寿命的缩短会导致： ● 油漆生锈导致表面不美观 ● 车门内硬件功能受损	5		车门内板之上方之边缘保护蜡喷涂太低	设计要求(＃31268)以及最佳实践(BP3455)	3	汽车耐久性试验 T-118(7)	7	105	试验室加速腐蚀试验	A. Tate 车身设计工程师 0×09 03	基于试验结果(试验编号:1481)上方喷涂规格提升 125.0×09 03	5	2	3	30
						蜡层厚度设计指标要求不够	设计要求(＃31268)以及最佳实践(BP3455)	3	汽车耐久性试验 T-118(7)	7	105	试验室加速腐蚀试验	A. Tate 车身设计工程师 0×09 03	试验结果(试验编号1481)显示规定的厚度足够。0×09 03	5	2	3	30
												对蜡层厚度进行试验设计(DOE)	J. Smthye 车身设计 工程师 0×10 18	DOE 显示规定厚度内的 25%的变化是可接受的 0×10 25	5	2	3	30
						蜡的配方不适合	行业标准MS-1893	2	物理与化学试验-报告编号：1265(5) 汽车耐久性试验 T-118(7)	5	50	无						
						角落设计使得喷涂设备无法覆盖所有需喷涂区域		5	带有无功能的喷头的设计工具(8)汽车耐久性试验 T-118(7)	7	175	小组评估，使用生产喷蜡设备以及特定的蜡	T. Edwards 车身设计工程师和装配部门 0×11 15	基于试验：为受影响区域提供 3 个额外的通风孔(防错) 0×12 15	5	1	1	5
	范例					空间不够，容不下喷头作业		4	喷头作业的图样评定(4) 汽车耐久性试验 T-118(7)	4	80	小组评估，利用辅助设计模型和喷头	车身设计工程师和装配部门 0×11 15	评估显示充分的可进入空间 0×12 15	5	2	4	40
a1	a2	b	c	d	e	f	h	g	h	i	j	k	l	m	-	n	-	-

② 子系统 FMEA 的范围:

一个子系统 FMEA 通常是一个大系统的一个组成部分。如:前悬挂系统是底盘系统的一个组成部分。子系统 FMEA 的焦点是确保组成子系统的各个部件间的所有的接口和交互作用都要覆盖。

③ 部件 FMEA 的范围:

部件 FMEA 通常是一个以子系统的组成部分为焦点的 FMEA。如:螺杆是前悬挂(底盘系统的一个子系统)的一个部件。

(3) 空格(C)——“设计责任”的填写

填入整车厂(OEM)或本公司设计部门和小组。如果适用,还应包括供应商的名称。就是确定该项目是由谁设计的,如:A 公司设计部,B 公司车辆设计中心等。

(4) 空格(D)——“车型年/车辆类型”的填写

填入所分析的设计将要应用和/或影响的车型年/项目或产品型号(如果已知的话),往往出于保密和供应商层级比较远的组织(如:第 4/5 层级的供应商),这些组织是没有办法了解到这些信息的,那么该栏目可以不填写。

(5) 空格(E)——“关键日期”的填写

填入初次 DFMEA 应完成的时间/日期,该日期不应超过计划的生产设计发布日期。也就是:DFMEA 首次完成的时间,而 DFMEA 应该在设计发布前完成(如:产品图纸发放时间),所以该时间不能超过设计发布的日期。

(6) 空格(F)——“DFMEA 原始稿的日期及最新修订的日期”的填写

如果是首次发布 DFMEA,那么该日期应该和关键日期一致;如果是修订后的版本,那么应该是修订发生的日期。

(7) 空格(G)——“核心小组”的填写

列出有权确定和/或执行任务的责任部门的名称和个人姓名(建议所有参加人员的姓名、部门、电话、地址等都应记录在一份独立的表格上)。表格中列出 CFT 小组人员姓名、电话、联系方式等基本信息,还可以列出各人在该项目中承担的责任和义务及所需要的能力等(见表 5-3)。

表 5-3 CFT 人员信息表

序号	姓名	部门	职务	通讯地址	联系电话	办公电话	传 真	备注
1	张三	技术部	经理	苏州市岸芷街 18 号	13812345678	021-98765432	0512-98766666	组长
2	李四	质量部	部长	苏州市岸芷街 18 号	13823456789	021-12345678	0512-98766666	成员
3	王五	生产部	部长	苏州市岸芷街 18 号	13909876543	021-23456789	0512-98766666	成员
4	钱已	销售部	部长	苏州市岸芷街 18 号	13567890123	021-34567890	0512-98766666	成员
5	赵六	采购部	部长	苏州市岸芷街 18 号	13165432109	021-87654321	0512-98766666	成员
6	刘七	技术部	部长	苏州市岸芷街 18 号	13923987654	021-76543210	0512-98766666	成员
注:表中的内容是虚构的。								

(8) 空格(H)——“编制者”的填写

填入负责编制 DFMEA 的工程师的姓名、电话和所在公司的名称,也就是谁对该项目起主导作用,如:张三,设计部主任设计员,电话:0512-12345678。

(9) 空格(a,含 a1,a2)——“项目/功能/要求”的填写

① 填入被分析项目的名称和其他相关信息(如:编号、零件级别等)。利用工程图纸上标明的名称并指明设计水平。在初次发布(如在概念阶段)之前,应使用试验性编号。

② 用尽可能简明的文字来说明被分析项目要满足设计意图的功能,包括该系统运行环境(如规定温度、压力、湿度范围、设计寿命)及相关的信息(如:度量/测量变量)。如果该项目有多种功能,且有不

同的失效模式，应把所有功能都单独列出。在审核中，这里经常出现的问题是：

a）没有列出所有的项目/功能，比如：只分析了总成，而零部件没有分析；只是选择性的分析了总成的部分功能，而不是全部的功能，所以在框图中列出所有该总成/零件在车辆中的功能是必要的。

b）有些层级低的组织不清楚设计的产品在车辆中用于何处，这时候，寻求客户相关部分人员的支持是必要的。如：和客户的采购/技术部门的接口人员去了解产品用途是必须的。

③ DFMEA 功能的分析

a）给出完成功能的重要的环境条件：

例如大气温度、湿度、大气压、道路、灰尘和腐蚀介质等；

又如变速箱的润滑系统的正常工作与环境温度有重要关系等。

b）给出设计要求的寿命：

“设计寿命”是指设计所预期的能完成其要求的时间间隔（如周期、时间、里程等）。往往在客户相关的技术要求中可以获得。

以上这些要求都应尽可能给出可度量的（即定量的）的要求；如：储存液体（升）、支撑护罩（磅）、各档速比、传递的扭矩、功率、工作温度等。

c）满足最终顾客的要求。

d）满足直接顾客和中间顾客的要求。

e）满足可制造性和装配性的要求。

f）一个产品在产生满足顾客期望的功能的同时，有时还会产生顾客非期望的功能。这些非期望功能常常与安全及政府法规的符合性相关。如：噪声、振动、电磁干扰、环境污染、能源消耗、材料回收再循环等。

g）当一个零件必须在附加条件下才能起动其功能作用时，应列出这种附加条件。

h）许多产品对维修性、服务和后勤保障性还有要求，也应将其列入功能项目之中。

i）这些产品可靠性的要求是 DFMEA 的重要输入，可以获得的方式有：

——产品的设计意图是什么？希望达到怎样的可靠性呢？

——有没有类似产品的曾经设计过？是否可以参考？

——客户的技术要求中是否明确这些要求？

——相关的国家法律法规，国家标准/行业标准中是否有相应的要求可以参考？

如果项目和功能分成两栏 a1、a2，要求就变成 a3。

（10）空格（b）——“潜在失效模式”的填写

对于每一个特定项目及其功能，列出每一个潜在的失效模式。前提是这种失效可能发生，但不是一定发生。潜在失效模式尽可能的用专业技术术语来藐视，而不要描述成客户可以感知到的现象，如：“震动”是一个技术术语，而不要描述成“车子颠得很厉害”。

① 潜在失效模式是指零部件、子系统或系统有可能未达到或不能实现项目/功能栏中所描述的预期功能的情况（如预期功能失效）。这种潜在的失效模式可能会是更高一级的子系统或系统的潜在失效模式的起因，或者是更低一级的零部件潜在失效模式的影响后果。

② 在确定潜在失效模式时，工程部技术科和/或设计工程师们可以将对以往 TGW（运行出错）研究、疑虑、报告和小组头脑风暴结果的回顾作为起点。并同时将出现在特定的运行环境条件下（如热、冷、干燥、灰尘等）和特定的使用条件下（如：超过平均里程、不平的路段、仅在城市内行驶等）的潜在失效模式应予以考虑。

③ 典型的失效模式可以是但不限于下列情况：

a) 与硬件相关的普通失效模式包括:裂纹、变形、松动、泄漏、粘结、短路(电器)、氧化、断裂、打滑(不能承受全部扭矩)、无支撑(结构的)、弯曲、支撑不足(结构的)、刚性齿合、脱离太快、信号不足、信号间断、无信号、EMC/RFI、腐蚀、漂移等。

b) 与功能相关的普通失效模式包括:过早工作、在预定时间内不能工作、在预定时间内不能停止工作、间歇性工作、功能减弱等。

潜在的失效模式应以规范化或专业化/技术术语来描述,不必与顾客察觉的现象相同。

④ 常用的失效模式分为两大类型:

a) Ⅰ类失效:指不能完成规定的功能。如:

突发型——包括断裂、开裂、碎裂、弯曲、塑性变型、失稳、短路、断路、击穿、泄漏、松脱等。

渐变型——磨损、腐蚀、龟裂、老化、变色、热衰退、蠕变、低温脆变、性能下降、渗漏、失去光泽、褪色等。

b) Ⅱ类失效:指产生了有害的非预期功能。如:噪声、振动、电磁干扰、有害排放等。

c) 当出现以上两大类型的失效时,要返回功能描述部分,看是否有限制要求,如果没有,是否应加以补充。

⑤ 在确定失效模式时,可以试问:

a) 这个设计如何能失效?

b) 即使不考虑工程图纸的要求,顾客会提出什么样的异议?

有关不同要求的失效模式的例子(见表 5-4)。

表 5-4 潜在失效模式示例

项目	功能	要求	失效模式
盘式刹车系统	按要求停止汽车(考虑行驶环境条件,比如:潮湿,干燥等)	在规定距离和重力下,使行驶在干燥沥青路上的汽车停止	汽车不停止
			在超出规定距离的情况下停车
			在重力超过××的情况下停车
		在没有系统要求的情况下,允许汽车畅通行驶	在没有收到指令的情况下自行启动;汽车行驶部分受阻
			在没有收到指令的情况下自行启动;汽车无法行驶
制动盘	允许力从刹车片向车轴传递	必须向车轴施加规定的阻力矩	施加的阻力矩不足够

(11) 空格(c)——"潜在失效影响"的填写

潜在失效后果是指:失效模式可能带来的对完成规定功能的影响,以致带来顾客的不满意和不符合安全和政府法规规定。

根据顾客可能察觉和经历到的现象来描述失效影响。这里的顾客可以是内部顾客,也可以是最终使用者。

如果失效模式可能会造成安全方面的影响,或者不符合法律条例,则应当清楚的说明这个问题;应当始终根据受分析的特定系统、子系统或零部件来说明后果。

需要注意的是,在零部件、子系统、系统等级之间存在系统层次上的关系,见表 5-4 示例。例如:一个零部件的断裂可能会引起总成件的震动,从而导致操作系统的中断。操作系统中断会使性能下降,最后引起顾客的不满。因此,就需要根据专业小组的知识程度,来尽可能地预测潜在的失效影响。

典型的失效影响可以根据产品或系统性能来说明。表 5-5 给出了失效模式的影响。

表 5-5 潜在影响示例

项 目	失效模式	影 响
盘式刹车系统	汽车不停止	汽车控制受损;不符合法规
	在超出规定路程的情况下停车	汽车控制受损;不符合法规
	在重力超过××的情况下停车	不符合法规
	在没有指令的情况下自行启动;汽车行驶部分受阻	刹车片寿命缩短;汽车控制程度降低
	在没有指令的情况下自行启动;汽车无法行驶	顾客无法驾驶汽车

① 失效的后果必须按照所分析的具体的系统、子系统或零部件来说明;应记住不同级别零件、子系统和系统之间还存在着系统层次上的关系(比如,一个零件可能会断裂,这样会引起总成的振动,从而导致一个系统间歇性的运行。系统的间歇性的运行可能会造成性能的下降,最终导致顾客的不满,因此需要小组/集体的智慧尽可能预测到失效的后果)。

② 典型的失效后果可能是但不限于下列情况:噪声、工作不正常、外观不良、工作不稳定、间歇性工作、粗糙、不起作用、失去功能、性能衰退、异味、工作减弱、运行间歇、热衰变、泄露、不符合法规等。

③ 失效后果分析要运用"失效链分析"方法,弄清楚直接后果、中间后果和最终后果。要从顾客的角度发现或经历的情况来描述失效的后果。

④ 失效后果可以从以下几个方面进行考虑:

——对完成规定功能的影响;

——对上一级系统完成功能的影响;

——对系统内其他零件的影响;

——对顾客满意的影响;

——对安全和政府法规符合性的影响;

——对整车系统的影响。

⑤ 查阅历史和类似的 FMEA 报告、保修资料、抱怨报告、使用情况报告、市场收回及其他文件,确定历史上失效模式的影响。

⑥ 充分考虑潜在后果/影响。如果零件故障,会发生什么后果?

——零件本身的作业、功能和状态?

——总成的作业、功能和状态?

——系统的作业、功能和状态?

——整车的作业、功能和状态?

——顾客将看到、感到或经历什么?

——对政府法规的符合性?

⑦ 如果潜在失效模式对产品、整车或政府规定、符合性有负面影响,必须作恰当的声明。

⑧"顾客"泛指下步作业、后续作业、组装厂和最终用户。

——当顾客是后续作业时,这种影响应以过程表现加以说明(如:黏着于模具、损坏夹具、装配不上,危害操作者等)。

——当顾客是最终用户时,应以产品或系统的表现描述这种影响(如:外观不良、噪声太大、系统不工作等)。

⑨ 建立通常的潜在失效后果/影响清单有助于多方论证小组的思考(脑力风暴)过程。

(12) 空格(d)"严重度(S)"的填写

严重度(S)仅适用于后果,严重度的评定准则和分级分为1～10级。严重度数值的降低只有通过改变设计才能够实现。

① DFMEA小组应对评定准则和分级规则达成一致意见,尽管个别产品分析可做修改。不推荐/建议修改确定为9和10的严重度数值,对严重度数值定级为1的失效模式不将作进一步的分析。

② 有时,高的严重度定级可以通过修改设计、使之补偿或减轻失效的严重度结果来予以减少(如:“瘪胎”可以减轻突然爆胎的严重度,“安全带”可以减轻车辆碰撞的严重程度)。

③ “严重度(S)”是指一给定失效模式最严重的影响后果的级别,是潜在失效模式发生时对顾客影响后果的严重程度评价指标。严重度是单一的FMEA范围内的相对定级结果。

——严重度建立了失效模式与风险等级之间的联系。

——对那些超出小组成员经验和知识的评级,如:当顾客是组装厂或最终用户时,应向设计FMEA人员、设计工程师和顾客咨询。

——当为内部顾客时,小组应听取下游作业员的意见。

严重度是产品被设计出来之后所具有的固有特性,不会因为外界事物的改变而改变。如:刹车片被设计出来后,只要刹车片失效,那么可能的失效模式就是车毁人亡,它的严重程度就是9/10级。

推荐的DFMEA严重度评价准则见表5-6。

表5-6 推荐的DFMEA严重度评价准则

影 响	标准:对产品的影响严重性(对顾客的影响)	等 级
不符合安全性或者法规要求	潜在失效模式影响了汽车的安全运行;或者包含不符合政府法规的情形,失效发生时无预警	10
	潜在失效模式影响了汽车的安全运行;或者包含不符合政府法规的情形,失效发生时有预警	9
基本功能丧失或功能降低	基本功能丧失(汽车无法运行,不影响汽车安全运行)	8
	基本功能降低(汽车可以运行,但是性能下降)	7
次要功能丧失或功能降低	次要功能丧失(汽车可以运行,但舒适/便捷功能不可实施)	6
	次要功能降低(汽车可以运行,但舒适/便捷性能下降)	5
干扰	有外观、可听噪声、汽车操作项目上的问题,并且被绝大多数顾客(>75%)察觉到	4
	有外观、可听噪声、汽车操作项目上的问题,并且被许多顾客(50%)察觉到	3
	有外观、可听噪声、汽车操作项目上的问题,但只被少数识别能力敏锐的顾客(<25%)察觉到	2
没有影响	没有可识别的影响	1

注1:以上的打分是推荐的,对于层级较低的组织仍可能得到识别。
注2:组织可以根据自己的组织的特点去定义打分的方式。
注3:打分只是把感性的认识转化为理性的方式,而不是绝对的。
注4:同一产品在不同的组织、不同的小组中,严重度的打分可能会不同,打分是小组内的一致意见。

(13) 空格(e)“级别”的填写

填入对那些可能需要附加的设计或过程控制的部件、子系统或系统的产品特殊特性的分级(如:安全性、关键、主要、重要、重点)。产品的特殊特性符号应在此栏目中予以明确标识/注明。

① 当严重度≥8 时,建议将其确认为特殊特性。

② 当严重度为 5~8,而频度>3 时,建议将其确认为重要特性。

可以在此表格中填写特殊特性的符号,该符号应和“特殊特性清单”中的相一致,可能存在多个的登记的特殊特性,如:安全特性,重要特性,关键特性等,也要填写所对应的特殊特性符号。

(14) 空格(f)“失效的潜在起因与机理”的填写

失效起因与机理:在 DFMEA 中是指失效模式的可能的设计薄弱点和设计缺陷。

失效的潜在起因是指一个设计薄弱部分的迹象,其结果就是失效模式。

尽可能地列出每一个失效模式的所有可以想到的失效起因和/或失效机理。起因/机理应尽可能简明而全面地列出,以便有针对性地采取补救的努力和/或适当的纠正措施。

理解:

——典型的失效起因可能包括但不限于下列情况:

规定的材料不正确、材料选择不当、设计寿命设想不足、应力过大、润滑能力不足、维修保养说明不充分、环境保护不够、算法不正确/计算错误、维护说明书不当、软件规范不当、表面精加工规范不当、行程规范不足、规定的摩擦材料不当、过热、规定的公差不当等。

——典型的失效机理可能包括但不限于下列情况:屈服、化学氧化、电移、疲劳、材料不稳定、蠕变、磨损、腐蚀。

——研究失效可能的起因与机理,是为了能够正确采取控制措施,防止失效的发生或减少其发生的可能性。

——简明扼要,但要尽可能全面地列出可能想到的失效起因和机理,以便对症下药,采取纠正措施。

注:不要把产品的工作环境(如道路产生的振动、冲击、气温的变化、湿度、粉尘、电磁干扰等)作为我们的分析目标。工作环境是造成失效的重要外因,但它是客观存在,难以控制的。我们要分析的是:在外因作用下的内因。

——与制造、装配无关的起因(当制造与装配符合技术规范的情况下,发生了失效)。分析潜在失效起因/机理可以采用以下途径:

- 现有的类似产品的 FMEA 资料;
- 应用失效链,找出直接原因,中间原因和最终原因;
- 应用“五个为什么?”,例如:门锁扣不上。为什么锁舌与锁座错位? 为什么车门下沉? 为什么门铰链变位? 为什么固定门铰链的框架变形? 为什么框架刚度不足?

——应用因果图,从人、机、料、法、环等方面进行分析,应用排列图、相关分析法、试验设计(DOE)等方法,从可能的多因素中找出主要原因。

- 应用失效树分析(FTA)找出复杂系统的失效起因和机理;
- 充分发挥多方论证小组的经验,采用头脑风暴法,对可能的起因进行归纳分析。

——与制造/装配有关的原因:

指由于所拟定采用的制造/装配设计在技术上或操作者体力上的限制与难度,以及容易产生误操作而引起的潜在失效。也就是与产品设计中可制造性与装配性有关的问题。

- 纯属制造与装配过程有关的问题,原则上由过程 FMEA 来进行分析。
- 设计 FMEA 小组应基于二个假定考虑失效原因:

假定一失效模式由设计缺陷造成,零件的制造和装配在工程规范之内;

假定二失效模式由制造或装配的缺陷所引起,但这种制造和装配错误是由设计缺陷造成的。即设计缺陷可造成组装过程的错误。

根据上述假定,可分为以下二种情况确定原因:

1) 假定零件的制造和装配在工程规范内。审查过去的测试报告、保修资料、抱怨报告、记录、使用情况报告和其他文件。审查同类 FMEA 报告。列出已知失效模式原因的因子。周密考虑(脑力振荡)每个失效模式的潜在原因。

试问:

——什么原因造成了零件的这种故障?

——在什么情况下零件的功能失常?

——怎样或为什么才能造成零件背离工程规范的要求?

——什么原因导致零件不能实现它预期的功能?

a) 找出第一级原因。

第一级原因是指造成失效的直接原因,直接导致失效模式出现。在因果图上,第一级原因应用第一分支表示。

b) 严重度或风险顺序数(RPN)高的失效模式,必须重视确定其根本原因。

发现根本原因能使改进设计工作具有针对性。只有当改进设计工作能够根除根本原因出现的频率时,才最为有效。

例如,一个针对第一级原因——材料裂纹(由材料太薄这一根本原因引起的影响)的设计改进(增加硬度),显然没有针对直接原因——材料太薄的改进(增加厚度)更有效。

c) 有些失效模式是由二个或二个以上的原因同时作用而引起的,那么,这些原因应当列在一起。

2) 假定零件的设计使制造或装配过程的变差不能接受,则应审查以往通过制造或装配错误而引发失效模式的设计缺陷。例如:

——材料处理的规定使那些处于上公差值内的材料在机加工时不能满足规范要求。

——采用不对称设计,防止装反。

充分考虑(脑力风暴)潜在的设计缺陷,试问:

a) 零件的方向和直线度设计对零件的功能是否十分重要?

b) 零件在装配时还出现颠倒吗?

c) 零件的工程规范和公差是否与制造/装配相适应(DFM/DFA)?

d) 表5-7显示了表5-5中失效模式的原因举例。

表5-7 潜在原因示例

失效模式	机 制	原 因
汽车不停止	从踏板到刹车片没有力的传送	由于防腐蚀保护不充分,引起机械连结的断裂
		由于密封设计,引起的总泵真空锁闭
		连接器力矩规范不正确导致液压管松动,引起制动液的流失
		由于液压管折皱/压缩,规定不适当的管道材料,引起制动液流失
汽车超过yy英尺后停止	从踏板到刹车片力的传送减少	由于润滑不到位引起的机械接合点的僵硬
		由于防腐蚀保护不充分,引起机械结合点的腐蚀
		由于液压管折皱、规定不适当的管道材料,引起部分制动液流失
超过××重力后停止汽车	从踏板到刹车片力的传送过大、过快	由于密封设计,总泵内的累积压力上升
在没有指令的情况自行启动;汽车行驶部分受阻	刹车片不松开	由于表面加工没有创立良好的自动清洁和防腐蚀保护,引起横杆和衬耳的腐蚀率和弃置率的增加
在没有指令的情况下自行启动;汽车无法行驶	液压不释放	由于密封设计,引起的总泵真空锁闭

(15) 空格(g)——“频度”的填写

发生频度是指一个特定原因/机制的发生的可能性。此原因会在设计寿命内导致失效模式发生。

发生可能性的等级评估代表的是相对意义,而不是绝对的值(参见表 5-8)。应当有一个一致的发生频度的评级系统以确保连续性。发生频度是一个 FMEA 范围内的相对评级,不是绝对反映实际的发生可能性。

① 通过设计更改或设计过程更改(如设计检查表、设计评审、设计导则)来预防或控制失效模式的起因/机理是可能影响频度数降低的唯一途径。

② 潜在失效起因/机理出现频度的评定准则和分级分 1～10 级,在确定这个估计值时,需考虑下列问题:

——类似的零部件、子系统或系统的维修资料/现场经验如何?

——部件是沿用以前使用水平的部件、子系统或系统,还是与其相类似?

——相对于先前水平的零部件、子系统或系统所作的变化有多显著?

——零部件是否与先前水平的部件有着根本的不同?

——零部件是否是全新的?

——零部件的用途有无变化?

——有哪些环境改变?

——针对该用途,是否采取了工程分析(如可靠性)来估计其预期的可比较的频度数?

——是否采取了预防性控制措施?

③ 应采用一致的频度分级规则,以保持连续性。DFMEA 小组应对相互一致的评定准则和定级方法达成一致意见,尽管对个别产品分析可作调整。

④ “频度(O)”是指某一特定的失效起因/机理在设计寿命内出现的可能性。下面是推荐的频度打分准则(见表 5-8)。

表 5-8　DFMEA 频度评价准则

失效可能性	标准:原因的发生频度-DFMEA (在项目或汽车的可靠性/设计寿命内)	标准:原因的发生频度-DFMEA (每个项目/每辆车的事件)	等级
很高	没有前期历史的新技术、新设计	≥100/1 000 ≥1/10	10
高	在工作循环、操作条件内,对于新设计、新应用或变更,失效是不可避免的	50/1 000 1/20	9
	在工作循环、操作条件内,对于新设计、新应用或变更,失效是可能的	20/1 000 1/50	8
	在工作循环、操作条件内,对于新设计、新应用或变更,失效是不确定的	10/1 000 1/100	7
中等	相似设计,或者在设计模式或测试时的频繁失效	2/1 000 1/500	6
	相似设计,或者在设计模式或测试时的偶尔失效	0.5/1 000 1/2 000	5
	相似设计,或者在设计模式或测试时的个别失效	0.1/1 000 1/100 000	4

续表 5-8

失效可能性	标准:原因的发生频度-DFMEA (在项目或汽车的可靠性/设计寿命内)	标准:原因的发生频度-DFMEA (每个项目/每辆车的事件)	等级
低	几乎相同设计,或者在设计模拟或测试时仅有个别失效	0.01/1 000 1/100 000	3
	几乎相同设计,或者在设计模拟或测试时没有观察到失效	≤0.001/1 000 1/1 000 000	2
很低	通过预防控制消除失效	通过预防控制消除了失效	1
注 1:打分只是相对意义,不是决定的数值。 注 2:收集客户的投诉、退货的结果对该罚分是有直接的指导意义。 注 3:同样,收集同行、市场的分析也是同样可以确定该分值的相对值。			

(16) 空格(h)——“现行设计控制”的填写

现行控制是指已被或正在被同样或类似的设计所采用的那些措施(例如,道路试验、设计评审、失效与安全设计【减压阀】、数据分析、台架/试验室试验、可行性评审、样件试验和使用试验等)。

① 列出已经完成或承诺要完成的预防措施、设计确认/验证(DV)或其他活动,并且这些活动将确保设计对于所考虑的失效模式和/或起因、机理是足够的。

② DFMEA 小组应一直致力于设计控制的改进;如:在实验室创立新的系统试验或创立新的系统模型运算方法等。

③ 要考虑两种类型的设计控制:

预防:防止失效的起因、机理或失效模式出现,或者降低其出现的概率。

探测:在项目投产之前,通过分析方法或物理方法,探测出失效的起因/机理或者失效模式。

④ 如果可能,最好的途径是先采用预防控制。假如预防性控制被融入设计意图并成为一部分,它可能会影响最初的频度定级。探测度的最初定级将以探测失效起因、机理或探测失效模式的设计控制为基础。

a) 在 DFMEA 分析表的现行设计控制栏中,如果没有确定任何的预防控制,这可能是因为同样或类似的设计没有应用过预防控制。

b) 一旦确定了设计控制,评审所有的预防措施以决定是否有需要变化的频度数。

开展设计 FMEA 时已经用于相同或相似设计中的控制方法。包括:

——设计确认/验证或其他活动。如路试、设计评审、故障/安全计算分析、台架/实验室测试、可行性评估、样件试验、车辆测试。

——设计控制需要同时考虑失效模式的原因和失效模式本身。

——采取设计纠正措施以根除原因,或降低出现频率。这些潜在的设计缺陷,需要在 DVP 过程中加以测试。

——如果忽略了潜在原因,带有设计缺陷的产品有可能进入生产。检查忽略原因的一个方法是探测由此产生的失效模式。

⑤ 确定设计控制方法:

——列出所有可用于探测(16)列出的第一级原因的历史上曾经用过的设计评估技术。审查历史测试报告等。

——确定并列出所有可用于(12)中列出的失效模式的技术。从严重度最高的失效模式开始。

——设计控制可以包括:如设计评审、分析研究、计算机模拟程序、设计确认、道路试验、失效/安全、数学研究、台架/实验室试验、可靠性/耐久性试验、样件试验、破坏性试验、材料试验、车队试验、采用的设计标准等，那些已经或正在被同样或类似设计所应用的控制。

⑥ 充分思考(脑力风暴)其他可能技术，试问：

——用什么方式才能发现这一失效模式的原因？

——怎样才能发现这个原因已经出现？

——用什么方式才能发现这一失效模式？

——怎样才能发现这一失效模式已经出现？

⑦ 可用的设计评估技术范例包括：

——模型/模拟(如：有限因素分析法)；

——公差积累(如：几何尺寸公差)；

——材料配合性(如：膨胀系数、腐蚀性)；

——设计评审。

⑧ 开发测试技术(发现原因或失效模式)：

——供应商零件资格测试；

——试验设计；

——破坏性试验；

——统计工程样件测试；

——小量试产试验；

——用类似零件的模型测试；

——整车设计验证测试。

⑨ 设计确认技术

——样件测试；

——产品/过程确认测试(PPAP)；

——"产品寿命"确认测试。

表 5-9 显示了表 5-8 原因的预防与探测控制。

表 5-9　预防与探测设计控制示例

失效模式	原因	预防控制措施	探测控制措施
汽车不停止	由于防腐蚀保护不充分，引起机械连结断裂	按照材料标准 MS-845 设计	环境应力测试 03-9963
	由于密封设计，引起的主缸真空锁闭	沿用相同工作循环要求的设计	压力可变性测试-系统等级
	不正确连接器扭矩规范导致液压管松动，引起制动液的流失	按照扭矩要求 -3993 设计	振动步骤-压力测试 18-1950
	由于液压管折皱/压缩，或者规定不适当的管道材料，引起制动液流失	按照材料标准 MS-1178 设计	试验设计(DOE) 管道回复能力

(17) 空格(i)——"探测度(D)的填写"

探测度是指现行设计控制发现栏里，所列出的最佳的探测控制相关的等级。当识别到不止一个的控制的时候，建议将每个控制的探测等级包括在控制描述内，并且在探测度栏里记录等级最低的评分。

① 为了获得较低的探测度数定级，通常计划的设计控制(如：预防、确认和/或验证等活动)必须予以不断地改进。探测度的评价指标分为 1～10 级。

② DFMEA 小组应对相互一致的评定准则和定级方法达成一致意见，尽管对个别产品分析可作调整。在设计开发过程中，最好是尽早采用探测控制。

③ 在确定了探测度定级之后,DFMEA 小组应评审频度数定级并确保频度数定级仍是适宜的。

④ 列出与潜在设计评估技术相对应的、在零件开发生产前失效模式的探测度数。确定现行设计控制能否发现相关原因。如果能够,那么频度会受到影响。现行的验证和确认技术必须改进以降低探测度。

下面推荐的是探测度的评分准则(见表 5-10)。

表 5-10 推荐的 DFMEA 探测度评价准则

探测性	评价准则:由设计控制可探测的可能性	等级	探测可能性
没有探测机会	没有现有设计控制;不能探测或不能分析	10	几乎不可能
在任何阶段不可能探测	设计分析/探测有微弱的探测能力;实际的分析(如 CAE,FEA,ETC),与期望的实际操作条件不相关	9	非常细微
快速冻结设计,预先投放	在设计冻结以及在试验(具有如乘坐、操作、出货评价等接受准则下的子系统和系统试验)通过/失败的情况,预先投放后的产品验证/确认	8	细微
	在设计冻结和在失效测试试验(直到失效发生、系统相互作用试验为止的子系统和系统试验)的情况下预先投放后的产品验证/确认	7	非常低
	在设计冻结和在降级试验情况下预先投放后的产品验证/确认(在耐久试验后的子系统或系统试验,如功能检查)	6	低
预先冻结设计	使用通过/失效试验进行产品验证(可靠性试验、开发或确认试验),预先冻结设计(如:性能、功能检查接受准则等)	5	一般
	使用失效试验(如直到泄漏、屈服、破裂等)预先冻结的产品确认(可靠性试验、开发或确认试验)	4	有点高
	使用降级试验(如数据趋势、之前/之后值等),预先冻结的产品确认(可靠性试验、开发或确认试验)	3	高
实质性分析—有关	设计分析/探测控制有强探测能力。在实际或期望运作条件下,预先停止设计与实质性分析(如 CAF、FEA 等)高相关	2	非常高
探测不需用;失效预防	通过设计解决方案(如已证实的设计标准、最好惯例或普通材料)充分执行预防,失效要因或失效模式将不会发生	1	几乎一定

(18) 空格(j)——“风险顺序数(RPN)”的填写

风险顺序数(RPN)是对设计风险性的度量。是严重度数(S)和频度数(O)及探测度数(D)三项数字之乘积。填入 RPN=(S)·(O)·(D)。

在单独的 FMEA 范围内,数值可以在 1 到 1 000 之间变化。

FMEA 第四版本手册不推荐使用 RPN 阀值来决定是否需要采取措施,而之前的三个版本都是采用“阀值”的多少来采取措施,为什么如今不推荐了呢?

① 使用阀值意味着 RPN 是衡量相对风险的方法(它们通常不是),而且不要求持续的改进(事实上是要求的)。

例如:顾客如果在下面不合理地使用了 100 这个阀值,供应商就会对 RPN 为 112 的特性 B 采取措施。

项目	严重度	发生频度	探测度	RPN
A	9	2	5	90
B	7	4	4	112

在这个例子中，特性B的RPN更高，但还是应当先处理A，因为它的严重度等级为9，尽管A的RPN为90，低于阀值。

② 使用阀值的另一个问题是，没有一个要求强制采取措施的RPN值。我们定多少“阀值”是合理呢？

有的公司定100，有的定120，有的甚至定60等，难道定100的时候，100以上就有风险，100以下就没有风险吗？

③ 另外，建立阀值可能会促使小组成员产生错误行为：即小组成员花时间去试图求证一个低发生频繁度或低探测度等级的数值，以期降低RPN。这种做法是不可取的。因为这种行为会使得引起失效模式的真正问题得不到解决，只是让RPN低于阀值。所以，在特定的项目里程碑(例如：新车投产)，确定“可接受”风险的时候能够意识到这一点是十分重要的。优先级别的选取应当建立在对严重度/发生频度/探测度的分析上，而不是通过RPN阀值来决定。

(19) 空格(k)——“建议措施”的填写

总的来说，预防措施(降低发生率)比探测措施更好。举例来说，比起设计定稿后的产品/确认，使用已证实的设计标准或最佳实践更加可取。

建议措施的目的在于改进设计。在识别措施的时候应当按照严重度、发生频度、探测度的顺序来降低等级。下面是解释。

① 降低严重度等级

a) 只有设计更改能够降低严重度等级。

某些时候，设计修订可以弥补/降低失效的严重度，从而降低高严重度的等级。例如：对轮胎的要求是“在使用时保持适当的气压”。“气压快速流失”的失效模式影响严重度比起“完全瘪气”轮胎的失效模式影响严重度来得低。

b) 设计变更并不意味着严重度会降低。

任何设计变更都应该经过小组审核，来决定它对产品功能和过程的影响。

c) 为了达到此种方式的最大效率和最佳效果，对产品和过程设计的任何变更应当在开发过程的早期实施。例如：在开发周期的早期阶段，就需要考虑准备代用材料，以避免腐蚀严重度的问题。

② 降低发生频度等级

通过设计更改去除或控制一个或多个失效模式的原因/机制，从而降低发生频度等级。下面列出的是应当考虑到，但不仅限于此的措施：

a) 防错设计，消除失效模式；

b) 修订设计几何和公差；

c) 修订设计来降低压力，替换薄弱(失效可能性高)的零部件；

d) 增加冗余度；

e) 修订材料规格。

③ 降低探测度等级

1) 最好的方法是使用防错/防误。设计验证/设计确认的增加只能降低探测度等级。某些情况下，对待定零件作设计更改，可能会增加探测的可能性(即：降低探测度等级)。此外，还应考虑：

a) 试验设计(尤其当失效模式的原因有多个或者交互作用时)；

b) 修订试验计划。

2) 如果对一个特定的失效模式/原因/控制评估之后,没有建议措施,则在栏里输入"无"。输入"无"的同时还注明理由将非常有用,特别是在严重度高的情况下。

对于设计措施,可以考虑使用下列内容:

a) 试验设计或可靠性试验的结果;

b) 设计分析(可靠性失效,结构失效,或物理失效模式)它将确认解决方法的有效性,且不会引进新的潜在失效模式;

c) 制图、图示,或模型来证实目标特性的物理变更;

d) 设计评审结果;

e) 对已有工程标准或设计指南的变更;

f) 可靠性分析结果。

(20) 空格(l)——"职责与目标完成日期"的填写

填入每一项建议措施的责任组织的名称和个人的姓名以及目标完成日期。

(21) 空格(m)——"采取的措施和完成日期"的填写

在措施实施之后,填入实际措施的简要说明以及生效日期。

(22) 空格(n)——" 措施的结果"的填写

① 当确定了预防/纠正措施以后,估算并记录纠正后的严重度、频度和探测度值的结果。计算并记录纠正后的RPN值的结果。如果没有采取任何措施,将"纠正后的RPN"档和对应的取值栏空白即可。

② 所有纠正后的定级数值都应进行复查和评审,而且如果有必要采取进一步措施的话,应重复(19)~(22)的分析步骤。焦点永远是持续改进。

表5-11显示的是原因(栏f)、控制(栏h)和建议措施(栏k)应用的示例。

表5-11 原因、控制与推荐措施示例

项目	失效模式	原因	预防控制	发现控制	推荐措施
盘式刹车系统	汽车不停止	由于防腐蚀保护不充分,引起机械连结断裂	按照材料标准MS-845设计	环境压力测试03-9963	改用不锈钢材料
		由于密封设计,引起的主缸真空锁闭	沿用相同的工作循环要求的设计	压力可变性测试—系统等级	沿用密封设计
		不正确连接器扭矩规范导致液压管松动,引起制动液的流失	按照扭矩要求-3993设计	振动步骤—压力测试18-1950	将连接器从螺栓式改为快速连接式
		由于液压管折皱,或者规定不适当的管道材料,引起制动液流失	按照材料标准MS-1178设计	试验设计(DOE)—管道回复能力	将软管设计从MS-1178改换为MS-2025,从而增强力度

(23) DFMEA的跟踪措施

技术部门应保证所有的建议措施已被实施或已妥善落实。

① FMEA是一个动态文件,它不仅应体现最新的设计水平,而且还应体现最新采取的有关措施,包括开始生产后发生的设计更改和措施。

② 产品设计工程师可采用以下几种方式来保证找出所关注的问题得到明确并且所建议的措施得到实施,这些方式包括下列情况但不限于:

——保证设计要求得到实现;

——评审工程图样和规范；

——确认这些已反映在装配/生产文件之中；

——评审过程 FMEA 和控制计划。

③ 新产品在试生产、正式投产后或旧产品在批量生产后或接受到顾客投诉(抱怨)/退货，出现新的失效模式时，技术部门应及时进行设计失效模式及后果分析(DFMEA)并更改 DFMEA 相关资料。

(24) 相关文件的相互联系

DFMEA 并不是一个“孤立”的文件，例如，DFMEA 的输出可以用作后续产品开发过程的输入。它是小组讨论分析的总结。图 5-15 显示是某些常用文件的联系。

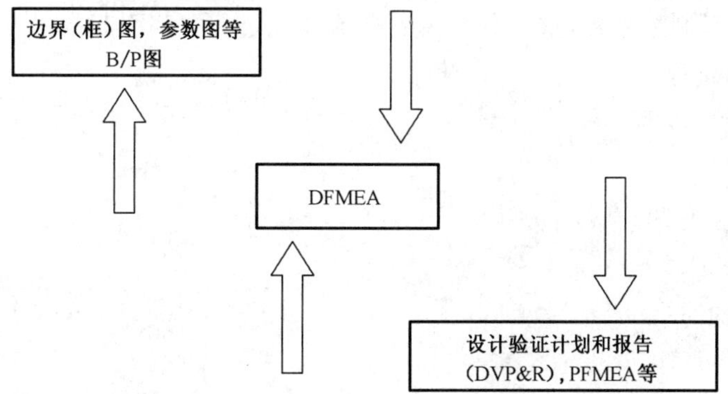

图 5-15　DFMEA 信息相互关系流程

DFMEA 和 DVP&R 有着重要的联系。DFMEA 识别并记录、存档了现行设计的预防控制与探测控制，这些成为 DVP&P 内的试验描述的输放。

DFMEA 识别了要控制的“是什么”，DVP&P 则给出了“怎样”控制。例如，接受标准、程序和样本容量。

四、PFMEA 的开发

ISO 9001:2008　质量管理体系的要求

7.3.3.2　制造过程设计输出

制造过程设计输出应以能够对照制造过程设计输入的要求进行验证和确认的形式来表示。制造过程设计输出应包括：

——规范和图纸；

——制造过程流程图/布局；

——制造过程 FMEAs；

——控制计划(见 7.5.1.1)；

——作业指导书；

——过程批准接收准则；

——有关质量、可靠性、可维护性及可测量性的数据；

——适当时，防错活动的结果，和

——产品/制造过程不合格的及时发现和反馈方法。

也就是说，PFMEA 对任何汽车供应链的组织都是必须的，因为组织不论是否存在产品设计，过程设计是必须的。

1. PFMEA 的概念：

(1) PFMEA 是指 Process Failure Mode and Effects Analysis(过程失效模式及影响分析)的英文

简称。

过程 FMEA(也叫做 P-FMEA):

——P(Process)过程;

——F(Failure)失效;

——M(Mode)模式;

——A(And)及/和;

——E(Effects)影响;

——A(Analysis)分析。

(2) PFMEA 是针对制造过程,重点分析由制造或装配过程缺陷引起的潜在产品失效模式。

如:2.1 过程/流动过程

2.2 顺序/过程的步骤

2.3 设备/机器

2.4 工具/装置/夹具

2.5 操作者

2.6 制造影响的

2.7 材料质量

2. PFMEA 的作用

(1) 帮助分析的制造与装配过程;

(2) 考虑到潜在制造和/或装配过程失效模式及其影响的可能性;

(3) 鉴别过程缺陷,集中力量于控制,减少不合格产品或提高对不合格的控制;

(4) 鉴别关键特性与重要特性,帮助制定全面的制造控制计划;

(5) 建立过程改进措施的优先次序;

(6) 将过程变更的理由编成文件以指导将来的制造/装配过程的发展。

3. PFMEA 的分析时机(什么时候做 PFMEA?)

(1) PFMEA 开始于可行性之前或过程中,在有了产品初步图纸和/或生产用工装制造之前;

(2) PFMEA 在过程设计任务(如过程设计文件)完成之时完成 PFMEA 工作;

(3) 制造过程开发各阶段、获得有关发生变化信息时,对 PFMEA 的初稿进行评审,并不断进行修改和更新;

(4) PFMEA 是一个动态文件,它应:

① 考虑到从单个部件到总成的所有制造工序。

② 从原材料采购到交付给顾客。

③ 包括样件、试生产、批量生产,批量生产后如发生更改(产品和过程)、采取了纠正/预防措施等现象时,必须重新评审 FMEA 的有效性。如果没有,至少每半年对 FMEA 的有效性进行一次评估。

(5) 过程 FMEA 应从过程的流程图开始,应包括流程图中的所有过程。

(6) 针对新产品,企业应建立和制定其单独的过程失效模式及后果分析(PFMEA);针对常规产品(即:老产品和旧产品),企业应根据其系列分类、相同的工艺流程/过程和相同的产品/过程特性(特别是其相同的产品/过程特殊特性)建立和制定其通用的过程失效模式及后果分析(PFMEA)。

4. 由谁来做 PFMEA

(1) 由负责制造的工程师/工程师小组来进行 PFMEA 分析工作。

① 依靠小组的共同努力;

② 负责的工程师应直接、主动地同有关部门联系,这些部门包括:设计/技术/工程、制造、装配、材

料、服务、质量和供应商，以及负责下一层次的部门。

③ 组成一个包括设计、制造、装配、售后服务、质量、可靠性、维修、采购、供方等方面的专家小组；

④ 负责制造/装配的工程师领导小组；

⑤ 所有受影响的领导有负责过程的工程师代表参加；

⑥ 当系统、产品与过程设计成熟时，小组成员会有变动。

(2) 过程 FMEA 主要是采用的一种分析技术，用以最大限度地保证各种潜在的失效模式及其相关的起因/机理已得到充分的考虑和论述。

(3) 过程 FMEA：

① 确定过程功能和要求；

② 确定与产品和过程相关的潜在的失效模式；

③ 评价潜在失效对顾客产生的后果；

④ 确定潜在制造或装配过程起因并确定要采取控制来降低失效产生频度或失效条件探测度的过程变量；

⑤ 确定过程变量以此聚焦于过程控制；

⑥ 编制一个潜在失效模式的分级表，以便建立一个考虑预防/纠正措施的优选体系；

⑦ 记录制造或装配过程的结果。

5. 进行 PFMEA 的好处

(1) 帮助确认已列出的与产品相关的过程失效模式及它们的后果；

(2) 指明潜在的制造或装配过程失效的起因/机理；

(3) 指明降低或消除失效出现的机会的措施；

(4) 指明过程变差，如果受控，可降低失效出现的频度或提高失效的探测度；

(5) 帮助对纠正措施进行优先排序；

(6) 对类似的制造过程提供有效的参考；

(7) 过程 FMEA 的实施记录。

6. PFMEA 的目的

(1) 帮助分析新/更改(或改进的需要)的制造和装配过程；

(2) 确保存在的和潜在的制造和/或装配过程失效模式和影响都得到考虑；

(3) 确定过程缺陷，提出可能的原因，针对原因提出控制措施；

(4) 消除或降低生产不可接受产品的频率；

(5) 增强对不可接受产品的可探测度；

(6) 确定关键特性和重要特性，以便编制完整的过程控制计划；

(7) 建立过程改进的优先顺序；

(8) 提供过程开发文件，为今后开发制造和装配过程提供指导。

7. 编制 PFMEA 可应用的数据和参考文件

(1) 过程 FMEA-AIAG 参考手册；

(2) 特性矩阵；

(3) 以往 SPC 记录；

(4) 保修信息；

(5) 顾客抱怨和产品退回数据资料；

(6) 纠正或预防措施；

(7) 过程流程图、现场布置图、操作描述；

(8) 系统和/或设计 FMEA;

(9) 类似产品和过程的 PFMEA。

8. PFMEA 的输入包括(但不限于此)

(1) 控制计划的编制;

(2) 初始过程能力研究计划的编制;

(3) 产品和过程特殊特性的最终确定;

(4) 过程和监控作业指导书(包括检验指导书)的编制。

9. PFMEA 的输出

(1) 过程/零件潜在失效模式的清单;

(2) 潜在关键特性和重要特性清单;

(3) 消除或减少产品失效模式出现频次的过程改进;

(4) 措施清单;

(5) 提供全面的过程控制策略。

10. 过程流程图的运用

(1) PFMEA 起始于过程流程图(见表 5-12),针对过程流程中定义的所有过程进行 PFMEA 的分析是必要的。

(2) 过程流程图有多种方式可以完成,关键要看客户是否存在特殊要求。

表 5-12 是可行的过程流程图方式。

表 5-12 过程流程图

<table>
<tr><td colspan="4">□初始 □正式</td><td colspan="2"></td><td>日期(初始)</td><td></td><td>批准</td><td></td></tr>
<tr><td colspan="4">零件编号</td><td colspan="2"></td><td>日期(修订)</td><td></td><td>审核</td><td></td></tr>
<tr><td colspan="3">零件名称</td><td colspan="2"></td><td>页码</td><td colspan="2">第 页 共 页</td><td>编制</td><td></td></tr>
<tr><td colspan="2">跨功能小组人员</td><td colspan="8"></td></tr>
<tr><td>序号</td><td>制作
◇</td><td>搬运
○</td><td>储存
△</td><td>检验
□</td><td>操作描述</td><td>序号</td><td>产品特性</td><td>序号</td><td>过程特性</td></tr>
<tr><td></td><td></td><td></td><td></td><td></td><td></td><td></td><td></td><td></td><td></td></tr>
<tr><td></td><td></td><td></td><td></td><td></td><td></td><td></td><td></td><td></td><td></td></tr>
<tr><td></td><td></td><td></td><td></td><td></td><td></td><td></td><td></td><td></td><td></td></tr>
<tr><td></td><td></td><td></td><td></td><td></td><td></td><td></td><td></td><td></td><td></td></tr>
<tr><td></td><td></td><td></td><td></td><td></td><td></td><td></td><td></td><td></td><td></td></tr>
<tr><td></td><td></td><td></td><td></td><td></td><td></td><td></td><td></td><td></td><td></td></tr>
<tr><td></td><td></td><td></td><td></td><td></td><td></td><td></td><td></td><td></td><td></td></tr>
<tr><td></td><td></td><td></td><td></td><td></td><td></td><td></td><td></td><td></td><td></td></tr>
<tr><td></td><td></td><td></td><td></td><td></td><td></td><td></td><td></td><td></td><td></td></tr>
<tr><td></td><td></td><td></td><td></td><td></td><td></td><td></td><td></td><td></td><td></td></tr>
<tr><td></td><td></td><td></td><td></td><td></td><td></td><td></td><td></td><td></td><td></td></tr>
</table>

11. PFMEA 表格中的每一部分的含义

下面将着重讲解 DFMEA 表格(见表 5-13)表格中每一个项目的制作方法和常见的问题的解决方案。

表 5-13　潜在失效模式与影响分析

（过程 FMEA）

FMEA 编号：A

第＿＿页，第＿＿页

项目：B　　过程职责 C　　编制人：H

车型年/项目 D　　关键时间 E　　FMEA 日期(原始) F

核心小组 G

过程步骤/功能	要求	潜在失效模式	失效潜在影响	严重度	分类	失效潜在原因	现行过程：控制预防	现行过程：发生度	现行过程：控制探测	现行过程：探测度	RPN	建议措施	职责和目标完成日期	实施结果：采取的目标完成日期	实施结果：严重度	实施结果：发生度	实施结果：探测度	实施结果：RPN
Op70：车门内部人工涂蜡	覆盖车门板内侧，下方涂蜡至指定厚度	指定表面涂蜡不足够	车门内饰完整性缺陷；车内门板下方受腐蚀；车门寿命的缩短会导致：●油漆生锈导致表面不美观；●车门内硬件功能受损	7		手动插入的喷头插入的不够深	无	8	喷涂厚度的计量检查；目视检查涂蜡范围	5	280	给喷蜡枪装深度限位器	制造工程 由0×10 15完成	限位已增加，在线检查喷蜡枪	7	2	5	70
												自动化喷蜡	制造工程 由0×12 15完成	由于不同车门共线生产的复杂性而被拒				
						喷头填堵塞 —黏性过高； —温度过低； —压力过低	在初始和停工期间测试喷雾形状，按照预防维护程序清洗喷头	5	喷涂厚度的计量检查；目视检查涂蜡范围	5	175	使用实验设计（DOE）确定黏度、温度和压力	制造工程 由0×10 01完成	确定温度和压力限制，限位控制已安装；控制图显示过程受控 $C_{pk}=1.85$	7	1	5	35
						喷头受冲击而变形	维护喷头的预防保养措施	2	喷头厚度的计量检查；目视检查涂蜡范围	5	70	无						
	范例					喷蜡时间不足够	无	5	按作业指导书进行抽样，（目视）检查重要区域的涂蜡范围	7	245	安装喷蜡定时器	维护部门 ××/××/××	安装自动喷蜡定时器，操作员启动喷头，定时控制关闭，控制图显示过程受控 $C_{pk}=2.05$	7	1	7	49
		指定范围涂蜡过多																
a1	a2	b	c	d	e	f	h	g	h	i	j	k	l	m	n			

(1) 空格(A)——PFMEA 的编号

填入 PFMEA 文件的编号,以便查询。

过程 FMEA 的编号方法:

例如:

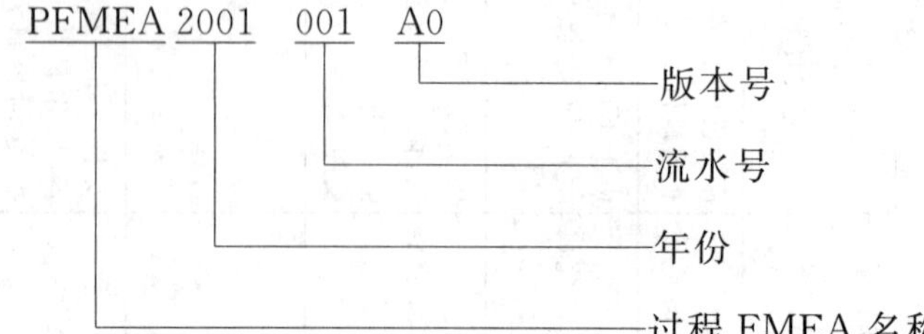

当然,组织可以根据自己的编号规定进行编号,只要能达到便于查询、可追溯的目的。

如:流水式的编号方式:2007-PFMEA-01-A0:2007 年第一个产品的第一版本的 PFMEA。

(2) 空格(B)——"项目"的填写

填入正在进行过程分析的系统、子系统或部件的过程名称和编号。

(3) 空格(C)——"过程责任"的填写

填入整车厂(OEM)一部门和小组,如果知道,应包括供方的名称。

(4) 空格(D)——"车型年/项目(产品型号)"的填写

填入所分析的设计/过程将要应用和/或影响的车年型/项目(如果已知的话),如果未知道的话则填入进行 PFMEA 分析的产品规格/型号。

(5) 空格(E)——" 关键日期"的填写

填入初次 PFMEA 应完成的时间/日期,该日期不应超过计划投入生产的日期。

注:对于供方,初始的 FMEA 日期不应超过顾客要求的生产件批准过程(PPAP)的提交日期。

理解:同 DFMEA

(6) 空格(F)——" PFMEA 日期(原始)"的填写

填入编制 PFMEA 原始稿的日期及最新修订的日期。

理解:同 DFMEA

(7) 空格(G)——" 核心小组"的填写

列出有权确定和/或执行任务的责任部门的名称和个人姓名(建议所有参加人员的姓名、部门、电话、地址等都应记录在一张分发表上)。

理解:同 DFMEA

(8) 空格(H)—— "编制者"的填写

填入负责编制 PFMEA 的工程师的姓名、电话和所在公司的名称。

理解:同 DFMEA

(9) 空格(a)——" 过程功能/要求"的填写

过程步骤/功能可以被分为两栏(或者更多栏),也可以合并成一栏。过程步骤可以列在过程步骤/功能栏里,还可以另加一栏输入该过程步骤的功能和要求。下面是对"过程步骤","功能","要求"的描述;

① 过程步骤(a1)

根据编号的过程和术语,输入受分析的过程步骤或操作的标识,例如:输入编号和识别符(比如:名称)。过程编号方案,排列顺序和术语应当和过程流程图内的一致,确保存其可追溯性,以及与其他文件(控制计划,作业指引等)的联系。返修和返工操作也应当包括在内。

② 过程功能(a1)

输入与受分析的过程步骤/操作相对应的过程功能。过程功能应描述操作的目的,车加工外圆,对××件进行热处理等。建议使用风险分析来限制步骤数量,使其仅包括那些增值看起来对产品有负面影响的步骤。如果有多个与规定操作有关的受分析的过程功能,每个过程功能应当和各自的“要求”相符合,来帮助相关失效模式的开发。

如果过程步骤和过程功能分成两栏,功能就变为 a2。

③ 要求(a2)

列出每个受分析的过程步骤/操作的过程功能的要求。要求是指对规定的过程的输入,以期达到设计目的和其他顾客要求。如果有关于规定功能的多个要求,每个要求应当和关联的失效模式相任命,从而帮助分析。

如果过程步骤和过程功能分成两栏,例如 a1,a2 要求就变为 a3。

理解:填入被分析的过程或工序的简要说明(如:车削、钻孔、攻丝、焊接、装配等),并记录所分析的步骤的相关过程/工序编号。①核心小组应评审适用的性能、材料、过程、环境和安全标准,并以尽可能简洁的方式指明所分析的过程或工序的目的,包括有关系统、子系统或部件的设计(度量/变量)的信息。②如果过程包括许多具有不同潜在失效模式的工序(如装配),则可以把这些工序作为独立过程列出。

(10) 空格(b)——“潜在失效模式”的填写

指过程有可能发生不能满足过程功能/要求栏中所描述的过程要求和/或设计意图,它是对该特定工序上的不符合的描述。它可能是下一个(下游)工序的某个潜在失效模式的一个相关起因或者是前一个(上游)工序的某个潜在失效模式的一个相关后果。但是,在准备 PFMEA 中,应假定所接收的零件/材料是正确和合格的。当历史数据表明进货零件质量有缺陷时,PFMEA 小组可做例外处理。

① 按照部件、子系统、系统或过程特性,列出特定工序的每一个潜在失效模式,前提是这种失效可能发生,但不一定发生。过程工程师应能提出并能回答下列问题:

——过程/零件怎样不满足要求?

——无论工程规范如何,顾客(最终使用者,后续工序或服务)认为的可拒收的条件是什么?

② 以对类似过程的比较和对顾客(最终使用者和后续工序)对类似部件的索赔研究为起点。

③ 一般的失效模式可能是但不仅仅局限于下列情况:弯曲、孔错位、粘合、毛刺、开孔太浅、开孔太深、漏开孔、表面太粗糙、表面太平滑、贴错标签、转运损坏、断裂、变形、脏污、安装调试不当、接地、开路、短路、工具磨损等。

注:潜在失效模式应以规范化或技术术语描述,不同于顾客察觉的现象。

根据过程要求(比如:在过程流程图里的记录),列出特定期操作的潜在失效模式。假定失效模式可能会发生,但不是必然会发生。潜在失效模式应当用专业技术术语来描述,不必描述成顾客注意得到的现象,见表 5-14。

表 5-14 PFMEA 表上的过程步骤/功能/要求栏,包括潜在失效模式的示例

过程步骤/功能	要求	潜在失效模式
操作 20:使用扭矩枪把坐垫安装在座椅轨道上	四个螺钉	少于四个螺钉
	规定的螺钉	使用了错误的螺钉(直径更大)
	装配顺序:首先在右前孔拧螺钉	螺钉没有完全扭入
	螺钉被完全拧入	螺钉没有完全扭入
	按照动态扭矩规格来扭转螺钉	螺钉扭矩太高
		螺钉扭矩太低

(11) 空格(c)——"潜在的失效后果"的填写

潜在失效影响是指由顾客察觉出的失效模式的影响。

① 既可能是内部的顾客,也可能是最终顾客。本文中的顾客可以是下一步操作,后续操作或场所,经销商,车主。

② 在评估潜在失效影响时,应当将每一种都考虑进去。PFEMA 里的产品影响应当和影响 DFEMA 里的一致。

③ 如果失效模式可能对安全造成影响,或者引起法律的不符合,则应当在 PFMEA 里清楚标明。

④ 针对最终顾客应当根据产品或系统性能来说明影响。如果顾客是下一步操作,后续操作/场所,应当就过程/操作性能来说明影响。

⑤ 为了确定潜在影响,应当问下列问题:

a) 潜在失效模式是否是物理性地阻碍下游过程操作,或者对设备或操作员构成潜在危害?

它包括在任何后续顾客设施处,匹配件之间无法装配,接合的情况。遇到此类情况,则需要评估制造影响,而且不需要进一步分析;若不是,则转到第 2 个问题。下面是举例:

——工件×无法装配;

——在顾客设施处无法附着;

——工位×无法钻孔;

——在工位×时引起工具过度损耗;

——导致工位×的设备损坏;

——在顾客设施处对操作员构成危险。

注:应当识别产生影响的场,工位或操作。如果发生在顾客设施处,应当对此说明。

b) 对最终顾客的潜在影响是什么?

考虑最终顾客会察觉或经历到什么,不管计划的或已实施的制造如何,包括防误/防错。此信息可以在 DFMEA 内获取。下面是举例:

——噪声;

——在顾客设施处无法附着;

——非正常功效;

——异味;

——间歇式运行;

——漏水;

——怠速不稳;

——无法调试;

——控制困难;

——外观不良。

c) 如果影响还未波及最终顾客,就会发现,会怎样?

当前场所和接收场的潜在影响也需要考虑进去。下面是举例说明:

——生产线关闭;

——停止发运;

——堆积场停滞;

——产品 100%报废;

——降低生产线速度;

——为了维持要求的生产线速率,增加人力。

注:在考虑问题 b)的时候,如果有不止一个潜在影响,则将其全数列出;但是出于分析的目的,在记录严重度等级的时候只考虑最坏的情况。

潜在影响示例见表 5-15 所列。

表 5-15　影响示例

要　　求	失效模式	影　　响
四个螺钉	少于四个镙钉	最终顾客，座垫松动，有噪声，制造和装配：由于受影响的部分，因而停止发运，并进行额外挑选和返工
规定的镙钉	使用了错误的螺钉（直径更大）	制造和装配：无法在工位安装螺钉
装配顺序：首先在右前孔拧入螺钉	螺钉扭入其他孔洞里	制造和装配：难以安装剩余螺钉
螺钉被完全拧入	螺钉没有完全扭入	最终顾客：坐垫松动，有噪声。 制造和装配：由于受影响的部分，因而进行额外挑选和返工
按照动态扭矩规格来扭转螺钉	螺钉扭矩太高	最终顾客：由于螺钉断裂导致座垫松动，有噪声。 制造和装配：由于受影响的部分，因而进行额外挑选和返工
	螺钉扭矩太低	最终顾客：由于螺钉逐渐松动导致座垫松动，有噪声。制造和装配：由于受影响的部分，因而进行额外挑选和返工

(12) 空格 d——“严重度(S)”的填写

① 指一给定失效模式最严重的影响后果的级别，严重度是单一的 FMEA 范围内的相对定级结果。严重度数值的降低只有通过设计更改或重新设计才能够实现。

严重度仅适用于失效的后果，严重度的评估分为 1～10 级，(见过程 FMEA 严重度评价准则)。

② 如果受失效模式影响的顾客是装配厂或产品的使用者，严重度的评价可能超出了本过程工程师/小组的经验或知识范围；在这种情况下，过程工程师/小组应咨询设计 FMEA 以及设计工程师和/或后续制造或装配厂的过程工程师的意见。

③ 推荐的评价准则(见表 5-16)。

小组应对评定准则和分级规则达成一致意见，尽管个别过程分析可做修改。

表 5-16　过程 FMEA 严重度评价准则(推荐性的)

影响	标准： 对产品影响的严重度 (对顾客的影响)	等级	影响	标准： 对过程影响的严重度 (对制造/装配的影响)
不符合安全性或者法规要求	潜在失效模式影响了汽车的安全运行；或者包含不符合政府法律法规的情形，失效发生时无预警	10	不符合安全性或者法规要求	会使操作员身处危险(机械或装配)，失效发生时无预警
	潜在失效模式影响了汽车的安全运行；或者包含不符合政府法律法规的情形，失效发生时无预警	9		会使操作员身处危险(机械或装配)，失效发生时有预警

续表 5-16

影响	标准： 对产品影响的严重度 （对顾客的影响）	等级	影响	标准： 对过程影响的严重度 （对制造/装配的影响）
基本功能丧失或功能降低	基本功能丧失（汽车无法运行，不影响汽车安全运行）	8	严重中断	产品需要被100%的废弃。生产线关闭或中止发运
	基本功能降低（汽车可以运行，但是性能下降）	7	显著中断	一部分产品必须废弃。偏离基本过程，包括降低生产线速度或增加人力
次要功能丧失或功能降低	次要功能丧失（汽车可以运行，但舒适/便捷功能不可实施）	6	中等中断	100%的产品必须离线返工后再被接受
	次要功能降低（汽车可以运行，但舒适/便捷性能下降）	5		一部分产品必须离线返工后再被接受
干扰	有外观、可听噪声、汽车操作项目上的问题，并且被绝大多数顾客（>75%）察觉到	4	中等中断	100%的产品在处理前，必须在线返工
	有外观、可听噪声、汽车操作项目上的问题，并且被许多顾客（50%）察觉到	3		一部分产品在处理前，必须在线返工
	有外观、可听噪声、汽车操作项目上的问题，但只被少识别能力敏锐的顾客（<25%）察觉到	2	微小中断	对过程、操作或操作员造成轻微的不便

④ 本栏目可用于对那些可能需要附加的过程控制的部件、子系统或系统的特殊产品或过程特性的分级（如：关键、主要、重要、重点）。

⑤ 本栏目还可用于突出高优先度的失效模式以进行工程评定。

⑥ 如果过程 FMEA 中确定了分级，应通告负责设计的工程师，因为这可能影响涉及控制项目辨识的工程文件。

注：特殊产品或过程特性符号及其使用受公司政策的导向，在本书中不予以标准化。

(13) 空格(d)——"分类"的填写

① 这一栏可以用来强调失效模式的优先级，或者需要额外的工程评估的原因。

② 这一栏还可以用来分类需要附加过程控制的零部件、系统、子系统一些特殊产品或过程特性（比如：关键，重要，严重，显著）。特殊产品或过程特殊特性符号及其使用可依据顾客的特殊要求予以确定。在 PFMEA 内识别到严重等级为 9 或 10 的特殊特性时，由于会影响到工程文件，所以应当要告知负责设计的工程师。

理解：同 DFMEA。

(14) 空格(f)——“失效模式的潜在原因”的填写

失效的潜在起因是指失效是怎样发生的，应依据可以纠正或可以控制的原则予以描述。

① 尽可能地列出可归结到每一失效模式的每一个潜在起因。如果起因对失效模式来说是唯一的，也就是说如果纠正该起因对该失效模式有直接的影响，那么这部分 FMEA 考虑的过程就完成了。

② 但是，失效的许多起因往往并不是相互独立的，要纠正或控制一个起因，需要考虑诸如试验设计之类的方法，来明确哪些起因起主要作用，哪些起因最容易得到控制。起因列出的方式应有利于有的放矢地针对起因采取补救的努力。

③ 典型的失效起因可包括但不限于：

a) 扭矩不当——过大或过小；

b) 焊接不当——电流、时间、压力；

c) 测量不精确；

d) 热处理不当——时间、温度；

e) 浇口/通风不足；

f) 润滑不足或无润滑；

g) 零件漏装或错装；

h) 磨损的定位器；

i) 磨损的工装；

j) 定位器上有碎屑；

k) 损坏的工装；

l) 不正确的机器设置；

m) 不正确的程序编制。

④ 应只列出具体的错误或故障情况(如操作者未安装密封件)；不应使用含糊不清的词语(如操作者错误、机器工作不正常)。也就是说：在 PFMEA 中尽可能不要去分析人为的问题，而是系统其他部分可能的试销起因和机理。

(15) 空格(g)——“频度”的填写

频度是指某一特定的起因/机理发生的可能性。

描述出现的可能性的级别数具有相对意义，而不是绝对的。通过设计更改或过程更改来预防或控制失效模式的起因/机理是可能导致发生频度数降低的唯一的途径。

① 潜在失效起因机理发生频度的评估分为 1～10 级(见表 5-17)。

② 为保证连续性，应采用一致的发生频度定级方法。发生频度级别数是 FMEA 范围内的一个相对级别，可能并不反映实际出现的可能性。

③ “可能的失效率”是根据过程实施中预计发生的失效来确定的。如果能从类似的过程中获取统计数据，这些数据便可应用于确定频度数。除了此种情况以外，可以利用《频度评价准则》栏中的文字说明以及类似过程已有的历史数据来进行主观评定。

④ 推荐的评价准则：小组对评价准则和相互一致的分级方法应达成一致意见，尽管个别过程分析可做些调整。

表 5-17 频度评价准则

失效可能性	标准,原因的发生频度——PFMEA (每个项目/每辆车的事件)	等级
很高	≥100/1 000 ≥1/10	10
高	50/1 000 1/2	.9
	20/1 000 1/50	8
	10/1 000 1/100	7
中等	2/1 000 1/500	6
	0.5/1 000 1/2 000	5
	0.1/1 000 1/10 000	4
低	0.01/1 000 1/100 000	3
	≤0.001/1 000 1/1 000 000	2
很低	通过预防控制消除了失效	1

(16) 空格(h)——“现行设计控制”的填写

① 现行过程控制描述的是可以最大程度的预防失效原因的控制;或发现失效模式或失效原因的控制。有两种过程控制可以考虑:

预防:消除(预防)失效原因或失效模式的发生,或者降低其发生率。

探测:识别(探测)失效原因或失效模式,会导致开发相关的纠正措施或对策。

② 如果可能的话,理想的方式是首先采用预防控制。最初的发生频度等级会受到作为过程一部分的预防控制措施的影响。最初的探测度等级会基于探测失效原因,或探测失效模式的过程控制。

③ 因为统计图方式[即:统计过程控制(SPC)]一般使用样本来评估过程的稳定性,探测失控条件,所以当评估特定的探测控件时,不应当将其考虑进去。然而,统计过程控制(SPC)可以被看作特殊原因(在不规范的走向产生之前就被识别,比如工具磨损)的预防控制。

④ PFMEA 样表里有一个预防控制栏和一个探测控制栏,可以帮助小组清楚区分这两种控制类型,从而可以一目了然地确定两种过程控制都被考虑了进去。

⑤ 如果使用了一个合并栏(过程控制),则应当按下面方式使用前缀。在每个预防控制前面或后面添加“P”;每个探测控制前面或后面添加“D”(见表 5-18 原因与控制示例)。

表 5-18 原因与控制示例

<table>
<tr><th>要求</th><th>失效模式</th><th>原因</th><th>预防控制</th><th>探测控制</th></tr>
<tr><td>扭转直到螺钉被完全拧入</td><td>螺钉没有完全扭入</td><td>操作员没有将螺帽扳手与作业面保持垂直</td><td>操作员培训</td><td>在螺帽扳手内加入角度传感器,来发现螺纹错扣的情况;直到评价满足,才允许部件从装置内转移</td></tr>
<tr><td rowspan="6">按照动态扭矩规格来扭转螺钉</td><td rowspan="3">螺钉矩太高</td><td>操作工将扭矩设置太高</td><td>密码保护控制板(只有技术维修人员有密码)</td><td>在设置程序内加入扭矩确认箱,运行前确认设置</td></tr>
<tr><td rowspan="2">技术维修人员将扭矩设置太高</td><td>技术维修人员培训</td><td>在设置程序内加入扭矩确认箱,运行前确认设置</td></tr>
<tr><td>设置说明书内添加设置参数</td><td></td></tr>
<tr><td rowspan="3">螺钉扭矩太低</td><td>操作工将扭矩设置太低</td><td>密码保护控制板(只有技术维修人员有密码)</td><td>在设置程序内加入扭矩确认箱,运行前确认设置</td></tr>
<tr><td rowspan="2">技术维修人员将扭矩设置太低</td><td>技术维修人员培训</td><td>在设置程序内加入扭矩确认箱,运行前确认设置</td></tr>
<tr><td>设置说明书内添加设置参数</td><td></td></tr>
</table>

(17) 空格(i)——"探测度"的填写

探测度是指现有过程控制探测栏里的最佳探测控制相关的等级。在单个 FMEA 内,探测度等级是一个相对评级。为了达到更低的等级,一般需要对计划的探测控制进行改进。

为了获得一个较低的定级,通常计划的过程控制必须予以改进。《探测度评价准则》评价(见表 5-19)指标分为 1～10 级。

① 假定失效模式已经发生,然后,评价所有的"现行过程控制"的能力,以防止具有此种失效模式或缺陷的零件被发运出去。不要因为频度低就自动地假定探测度值也低(如当使用控制图时)。但是,一定要评定探测发生频度低的失效模式的过程控制的能力或者是防止它们在过程中进一步发展的过程控制的能力。

② 随机的质量抽查不太可能探测出一个孤立的缺陷的存在并且不应该影响探测度数值的大小。在统计学基础上的抽样是一种有效的探测控制。

③ 推荐的评价准则:小组应对相互一致的评定准则和定级方法达成一致意见,尽管对个别产品分析可作调整。

注:级数 1 专用于"肯定能探测出"的情况。

表 5-19 推荐的 FMEA 探测度评价准则

探测几率	标准:通过过程控制来探测的可能性	等级	探测可能性
没有探测几率	没有现行过程控制;不能探测或并未分析	10	几乎不可能
在任何阶段都不容易探测	失效模式和/或错误(原因)不容易被探测到(比如:随机审核)	9	很稀少

续表 5-19

探测几率	标准:通过过程控制来探测的可能性	等级	探测可能性
在后工序探测问题	操作员通过视觉/触觉/听觉方式对失效模式在后工序探测	8	少
在来源处探测问题	操作员通过视觉/触觉/听觉方式,在岗位上实施失效模式的探测,或者通过计数型量具(通/止规,手动扭矩检查/扳手等)在后工序探测	7	很低
在后工序探测问题	操作员通过计量型量具在后工序探测,或者通过计数型量具(通/止规,手动扭矩检查/扳手等)在本岗位上实施探测	6	低
在来源处探测问题	操作员通过计量型量具,在岗位上实施失效模式或错误(原因)的探测,或者通过自动控制来探测不规范的部件,并通知操作员(灯光,警报器等)。测量针对安装设置和首件检查(只针对设置原因)	5	中等
在后工序探测问题	通过在后工序的自动控制来实现失效模式的探测,探测不规范的零件,封锁零件,防止零件进入下一个流程	4	中等偏高
在来源处探测问题	通过自动控制探测不规范的零件,自动封锁零件,防止零件进入下一步流程,在本岗位上实施失效模式的探测	3	高
错误探测和/或问题预防	通过自动控制防止不规范零件的生产,在岗位上实施错误(原因)的探测	2	很高
探测不适用;错误预防	有预防错误(原因)的夹具设计,机械设计或零件设计。由于过程/产品的防错设计,不规范零件无法生产	1	几乎可以确定

(18) 空格(j)——"风险顺序数(RPN)"的填写

① 帮助决定优先措施的方法之一就是使用风险顺序数:

RPN=严重度(S)×发生频度(O)×探测度(D)。

② 在单独的 FMEA 范围内,数值可以在 1 到 1 000 之间变化。

③ FMEA 第四版手册不推荐使用 RPN 阀值来决定是否需要采取措施,而之前的三个版本都是采用"阀值"的多少来采取措施,为什么如今不推荐了呢?

a) 使用阀值意味着 RPN 是衡量相对风险的方法(它们通常不是),而且不要求持续的改进(事实上是要求的)。

例如:顾客如果在下面不合理地使用了 100 这个阀值,供应商就会对 RPN 为 112 的特性 B 采取措施。

项目	严重度	发生频度	探测度	RPN
A	9	2	5	90
B	7	4	4	112

在这个例子，特性B的RPN更高，但还是应当先处理A，因为它的严重度等级为9，尽管A的RPN为90，低于阈值。

b）使用阈值的另一个问题是，没有一个要求强制采取措施的RPN值。我们定多少“阈值”是合理呢？

有的公司定100，有的定120，有的甚至定60等，难道定100的时候，100以上就有风险，100以下就没有风险吗？

c）另外，建立阈值可能会促使小组成员产生错误行为：即小组成员花时间去试图求证一个低发生频繁度或低探测度等级的数值，以期降低RPN，这种做法是不可取的。因为这种行为会使得引起失效模式的真正问题得不到解决，只是让RPN低于阈值。所以，在特定的项目里程碑（例如：新车投产），确定“可接受”风险的时候能够意识到这一点是十分重要的。优先级别的选取应当建立在对严重度/发生频度/探测度的分析上，而不是通过RPN阈值来决定。

（19）空格（k）——“建议措施”的填写

总的来说，预防措施（降低发生率）比探测措施更值得关注。举例来说，比起随机的质量及其他相关检查，使用过程设计防错更加可取。

① 建议措施的目的还在于按照严重度、发生频度、探测度的顺序来降低等级。降低方法的解释如下：

a）降低严重度（S）等级

只有设计或过程修订能够降低严重等级。

产品/过程设计本身变更并不意味着严重度会降低。任何产品/过程设计变更都应当经过小组评审，来决定它对产品功能和过程的影响。为了达到此种方法的最大效率和最佳效果，对产品和过程设计的任何变更应当在开发过程的早期实施。例如：如果要降低严重度，就应当在过程开发的早期阶段考虑过程技术。

b）降低发生频度（O）等级

降低发生频度等级会要求对过程和设计进行修订。通过产品或过程设计修订，可以移除一个或多个失效模式的原因，降低发生等级。

可以实施通过统计方式来理解过程变差来源的研究。这些研究所得出的措施能够降低发生频度。另外，学习到的知识还有助于识别适合的控制措施，包括对持续改进和问题预防的适当操作信息的持续反馈。

c）降低探测度（D）等级

最好是使用防误/防错。对探测方法的重新设计会降低探测度等级。某些情况下，对过程步骤作更改，可能会要求增加探测的可能性（即：降低探测度等级）。一般来说，要改进探测控制，就需要知道并理解过程变差的主要原因，以及其他特殊原因。通常，增加检查频次并不是有效措施，应当只作为一个暂时的测量方式来收集过程中的额外信息，以便能够实施永久性预防/纠正措施。

② 如果对一个失效模式/原因/控制评估之后，没有推荐措施，则在栏里输入“无”。输入“无”的同时还注明理由将非常有用，特别是在严重度高的情况下。下面包括了，但不限于对过程措施的评估：

a）过程试验设计结果，或者在适当情况下的其他试验测试结果；

b）调整过的过程流程图、车间平面图、作业指导书或预防维护计划；

c）对设备、夹具或机械规格的评审；

d）新的或调整过的感应/探测装置。

表5-20显示的是原因（栏f），控制（栏h）和建议措施（栏k）的运用示例。

表 5-20　原因(栏 f),控制(栏 h)和建议措施(栏 k)的运用示例

过程步骤/功能	要求	失效模式	原因	预防控制	探测控制	建议措施
操作 20(使用扭矩枪把座垫安装在座椅轨道上)选择四个螺钉	四个螺钉	少于四个螺钉	由于疏忽大意,少安装了螺钉	用目视帮助说明正确的数量 操作员培训	在岗位上目视检查	岗位上的扭矩监控:如果螺钉少于四个,则停止生产线
	规定的螺钉	使用了错误的螺钉(直径更大)	在岗位上有相似螺钉	用目视帮助说明正确的螺钉 操作员培训	在岗位上目视检查	岗位上的角度临近:如果角度不符合,则停止生产线 防错设计:在岗位/产品内使用一种螺钉
操作 20(使用扭矩枪把座垫安装在座椅轨道上)从右前方的孔开始,按照要求的扭矩将每个螺钉扭入	装配步骤:首先将螺钉扭入右前孔	螺钉扭入了其他孔	有多个孔洞需要操作员要安装螺钉	用目视帮助识别第一个螺钉的位置	在岗位上目视检查	在螺帽扳手内加入位置传感器,直到运行到了正确的孔才允许工具的操作

(20) 空格(l)——“建议措施的职责和目标完成日期”的填写

填入每一项建议措施的责任者以及预计完成的目标日期。

① 提高可探测度,这一方法是允许失效模式的出现。对一旦出现的失效进行剔除,而不能根除原因。例如,像下列产品检验体系:

a) 连续检查体系:作业员在工作前对上道过程的产品进行检验,这种做法虽然费时,但增加客观性。

b) 自我检查体系:作业人员在把零件发放给下道工序前,作 100%的检查。这种方法相对少费时,但因为“太熟悉”而影响检验质量。

② 减少或杜绝失效模式的出现。这类方式从短期看成本较高,但长期看更经济更理想。包括:

a) 重新设计产品,使不良状况不可能发生或很难发生。

b) 重新设计过程,使不良状况不可能发生或很难发生。很多情况下需要改变工装,省却或简化过程步骤。

c) 通过防错检验体系,在不合格产品产生现场应用某种控制,以探测和根除可能导致不合格生产的原因。

③ 防错控制方法

a) 常规控制方法——终止操作,防止严重不合格品的继续出现。

b) 常规警告方法——通过传感装置提醒作业人员异常过程。

c) 接触方法——以传感装置通过对产品形状或尺寸探测异常。例如:

——只能通过机器或装置正确上料;

——装配夹具;

——探测某个零件特性是否表现的传感器;

——限位开关和停机。

d）固定数值方法——以某种运转、重量等的具体固定数值探测异常情况。

e）运转步骤方法——以检查的需运转的偏变差探测异常情况。

④ 确定措施

a）是一个创造性过程。小组人员应当不加约束地考虑各种建设性措施。

b）一般说来，一个建议措施应当针对一个失效原因。

c）在措施不确定时，应当通过试验设计对小组人员提出的各种措施作系统性试验。

d）应考虑对每一个失效模式作研究，并提出建议性措施，以降低 RPN 数。

e）任何措施都应当验证，以确定正确性和有效性。

（21）空格（m）——“采取的措施”的填写

在实施了措施之后，填入实际措施的简要说明以及生效日期。

（22）空格（n）——“措施的结果”的填写

在确定了预防/纠正措施以后，估算并记录严重度、频度和探测度值的结果。计算并记录 RPN 的结果。如果没有采取任何措施，将相关栏空白即可。

所有纠正后的定级数值都应进行复查和评审。如果认为有必要采取进一步措施的话，重复（19）～（22）的分析步骤。核心永远是持续改进。

（23）PFMEA 的跟踪措施

① 负责过程的工程师应负责保证所有的建议措施已被实施或已妥善落实。

② FMEA 是一个动态文件，它不仅应体现最新的设计水平，而且还应体现最新相关措施，包括开始生产后所发生的设计更改和措施。

③ 负责过程的工程师可采用几种方式来保证所担心的事项得到明确并且所建议的措施得到实施。这些方式包括但不限于以下内容：

a）保证过程/产品要求得到实现；

b）评审工程图样，过程/产品规范以及过程流程；

c）确认这些已反映在装配/生产文件之中；

d）评审控制计划和作业指导书。

④ 新产品在试生产、正式投产后或旧产品在批量生产后或接受到顾客投诉（抱怨）/退货，出现新的失效模式时，技术部应及时进行过程失效模式及后果分析（PFMEA）并更改 PFMEA 相关资料。

（24）PFMEA 和相关文件的联系

PFMEA 并不是一个“孤立”的文件。图 5-16 显示的是某些通用联系。

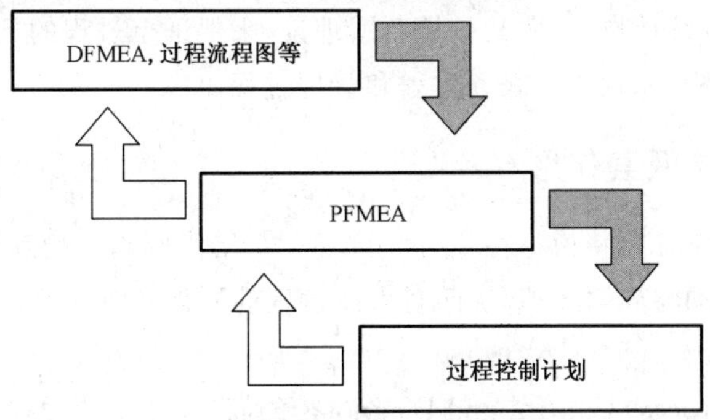

图 5-16 PFMEA 和相关文件的联系

① 同 DFMEA 的联系

在 PFMEA 的开发过程中，要注意利用创建 DFMEA 时获得的信息和知识。但是，两个文件之间的联系并不是一直都很明显的，因为两个 FMEA 文件的侧重点不同。DFMEA 侧重的是零件功能，而

PFMEA 侧重的是制造步骤和过程。每个表格栏里的信息并没有直接的联系。例如:项目/功能-设计并不等同于过程功能/要求;潜在设计失效模式不等同于潜在过程失效模式;失效模式的潜在设计原因不等同于失效模式的潜在过程原因。然而,将设计与过程的整个分析作比较,可以建立一个联系。

这种联系存在于 DFMEA 和 PFMEA 分析过程中识别出的特性之间。

另一个联系存在于失效(DFMEA)的潜在设计原因与潜在过程失效模式(PFMEA)之间。例如,孔的特性设计可以导致一个特定的失效模式。相应的过程失效模式是指过程没有能力按照设计来制造相同特性。

在这个例子中,失效的潜在设计原因(孔直径设计的过大)会和潜在过程失效模式(孔钻的过大)相似。如果没有额外的有关过程的影响,设计和过程的失效模式潜在影响可能相同。换而言之,失效模式的最终结果(影响)相同,但引起结果的原因不同。

在开发 PFMEA 的过程中,小组有职责确保所有过程(会导致产品方面的影响)相关的失效模式与 DFMEA 和 PFMEA 一致。

② 同控制计划的联系

作为 PFMEA 活动的结果,除了建议措施及其后续跟踪,还应当开发一个控制计划。有些组织可能不会特意去识别 PFMEA 内的产品和过程的相关特性,在这种情况下,控制计划里的"产品特性"可以来源于"过程功能/要求"栏里的"要求";"过程特性"可以来源于"失效模式的潜在原因"栏。

小组开发控制计划,需要保证 PFMEA 的现行控制和控制计划里的控制方法一致。

第三节 SPC 的应用

本节通过对 SPC 基本知识和案例的讲解,不仅让读者了解和掌握 SPC 的原理和运作实务,并在实际工作中得到应用。

一、什么是 SPC

1. SPC 字面解释

SPC 是 Statistical Process Control 的简称,即统计过程控制。

SPC 运用统计技术对生产过程中的各工序参数进行监控,从而达到改进、保证产品质量的目的。

2. SPC 的特点

SPC 是全系统的,全过程的,要求全员参加,人人有责。

SPC 强调用科学方法(统计技术,尤其是控制图理论)来保证全过程的预防。

SPC 不仅用于生产过程,而且用于服务过程和管理过程。

二、SPC 的发展简史及其作用

SPC 是美国贝尔实验室休哈特博士在 20 世纪 20～30 年代所创立的理论,它能科学地区分出生产过程中产品质量的偶然波动与异常波动,从而对生产过程的异常及时告警,以便采取措施,消除异常,恢复过程的稳定。

SPCD 是 Statistical Process Control and Diagnosis 的简称,即统计过程控制与诊断,它是 SPC 发展的第二阶段。SPC 虽能对过程的异常进行告警,但它并不能分辨出是什么异常,发生于何处,即不能进行诊断。1982 年我国首创两种质量诊断理论,突破了休哈特质量控制理论,开辟了统计质量诊断的新方向。此后,我国质量专家又提出了多元逐步诊断理论和两种质量多元诊断理论,解决了多任务序、多指标系统的质量控制与诊断问题。

SPCDA 是 Statistical Process Control, Diagnosis and Adjustment 的简称，即统计过程控制、诊断与调整，它能控制产品质量，发现异常并诊断导致异常的原因，自动进行调整，是 SPC 发展的第三个阶段。

应用统计技术来控制产生输出的过程时，才能在改进质量、提高生产率、降低成本上发挥作用。

三、基本概念及控制图的应用

在生产过程中我们把特性分为一般和关键两类，见图 5-17。一般特性往往要求判定合格就可以，而关键特性不仅要合格，还要尽可能接近目标值。

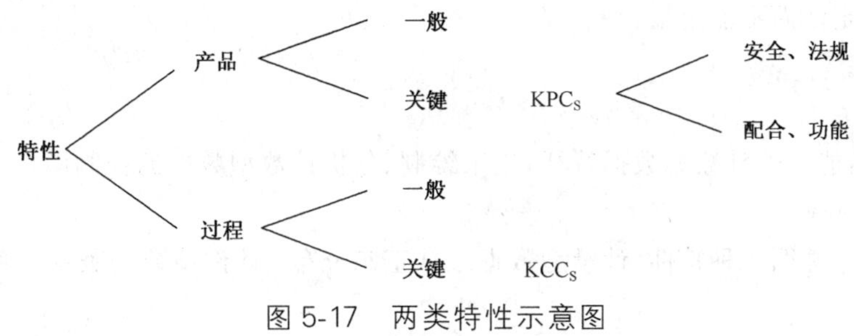

图 5-17　两类特性示意图

1. 什么是控制图

控制图由正态分布演变而来，是统计过程控制的工具，是帮助我们分析实际参数与目标值接近程度的有效分析工具。

正态分布可用两个参数即均值 μ 和标准差 σ 来决定。正态分布有一个结论对质量管理很有用，即无论均值 μ 和标准差 σ 取何值，产品质量特性值落在 $\mu \pm 3\sigma$ 之间的概率为 99.73%，落在 $\mu \pm 3\sigma$ 之外的概率为 100% − 99.73% = 0.27%，而超过一侧，即大于 $\mu + 3\sigma$ 或小于 $\mu - 3\sigma$ 的概率为 0.27%/2 = 0.135% ≈ 1‰，见图 5-18，休哈特就根据这一事实提出了控制图。

控制图的演变过程见图 5-18。先把正态分布曲线图按顺时针方向转 90°成图 5-19(a)。

由于上下的数值大小不合常规，再把图 5-19(a)上下翻转 180°成图 5-19(b)，这样就得到一个单值控制图(见图 5-20)。其中：$\mu + 3\sigma$ 为上控制限，记为 UCL；μ 为中心线，记为 CL；$\mu - 3\sigma$ 为下控制限，记为 LCL，这三者统称为控制线。规定中心线用实线绘制，上下控制限用虚线绘制。

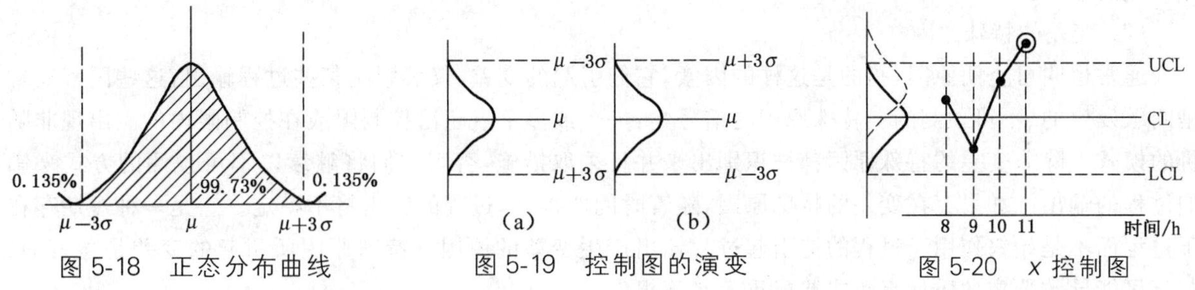

图 5-18　正态分布曲线　　图 5-19　控制图的演变　　图 5-20　x 控制图

综合上述，控制图是对过程质量数据测定、记录从而进行质量管理的一种用科学方法设计的图。图上有中心线(CL)、上控制限(UCL)和下控制限(LCL)，并有按时间顺序抽取的样本统计量数值的描点序列，见图 5-21。

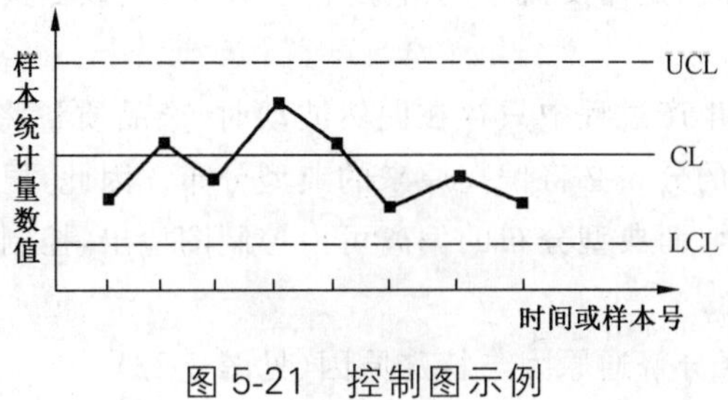

图 5-21　控制图示例

2. 质量数据与控制图

(1) 计量型数据

所确定的控制对象即质量指标应能够定量。

所控制的过程必须具有重复性,即表现出统计规律性。

所确定的控制对象的数据应为连续值。

计量型控制图:能反映计量型数据特征,用来绘制、分析计量型数据的控制图。

(2) 计数型数据

控制对象只能定性而不能定量。

只有两个取值。

与不良项目有关。

计数型控制图:能反映计数型数据特征,用来绘制、分析计数型数据的控制图。

(3) 质量数据的特性

质量数据的分布遵循三种特性:计量型数据服从正态分布;计件型数据服从二项分布;计点型数据服从泊松分布。

3. 控制图原理

根据来源的不同,质量因素可分成设备(machine)、材料(material)、操作(man) 、工艺(method)、环境(environment),即 4M1E 五个方面;从对质量的影响大小来看,质量因素可分成普通原因与特殊原因两类。普通原因是始终存在的,对质量的影响微小,但难以除去,如机械振动;特殊原因对质量影响大,但不难除去,如刀具磨损等。

(1) 变差的普通原因

普通原因指的是那些始终作用于过程的多种变差来源,它是一种不可避免的、长期存在的、始终作用于过程而使过程输出产生变差的原因。随着时间的推移,一个过程中的普通原因会产生一个稳定的且可重复的分布,称之为“处于统计上受控制的状态”、“统计受控”或有时简称为“受控”。普通原因产生的是一个处于偶然原因下的稳定系统,如果一个过程只存在变差的普通原因且不改善时,该过程的输出是可以预测的。常见的“普通原因”如机器性能、输入材料的一致性、过程操作的基本方法、培训方法、工作环境的差异。

(2) 变差的特殊原因

通常也叫可查明原因,指的是这样的因素,它们引起的变差,仅仅影响某些过程输出,这些因素通常是间歇发生的、不可预测的。特殊原因的信号是:一个或多个点超出控制限或在控制限内的点出现非随机的模式。除非变差的特殊原因都被识别出来并且采取措施,否则它们将继续以不可预测的方式来影响过程的输出。如果存在变差的特殊原因,随着时间的推移,过程的输出将不稳定。它是一种短期存在于过程而不是始终作用于过程的能引起过程输出产生变差的原因。特殊原因所引起的变差是显著的,甚至可能导致严重的质量事故或造成重大经济损失。

普通原因引起质量的偶然波动,特殊原因引起质量的异常波动。普通原因是不可避免的,但对质量的影响可预期,异常波动则不然,它对质量的影响不可预期,且采取措施不难消除,故在生产过程中异常波动及造成异常波动的特殊原因是需要监控的对象,一旦发生,应该尽快找出,采取措施加以消除,并纳入标准化,保证它不再出现。

经验与理论分析表明,当生产过程中只存在偶然波动时,产品质量将形成典型分布,如果除了偶然波动还有异常波动,产品质量的分布必将偏离原来的典型分布。因此,根据典型分布是否偏离就能判断异常波动即特殊原因是否发生,而典型分布的偏离可由控制图检出,控制图上的控制界限就是区分偶然波动与异常波动的科学界限。

休哈特控制图的实质是区分普通原因与特殊原因(见图 5-22)。

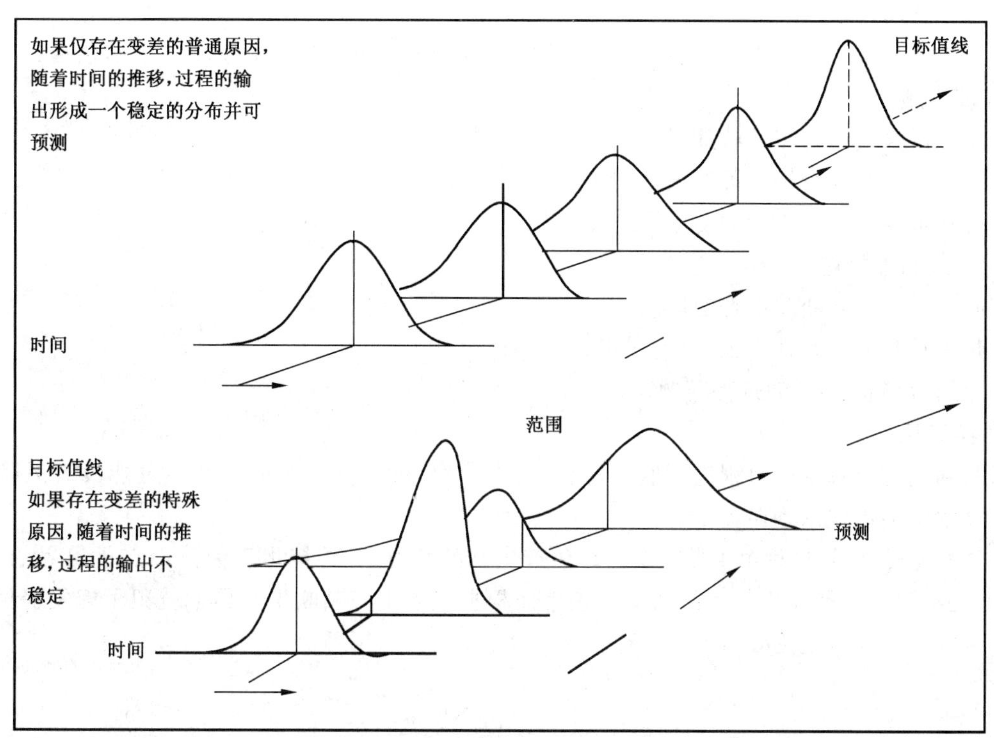

图 5-22 两类原因的正态分布曲线

4. 控制图贯彻预防原则

(1) 应用控制图对生产过程不断监控，当特殊原因刚一露出苗头，在未造成不合格品之前就能及时被发现。例如，在图 5-23 中点子有逐渐上升的趋势，可以在这种趋势造成不合格品之前就采取措施加以消除，起到预防的作用。

(2) 在现场，更多的情况是控制图显示异常，表明特殊原因已经发生，这时要贯彻"查出特殊原因，采取措施，保证消除，不再出现，纳入标准"原则，每贯彻一次这个原则(即经过一次这样的循环)就识别和控制一个特殊原因，从而起到预防的作用。当特殊原因有利于过程输出时，也应按照上述原则来识别并控制。当在过程中只有普通原因而没有特殊原因时，这种状态称为统计控制状态或稳定状态，简称稳态。如图 5-24 所示。

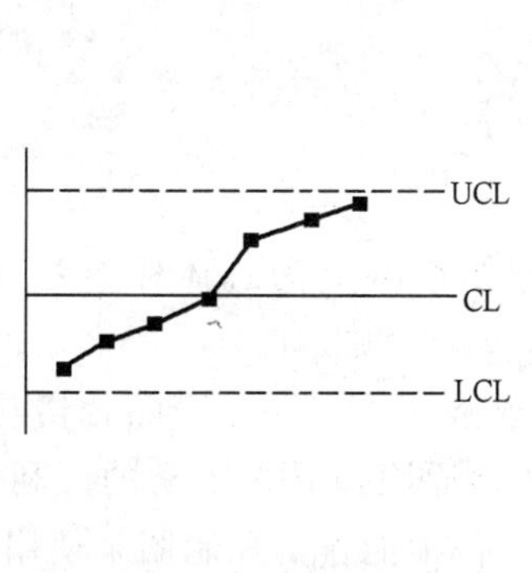

图 5-23 点子形成倾向

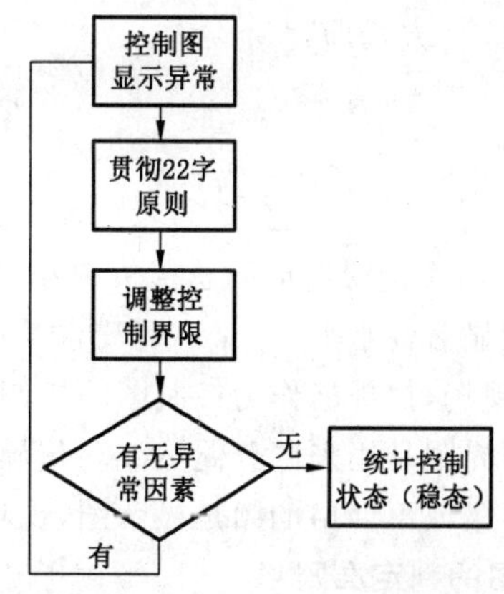

图 5-24 达到稳态的循环

(3) 稳态是生产过程追求的目标，在稳态下生产，对质量有完全的把握，稳定及有能力的质量特性值有 99.73%落在上下控制界限内；在稳态及有能力的过程下生产，不合格品最少，因而生产也是最经济的。

一道工序处于稳态称为稳定工序，每道工序都处于稳态称为稳态生产线，SPC 就是通过稳态生产

线达到全过程预防的。

虽然质量变异不能完全消灭,但控制图是使质量变异成为最小的有效手段。措施包括:

① 局部措施

——通常用来消除变差的特殊原因;

——通常由与过程直接相关的人员实施;

——通常可纠正大约15%的过程问题。

② 对系统采取措施

——通常用来消除变差的普通原因;

——几乎总是要求管理措施,以便纠正;

——大约可纠正85%的过程问题。

5. 两类错误

控制图利用抽查对生产过程进行监控,因而是十分经济的,但既是抽查就不可能没有风险,在控制图的应用过程中会出现以下两类错误:

(1) 虚发警报错误,也称第Ⅰ类错误。在生产正常的情况下,纯粹出于偶然而点子出界的概率虽然很小,但不是绝对不可能发生的。故当生产正常而根据点子出界判断生产异常就犯了虚发警报错误,发生这种错误的概率通常记为α,见图5-25。

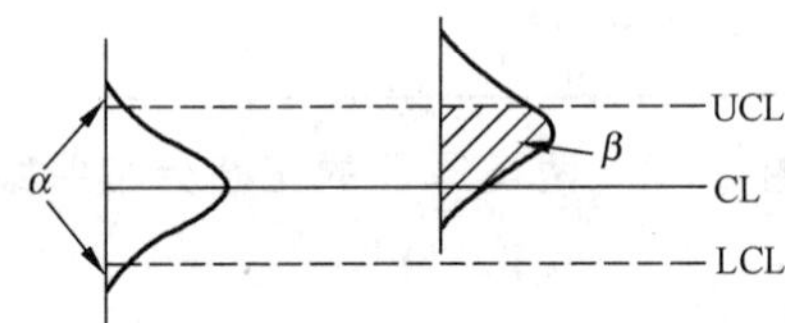

图5-25　两类错误概率图

(2) 漏发警报错误,也称第Ⅱ类错误。在生产异常的情况下,产品质量的分布偏离了典型分布,但总有一部分产品的质量特性值在上下控制界之内。如果抽到这样的产品进行检测并在控制图中描点,这时根据点子未出界判断生产正常就犯了漏发警报错误,发生这种错误的概率通常记为β,见图5-25。

控制图是通过抽查来监控产品质量的,故两类错误是不可避免的。在控制图上,中心线一般是对称轴,所能变动的只是上下控制限的间距。若将间距增大,则α减小β增大,反之,α增大β减小。因此,只能根据这两类错误造成的总损失最小来确定上下控制界限。

6. 3σ方式

实践证明,3σ方式即:

$$\mathrm{UCL}=\mu+3\sigma$$
$$\mathrm{CL}=\mu$$
$$\mathrm{LCL}=\mu-3\sigma$$

3σ方式是两类错误造成的总损失最小的控制界限,μ为总体均值,σ为总体标准差,此时犯第Ⅰ类错误的概率或显著性水平$\alpha=0.0027$。

注意:在现场,把规格作为控制图的控制界限是不对的。规格是用来区分产品合格与不合格的,而控制图的控制界限是用来区分偶然波动与异常波动,即区分普通原因与异常因素的。利用规格界限显示产品质量合格或不合格的图是显示图,现场可以应用显示图,但不能作为控制图来使用。

7. 控制图的判定准则

(1) 在生产过程中,通过分析休哈特控制图来判定生产过程是否处于稳定状态。

休哈特控制图的设计思想是先确定第Ⅰ类错误的概率α,再根据第Ⅱ类错误的概率β的大小来考虑是否需要采取必要的措施。通常α取为1%、5%、10%。为了增加使用者的信心。休哈特将α取得特别小,小到2.7‰~3‰。这样,α小,β就大,为了减少第Ⅱ类错误,对于控制图中的界内点增添了第Ⅱ

类判异准则，即“界内点排列不随机判异”。

（2）判定异常准则

① 点子在控制界限外或恰在控制界限上。

② 控制界限内的点子排列不随机。

（3）点子排列不随机模式

界内点排列不随机的模式有：点子屡屡接近控制界限、链、间断链、倾向、点子集中在中心线附近、点子呈周期性变化等。界内点排列不随机准则是用来减少第Ⅱ类错误的概率 β，所以它的各个模式的 α 不能太小，通常取为 0.27%～2%。

模式 1：点子接近控制界限指点子距离控制界限在 1σ 以内，如图 5-26 所示情况就判断点子排列不随机。

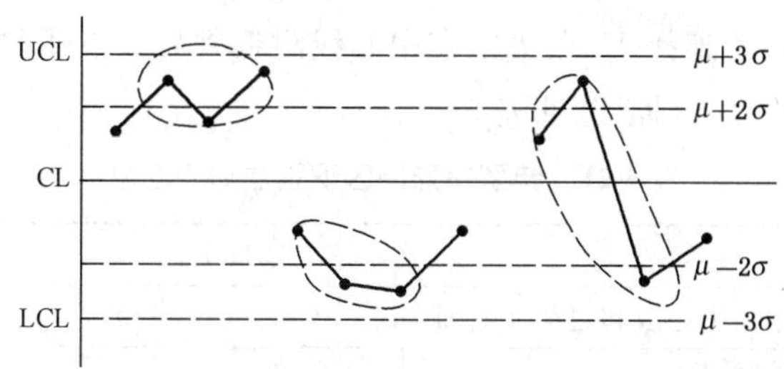

图 5-26　连续 3 点有 2 点接近控制界限

模式 2：在控制图中心线一侧连续出现的点称为链，其点子数目称作链长，见图 5-27。链长不少于 7 时判断点子排列非随机，存在异常因素，出现链表示过程均值向链同一侧偏移，国外也有取 9 点链作为判异准则的。

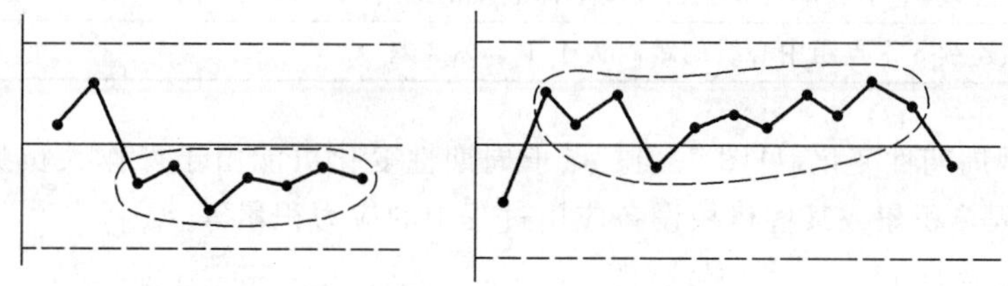

图 5-27　长为 7 个点的链

模式 3：点子逐渐上升或下降的状态称为倾向。当连续不少于 7 个点的上升或下降倾向时判断点子排列非随机，存在异常因素，见图 5-28，出现倾向表明过程均值逐渐增大或逐渐减少。

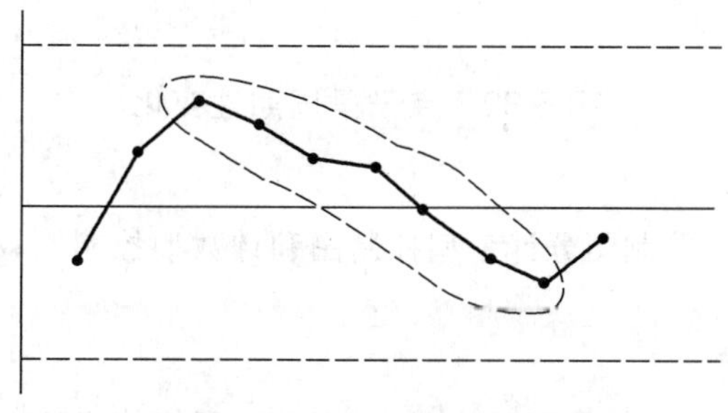

图 5-28　7 点下降倾向

模式 4：点子集中在中心线附近指点子距离中心线在 1σ 以内，见图 5-29，出现模式 4 表明过程方差异常小，可能由于数据不真实或数据分层不当。如果把方差大的数据与方差小的数据混在一起而未分层,则数据总的方差将更大,于是控制图控制界限的间隔距离也将较大,这时方差小的数据描点就可能出现模式 4。

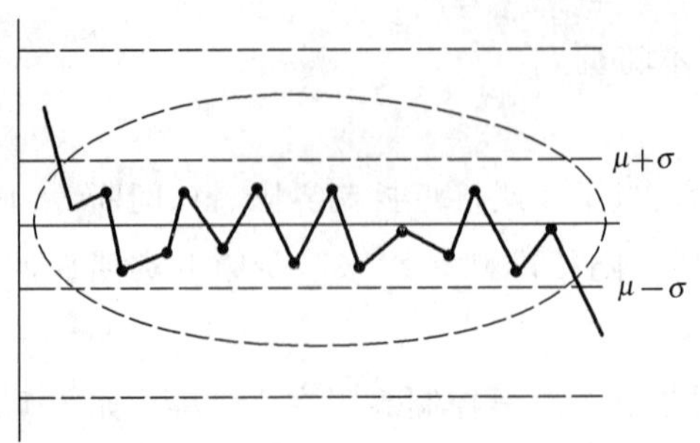

图 5-29 连续 15 点在控制线附近

模式 5:可采用下列准则:若连接 15 点集中在中心线附近判异。点子呈现异常判断,为了使读者便于记忆,典型特殊原因识别异常准则汇总见表 5-21。

表 5-21 典型特殊原因识别准则的汇总

序号	分布状态
1	一个点远离中心线超过 3 个标准差
2	连续 7 点位于中心线一侧
3	连续 6 点上升或下降
4	连续 14 点交替上下变化
5	2 / 3 的点距中心线的距离超过 2 个标准差(同一侧)
6	4 / 5 的点距中心线的距离走过 1 个标准差(同一侧)
7	连续 15 个点排列在中心线 1 个标准差范围(任一侧)
8	连续 8 个点距中心线的距离大于 1 个标准差

模式 6:点子呈现周期性变化,见图 5-30。点子周期性变化可能由于操作人员疲劳、原材料的发送有问题、某些化工过程热积累或某些机械设备应用过程中的应力积累等。

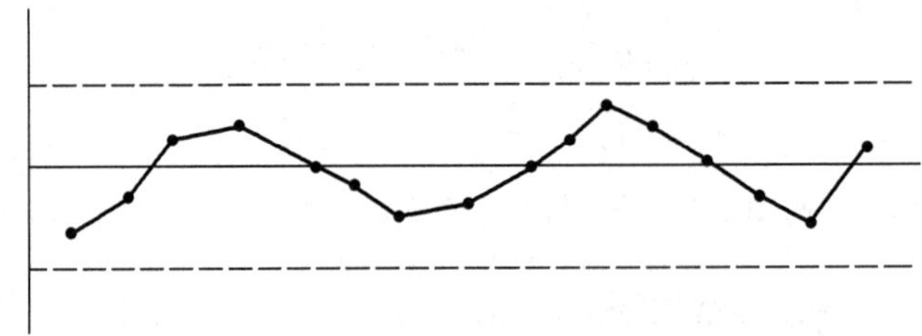

图 5-30 点子呈周期性变化

8. 休哈特控制图

根据质量参数的数据类型,控制图分计量型控制图和计数型控制图;根据用途的不同,控制图分析用控制图和管理用控制图。

分析用控制图的主要作用:

——分析过程是否处于稳态。如果不处于稳态,调整过程使其达到稳态。

——分析生产过程的工序能力是否满足技术要求。若不满足,调整工序能力,使其满足。

当过程达到稳态后,保存分析用控制图的稳态控制线,作为管理用控制图的控制线。

管理用控制图的作用:确保生产过程处于稳定的状态,如发生异常,应进行调整使其恢复稳态。

（1）控制图的种类

根据国家标准 GB/T 4091，常规休哈特控制图见表 5-22。计件值控制图与计点值控制图统称计数型控制图。二项分布和泊松分布是离散数据的两种典型分布，它们超出 3σ 界限的第Ⅰ类错误的概率 α，未必恰巧等于正态分布 3σ 界限的第Ⅰ类错误的概率 $\alpha=0.0027$，是相当小的概率。因此，用与正态分布类似的论证，建立 P、P_n、C、U 等控制图。

表 5-22　常规的休哈特控制图

数据	分布	控制图		简记	
计量值	正态分布	均值-极差	控制图	Xbar-R	控制图
		均值-标准差	控制图	Xbar-S	控制图
		中位数-极差	控制图	Xmed-R	控制图
		单值-移动极差	控制图	X-R_s	控制图
计件值	二项分布	不合格品率	控制图	P	控制图
		不合格品数	控制图	P_n	控制图
计点值	泊松分布	单位缺陷数	控制图	U	控制图
		缺陷数	控制图	C	控制图

应注意的是，X-R_s 不能获得较多的信息，判断过程变化的灵敏度要差一些。

① P 控制图。用于控制对象为不合格品率或合格品率等计数值质量指标的场合。

注意：在根据多种检查项目总合起来确定不合格品率的情况下，当控制图显示异常后难以找出异常的原因。因此，使用 P 图时应选择重要的检查项目作为判断不合格品的依据。

② P_n 控制图。用于控制对象为不合格品数的场合。设 n 为样本大小，P 为不合格品率，则 P_n 为不合格品个数，取 P_n 为不合格品数控制图的简记记号。P_n 图用于样本大小相同的场合。

③ C 控制图。用于控制一部机器、一个部件、一定的长度、一定的面积或任何一定的单位中所出现的缺陷数目。C 图用于样本大小相等的场合。

④ U 控制图。当样品的大小变化时，应将一定单位中出现的缺陷数换算为平均单位缺陷数后用 U 控制图。例如，在制造厚度为 2 mm 的钢板的生产过程中，一批样品是 2 m^2，另一批样品是 3 m^2，这时应换算为平均每平方米的缺陷数，然后再对它进行控制。

（2）控制图的选用

① 控制图用于何处？

原则上讲，对于任何过程，凡需对质量进行管理的场合都可用控制图。当所确定的控制对象即质量指标能够定量时，用计量型控制图；当所确定的控制对象只有定性的描述而不能够定量时，用计数型控制图；所控制的过程必须具有重复性，即具有统计规律，只有一次性或少数几次的过程难于应用控制图进行控制。

② 如何选择控制对象？

在使用控制图时应选择能代表过程的主要质量指标作为控制对象。一个过程往往具有各种各样的特性，需要选择能够真正代表过程情况的指标。假定某产品在强度方面有问题，就应该选择强度作为控制对象，在电动机装配车间，如果对于电动机轴的尺寸要求很高，这就需要把机轴直径作为控制对象，在电路板沉铜工序就要选择甲醛、NaOH、Cu^{2+} 的浓度以及沉铜速率作为多指标统一进行控制。

③ 怎样选择控制图？

先根据所控制质量指标的数据性质来进行确定。如数据为连续值的应选择 Xbar-R、Xbar-S、Xmed-R 或 X-R_s 图；数据为计件值的应选择 P 或 P_n 图；数据为计点值的应选择 C 或 U 图。还需要考虑其他要求，如检出力大小，抽取样品、取得数据的难易和是否经济等。例如要求检出力大可采用成组数据的控制图,如 Xbar-R 图。

(3) 如何做分析控制图?

在做分析用控制图时,首先应该判断过程是否稳定。如果在控制图中点子未出界,同时点子的排列也是随机的,则认为生产过程处于稳定状态或控制状态。如果控制图点子出界或界内点排列非随机,就认为生产过程不稳定或失控。发现过程不稳定需消除引起不稳定因素后,再判断过程是否异常。此时,用稳定状态时的数据计算上下控制线,作为预控的管理用控制图的控制界限。

对于点子出界或违反其他准则的处理:若点子出界或界内点排列非随机,应执行“查出特殊原因,采取措施,保证消除,不再出现,纳入标准”这 22 个字,立即追查原因并采取措施防止它再次出现。应该强调指出,正是执行了上述 22 个字,才能取得贯彻预防原则的作用。

下面以 $\bar{x}$-R 控制图的制作为例说明分析控制图的做法。

① 数据的收集

a) 最近的生产设备、作业方法、测定方法、制程条件不会变动下,抽取 100 个以上的样本加以测定,以得到数据。

b) 将这些数据依时间顺序整理排列。

c) 将数据分组:

——依数据收集的顺序如半日或一日所收集数据为一组;

——一组的数据数 $n=4\sim5$ 个为适当,最多不超过 10 个;

——组数 k 约 20~25 组;

——记录于 $\bar{x}$-R 控制图用纸之数据栏。

② 计算下列统计量

a) 各组的平均值($\bar{x}$);

b) 各组的极差平均值($\overline{R}$):

$$\overline{\overline{R}} = \frac{\overline{R}_1 + \overline{R}_2 + \overline{R}_3 + \overline{R}_4 + \overline{R}_n}{K} = \frac{\sum \overline{\mathrm{R}}}{\mathrm{K}}$$

c) 总平均($\bar{\bar{x}}$):

$$\bar{\bar{x}} = \frac{\bar{x}_1 + \bar{x}_2 + \bar{x}_3 + \bar{x}_4 + \bar{x}_n}{K} = \frac{\sum \bar{x}}{\mathrm{K}}$$

③ 计算控制界限(见表 5-23)

控制图的系数值见表 5-24。

表 5-23 控制界限

$\bar{x}$-R	中心线(CL)	控制上限(UCL)	控制下限(LCL)
$\bar{x}$ 控制图	$\bar{\bar{x}}$	$\bar{\bar{x}}+A_2\overline{R}$	$\bar{\bar{x}}-A_2\overline{R}$
R 控制图	$\overline{R}$	$D_4\overline{R}$	$D_3\overline{R}$

表 5-24 控制图系数值

n	A_2	D_3	D_4	n	A_2	D_3	D_4	n	A_2	D_3	D_4
2	1.880	0	3.267	5	0.577	0	2.115	8	0.373	0.136	1.864
3	1.023	0	2.575	6	0.483	0	2.004	9	0.337	0.184	1.816
4	0.729	0	2.282	7	0.419	0.076	1.924	10	0.308	0.223	1.777

④ 绘 $\bar{x}$-R 控制图于专用纸上

a) 绘 $\bar{x}$ 控制图于上方、R 控制图于下方;

b) 加上刻度使 UCL 与 LCL 间纵距约 30~40 mm,横轴组与组之间距约 5~10 mm;

c) 画上控制界限。

⑤ 依序将各组 $\bar{x}$、R 值的点打于图上，以折线连接，并记入必要事项。

⑥ 判断是否为控制状态，若为控制状态则应进一步调查能否满足规格，若能满足则延用此控制界限作为过程控制使用。

例：解析用 $\bar{x}$-R 控制图。

某过程收集到数据见表 5-25，并计算 $\bar{x}$、R。

表 5-25　$\bar{x}$-R 数据表

组号	日期	数据					$\bar{x}$	R
		x_1	x_2	x_3	x_4	x_5		
1	7/1	6.21	6.22	6.20	6.23	6.22	6.216	0.03
2	7/2	6.22	6.18	6.24	6.24	6.16	6.208	0.08
3	7/5	6.20	6.22	6.22	6.21	6.20	6.210	0.02
4	7/6	6.22	6.25	6.22	6.20	6.20	6.218	0.05
5	7/7	6.18	6.18	6.20	6.17	6.17	6.180	0.03
6	7/8	6.21	6.21	6.20	6.20	6.19	6.202	0.02
7	7/9	6.23	6.19	6.20	6.19	6.21	6.204	0.04
8	7/12	6.21	6.23	6.23	6.19	6.22	6.216	0.04
9	7/13	6.20	6.18	6.21	6.19	6.19	6.194	0.03
10	7/14	6.18	6.21	6.21	6.22	6.21	6.206	0.04
11	7/15	6.17	6.20	6.21	6.19	6.22	6.198	0.05
12	7/16	6.22	6.19	6.23	6.20	6.17	6.202	0.06
13	7/19	6.22	6.20	6.18	6.20	6.21	6.202	0.04
14	7/20	6.20	6.22	6.23	6.18	6.21	6.208	0.05
15	7/21	6.20	6.21	6.17	6.21	6.22	6.202	0.05
16	7/22	6.20	6.20	6.19	6.24	6.19	6.204	0.05
17	7/23	6.20	6.23	6.19	6.21	6.24	6.214	0.05
18	7/26	6.20	6.19	6.18	6.17	6.18	6.184	0.03
19	7/27	6.21	6.23	6.24	6.18	6.20	6.212	0.06
20	7/28	6.21	6.20	6.19	6.17	6.20	6.194	0.04
21	7/29	6.19	6.24	6.22	6.23	6.23	6.222	0.05
22	7/30	6.23	6.20	6.19	6.20	6.20	6.204	0.04
23	8/2	6.22	6.20	6.19	6.18	6.23	6.204	0.05
24	8/3	6.23	6.22	6.22	6.18	6.21	6.212	0.05
25	8/4	6.19	6.19	6.23	6.18	6.18	6.194	0.05
						总合计	155.110	1.100
						总平均	6.204 4	0.044 0

⑦ 计算控制界限（见表 5-26）。

表 5-26　控制界限计算表

$\bar{x}$-R	中心线(CL)	控制上限(UCL)	控制下限(LCL)
$\bar{x}$ 控制图	6.204 4	6.204 4+0.577×0.044=6.229 8	6.204 4−0.577×0.044=6.179 0
R 控制图	0.044 0	2.115×0.044=0.093 1	0

⑧ 绘控制图。

(4) 如何做控制用控制图?

① 调查过程是否处于控制状态。

a) 收集到数据如前述解析用控制图例,并计算 $\bar{x}$、R;

b) 计算控制界限见表 5-27;

c) 绘解析用控制图;

d) 控制状态判断。

② 进行过程能力分析,判断过程能力是否足够。

③ 进行统计过程控制,控制过程,判断过程是否有异常发生。

a) 取一新的控制图用纸,绘上原有的控制界限。

表 5-27 控制图控制界限

	$\bar{x}$ 图		R 图	
控制界限	UCL	6.230	UCL	0.093
	CL	6.204	CL	0.044
	LCL	6.179	LCL	0

b) 按前定样本数于规定时间作制程抽样,取得数据而计算 $\bar{x}$、R(见表 5-28)。

表 5-28 $\bar{x}$-R 图样本数据表

组号	日期	数据					$\bar{x}$	R
		x_1	x_2	x_3	x_4	x_5		
1	8/6	6.21	6.23	6.23	6.19	6.22	6.216	0.03
2	7	6.23	6.19	6.20	6.19	6.21	6.203	0.04
3	8	6.18	6.19	6.18	6.19	6.20	6.185	0.02
4	9	6.22	6.19	6.23	6.20	6.18	6.210	0.05
5	10	6.23	6.22	6.22	6.21	6.21	6.220	0.02
6	11	6.22	6.20	6.25	6.19	6.18	6.215	0.07
7	12	6.23	6.23	6.25	6.20	6.21	6.228	0.05
8	13	6.22	6.24	6.23	6.19	6.23	6.220	0.05

c) 将 $\bar{x}$、R 绘于新图上(见图 5-31)。

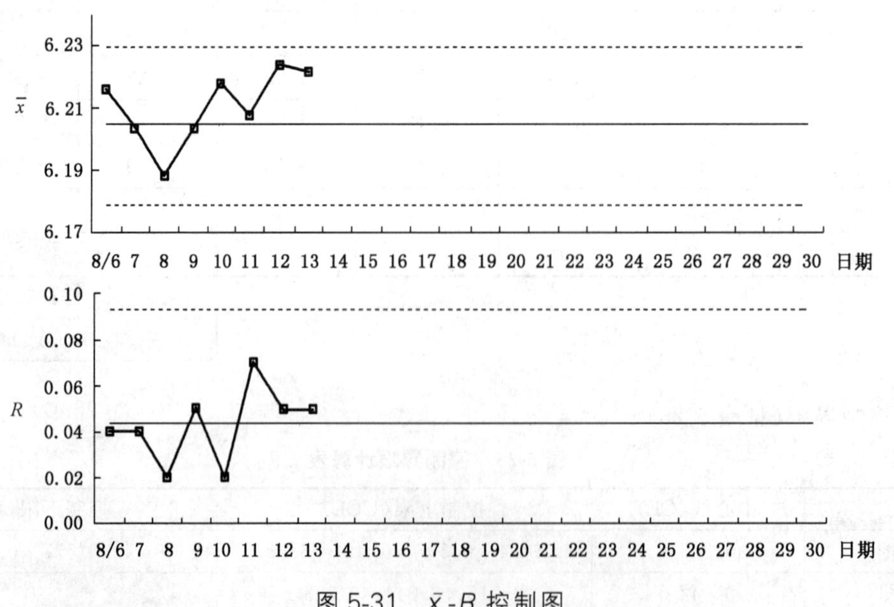

图 5-31 $\bar{x}$-R 控制图

d）进行控制图判读，遇有非控制状态即为异常，立即进行异常分析，使制程迅速回复正常。

e）异常分析应填写正式书面报告，并注记于控制图上。

（5）其他控制图绘制方法

① 其他计量值控制图的种类与管制界限。

x 控制图（只有得到一个数据时，见表 5-29）

表 5-29　单值控制图控制界限

x-R_s	中心线（CL）	控制上限（UCL）	控制下限（LCL）
x 控制图	$\bar{x}$	$\bar{x}+2.66\overline{R}_s$	$\bar{x}-2.66\overline{R}_s$
R_s 控制图	$\overline{R}_s$	$3.27\overline{R}_s$	—

② 计数值控制图的种类与控制界限。

a）P_n 控制图（见表 5-30）

表 5-30　P_n 控制图计算公式

	中心线（CL）	控制上限（UCL）	控制下限（LCL）
P_n 控制图	$\overline{P}_n$	$\overline{P}_n+3\sqrt{\overline{P}_n(1-\overline{P})}$	$\overline{P}_n-3\sqrt{\overline{P}_n(1-\overline{P})}$

b）C 控制图（见表 5-31）

表 5-31　C 控制图计算公式

	中心线（CL）	控制上限（UCL）	控制下限（LCL）
C 控制图	$\overline{C}$	$\overline{C}+3\sqrt{\overline{C}}$	$\overline{C}-3\sqrt{\overline{C}}$

c）U 控制图（见表 5-32）

表 5-32　U 控制图计算公式

	中心线（CL）	控制上限（UCL）	控制下限（LCL）
U 控制图	$\overline{U}$	$\overline{U}+3\sqrt{\frac{\overline{U}}{n}}$	$\overline{U}-3\sqrt{\frac{\overline{U}}{n}}$

d）P 控制图（见表 5-33）

表 5-33　P 控制图计算公式

	中心线（CL）	控制上限（UCL）	控制下限（LCL）
P 控制图	$\overline{P}$	$\overline{P}+3\sqrt{\frac{\overline{P}(1-\overline{P})}{n}}$	$\overline{P}-3\sqrt{\frac{\overline{P}(1-\overline{P})}{n}}$

③ 对于过程而言，控制图起着警告铃的作用，控制图点子出界就好比警告铃响，告诉现在是应该进行查找原因、采取措施、防止再犯的时刻了。

④ 控制图的重新制定。控制图是根据稳定状态下的条件(人员、设备、原材料、工艺方法、环境,即4M1E)来制定的。如果上述条件变化,如操作人员更换或通过学习操作水平显著提高,设备更新,采用新型原材料或其他原材料,改变工艺参数或采用新工艺,环境改变等,这时,控制图也必须重新加以制定。由于控制图是科学管理生产过程的重要依据,经过相当时间的使用后应重新抽取数据,进行计算,加以检验。

⑤ 控制图的保管问题。控制图的计算以及日常的记录都应作为技术资料加以妥善保管。对于点子出界或界内点排列非随机及当时处理的情况都应予以记录,是以后出现异常时查找原因的重要参考资料。有了长期保存的记录,便能对该过程的质量水平有清楚的了解,对于今后产品设计和规格制定方面是十分有用的。

四、应用 SPC 的意义

1. 为什么要用 SPC

(1) 通过 SPC 的有效应用(分析、控制),可以简便、有效地进行质量管理,使企业的管理上升到更高水平;

(2) 对生产过程实时监控,及时发现质量隐患,提供改进信息,使产品质量更稳定;

(3) 集于大型数据库系统,可以获得大量生产数据,使生产过程的量化管理和批次管理成为可能,实现产品质量的可追溯。

2. 应用 SPC 的意义

应用 SPC 可减少返工和浪费,降低不良品率,提高劳动生产率,降低成本;应用 SPC 可提高企业的核心竞争力,提高顾客满意度,赢得广泛的客户,提高企业的社会、经济效益。

五、过程能力分析

过程能力研究在于确认这些特性符合要求的程度,以保证过程产品的不良率在要求的水平之上,为过程的持续改善提供依据。过程能力研究为设备能力指数的研究、过程性能指数研究及过程能力指数研究。设备能力指数 C_{mk} 表示设备性能是否能够满足过程的需求,过程性能指数 P_{pk} 表示过程性能是否实际上满足了顾客的需求,过程能力指数 C_{pk} 用来确定一个过程是否有能力来满足顾客的需要。为了有效地使用这些指数,必须认识围绕它们的条件。如果这些条件不能被满足,这些测量就很少或没有意义,并可能在理解的过程中产生误导。以下是所有能力测量必须满足的三个最低条件:

(1) 产生数据的过程处于统计稳定状态,即普遍接受的 SPC 规则不能够被违反;

(2) 过程数据中的单个测量值构成近似的正态分布;

(3) 规范是以顾客需求为基础的。

1. 过程性能指数(P_p,P_{pk})的研究

初始过程研究的目的是了解过程变差,而不是达到一个规定的指数值。当可能得到历史的数据或有足够的初始数据来绘制控制图时(至少 100 个个体样本),可以在过程稳定时计算 C_{pk}。对于输出满足规范要求且呈可预测的波形的不稳定过程,应使用 P_{pk}。当不能得到足够的数据时(小于 100 个样本),应与顾客负责零件批准的部门取得联系,以制定出一个适当的计划。

短期过程是指过程时间比较短,常常只有一个操作循环,对于一个操作循环来说,人、机、料、法、环测量工具等各因素中,比如只用同一个供方的同一批料,同一个操作人员、检验人员及同一件计量工具。过程性能指数(P_p,P_{pk})是通过短期过程输出的结果测得特性值来计算的。短期过程的固有变差未能包括所有能预见的普通原因产生的变差,因此计算得到的固有变差值自然比较小,则过程性能指数

(P_p,P_{pk})就比较大,所以在PPAP手册中规定可接受条件为$P_{pk} \geqslant 1.67$。

注:根据不稳定的性质,一个非稳定过程可能不满足顾客的要求。供方在提交PPAP之前,必须识别、评价和在可能的情况下消除变差的特殊原因。供方必须将存在的任何不稳定过程通报顾客,且在任何提交之前,必须向顾客提出纠正措施计划。

对于散装材料,如果过去的数据表明类似的过程长期不稳定,且以前实施的措施没能使其达到稳定,则可以不必保正纠正措施计划。

一般情况下,过程性能指数研究是在试产期间,依时间的不同了解过程状况及过程的变异原因,以确认这些特性符合要求的程度,保证过程产品的不良率在要求的水平,进而决定延续管制界限来监控过程或作为持续改善的依据。过程性能指数研究一般在试生产时应完成,其步骤如下:

(1) 基于有效的生产(必须在生产现场使用与量产环境同样的工装、量具、工艺、材料和操作人员)和来自每个生产过程的零件,如:可重复的装配和/或工作站,一模多腔的模具,成型模,工具或模型的每一位置,都必须进行测量,并对代表性的零件进行实验),连续生产的零件中的25组数据,包含至少100个数据。

(2) 计算平均数 $\hat{\mu}=\overline{\overline{X}}=\sum_{i=1}^{k}\overline{X}_i/k$,以全变异(Overall Variation)。

(3) 计算标准差

$$\sigma=\hat{\sigma}_s=\sqrt{\frac{1}{n-1}\sum_{i=1}^{n}(x_i-\overline{x})^2}$$

(4) 计算过程性能指数(P_p、P_{pk})

$$P_p=T/6\sigma$$

$$P_{pk}=(T_U-T_L)/6\sigma=\min\left(\frac{T_u-\mu(\overline{\overline{X}})}{3\sigma},\frac{\mu(\overline{\overline{X}})-T_L}{3\sigma}\right)$$

(5) 初始研究的接受准则

对于稳定过程,供方在评价初始过程研究结果时,必须采用表5-34所示的接受准则。

表5-34 过程性能接受准则

结果	说明
指数>1.67	该过程目前能满足顾客要求。批准后即可开始生产,并按照控制计划进行
1.33≤指数≤1.67	该过程目前可被接受,但是可能会要求进行一些改进。与你的顾客取得联系,并评审研究结果。如果在批量生产开始之前仍没有改进,将要求对控制计划进行更改
指数<1.33	该过程目前不能满足接受准则。与适当的顾客代表取得联系,对研究结果进行评审

2. 稳定过程能力指数(C_p,C_{pk})的研究

过程能力指数是描述稳定过程的,即受控过程的能力的。在一个比较长的时间过程中测量产品特性、各时期的产品特性的测量结果,包括了所有能预计的各种普通原因所引起的变差,相对于短期过程而言,长期过程的固有变差值就大,故长期过程能力指数就小,正是这个原因,PPAP手册中规定:长期过程能力的可接受值($C_{pk} \geqslant 1.33$)比短期过程能力指数可接受值($P_{pk} \geqslant 1.67$)低。

(1) 过程能力指数研究的注意事项:

——过程设备、工具必须具代表性;

——设定操作条件(温度、压力、时间等),此时过程能力与设定的条件相关;

——使设备进入正常运转状态并以具代表性的作业员操作;

——使用规定的量测方法且预先进行量测系统分析;

——避免任意调整及中断。

(2) 过程能力指数研究的步骤:

① 确认产品关键特性及规格。

② 进行量测系统分析:

——收集一个生产周期的25组(每组4~5个样品)以上的数据,以能够代表过程的正常作业条件,表示为稳定的过程。

——以 $\bar{x}$-R 控制图证明过程在控制状态下:

计算平均数 $$\hat{\mu}=\bar{\bar{x}}=\sum_{i=1}^{k}\bar{x}_i/k$$

③ 计算过程能力指数 C_p、C_{pk}

a) 无偏情况: $$C_p=T/6\sigma=\frac{T_U-T_L}{6\sigma}$$

b) 有偏情况: $$C_{pk}=(1-K)C_p=\frac{T_U-T_L}{6\sigma}=\frac{T-2\varepsilon}{6\sigma_S}=\min\left(\frac{T_U-\mu(\bar{\bar{X}})}{3\sigma}\right),\left(\frac{\mu(\bar{\bar{X}})-T_L}{3\sigma}\right)$$

式中:K 为偏移修正系数,$K=\frac{\varepsilon}{T/2}=\frac{2\varepsilon}{T}$,$\sigma\approx\hat{\sigma}=\frac{\bar{R}}{d_2}$,或者 $\sigma\approx\hat{\sigma}=\frac{\bar{S}}{C_4}$,$\varepsilon=|M-\mu|$,$\varepsilon$ 为偏移量,即公差中心(M)与数据分布中心(μ)的偏移值(d_2 和 C_4 可从控制图表中查得,μ 可用 $\bar{\bar{X}}$ 代替)。

(3) 单侧规范或非正态分布的过程 w

对于单侧规范或非正态分布的过程,供方必须与顾客一起确定替代的接受准则。

注1:前边提到的接受准则是基于正态分布和双侧规范(目标位于中心)的假设。如果该假设不成立,使用这种分析可能会导致不可靠的信息。这里提到的替代性接受准则可能要求一种不同类型指数或某种数学变换的方法。重点是应了解非正态分布的原因(如:过程经过一定时间后是否稳定?)和如何处理变差。

注2:对于散装材料,在绘制常规的过程数据直方图之后,通常可以发现呈非正态分布。由于所获得的值可能引起误导,所以不应计算质量指数。

注3:不满足接受准则时的策略——如果过程不能改进,供方必须与顾客取得联系。

(4) 稳定过程能力指数(C_p,C_{pk})研究的接受准则

对于稳定过程,供方在评价过程能力指数(C_p,C_{pk})研究结果时,必须采用表5-35所示的接受准则。

表5-35 过程能力接受准则

结　　果	说　　明
指数>1.33	该过程目前能满足顾客要求,生产按照控制计划进行
1.00≤指数≤1.33	该过程目前可能不被接受,需要采取措施计划
指数<1.00	该过程目前不能满足接受准则。与适当的顾客代表取得联系,对研究结果进行评审

3. 设备能力指数(C_m,C_{mk})的研究

设备能力指数是指工序在稳定状态下,某一种影响工序质量因素所具有的保证产品质量的能力,也就是在影响工序能力的其他因素均保持在相对固定的良好状态下,该设备所拥有的能力。

(1) 当单侧规范时

$$C_m=T/6S$$

(2) 当双向规范时

$$C_m=(T_U-X)/3S=(X-T_L)/3S$$

(3) $C_{mk}=\frac{T_U-T_L}{6\sigma_m}$ 或 $C_{mk}=\frac{T-2\varepsilon}{8\sigma_m}$ $\left(式中:\sigma_m=\frac{3}{4}\times\sqrt{\frac{1}{n-1}\sum_{i=1}^{n}(x_i-\bar{x})^2}\right)$，其实际上与公式 $C_{mk}=\frac{T-2\varepsilon}{6\sigma_m}$相同，是考虑了过程有偏的情况。式中：

a) 公差范围可以是被测量过程生产的产品的公差范围，也可以是指被测量过程的过程参数的控制范围；

b) 取样时，须连续取样达 50 个零件以上，即 $n\geqslant 50$。或者是正常生产后，按规定的时间间隔对过程参数的监控连续记录 50 次以上。

c) $\sigma_m=\sqrt{\frac{1}{n-1}\sum_{i=1}^{n}(x_i-\bar{x})^2}$ 或 $\sigma_m=\sqrt{\frac{1}{k}\sum_{i-1}^{k}\sigma_i^2}$ (k 为样本组数)。

(4) 设备能力指数 C_{mk}的评价及处理方法见表 5-36。

表 5-36　设备能力评价与处理

C_{mk}值	等级说明	处理方法	备注
$C_{mk}\geqslant 1.67$	设备能力充分	可以投入正常使用	
$C_{mk}<1.67$	设备能力不足	加紧设备检修，必要时进行停产大修	

(5) 设备能力指数 C_m 与工序能力指数 C_p 的关系

当 $C_p>1.33$ 时，设备能力可以认为是充分的。

当 $1\leqslant C_p<1.33$ 或 $C_p<1$ 时，设备能力指数可能不小于 1.67，也可能小于 1。在这两种状态下，都要先对工序进行设备能力分析，即对某一种因素进行能力分析，针对不同情况加以处置。

第四节　MSA 的应用

本节通过对 MSA 基本知识和案例的讲解，帮助读者掌握测量系统的基本定义、测量变差的类别及计算方法，识别 MSA 分析的项目选择和时机的确定；并简要介绍失效的原因和后果。

一、测量系统

人们希望所使用的数据能够反映事物的真实情况，如果数据失真或者误差很大，都会导致分析失效，决策失败。所以在进行各类数据分析前，都希望获得高质量的数据。

数据是通过测量得到的，测量是指赋值给具体事物以表示它们之间关于特定特性的关系。赋值过程即为测量过程，而赋予的值定义为测量值。从测量的定义可以看出，除了具体事物，参与测量过程的还有量具、使用量具的操作者、规定的操作方法以及一些必要的设备和软件，再把他们组合起来完成赋值的功能，获得测量数据。这样的测量过程各要素的结合又称为测量系统。测量完整的表述是：用来对被测特性赋值的操作、程序、量具、设备、软件以及操作人员的集合，用来获得测量结果的整个过程称为测量系统。

二、表征数据质量的统计指标

什么是高质量的数据呢？假定用在稳定条件下运行的某测量系统，对某一特定特性进行多次测量，如果这些测量数据与该特性参考值都很“接近”，可以说这些测量数据的质量“高”。类似地，如果一些或全部测量数据“远离”参考值，可以说这些数据的质量“低”。

表征数据质量最常用的统计特性是测量系统的位置变差(偏倚)和宽度变差(变差)。所谓位置变差的特性，是指数据相对参考值的位置；而所谓宽度变差的特性，体现了数据的分布宽度。部分参考文献用精确度和准确度来表示数据的位置变差和宽度变差。精确度是指每个重复读数量之间相互接近的程度,它表征测量过程中随机误差的大小。准确度是指多次重复测量的平均值与真值相接近的程度,它表征测量过程中系统误差的大小。由此可见,精确度和准确度分别对应宽度变差和位置变差。图5-32显示出平面上宽度变差和位置变差的直观含义。

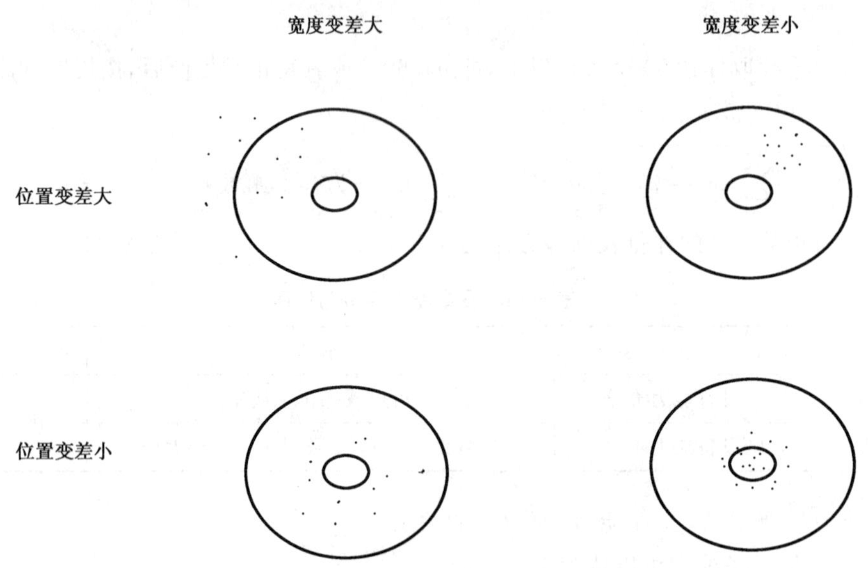

图 5-32 宽度变差和位置变差图示

测量系统分析的目的是评价测量系统的可接受性,了解测量系统变差的来源并对测量系统进行改进。对测量系统宽度变差和位置变差进行进一步分解,一般将测量系统的变差分为 5 种类型:

偏倚(位置变差):是测量结果的观测平均值与真值(参考值)的差值。参考值的取得可以通过采用更高等级的测量设备进行多次测量,取其平均值。

稳定性:是测量系统在某持续时间内测量同一基准或零件的单一特性时获得的测量值总变差。是偏倚随时间的变化。别名:漂移。

线性:是在量具预期的工作范围内,偏倚值的差值。是整个正常操作范围的偏倚改变,是测量系统的系统误差分量。

重复性:由一位评价人多次使用相同的测量仪器,测量同一零件的同一特性时获得的测量变差,是在固定和规定的测量条件下连续(短期)试验变差。通常指 E. V. 设备变差,它表征仪器(量具)的能力或潜能是系统内变差。

再现性:由不同的评价人使用相同量具,测量同一零件的一个特性时产生的测量平均值的变差。相对于产品和过程条件,可能是评价人、环境(时间)或方法的误差,通常指 A. V. 评价人变差,是系统间(条件)变差。

从以上定义可知,测量系统的偏倚、稳定性和线性主要取决于测量装置本身,而重复性和再现性则不仅仅与测量装置有关,并且与操作者以及零件间本身的差异有关,所以在进行重复性和再现性分析前,应当首先视需要对偏倚、稳定性和线性进行分析。

三、测量系统的基本要求

一个可使用的测量系统必须具备以下要求:

(1) 足够的分辨率和灵敏度。为了测量的目的,相对于过程变差规范控制限,测量的增量应该很小。通常被称为 10 比 1 规则,表明仪器的分辨率应把公差(过程变差)分为十等分或更多。这个规则是选择量具时应实际最先遵守的规则。

(2) 测量系统应该是统计受控制的。这意味着在可重复条件下，测量系统的变差只能是由于普通原因而不是特殊原因造成。这可称为统计稳定性且可以通过控制图法最佳地进行评价。

(3) 对于产品控制，测量系统的变差与公差相比必须小。依据特性的公差评价测量系统。

(4) 对于过程控制，测量系统的变差应该显示有效的分辨率并且与制造过程变差相比要小。根据 6σ 过程变差和/或来自 MSA 研究的总变差评价测量系统。

测量系统统计特性可能随被测项目的变化而改变。如果是这样，则测量系统最大的(最坏)变差应小于过程变差和规范控制限两者中的较小者。

四、计量型测量系统研究——示例

1. 稳定性

(1) 取一样本并建立其可溯源到相关标准的参考值。如果该样品不可获得，选择一个落在生产测量范围中间的生产零件，指定其为稳定性分析的标准样本。对于追踪测量系统稳定性，不需要一个已知基准值。具备预期测量的最低值、最高值和中程数的标准样本是较理想的。建议对每个标准样本分别做测量与控制图。

(2) 定期(天、周)测量标准样本 3～5 次，样本容量和频率应该基于对测量系统的了解。因素可以包括重新校准的频次、要求的修理，测量系统的使用频率，作业条件的好坏。应在不同的时间读数以代表测量系统的实际使用情况，以便说明在一天中预热、周围环境和其他因素发生的变化。

(3) 将数据按时间顺序画在 $X\&R$ 或 $X\&S$ 控制图上。

(4) 建立控制限并用标准化控制图分析评价失控或不稳定状态。

举例：表 5-37 是某公司对进行稳定性分析的范例，供参考。由控制图可知测量过程稳定。

2. 确定偏倚指南——独立样本法进行研究

(1) 获取一个样本并建立相对于可溯源标准的参考值。如果找不到，选择一个落在生产测量范围中间的生产零件，指定其为位置变差分析的标准样本。在工具室测量这个零件 $n\geqslant10$ 次，并计算这 n 个读数的均值。把均值作为“参考值”。

(2) 也许希望拥有位于预期测量值的最低值、最高值及中间位置的标准样件。如果可以做到这样，用线性研究分析数据。

(3) 让一个评价人，以通常方法测量样本 10 次以上。

(4) 相对于基准值将数据画出直方图。评审直方图，用专业知识确定是否存在特殊原因或出现异常。如果没有，继续分析，对于 $n<30$ 时的解释或分析，应当特别谨慎。

(5) 计算 n 个读数的平均偏移。

(6) 计算可重复性标准偏差，如果 GRR 研究可用(且有效)，重复性标准偏差计算应该以研究结果为基础。

(7) 确定偏倚的 t 统计量。

(8) 如果 0 落在围绕偏倚值 $1-a$ 置信区间以内，偏倚在 a 水平是可接受的。

(9) 所取的 a 水平依赖于敏感度水平，而敏感度水平被用来评价/控制该(生产)过程的并且与产品/(生产)过程的损失函数(敏感度曲线)有关。如果 a 水平不是用默认值 0.05(95%置信度)则必须得到顾客的同意。

举例：偏倚(位置变差)

一个制造工程师在评价一个用来监视生产过程的新的测量系统。测量装置分析表明没有线性问题，所以工程师只评价了测量系统偏倚。在已记录过程变差基础上从测量系统操作范围内选择一个零件。这个零件经全尺寸检验测量以确定其基准值。而后这个零件由领班测量 15 次。

结果如表 5-38 所示数据。

表 5-37 测量系统稳定性分析表

NO:2007.8.27 表格编号:

量具名称: 三次元	基准件名称: BL-1017	测量周期: 每天测量一个零件 5次
量具编号: 1	测量参数: 83.40+/-0.1	
量具类型: 计量型	参数规格: 发光面宽度	

日期:		07-8-16	07-8-17	07-8-18	07-8-19	07-8-20	07-8-21	07-8-22	07-8-23	07-8-24	07-8-25	07-8-26	07-8-27
时间:		AM:10:00	AM:10:00	AM:10:00	AM:10:00	AM:10:00	AM:10:00	AM:10:00	AM:10:00	AM:10:00	AM:10:00	AM:10:00	AM:10:00
作业员:		张艳	张艳	张艳	张艳	张艳	张艳	张艳	张艳	张艳	张艳	张艳	张艳
测量值	1	83.404	83.404	83.404	83.403	83.405	83.405	83.404	83.404	83.405	83.404	83.404	83.404
	2	83.404	83.404	83.403	83.404	83.404	83.404	83.405	83.403	83.404	83.404	83.403	83.404
	3	83.403	83.403	83.403	83.403	83.403	83.404	83.405	83.405	83.405	83.403	83.404	83.403
	4	83.403	83.404	83.404	83.404	83.404	83.403	83.404	83.405	83.403	83.405	83.403	83.405
	5	83.404	83.404	83.403	83.403	83.404	83.404	83.405	83.405	83.404	83.403	83.403	83.405
平均值($\overline{X}$)		83.404	83.404	83.403	83.403	83.404	83.404	83.405	83.404	83.404	83.404	83.403	83.404
全距($\overline{R}$)		0.001	0.001	0.001	0.001	0.002	0.002	0.001	0.002	0.002	0.002	0.001	0.002

$\overline{\overline{X}}$	83.404
$\overline{R}$	0.001

UCLx=$\overline{\overline{X}}+A_2\overline{R}$	83.405
LCLx=$\overline{\overline{X}}-A_2\overline{R}$	83.403
UCLr=$D_4\overline{R}$	0.003
LCLr=$D_3\overline{R}$	0.000

A_2	0.580
D_3	0
D_4	2.28

注:

1) 每次测量数据不少于三个。

2) 每组测量数据数量应统一。

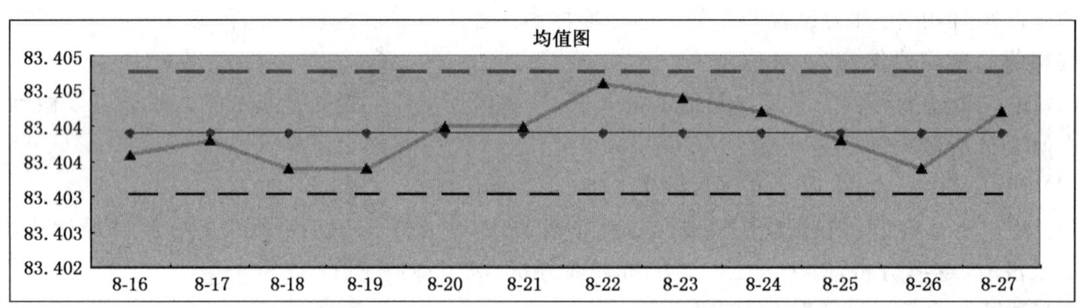

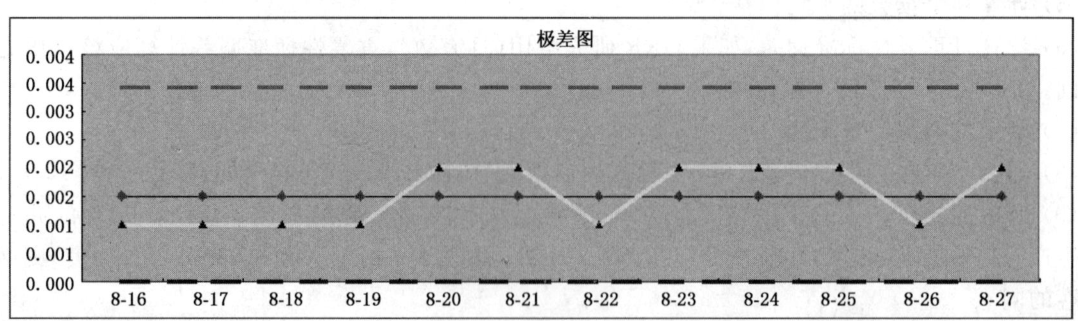

判定

若所有 X 值及 R 值均在控制上下限内则可接受 ■

若有任何一个 X 值及 R 值在控制上下限外则不可接受 □

结果:根据上图显示稳定性良好,故判定合格。

判定者:李艳

制定:李艳 审核:

表 5-38 测量数据

序号	基准值=6.0	偏倚(位置变差)
1	5.8	−0.2
2	5.7	−0.3
3	5.9	−0.1
4	5.9	−0.1
5	6.0	0.0
6	6.1	0.1
7	6.0	0.0
8	6.1	0.1
9	6.4	0.4
10	6.3	0.3
11	6.0	0.0
12	6.1	0.1
13	6.2	0.2
14	5.6	−0.4
15	6.0	0.0

① 对数据进行分组,画直方图如图 5-33 所示。

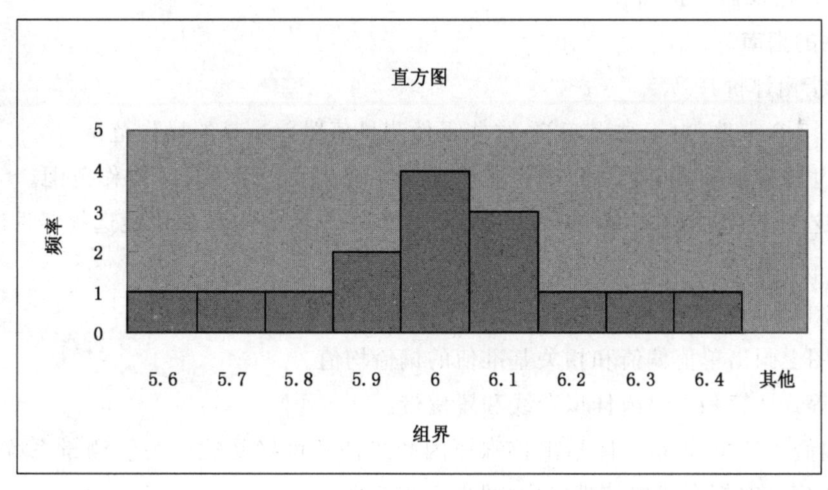

图 5-33 直方图

② 对数据的计算结果如下:

average=6.006 7

reference=6.00⇒bias=0.006 7

$$\sigma_r=\sqrt{\sum_{i=1}^{n}(x_i-\overline{x})^2}=0.212\ 02$$

$$\sigma_b=\frac{\sigma_r}{\sqrt{n}}=\frac{0.212\ 025}{\sqrt{15}}=0.054\ 7$$

$t=\frac{\text{bias}}{\sigma_b}=\frac{0.0067}{0.0547}=0.1224$

下限:0.006 7－[0.054 7(2.144 79)]＝－0.110 62

上限:0.006 7＋[0.054 7(2.144 79)]＝0.124

③ 数据解析结论见表 5-39。

表 5-39 数据解析

	基准值＝6.00,a＝0.05,g＝1					
	t 统计量	df	显著的 t 值(双尾)	偏倚	95%的偏倚置信区间	
					低值	高值
测量值	0.122 4	14	2.144 79	0.006 7	－0.110 62	0.124

结论:

因为 0 落在偏倚置信区间(－0.110 62,0.124)内,工程师可以假设测量偏倚是可以接受的,同时假定实际使用不会导致附加变差源。产生偏倚的原因如下:

a) 基准的误差;

b) 磨损的零件;

c) 制造的仪器尺寸不对;

d) 仪器测量非代表性的特性;

e) 仪器没有正确校准;

f) 评价人员使用仪器不正确。

3. 确定线性的指南

线性按以下指南评价:

(1) 选择 $g\geqslant5$ 个零件,由于过程变差,这些零件测量值覆盖量具的操作范围。

(2) 用全尺寸检验测量每个零件以确定其基准值并确认了包括量具的操作范围。

(3) 通常用这个仪器的操作者中的一个测量每个零件 $m\geqslant10$ 次。随机地选择零件以使评价人对测量偏倚的"记忆"最小化。

(4) 通过作图,计算每次测量的零件偏倚及零件偏倚均值(见图 5-34)。

(5) 在线性图上画出单值偏倚和相关基准值的偏倚均值。

(6) 用下面等式计算和画出最佳拟合线和置信带。

(7) 画出"偏倚＝0"线,评审该图指出特殊原因和线性的可接受性。为使测量系统线性可被接受,"偏倚＝0"线必须完全在拟合线置信带以内(见图 5-34)。

结果分析数据:如果作图分析显示测量系统线性可接受,则下面的假设就成立。

举例:线性

一名工厂主管希望对过程采用新测量系统。作为 PPAP41 的一部分需要评价测量系统的线性。基于已证明的过程变差,在测量系统操作量程内选择了 5 个零件。每个零件经过全尺寸检验测量以确定其基准值。然后由领班分别测量每个零件 12 次。研究中零件是被随机选择的(见表 5-40 和表 5-41)。

用电子表格和统计软件,主管得到线性图(见图 5-34)。

表 5-40 样本(一)

	零件 基准值	1 2.00	2 4.00	3 6.00	4 8.00	5 10.00
试验	1	2.70	5.10	5.80	7.60	9.10
	2	2.50	3.90	5.70	7.70	9.30
	3	2.40	4.20	5.90	7.80	9.50
	4	2.50	5.00	5.90	7.70	9.30
	5	2.70	3.80	6.00	7.80	9.40
	6	2.30	3.90	6.10	7.80	9.50
	7	2.50	3.90	6.00	7.80	9.50
	8	2.50	3.90	6.10	7.70	9.50
	9	2.40	3.90	6.40	7.80	9.60
	10	2.40	4.00	6.30	7.50	9.20
	11	2.60	4.10	6.00	7.60	9.30
	12	2.40	3.80	6.10	7.70	9.40

表 5-41 样本(二)

	零件 基准值	1 2.00	2 4.00	3 6.00	4 8.00	5 10.00
偏倚	1	0.70	1.1	−0.2	−0.4	−0.9
	2	0.50	−0.1	−0.3	−0.3	−0.7
	3	0.40	0.2	−0.1	−0.2	−0.5
	4	0.50	1	−0.1	−0.3	−0.7
	5	0.70	−0.2	0.0	−0.2	−0.6
	6	0.30	−0.1	0.1	−0.2	−0.5
	7	0.50	−0.1	0.0	−0.2	−0.5
	8	0.50	−0.1	0.1	−0.3	−0.5
	9	0.40	−0.1	0.4	−0.2	−0.4
	10	0.40	0.0	0.3	−0.5	−0.8
	11	0.60	0.1	0.0	−0.4	−0.7
	12	0.40	−0.2	0.1	−0.3	−0.6
	偏倚均值	0.491 667	0.125	0.025	−0.291 67	−0.616 67

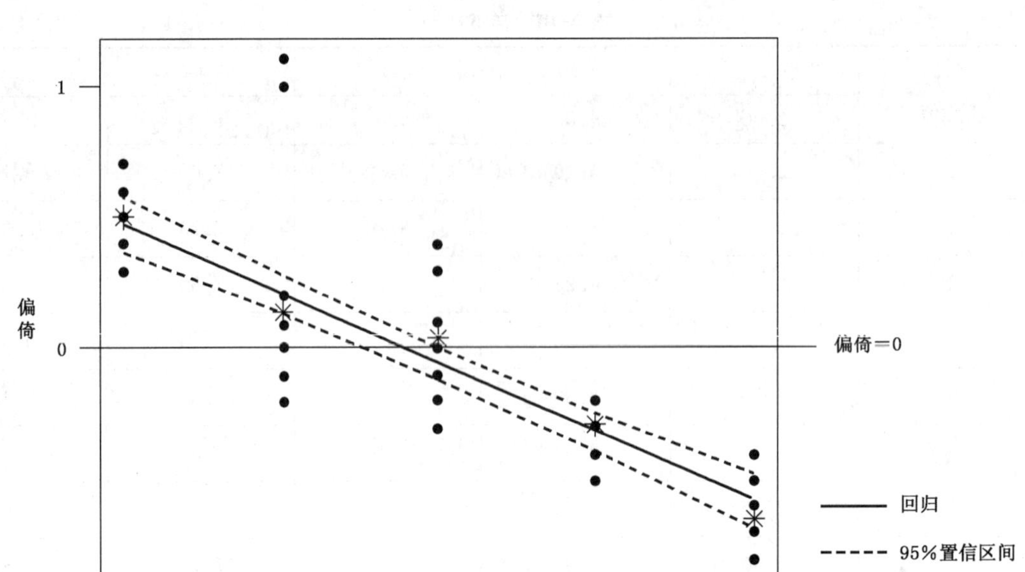

Y=0.736 667　0.131 667×　R−S_a=71.4

图 5-34　线性范例

图形分析显示特殊原因可能影响测量系统。基准值 4 数据显示可能是双峰。即使不考虑基准值数据 4,作图分析也清楚地显示出测量系统有线性问题。R^2 值指出线性模型对于数据是不适合的模型。即使线性模型可接受,“偏倚=0”线与置信带交叉而不是被包含其中。

此时,主管应该开始分析和解决测量系统的问题,因为数据分析不会提供任何其他的有价值的线索。然而,为确保所有书面文档都已作标记,主管还是计算了在此斜率和截距情况下的 t 统计量:

$$t_a = -12.043$$

$$t_b = -10.158$$

采用默认值 $a=0.05$,t 表自由度(gm−2)=58 和 0.975 的比率,主管得出关键值 $t_{58,0.975}=2.00172$,因为 $t_a > t_{58,0.975}$,从作图分析获得的结果由数据分析得到增强测量系统存在线性的问题。在这种情况下,因为有线性问题,t_b 与 $t_{58,0.975}$ 的关系如何无关紧要。引起线性问题可能的原因可以在第一章第五节“位置变差”中找到。

如果测量系统存在线性问题,需要通过调整软件、硬件或两项同时进行来再校准以达到 0 偏倚。如果偏倚在测量范围内不能被调整到 0,只要测量系统保持稳定,仍可用于产品/过程的控制,但不能进行分析,直到测量系统达到稳定。因为评价人误差风险较高,测量应该仅在与顾客合作下进行。

4. 重复性和再现性——均值极差法

均值极差法(X&R)是一种可提供可对测量系统重复性和再现性两个特性作估计评价的方法。这种方法可以将测量系统的变差分成重复性和再现性两个部分,而不是它们的交互作用。

尽管评价人数量、试验次数和零件数是可变的,但我们下面的讨论反映了研究中条件的优化。参考 GRR 数据表。详细的程序是:

(1) 获取一个样本零件数 $n>10$,应代表实际的或期望的过程变差范围。

(2) 选择评价人 A、B、C 等。零件的号码从 1 到 n,评价人不能看到零件编号(见第二章第三节)。

(3) 如果是正常测量系统程序的一部分,应校准量具。主评价人以随机顺序测量 n 个零件,将测量结果输入第一行。

(4) 主评价人B和C测量同样的n个零件，而且他们之间不能看到彼此的结果。输入数据到第6行和第11行。

(5) 用不同的随机测量顺序重复该循环。输入数据到第2、7、12行。在适当的列记录数据。例如如果第一测量的是第7号零件，那么将结果记录在标示着零件7的列。如果需要试验3次，重复循环并输入数据第3、8、13行。

(6) 当零件数量很大或同时多个零件不可同时获得时，测量步骤4、5可能改变如下是需要的：

① 让评价人A测量第一个零件并在第1行记录读数；

② 让评价人B测量第一个零件并在第6行记录读数；

③ 让评价人C测量第一个零件并在第11行记录读数；

④ 让评价人A重复测量第一个零件并记录读数于第2行；

⑤ 让评价人B重复测量第一个零件并记录读数于第7行；

⑥ 让评价人C重复测量第一个零件并记录读数于第12行，如果试验需要进行3次，重复这个循环将数据记录在第3、8、13行；

⑦ 如果评价人属于不同的班次，可以使用一个替代方法。让评价人A测量所有的10个零件输入数据于第1行，然后评价人A以不同的顺序读数，记录结果于第2、3行，让评价人B、C同样做。

5. 量具重复性和再现性(R&R)的可接受准则

(1) GRR低于10%的误差，并且ndc≥5——测量系统可接受，可以用于特殊特性的测量；

(2) GRR10%至30%的误差，并且ndc≥5——根据应用的重要性，量具成本，维修的费用等可能是可接受的，一般仅仅用于一般特性的测量，是否可以用于特殊特性需要顾客批准；

(3) GRR大于30%的误差——测量系统需要改进。

以下是某公司进行R&R分析的范例，仅供参考(见表5-42和表5-43)。

分析结论：%GRR=10<26.68<30　　　　ndc=5≥5

测量系统可以用于一般特性的测量，是否可以用于特殊特性的测量，需要顾客的批准。

表5-42 量具重复性和再现性数据收集表

评价者/测量次数	零件										平均值
	1	2	3	4	5	6	7	8	9	10	
A 1	0.29	−0.56	1.34	0.47	−0.80	0.02	0.59	−0.31	2.26	−1.36	0.194
2	0.41	−0.68	1.17	0.50	−0.92	−0.11	0.75	−0.20	1.99	−1.25	0.166
3	0.64	−0.58	1.27	0.64	−0.84	−0.21	0.66	−0.17	2.01	−1.31	0.211
平均值	0.447	−0.607	1.260	0.537	−0.853	−0.100	0.667	−0.227	2.087	−1.307	$\overline{X}_a=0.1903$
极差	0.35	0.12	0.17	0.17	0.12	0.23	0.16	0.14	0.27	0.11	$\overline{R}_a=0.184$
B 1	0.08	−0.47	1.19	0.01	−0.56	−0.20	0.47	−0.63	1.80	−1.68	0.001
2	0.25	−1.22	0.94	1.03	−1.20	0.22	0.55	−0.08	2.12	−1.62	0.115
3	0.07	−0.68	1.34	0.20	−1.28	0.06	0.83	−0.34	2.19	−1.50	0.089
平均值	0.133	−0.790	1.157	0.413	−1.013	0.027	0.617	−0.297	2.037	−1.600	$\overline{X}_b=0.0683$
极差	0.18	0.75	0.40	1.02	0.72	0.42	0.36	0.71	0.39	0.18	$\overline{R}_b=0.513$
C 1	0.04	−1.38	0.88	0.14	−1.46	−0.29	0.02	−0.46	1.77	−1.49	−0.223
2	−0.11	−1.13	1.09	0.20	−1.07	−0.67	0.01	−0.56	1.45	−1.77	−0.256
3	−0.15	−0.96	0.67	0.11	−1.45	−0.49	0.21	−0.49	1.87	−2.16	−0.284
平均值	0.073	−1.157	0.880	0.150	−1.327	−0.483	0.080	−0.503	1.697	−1.807	$\overline{X}_c=0.2543$
极差	0.19	0.42	0.42	0.09	0.39	0.38	0.20	0.10	0.42	0.67	$\overline{R}_c=0.328$
零件平均值	0.169	−0.851	1.099	0.367	−1.064	−0.186	0.454	−0.342	1.940	−1.571	$\overline{\overline{X}}=0.0014$ $R_p=3.511$

续表 5-42

评价者/测量次数	零件										平均值
	1	2	3	4	5	6	7	8	9	10	
([$\overline{R}_a$=0.184]+[$\overline{R}_b$=0.513]+[R_c=0.328])/[评价者人数=3]=0.3417											$\overline{\overline{R}}$=0.3417
[最大值 $\overline{X}$=0.1903]-[最小值 $\overline{X}$=-0.2543]=$\overline{X}_{DIFF}$=0.4446											
*[$\overline{\overline{R}}$=0.3417]×[D_4=2.58]=UCL_R=0.8816											

2 次测量时 D_4=3.27;3 次测量时 D_4=2.58。UCL_R 代表个别 R 值的限值。圈出那些超出这限值的点,查明原因并采取纠正措施;让相同的评价者使用相同的量具用原来的方法重新读值,或剔除这些数值并由其余的数值重新平均和计算 $\overline{\overline{R}}$,以及控制限值。

注:______

表 5-43 量具重复性和再现性报告

零件编号和名称: 特性: 规范:	量具名称: 量具编号: 量具型式:	日期: 操作人:
操作表:$\overline{\overline{R}}$=0.3417	$\overline{X}_{DIFF}$=0.4446	R_p=3.511

测量单元分析	总变差%(TV)
重复性-设备变差(EV) EV = $\overline{\overline{R}}$×K_1 =0.3417×0.5908 =0.20188	%EV =100[EV/TV] =100[0.20188/1.14610] =17.62%
再现性-评价者变差(AV) AV = $\sqrt{(\overline{X}_{DIFF}\times K_2)^2 - EV^2/(nr)}$ = $\sqrt{(0.4446\times 0.5231)^2 - 0.20188^2/(10\times 3)}$ =0.22963 n=零件数 r=测量次数	%AV =100[AV/TV] =100[0.22963/1.14610] =20.04%
重复性和再现性(GRR) GRR = $\sqrt{EV^2+AV^2}$ = $\sqrt{0.20188^2+0.22963^2}$ =0.30575	%GRR =100[GRR/TV] =100[0.30575/1.14610] =26.68%
零件变差(PV) PV = R_P×K_3 =1.10456	%PV =100[PV/TV] =100[1.10456/1.14610] =96.38%
总变差(TV) TV = $\sqrt{GRR^2+PV^2}$ = $\sqrt{0.30575^2+1.10456^2}$ =1.14610	ndc =1.41(PV/GRR) =100(1.10456/0.30575) =5.094~5

试验次数	K_1
2	0.8862
3	0.5908

评价者数量	2	3
K_2	0.7071	0.5231

零件数量	K_3
2	0.7071
3	0.5231
4	0.4467
5	0.4030
6	0.3742
7	0.3534
8	0.3375
9	0.3249
10	0.3146

对本表中所使用理论和常数的信息,请参考 *MSA* 参考手册,第四版。

说明：

(1)如果重复性比再现性大：仪器需要维护；量具应重新设计来提高刚度；夹紧和检验点需要改进；存在过大的零件变差。

(2)如果再现性比重复性大：评价人需要更好地培训如何使用量具仪器并读数；量具刻度盘上的刻度不清楚；需要某种夹具帮助评价人提高使用量具的一致性。评价重复性和再现性通常用均值极差法(X-R)和方差分析法(ANOVA)两种方法，均值极差法(X-R)没有考虑操作者与零件的交互作用，因此较为简单。方差分析法(ANOVA)首先考虑这种交互作用是否存在，若存在如何将它估计出来，这种方法适用于任何试验，可以精确地估计各种方差。限于篇幅本书未再介绍，有兴趣的读者可以查阅其他资料。

五、计数型测量系统研究

计数型测量系统研究方法很多，本教材以风险分析法中的假设检验实验分析之交叉表法为例，这是一种常用的方法。

1. 风险分析法通过评价人与基准的一致性，以确定测量系统的有效性

举例介绍步骤如下：

举例：某生产过程处于统计受控状态，其性能指数为 $p_p = p_{pk} = 0.5$，这是不可接受的。由于过程正在生产不合格产品，于是被要求采取措施遏制，以便从生产过程中取出不可接受的产品。为了采取遏制行动，项目小组选择了一个计数型量具，把每个零件同一个特定的限定值进行比较。如果零件满足限定值就接受这个零件，反之拒绝零件(众所周知的通过/不通过量具)。多数这种类型的量具以一套标准零件为基础进行设定接收与拒绝。与计量型量具不同的是，这个计数型量具不能指出一个零件有多好或多坏，只能指出零件可接受或拒绝(如 2 个分级)，见图 5-35。

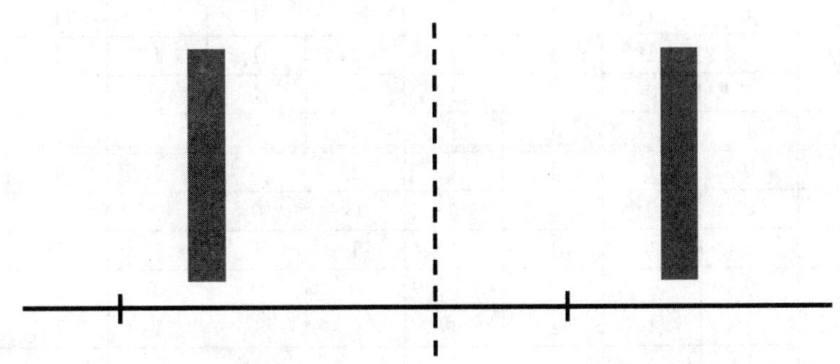

图 5-35 “灰色”区域与测量系统有联系

小组使用的特定量具有与公差相比的%GRR=25%。由于其尚未被小组证明，需要研究测量系统。小组决定随机地从过程中抽取 50 个零件样本，以获得覆盖过程范围的零件。使用 3 名评价人，每位评价人对每个零件评价 3 次(见表 5-44)。

表 5-44 计数型研究数据表

零件	A-1	A-2	A-3	B-1	B-2	B-3	C-1	C-2	C-3	基准	基准值	代码
1	1	1	1	1	1	1	1	1	1	1	0.476 901	+
2	1	1	1	1	1	1	1	1	1	1	0.509 015	+
3	0	0	0	0	0	0	0	0	0	0	0.576 459	−
4	0	0	0	0	0	0	0	0	0	0	0.566 152	−
5	0	0	0	0	0	0	0	0	0	0	0.570 36	−
6	1	1	0	1	1	0	1	0	0	1	0.544 951	X
7	1	1	1	1	1	1	1	1	1	1	0.465 454	X
8	1	1	1	1	1	1	1	1	1	1	0.502 295	+

续表 5-44

零件	A-1	A-2	A-3	B-1	B-2	B-3	C-1	C-2	C-3	基准	基准值	代码
9	0	0	0	0	0	0	0	0	0	0	0.437 817	−
10	1	1	1	1	1	1	1	1	1	1	0.515 573	+
11	1	1	1	1	1	1	1	1	1	1	0.488 905	+
12	0	0	0	0	0	0	0	0	0	0	0.559 918	X
13	1	1	1	1	1	1	1	1	1	1	0.542 704	+
14	1	1	0	1	1	1	1	0	0	1	0.454 518	X
15	1	1	1	1	1	1	1	1	1	1	0.517 377	+
16	1	1	1	1	1	1	1	1	1	1	0.531 939	+
17	1	1	1	1	1	1	1	1	1	1	0.519 694	+
18	1	1	1	1	1	1	1	1	1	1	0.484 167	+
19	1	1	1	1	1	1	1	1	1	1	0.520 496	+
20	1	1	1	1	1	1	1	1	1	1	0.477 236	+
21	1	1	0	1	0	1	0	1	0	1	0.452 310	X
22	0	0	1	0	1	0	1	0	1	0	0.545 604	X
23	1	1	1	1	1	1	1	1	1	1	0.529 065	+
24	1	1	1	1	1	1	1	1	1	1	0.514 192	+
25	0	0	0	0	0	0	0	0	0	0	0.599 581	−
26	0	1	0	0	0	0	0	0	1	0	0.547 204	X
27	1	1	1	1	1	1	1	1	1	1	0.502 436	+
28	1	1	1	1	1	1	1	1	1	1	0.521 642	+
29	1	1	1	1	1	1	1	1	1	1	0.523 754	+
30	0	0	0	0	0	1	0	0	0	0	0.561 457	X
31	1	1	1	1	1	1	1	1	1	1	0.503 091	+
32	1	1	1	1	1	1	1	1	1	1	0.505 850	+
33	1	1	1	1	1	1	1	1	1	1	0.487 613	+
34	0	0	1	0	0	1	0	1	1	0	0.449 696	X
35	1	1	1	1	1	1	1	1	1	1	0.498 698	+
36	1	1	0	1	1	1	1	0	1	1	0.543 077	X
37	0	0	0	0	0	0	0	0	0	0	0.409 238	−
38	1	1	1	1	1	1	1	1	1	1	0.488 184	+
39	0	0	0	0	0	0	0	0	0	0	0.427 687	−
40	1	1	1	1	1	1	1	1	1	1	0.501 132	
41	1	1	1	1	1	1	1	1	1	1	0.513 779	
42	0	0	0	0	0	0	0	0	0	0	0.566 575	
43	1	0	1	1	1	1	1	1	0	1	0.462 410	X
44	1	1	1	1	1	1	1	1	1	1	0.470 832	+
45	0	0	0	0	0	0	0	0	0	0	0.412 453	−
46	1	1	1	1	1	1	1	1	1	1	0.493 441	+
47	1	1	1	1	1	1	1	1	1	1	0.486 379	+
48	0	0	0	0	0	0	0	0	0	0	0.587 893	−
49	1	1	1	1	1	1	1	1	1	1	0.483 803	+
50	0	0	0	0	0	0	0	0	0	0	0.446 697	−

注:“1”为可接受判断,“0”为不可接受判断。表中的基准判断和计量基准值不预告确定。表的“代码”列还用“−”、“+”、“X”显示了零件是否在第Ⅲ、Ⅱ、Ⅰ区域。

2. 假设检验分析——交叉表方法

(1) 由于小组不知道零件的基准判断值,他们开发了交叉表,比较每个评价人之间的差异(见表 5-45~表 5-47)。

表 5-45 A与B交叉表

			B		总计
			0.00	1.00	
A	0.00	计算	44	6	50
		期望的计算	15.7	34.3	50.0
	1.00	计算	3	97	100
		期望的计算	31.3	68.7	100.0
总计		计算	47	103	150
		期望的计算	47.0	103.0	150.0

表 5-46 B与C交叉表

			C		总计
			0.00	1.00	
B	0.00	计算	42	5	47
		期望的计算	16.0	31.0	47.0
	1.00	计算	9	94	103
		期望的计算	35.0	68.0	103.0
总计		计算	51	99	150
		期望的计算	51.0	99.0	150.0

表 5-47 A与C交叉表

			C		总计
			0.00	1.00	
A	0.00	计算	43	7	50
		期望的计算	17.0	33.0	50.0
	1.00	计算	8	92	100
		期望的计算	34.0	66.0	100.0
总计		计算	51	99	150
		期望的计算	51.0	99.0	150.0

(2)设计这些表的目的是确定评价人之间意见一致的程度。为了确定评价人一致的水平,小组用科恩的 Kappa 来测量两个评价人对同一目标评价值的一致程度,用于两个变量具有相同的分级值和相同的分级数的情况。1 值完全一致。0 值表示一致程度不比偶然的要好。

(3)Kappa 是评价人之间一致性的测量值。检验是否沿对角线格子中的计数(接收比率一样的零件)与那些仅是偶然的期望不同。

设 P_o=对角线单元中观测值的总和,P_e=对角线单元中期望值的总和,则 Kappa $=(P_o-P_e)/(1-P_e)$。

Kappa 是测量而不是检验。其大小用一个渐进和标准误差构成的 t 统计量决定。一个通用的经验法则是 Kappa 大于 0.75 表示好的一致性(Kappa 最大为 1);小于 0.4 表示一致性差。

(4)Kappa 不考虑评价人间的意见不一致性的程度,只考虑他们一致与否。上面计算了评价人间的 Kappa 值后,小组得到表 5-48。

表 5-48 评价汇总表

Kappa	A	B	C
A	—	0.86	0.78
B	0.86	—	0.79
C	0.78	0.79	—

分析指出,所有这个分析表明所有的评价人之间表现出的一致性。

(5) 在此分析中有必要确定评价人之间是否存在差异。但是分析并未告诉我们测量系统区分不好的与好的零件的能力。在分析中,小组用计量型测量系统评价了零件,用结果确定基准判断。

(6) 用这些新的信息,另一组交叉表又被开发出来,用来将每个评价人与基准进行判断、比较(见表 5-49~表 5-51)。

① A 与基准判断交叉表

表 5-49 A 与基准判断交叉表

			基准		总计
			0.00	1.00	
A	0.00	计算	45	5	50
		期望的计算	16.0	34.0	50.0
	1.00	计算	3	97	100
		期望的计算	32.0	68.0	100.0
总计		计算	48	102	150
		期望的计算	48.0	102.0	150.0

② B 与基准判断交叉表

表 5-50 B 与基准判断交叉表

			基准		总计
			0.00	1.00	
B	0.00	计算	45	2	47
		期望的计算	15.0	32.0	47.0
	1.00	计算	3	100	103
		期望的计算	33.0	70.0	103.0
总计		计算	48	102	150
		期望的计算	48.0	102.0	150.0

③ C 与基准判断交叉表

表 5-51 C 与基准判断交叉表

			基准		总计
			0.00	1.00	
A	0.00	计算	42	9	51
		期望的计算	16.3	34.7	51.0
	1.00	计算	6	93	99
		期望的计算	31.7	67.3	99.0
总计		计算	48	102	150
		期望的计算	48.0	102.0	150.0

④ 小组也计算了 Kappa 值以确定每个评价人与基准判断一致的程度(见表 5-52)。

表 5-52　评价人与基准的一致程度

	A	B	C
Kappa	0.88	0.92	0.77

这些值可以被解释为每个评价人与基准有好的一致性。

⑤ 过程小组计算了测量系统的有效性(见表 5-53,有效性＝正确判断的数量/判断的机会总数)。

表 5-53　测量系统有效性评价数据

来源	%评价人			得分与计数		
	评价人 A	评价人 B	评价人 C	评价人 A	评价人 B	评价人 C
总受检数	50	50	50	50	50	50
符合的	42	45	40	42	45	40
				0	0	0
				0	0	0
				8	5	10
95%上限	93%	97%	90%	93%	97%	90%
计算得分	84%	90%	80%	84%	90%	80%
95%下限	71%	78%	66%	71%	78%	66%

	系统有效得分	系统有效得分与计数
检查总数	50	50
一致的数量	39	39
95%LCL	64%	64%
计算所得的结果	78%	78%
95%UCL	89%	89%

注意：

a) 评价人自己在所有试验上都一致；

b) 评价人在所有试验上都与基准一致；

c) 所有评价人自己保持一致,两两间一致；

d) 所有评价人自己和两两间一致并且与基准一致；

e) UCL 和 LCI 分别是上、下置信区间边界线。

⑥ 每对评价人之间的多重假设检验可用等于零的假设进行,两个评价人都有相同的有效性。

⑦ 经计算,对每个评价人的计算评价结果都落在另一个评价人的置信区间内,小组判断不能放弃零假设。这一点验证了 Kappa 的结论。

⑧ 为了进一步分析,一名组员列出下面的数据表(见表 5-54),提供了对每个评价人的结果指南。

表 5-54　评价数据

判断测量系统	有效性	漏发警报的比例	误发警报的比例
评价人可接受	≥90%	≤2%	≤5%
评价人可接受的边缘-可能需改进	≥80%	≤5%	≤10%
评价人不可接受-需改进	<80%	>5%	>10%

⑨ 概括整理了他们所得到的所有信息,小组列出表(见表 5-55)。

表 5-55 评价信息

评价人	有效性	漏发警报的比例	误发警报的比例
A	84%	6.3%	4.9%
B	90%	6.3%	2.0%
C	80%	12.5%	8.8%

⑩ 基于这些信息,小组判断在所有三个项目中,没有一位评价者是可被接受的。是否需要为这过程改变其接受标准?这些风险可以被接受吗?评价者是否需要更好的培训?测量的环境可不可以被改善?重要的是:顾客对这测量系统与其研究结果有何看法?顾客原本预期的情况是什么?关键是顾客是否接受这些风险?

需要注意的是:

(1)关于可接受的风险,并没有基于理论为基础的判断准则。以上指南是探索性的,并基于个人怎样才是"可接受"的个别信念而发展的。最终的决定准则应该取决于对保持后续过程和最终顾客的影响(如风险)。这是一个可观的判断,而不是一个统计的话题。

(2)上面的分析是以数据为依据的。例如,如果过程指数为 $P_p = P_{pk} = 1.33$,那么所有的判断都是正确的,因为没有零件会落在测量系统的Ⅱ区(灰色区),见图 5-36。

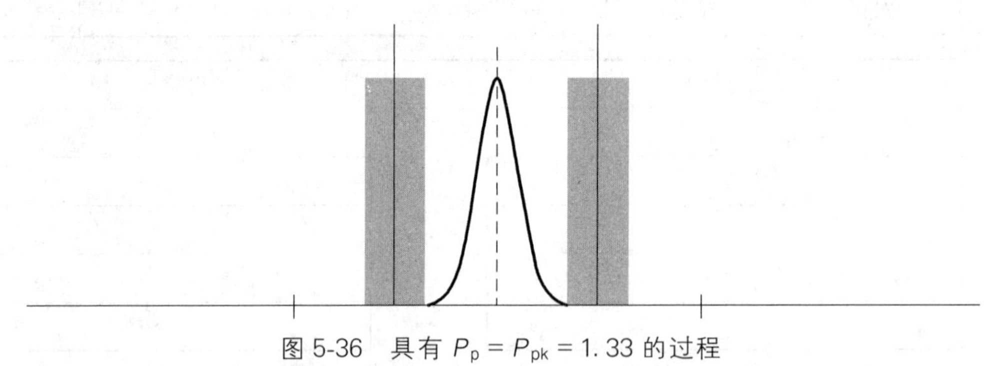

图 5-36 具有 $P_p = P_{pk} = 1.33$ 的过程

在这种情况下,可以确定所有的评价人都可以接受,因为没有判断误差。

(3)通常对于交叉表结果的实际意义有一个误解。例如,以评价人 B 的结果为例,见表 5-56。

表 5-56 评价人 B 汇总表

			基准		总计
			0.00	1.00	
B	0.00	计算	45	2	47
		在基准值内	93.8%	2.0%	31.3%
	1.00	计算	3	100	103
		在基准值内	6.3%	98.0%	68.7%
总计		计算	48	102	150
		在基准值内	100.0%	100.0%	100.0%

由于检验的目的是找出所有的不合格零件,许多人将左上角当作一个测量找到不合格零件的有效性。这个百分比是将不合格零件确认为不合格的概率:

P_r(认为零件不合格|零件不合格)

假设过程改善到 $C_p = 1.00$,制造者感兴趣的概率是:

P_r(不合格零件|零件被判断为不合格)

为了从上面的数据来确定这点,必须应用 Baye 理论。

$$P_r(\text{不合格}|\text{判不合格})=\frac{P_r(\text{判不合格}|\text{不合格})\times P_r(\text{不合格})}{P_r(\text{判不合格}|\text{不合格})+P_r(\text{判不合格}|\text{不合格})\times P_r(\text{合格})}$$

$$P_r(\text{不合格}|\text{判不合格})=\frac{0.938\times 0.0027}{0.938\times 0.0027+0.020\times 0.9973}$$

$$P_r(\text{不合格}|\text{判不合格})=0.11$$

这些结论表明:如果零件被认为不合格,这个零件真的不合格的可能性只有 1/10。

(4)这种分析不必使用计量数据,即使参考决定值已被确定为可获得时,也不需要安排这些相关的资料。

基于以上信息,基本可以对一个计数型测量系统是否可以接受做出判断,部分组织可能对数据进行进一步分析(如有效性),但除非顾客要求,一般不建议做进一步分析,一个原因是计算比较复杂,另外目前也尚无一致的通用性的判断标准,有兴趣的读者可以参考 MSA 手册。

第五节 PPAP 的应用

本节通过对 PPAP 基本知识和案例的讲解,让读者掌握 PPAP 的基本要求及应用过程中容易出现的问题。例如:PPAP 的时机、提交 PPAP 的等级确定以及难于管理的供应商的 PPAP 等;新版本 PPAP 与旧版本 PPAP 的区别;生产件批准程序(PPAP)。

一、什么是 PPAP

在生产现场,用生产工装、量具、工艺过程、材料、操作者、环境和过程设置(如:进给量/速度/循环时间/压力/温度等)被制造出来的零件和所编制的文件/产生的记录提交顾客,并由顾客进行评审和批准后满足所有顾客要求的过程。

生产件:在生产现场,用生产工装、量具、工艺过程、材料、操作者、环境和过程设置(如:进给量/速度/循环时间/压力/温度等)下被制造出来的部件。

二、各主机厂遵循的生产件批准过程

美国四大汽车厂(OEMs:福特、通用、戴姆勒和克莱斯勒)和意大利菲亚特汽车公司认可的产品和制造过程的批准程序为:PPAP(生产件批准程序)。

德国大众汽车公司认可的产品和制造过程的批准程序为:PPF(生产过程认可和产品认可)。

法国标致-雪铁龙汽车公司认可的产品和制造过程的批准程序为:Q3P(产品和过程的渐进式审核)。

三、PPAP 的目的

用来确定组织是否已经正确理解了顾客工程设计记录和规范的所有要求,并且在执行所要求的生产节拍条件下的实际生产过程中,具有持续满足这些要求的潜在能力。

四、PPAP 的适用情况

适用于散装材料、生产材料、生产件或维修件的内部和外部组织现场。

对于供应散装材料的组织,如果不要求提交 PPAP 资料,除非顾客要求。《生产件批准程序》手册目录中的生产件或维修件的组织必须符合 PPAP 要求,除非顾客正式特许。

只要组织提供或声明有工装,则工装必须作为《生产件批准程序》手册目录中的项目。

五、PPAP 实施的时机

(1) 必须提交的情况

组织必须对下列情况在首批产品发运前提交 PPAP 批准(见表 5-57),并获得顾客产品批准部门的完全批准。除非顾客负责产品批准部门放弃了该要求。

① 不论顾客是否要求正式提交,组织必须在需要时对 PPAP 文件中所有适用的项目进行评审和更新,以反映生产过程的情况。

② PPAP 文件必须包括顾客产品批准部门负责核准特许书人员的姓名和日期。

表 5-57 PPAP 必须提交顾客的情况

要　　求	说明或举例
1. 一种新的零件或产品(即:以前未曾提供给某顾客的一种零件、材料或颜色)	对于一种新产品(最初放行)、或一种以前批准的产品,但又制定了一个新的或修改(如:后缀)的产品/零件编号时,要求提交。 一种新增加到一个产品系列的零件/产品或材料可以使用以前的在相同产品系列中获完全批准的适当的 PPAP 文件
2. 对以前提交零件的不符合进行纠正	要求提交对所有以前提交的零件的不符合的纠正。 "不符合"包括以下内容: ——产品性能不同于顾客的要求; ——尺寸或能力问题; ——供方问题; ——零件的完全批准代替临时性批准; ——试验,包括材料、性能、工程确认问题
3. 关于生产产品/零件编号的设计记录、技术规范、或材料方面的工程更改	对于生产产品/零件设计记录、技术规范或材料的所有工程更改都要求提交
4. 只对散装材料: 对于组织来讲:在产品上采用了以前未曾用过的新的过程技术	

(2) 顾客通知提交的情况

顾客通知时,组织必须将下列情况中列出的任何设计和过程更改,通知顾客产品的批准部门,顾客可能因此会决定要求提交 PPAP 批准(见表 5-58)。

表 5-58 PPAP 顾客通知提交的情况

要　　求	说明或举例
1. 和以前顾客批准的零件或产品相比,使用了其他不同的加工方法或材料	例如,在一个偏差(允差)上标明的或设计记录中作为注解包括进去的不同的加工方法,且又没有包含在表 5-57 第 3 条描述的工程更改中
2. 使用新的或改进的工装(不包括易损工装)、模具、铸模、模型等,包括附加的和替换用的工装	本要求只适用于根据其独特的形式或功能,可能影响到最终产品完整性的工装。并不意味着对标准工装(新的或维修过的),例如标准测量装置、起子(手动或电动)等的描述
3. 在对现有的工装或设备进行翻新或重新调整之后进行的生产	是指对工装或机器改造或改进,或增加其能力、性能、或改变它现有的功能。不要和正常的维护、修理或零件更换等相混淆,这些工作不会引起性能上的改变,而且在其后还有维修验证的方法加以保证。 重新布置定义为过程流程图(包括新过程的加入)中规定的内容相比,对生产/过程流程的次序进行更改的那些活动。可能要求对生产设备进行微小调整以满足安全要求,如: 安装防护罩、消除潜在 ESD 风险等。这些更改可以不用顾客批准,除非该调整改变了过程流程

续表 5-58

要　　求	说明或举例
4. 生产是在工装和设备转移到不同的工厂或在一个新增的厂址进行的	生产过程工装和/或设备在一个或多个场地中的建筑或设施间转移
5. 供方对零件、非等效材料、或服务（如：热处理、电镀）的更改，从而影响顾客的装配、成型、功能、耐久性或性能的要求	组织负责对供方的材料和服务进行批准，使其不影响顾客装配、成型、功能、耐久性或性能的要求
6. 在工装停止批量生产达到或超过 12 个月以后重新启用而生产的产品	对于工装停止批量生产达到或超过 12 个月后生产产品。若该零件一直没有采购定单且现有工装已经停止批量生产已经达到或超过 12 个月时，要求通知顾客。唯一一种例外是当该零件是以小批量方式生产的，如维修件或专用车。然而，顾客可能对维修零件规定特定的 PPAP 要求
7. 涉及由内部制造的，或由供方制造的生产产品部件的产品和过程更改。这些部件会影响到销售产品的装配性、成型、功能、性能和/或耐久性。另外，在提交顾客之前，组织必须就供方提出的任何申请，先于供方达成一致	任何影响顾客要求的装配性、成型、功能、性能和/或耐久性的更改均要求通知顾客。 注：关于装配性、成型、功能、性能和/或耐久性的要求应该是在合同评审时达成一致的顾客技术规范的一部分
8. 仅适用于散装材料： (1) 新的或现有的供方提供的具有特殊特性的原材的新货源。 (2) 在没有外观规范的情况下，产品外观属性的更改。 (3) 在相同的过程中变更了参数（属已批准的产品的 PFMEA 参数以外部分，包括包装）。 (4) 已批准产品的 DFMEA（产品组成、成分等级）以外部分的更改	通常这些更改对产品的性能有影响
9. 试验/检验方法的更改——新技术的采用（不影响接受准则）	对于试验方法的更改，组织有证据表明新方法提供的结果与老方法的等效性

六、PPAP 提交等级的要求

1. 组织必须按顾客要求的等级，提交该等级规定的项目和/或记录：

(1) 等级 1——只向顾客提交保证书（对指定的外观项目，还应提供一份外观批准报告）；

(2) 等级 2——向顾客提交保证书和产品样品及有限的支持数据；

(3) 等级 3——向顾客提交保证书和产品样品及完整的支持数据；

(4) 等级 4——提交保证书和顾客规定的其他要求；

(5) 等级 5——在组织制造厂备有保证书、产品样品和完整的支持性数据以供评审。

每一等级的详细要求见（PPAP 保存/提交要求表）。

2. 如果顾客负责产品批准部门没有其他的规定，则组织必须使用等级 3 作为默认等级，进行全部提交。只供应散装材料的组织必须使用等级 1 作为默认等级，提交所有散装材料的 PPAP 文件，除非顾客负责产品批准部门另有规定。

注：由顾客来确定每个组织或组织和顾客零件编号组合所采用的提交等级。对于同一个组织制造场所，不同的顾客场所可能指定不同的提交等级。

3. PPAP 保存/提交要求表,不同的提交等级根据表 5-59 的要求进行提交。

表 5-59　PPAP 提交等级依据

要　　求	提交等级				
	等级 1	等级 2	等级 3	等级 4	等级 5
1. 可销售产品的设计记录	R	S	S		
——对于专利部件/详细资料	R	R	R	*	R
——对于所有其他部件/详细资料	R	S	S		
2. 工程更改文件,如果有	R	S	S	*	R
3. 顾客工程批准,如果要求	R	R	S	*	R
4. 设计 FMEA 资料	R	R	S	*	R
5. 过程流程图	R	R	S	*	R
6. 过程 FMEA 资料	R	R	S	*	R
7. 尺寸结果	R	S	S	*	R
8. 材料、性能试验结果	R	S	S	*	R
9. 初始过程研究	R	R	S	*	R
10. 测量系统分析研究	R	R	S	*	R
11. 具有资格的实验室文件	R	S	S	*	R
12. 控制计划	R	R	S	*	R
13. 零件提交保证书(PSW)	S	S	S	S	R
14. 外观批准报告(AAR),如果适用	S	S	S	*	R
15. 散装材料要求检查清单(仅适用于散装材料的 PPAP)	R	R	R	*	R
16. 生产件样品	R	S	S	*	R
17. 标准样品	R	R	R	*	R
18. 检查辅具	R	R	R	*	R
19. 符合顾客特殊要求的记录	R	R	S	*	R

注 1:S=组织必须向指定的顾客产品批准部门提交,并在适当的场所,包括制造场所,保留一份记录或文件项目的复印件。

注 2:R=组织必须在适当的场所,包括制造场所保存,顾客代表有要求时应易于得到。

注 3:*=组织必须在适当的场所保存,并在有要求时向顾客提交。

初始过程研究结果如果不能满足接受准则,被判定为不稳定过程,不稳定过程不能满足顾客的要求。在提交 PPAP 之前,应尽可能辨别、估计并排除造成变差的特殊原因。在提交之前,应向顾客报告任何存在的不稳定过程并提交改正计划。

七、PPAP 提交的状态

1. 总则

顾客必须通知组织关于提交的处理结果。生产件批准之后,组织必须保证将来的生产持续满足顾客的所有要求。

注:已经由某一特定顾客定为“自我认证”的组织,若提交所要求的表明组织批准状态的文件,可作为顾客批准来考虑,除非顾客对组织有其他的建议。

2. 顾客 PPAP 状态

（1）批准

是指该零件或材料满足顾客所有的规范和要求。因此，授权组织根据顾客计划部门的安排按批量发运产品。

（2）临时批准

是在有限的时间或零件数量的前提下，允许运送生产需要的材料。只有当组织在下列情况下，可给予临时批准：

① 已明确了影响批准的不合格品的根本原因；

② 已准备了一份顾客同意的临时批准计划。若要获得"完全批准"，需要再次提交。

一份临时批准文件所包括的材料，若没能按截止日期或规定的发运量满足已由顾客同意的措施计划，则会被拒收。如果没有同意延长临时批准，则不允许再发运。

对于散装材料，组织必须使用"散装材料临时批准"表格，或其等效形式。

（3）拒收：是指从批量产品中提交出的样品和配备文件不符合顾客的要求。因此，在按批量发运之前，必须提交和批准已更改的产品和文件。

八、PPAP 资料记录的保存

无论提交等级如何，生产件批准记录（见"六、PPAP 提交等级的要求"）的保存时间必须为该零件的生产时间加1个日历年的时间。

组织必须确保在新零件的 PPAP 文件中包括或引用了来自被替代零件 PPAP 文件中的适用的 PPAP 记录。

注：现举例说明将旧文件中的适用文件/记录移用到新零件 PPAP 文件中的情况：如在新零件和旧零件编号相比只有一个尺寸更改的情况下，对一个原材料组织进行材料认证。这种情况下，应在旧零件和新零件的编号之间进行一次 PPAP"差距分析"，以便得到确认。

九、组织对供方提交 PPAP 批准和认可过程的要求（举例）

1. 公司新产品所需要的原材料、外购/外协件的供应商必须提交以下相关的 PPAP 批准资料，经质量部和技术部评审、确认和认可通过后，采购部方可从该供应商处采购新产品所需要的原材料、外购/外协件。

（1）针对新产品和正在生产的常规产品（包括老产品）：

① 对已经通过 ISO/TS 16949：2009 或 VDA6.1：1998，或 EAQF：1994，或 AVSQ：1995 等体系认证（包括已经获得以上体系认证证书）的供应商，由质量部和采购部要求供应商按公司《生产件批准程序》中规定的等级三提交。供应商所提交的 PPAP 批准的具体资料见《生产件批准程序》中的规定。

② 对已经通过 ISO 9001：2008 体系认证并获得认证证书的供应商，公司要求其所提交的 PPAP 批准资料为：

——产品图纸；

——样件（至少一件）；

——过程流程图；

——质量检验计划；

——尺寸测量结果；

——材料试验结果；

——性能试验结果等。

（2）对未通过 ISO 9001：2000 体系认证的供应商，公司要求其所提交的 PPAP 批准资料为：

——产品图纸；

——样件(至少一件)；

——尺寸测量结果；

——材料试验结果；

——性能试验结果等。

2. 供应商提交新产品 PPAP 批准资料认可过程

(1) 采购部门应将公司所要求的 PPAP 批准的具体资料和项目以传真或 E-mail 或在合同/订单上明确注明的形式/方式通知供应商，供应商在每次提交原材料、外购/外协件之前或将其交付至公司时，供应商必须将公司所要求的 PPAP 批准资料提交质量部(质量部需将所接收到的供应商 PPAP 批准资料的详细情况记录于“供应商提交 PPAP 批准资料汇总统计一览表”中，以便日后追溯和查阅)。

(2) 质量部会同技术部对供应商所提交的 PPAP 资料按《产品质量先期策划程序》、《生产件批准程序》、《进货检验控制程序》和《实验室管理程序》中的规定共同对其进行评审、确认和认可。

(3) 供应商提交的 PPAP 批准资料经评审和确认后如其结果通过认可，采购部方可从该供应商处采购新产品所需要的原材料、外购/外协件。

① 如供应商提交的 PPAP 批准资料经评审和确认后没有得到公司认可，则采购部不可从该供应商处采购新产品所需要的原材料、外购/外协件。同时采购部应将公司对供应商提交 PPAP 批准资料认可的不符合结果通知供应商，并要求供应商进行纠正和改进直到供应商所提交的 PPAP 批准资料被公司认可通过。

② 如供应商所提交的 PPAP 批准资料经公司评审、确认和认可达三次以上还没有得到认可通过，则采购部按《供应商管理程序》的规定取消该供应商合格资格并重新选择/评估新的供应商。供应商所提交的 PPAP 批准资料由质量部按《记录控制管理程序》规定进行保存和归档。

十、PPAP 的一份特别文件(PSW)的说明

1. 在圆满完成所有的要求的测量和试验后，组织必须在零件提交保证书(PSW)上填写所要求的内容(表单的样式见十一)。

2. 对于每一顾客零件编号都必须完成一份单独的 PSW，除非顾客同意其他的形式。

3. 如果生产零件是采用一个以上型腔、铸模、工具、冲模或模型，或采用如生产线或工作单元之类的生产过程加工出来的，则组织必须对每一处的一个零件进行尺寸评价(见 2.7)。这时，必须在 PSW 上或在 PSW 附件上，在“铸模/型腔/生产过程”一栏中填上特定的型腔、铸模、生产线等。

4. 组织必须验证所有测量和试验结果符合顾客要求，并且可得到所要求的所有文件(或对于等级 2、3 和 4，已包括含在提交的文件中。组织的负责人必须批准该 PSW，并注明日期、职务)。

注 1：针对顾客零件编号的一份保证书可以用于对许多更改进行汇总，前提是这些更改已形成文件，且提交符合顾客时间要求。

注 2：如果可行的话，PSW 可以采用符合顾客要求的电子形式提交。

5. 组织必须在 PSW 上记录要发运的零件重量，除非顾客另有规定，否则一律用千克(kg)表示，并精确到小数点 4 位(0.0000)。

(1) 重量不能包括运输时的保护装置、装配辅具或包装材料。

(2) 为了确定零件重量，组织必须随机选择 10 个零件分别称重，然后计算并报告平均重量。

(3) 用于生产实现的每个型腔、模具、生产线或过程都必须至少选取一个零件进行称重。

注：这一重量只用于车辆重量分析，并不影响批准过程。在没有至少 10 件零件的生产或服务要求的情况下，供方应该使用要求的数量进行平均零件重量的计算。对于散装材料，零件重量不适用。

十一、新版 PPAP 与旧版 PPAP 的不同

新旧 PPAP 的不同主要对 4 个表单做了修改，下面提供了新版 PPAP 用的 5 个表单(见表 5-60～表 5-64)，读者可以拿出旧版的相应表单进行对比，可以比较出表单的差别。

表 5-60　零件提交保证书(PSW)

零件名称________________________________零件号______________

所示图纸编号______________________________组织零件编号__________

工程变更等级______________________________日期______________

附加工程更改______________________________日期______________

安全和/或政府法规　□是　□否　采购订单编号____________重量____________kg

检查辅具编号____________　检查辅具工程变更等级____________日期____________

组织制造厂信息　　　　　　　　　　　　提交顾客的信息

组织名称和供方/供货商代码　　　　　　顾客名称/部门

街道地址　　　　　　　　　　　　　　采购人员名称/采购人员代码

城市　　地区　　邮编　　国家　　　　适用范围

材料报告

顾客要求的受关注物质信息是否已报告?　□是　□否　□n/a

通过 IMDS 报告或用顾客规定的其他表格报告:

塑料件是否已标注相应的 ISO 标注码?　□是　□否　□n/a

提交原因(至少选一项)

□首次提交　　□改为其他选用的结构或材料

□工程变更　　□供方或材料来源变更

□工装:转移、更换、整修或添加　　□零件加工过程变更

□偏差纠正　　□在其他地方生产零件

□ 工装停止使用期超过一年　　□其他——请说明

要求的提交等级(选择一项)

□等级 1——只向顾客提交保证书(若指定为外观项目,还应该提交外观件批准报告)

□等级 2——向顾客提交保证书及产品样品以及有限的支持数据

□等级 3——向顾客提交保证书及产品样品以及全部的支持数据

□等级 4——保证书以及顾客规定的其他要求

□等级 5——保证书、产品样品以及全部的支持数据都保留在组织制造场所,供审查时使用

提交结果:　□ 尺寸测量　□ 材料和性能试验　□ 外观准则　□ 统计过程数据

这些结果满足所有设计记录要求:　□是　□否(如果选择"否"应解释)

成形模/多模腔/生产过程________________________________

声明

我声明:本次提交所使用的样品是出自我们生产过程的、具有代表性的零件,且已符合生产件批准程序手册第四版的所有要求;我进一步保证这些样品是以____件/____个小时的生产速率制造的。同时我保证所有符合性证明文件都已归档备妥,以供评审。我还说明了任何与此声明有偏差的内容,见下文。

解释/说明:________________________________

每种顾客的工具是否都已适当地加标签和编号?　□是　□否　□n/a

经授权的组织代表签字____________________　日期____________

组织: 供方/供货商代码:	零件编号: 零件名称:
试验设备:	设计记录变更等级: 工程变更文件:

印刷体姓名____________　电话号码____________　传真号码____________

表 5-61　生产件批准——尺寸检测结果

项目	尺寸/规范	规范/界限	试验日期	试验数量	组织试验结果（数据）	合格	不合格

职务________________________ E-mail ________________________

仅供顾客使用(若适用)

PPAP 保证书处理意见：□批准　□拒绝　□其他________________________

顾客签字________________________　日期________________________

印刷体姓名________________________　顾客跟踪编号(可选项)________________________

测量结果不可笼统表示为“符合”。

2012 年 1 月 CFG-1003

签字　职称　日期

表 5-62　生产件批准——材料试验结果

组织名称： 供方/供货商代码：				零件编号： 零件名称： 设计记录变更等级： 工程变更文件：		
材料供方： * 顾客规定的供方/供货商代码： * 如果来源有批准要求，需填写供方(来源)和顾客指定的代码。				实验室名称：		
材料规范编号/评审/日期	材料规范/界限	试验日期	试验数量	供方试验结果(数据)	合格	不合格

试验结果不可笼统表示为“符合”。

2012 年 1 月 CFG-1004

签字　　职称　　日期

表 5-63　生产件批准——性能试验结果

组织名称： 供方/供货商代码： 实验室名称： * 顾客规定的供方/供货商代码： * 如果来源有批准要求,需填写供方(来源)和顾客指定的代码。				零件编号： 零件名称： 设计记录变更等级： 工程变更文件：		
试验规范编号/评审/日期	材料规范/界限	试验日期	试验数量	供方试验结果(数据)/试验条件	合格	不合格

试验结果不可笼统表示为“符合”。

2012 年 1 月 CFG-1005

签字　　职称　　日期

表 5-64 外观批准报告

零件号：	图样编号：		适用范围(车型)：
零件名称：	采购人员代码：	工程更改等级：	日期：
组织名称：	制造厂地址：		供方/供货商代码：
提交原因：☐ 零件提交保证书 ☐ 纹理加工前	☐ 特殊样品 ☐ 第一批发运	☐ 再提交 ☐ 工程更改	其他

外观评价

组织表面加工信息		纹理加工前评价	经授权的顾客代表签字和日期
		纠正并继续	
		纠正和再提交	
		准予进行纹理加工	

颜色评价

颜色标注	三色数据					标准样品编号	标准样品批准日期	材料类型	材料来源	色彩				色调		色品度		亮度		金属光泽		颜色供货标注	零件处理意见
	DL*	Da*	Db*	DE*	CMC					红	黄	绿	蓝	淡	深	灰	清晰	高	低	高	低		

说明：

组织： 签字：	电话：	日期：	经授权的顾客代表： 签字：	日期：

2012 年 1 月 CFG-100

第六章 内部审核

本章通过对 ISO/TS 16949:2009 所要求的质量管理体系审核、过程审核、产品审核的讲解，让读者了解这三种审核的实施方法、步骤，从而可以独立地在企业内部实施质量审核和对供方实施第二方审核。

对与审核有关的术语和相关内容依据 ISO 19011:2002 和 ISO/TS 16949:2009 要求，当 ISO/TS 16949:2009 对术语另有解释时，另行标出。

第一节 审核概论

一、什么是审核

审核(audit)，是为获得审核证据并对其进行客观的评价，以确定满足审核准则的程度所进行的系统的、独立的并形成文件的过程。

注 1：内部审核，有时称第一方审核，由组织自己或以组织的名义进行，用于管理评审和其他内部目的，可作为组织自我合格声明的基础。在许多情况下，尤其在小型组织内，可以由与受审核活动无责任关系的人员进行，以证实独立性。

注 2：外部审核包括通常所说的“第二方审核”和“第三方审核”。第二方审核由组织的相关方(如顾客)或由其他人员以相关方的名义进行。第三方审核由外部独立的审核组织进行，如那些对与 ISO 9001 或 ISO 14001 要求的符合性提供认证或注册的机构。

注 3：当质量管理体系和环境管理体系被一起审核时，称为“结合审核”。

注 4：当两个或两个以上审核组织合作，共同审核同一个受审核方时，这种情况称为“联合审核”。

二、审核的分类

1. 按审核的对象分：

(1) 质量管理体系审核；

(2) 过程审核；

(3) 产品审核。

2. 按审核的类型分为三类(见上述“审核”注 1、注 2)。

三、什么是审核范围

1．审核范围　audit scope

审核的内容和界限。

注：审核范围通常包括对实际位置、组织单元、活动和过程以及所覆盖的时期的描述。

2．审核范围（ISO/TS 16949 要求）

在规定时间内，对质量管理体系要求、场所和活动进行审核。

注 1：要求：指 ISO/TS 16949 标准的所有要求，删减应予以说明。一般以组织质量手册中所确定的范围为准。

注 2：场所：指与组织质量管理体系所覆盖的产品和与质量活动有关的部门、场所均应列入审核的范围。内部审核不允许抽样。

注 3：活动：指认证产品范围内与产品质量有关的作业过程，均应列入审核范围。

四、审核的特点

1．被审核的质量管理体系必须是正规的，正规的质量管理体系必须满足下列要求：

——有完整的质量管理体系文件；

——文件控制、文件更改应符合标准的要求；

——实际行动与书面文件或书面承诺应一致；

——必要的运作情况应有可追溯的记录；

——必须是符合相关标准的质量管理体系模式（如：ISO 9000/QS-9000/ISO/TS 16949 或 VDA6.1 等）。

2．质量管理体系审核必须是一种正式、有序、独立的活动。

（1）质量体系审核必须依照策划的审核方案进行。

（2）质量体系审核按照正式程序和书面文件进行，做到：

——审核目的、范围明确；

——制定正式审核计划；

——制定实施审核计划的检查表；

——依据计划和检查表进行符合性、有效性审核；

——审核结果形成正式文件。

（3）质量体系审核只能依据审核准则，发现审核证据（即与审核准则有关的并且能够证实的记录、事实陈述或其他信息）。

（4）从事质量管理体系审核的人员应具备一定的资格和能力，且不能审自己的工作。

五、审核的依据

1．审核准则是审核的依据

审核准则（**audit crideria**）是一组方针、程序或要求。

注：审核准则是用作与审核证据进行比较的依据。

2．审核依据一般包括：

——ISO/TS 16949：2009 质量管理体系特别要求。

——ISO/TS 16949 参考手册。

——质量手册。

——程序文件。

——作业指导书。

——适用的法律、法规和其他要求（如顾客的合同或协议要求、产品标准等）。如果产品是出口的，那么出口国的法律法规要求也是审核的依据之一。

——顾客特殊要求:很多组织在实施内部审核的时候,往往会遗漏这部分的要求。要知道,ISO/TS 16949 质量管理体系最最重要的输入是顾客特殊要求,没有涉及顾客特殊要求的内部审核是失败的。

六、体系审核、过程审核与产品审核的区别

体系审核、过程审核与产品审核的区别见表 6-1。

表 6-1 体系审核、过程审核与产品审核的区别

	体系审核	过程审核	产品审核
对象	质量管理体系	产品的形成过程/批量生产	有形产品
目的	对体系的持续的适宜性和有效性进行评定	对产品/产品组实现过程不满足顾客要求的风险进行评定	对产品的质量特性是否满足所有的要求进行评定
审核频率	根据审核方案的策划安排(至少一年覆盖所有的体系过程,在内外环境变化,顾客退货抱怨时可以增加审核的频次)	根据审核方案的策划安排(至少一年覆盖所有的产品的过程,在新产品开发,顾客退货抱怨时可以增加过程审核)	经常性活动,根据审核方案的策划安排(至少一年内覆盖所有产品,在新产品开发,顾客退货抱怨时可以增加产品的审核)
审核人员	熟悉标准要求和过程方法,经过培训具有资格能力	熟悉生产工艺过程,熟悉产品要求和用户的要求和期望,熟悉不同汽车公司的审核准则	熟悉产品及其生产过程,了解用户的要求和期望
审核工具	过程方法、检查表可以根据过程流程自行开发,并考虑顾客特殊要求	检查表(可以按照顾客提供的过程审核检查表或 VDA6.3 或企业自行开发)	检验试验设施,VDA6.5 或者企业自行开发,并考虑顾客特殊要求
审核准则	ISO/TS 16949 标准、适用的法律法规、合同/顾客特别要求、质量手册、程序文件、作业指导文件	适用的法律法规、合同/顾客特别要求、过程流程要求、过程的调整数据、检验指导文件[a]	图纸、技术规范、作业指导文件、检验指导文件、编码系统、顾客特殊要求等
审核项目	质量管理体系过程	选择评定过程所需的项目	根据用户的要求和期望的项目,重要的过程特性和产品特性
审核记录	与提问目录对应的结果,审核报告,不符合项分析及纠正措施	检查结果和审核报告,不符合项目分析和纠正报告	检查记录,审核报告,缺陷分析及纠正措施

[a] 工具和准则建议参考 AIAG 的 CIQ-7 的描述,例如,过程审核的审核准则在通用公司是采用控制计划,大众公司是采用 VDA6.3 的。

第二节 质量管理体系审核

一、术语和定义(ISO 19011:2002)

1. 审核方案 audit programe

针对特定时间段所策划,并具有特定目的的一组(一次或多次)审核。

注:审核方案包括策划、组织和实施审核所必要的所有活动。

2. 审核计划 audit plan

对一次审核活动和安排的描述。

二、审核方案(年度审核计划)的策划

1. 审核方案的管理应该由组织的最高管理者授权,管理者代表组织管理体系职能部门负责人策划

与制定，经最高者批准后实施。

2. 审核方案的策划是组织对规定的时间段内（一般是下个年度）所有审核活动的策划，不局限于通常所说的每年1～若干次的体系的内部审核，因此，建议在策划年度审核方案时，可以对组织所有审核活动进行系统的考虑，包括内部的体系审核、过程审核、产品审核，对供方的审核（每年若干次），甚至管理评审方案都可以整合在审核方案中（标准也要求“应按策划的时间间隔评审质量管理体系”）。这样，也有利于对体系的系统管理。在具体实施审核时，再制定详细的“审核实施计划”。

3. 审核方案内容可包括（但不限于此）：

——确定审核的类型和不同类型的目的、范围/场所和程度；

——确定不同审核类型的审核职责、频次、审核准则和审核的形式与方法；

——明确各次的审核目的、日期和审核组组长。

注：内部审核对多体系的组织来说，也有一个“结合审核”和“联合审核”的策划问题，包括对多体系的供方的审核（第二方审核，这和组织识别和提供必要的资源有关。若在策划时发现资源或能力不足，就可尽早采取措施）。

4. 审核方案的目的

（1）审核方案的目的是指导审核的实施，一般是：

① 满足管理体系认证的要求；

② 验证与合同要求的符合性；

③ 获得并保持对供方能力的信任；

④ 有助于管理体系的改进。

（2）审核方案应考虑的因素（范围与程度）：

① 不同类型每次审核的范围、目的和审核时间（如内部审核的和对供方审核的）；

② 不同类型审核的频次；

③ 不同类型受审核活动的侧重点（数量、重要性、复杂程度、相似性和地点）；

④ 标准、法律法规和合同要求及其他审核准则；

⑤ 认可或认证的需要；

⑥ 以往的审核结论或以往审核方案的评审结果；

⑦ 语言、文化和社会因素（如对少数民族地区供方的审核，社会对产品要求的变化，国内外经济、金融形势对产品要求的变化等）；

⑧ 相关方的关注点（特别是有社会影响的或具有社会责任的方面）；

⑨ 组织或其运作的重大变化（如组织结构、产品结构的变化，组织性质的变化等）。

（3）当出现以下情况时，应增加审核：

① 第二方审核前；

② 第三方审核前；

③ 运行有效性存在潜在威胁；

④ 经常出现的失效；

⑤ 发生重大的外部投诉/退货时，如：产品被重大OEM顾客索赔，产品被召回等。

5. 在策划审核的形式与方法时，一般可采用“集中式审核”和“滚动式审核”两种。由于ISO/TS 16949是采用“过程方法”审核，因此，建议组织采用“集中式审核”，因为：

（1）组织所策划的过程和过程之间存在着相互作用的“接口”，就ISO/TS 16949的审核来说，对过程的相互作用和“接口”的审核，恰恰是至关重要的。

例如：某个顾客导向的过程（COP）和若干个支持过程（SP）之间的相互作用和“接口”；一个顾客导向的过程（COP）和另一个顾客导向的过程（COP）之间的相互作用和“接口”，都会因为“接口”的失误而影响系统的运行（这往往是一些组织管理上的薄弱环节）。

（2）“滚动式审核”在客观上使本来相互作用的过程，被分解到几个不同时间段去审核后，必然会造成一些相互作用的过程和活动被遗漏或情况不明等,因此是不适宜的。

三、审核步骤

根据 ISO 19011:2002《质量和(或)环境管理体系审核指南》的基本要求,常见的审核步骤是:

1. 审核准备(P)

——指定审核员,组成审核组;

——制定本次审核实施计划;

——审核组会议,分配工作;

——各自收集有关文件;

——文件审查(视情况需要而定);

——审核员编制检查表;

——审核组长确认检查表。

2. 审核实施(D)

——首次会议;

——现场审核(收集客观证据,记录观察结果);

——不符合报告;

——末次会议。

3. 审核报告(C)

——编制审核报告;

——报告分发、存档。

4. 纠正措施的跟踪(A)

——向受审核方提出改进要求;

——受审核方制定并采取纠正措施;

——验证纠正措施有效性并记录。

下面就实施内部审核的四个步骤(PDCA 循环)作进一步的展开。

四、审核员要求

1. 经过培训,掌握相关技能。由有资格的 ISO/TS 16949 讲师教授的 ISO/TS 16949 内部审核员课程,并通过相关的考试获得的证书是内审员培养的第一步,对过程方法和五大工具的理解和掌握是必须的技能,另外需要对组织质量管理体系的过程和过程里的流程活动有相应的了解。

2. 得到管理者的授权。

3. 具备公正性和具有相对的独立性。

注:很多大的 OEM 汽车组织,对其供应商的内部质量管理体系审核员的资格是有额外要求的,如:FORD、GM 等,如果供方是给这些顾客供货的,那么也必须满足这些 OEM 厂商(顾客)的额外要求。这些额外要求可以从顾客特殊要求中得到识别和获得。

五、审核计划

1. 制定审核计划的要求

(1) 确定审核范围;

(2) 形成正式文件;

(3) 顾客、认证机构及有关法规的要求;

(4) 质量体系文件关于内部审核的要求;

(5) 须有审核组长的批准。

2. 审核计划的内容

（1）本次内部体系审核的目的；

（2）审核的范围（要素或区域、如果有删减应说明）；

（3）审核依据的文件（标准、手册及程序等）；

（4）审核组成员名单及分工情况；

（5）审核日期和地点、受审核的部门；

（6）首次会议、末次会议以及审核过程中需安排的与受审核方领导及有关人员交换意见的会议安排；

（7）各项主要审核活动的预计日期和持续时间；

（8）审核报告的分发范围及发布日期。

3. 审核计划的发布

可采取任何方式发布并在组织内部沟通。以第三章第二节例子中生产注塑件的B公司为例，假设该公司没有设计职责，体系范围：注塑件的制造，有两个班次，第一班次：8：00～20：00，第二班次：20：00～8：00，编制了一个内审计划，见表6-2。

表 6-2　体系审核实施计划

<table>
<tr><td>审核目的</td><td colspan="3">验证 ISO/TS 16949：2009 质量管理体系的符合性，识别管理体系的改进机会，为第三方认证做准备</td></tr>
<tr><td>审核性质</td><td colspan="3">内部审核</td></tr>
<tr><td>审核覆盖产品</td><td colspan="3">汽车注塑件的制造</td></tr>
<tr><td>审核日期</td><td colspan="3">2011 年 3 月 4～5 日</td></tr>
<tr><td>审核依据</td><td colspan="3">ISO/TS 16949：2009 标准、质量管理体系文件、顾客要求和特殊要求清单及相关的法律法规等</td></tr>
<tr><td>审核组</td><td>组长：赵六</td><td>组员</td><td>A. 张三、李四　　B. 王五、赵六</td></tr>
<tr><td colspan="4">日　程　安　排</td></tr>
<tr><td>日　期</td><td>时　　间</td><td>审核内容</td><td>审核员</td></tr>
<tr><td rowspan="3">第一天（3月4日）</td><td>8：00～8：30</td><td>首次会议（管理层和各部门主管）</td><td></td></tr>
<tr><td></td><td>最高管理者面谈（最高管理者必须参加）</td><td>A/B</td></tr>
<tr><td>8：30～9：30</td><td>管理评审综述，包括：
➢ 内部审核
➢ 针对持续改进策划的活动
➢ 纠正和预防措施
➢ 有效地维护管理体系并满足方针/目标/顾客关注焦点/顾客满意
验证所有的变化关联的特定管理系统，包括：
➢ 以往的审核发现
➢ 顾客抱怨
➢ 任何变化，包括手册和程序文件、方针、目标和范围
➢ 特定项目/发现（基于预审的信息）的责任人/管理部门的变化，新产品/项目，绩效等
➢ 审核员需确认任何变化并确定对整个体系审核的影响程度
证书和标志的使用</td><td></td></tr>
<tr><td colspan="4">下列的审核计划将重点关注顾客导向的过程的审核。支持过程将被作为顾客导向的过程的支持和审核追溯的发展来进行审核。计划可以随着审核或发现的信息来进行调整。每一个审核组审核的过程和分配的审核时间在下列识别。</td></tr>
</table>

续表 6-2

日期	时间	A	B
第一天(3月4日)	9:30～12:00	管理过程继续:M1 经营策划,M2 管理评审,M3 体系审核,M4 数据分析和信息管理	C1 顾客要求评审
	12:00～12:30	午餐	
	12:30～14:30	C5 顾客反馈	C4 产品交付
	14:30～16:30	C2 产品质量先期策划	C3 产品生产
	0.5 小时 2011.3.4	在审核的相关过程中验证上次审核不符合	
	16:30～17:00	审核组总结	
	19:00～21:00	C3 产品生产,S7 产品过程/过程监视和测量(第二班次)	
第二天(3月5日)	8:00～9:00	C2 产品质量先期策划	C3 产品生产,S7 产品过程/过程监视和测量(第一班次)
	9:00～10:00	S2 人力资源管理	S4 设备/工装管理
	10:00～11:00	S3 采购管理	S6 监测和测量装置管理
	11:00～12:00	S1 文件管理	S5 产品防护管理
	12:00～12:30	午餐	
	12:30～14:00	S8 改进管理	S7 产品过程/过程监视和测量
	0.5 小时 2011.3.5	在审核的相关过程中验证上次审核不符合	
	14:00～15:00	确认审核发现	
	15:00～16:30	审核组会议和准备报告并与最高管理层进行沟通	
	16:30～17:00	末次会议(最高管理者必须参加)	
编制人/日期:		批准/日期:	
注 1:共有 1.0～2.0 小时的时间验证上次内审的不符合项的纠正措施; 注 2:顾客特殊要求的实施在过程里进行验证,顾客代表在首次会议上提供顾客特殊要求清单给内审员; 注 3:管理者代表在首次会议上提供公司质量目标及各过程一年来的绩效表单给内审员; 注 4:质量部长在首次会议上将一年来的顾客反馈的 8D 提供给审核组。			

4. 从审核计划上可以看出过程方法进行内审的思路:

(1) 首先在首次会议上通过顾客代表提供的顾客特殊要求清单,管理者代表提供的过程质量目标和过程目标的绩效,以及质量部长提供的一年来顾客反馈的 8D,让内审员了解顾客的特殊要求,组织的绩效以及顾客退货抱怨,能够让内审员把握审核的重点。

(2) 通过与最高管理者的沟通可以让内审员更好地把握组织质量体系的规划和变化,更好地把握体系的优点和弱点。

(3) 通过过程顺序的考虑,特别是顾客导向的过程,前一过程的输出,是后一过程的输入,先审核过程顺序中前面的过程,再审核过程顺序中后面的过程,可以更好地把握过程的要求和过程的结果。过程的顺序图见第三章第二节 B 公司过程间的顺序图 3-9。

(4) 对过程的相互作用可以通过对顾客导向的过程的审核,关注与顾客导向的过程相关的支持过程,观察其表现。在审核支持过程时,带着问题和疑问,通过对相互关系的审核,增加了审核的有效性,过程的相互作用也得到体现(见第三章第二节 B 公司过程间的相互作用,表 3-4)。

关注事项:

(1) 审核员必须是有资格和被认可的并有审核能力的,见本节"四、审核员要求"。

（2）审核时间要合理：一般50人左右的组织，4个审核人天（2名审核员2天审核，具体参照第一章第三节表1-1“ISO/TS 16949审核人天表”执行）。

（3）审核的内容应为组织确定的过程，考虑过程的顺序和相互作用，审核着眼于绩效薄弱的地方，顾客退货及抱怨，顾客特殊要求等。

（4）审核班次：ISO/TS 16949的审核必须要覆盖所有的班次，对于有夜班的组织，审核计划必须覆盖所有的夜班；如果存在正常的周末班次，也同样要被审核。

（5）审核的对象：在多次的审核中发现，很多组织还是避免不了按部门和条款审核，ISO/TS 16949认为这样的审核是不可接受的，必须用过程的方法来进行内审，这是IATF的强制要求。

（6）审核员不能审核自己的工作：这是内部审核的一个基本原则，任何管理体系的审核都是如此。

5．“过程方法”的应用

在“过程方法”审核时，应对过程负责人和过程活动的主要人员进行审核，而且，凡过程活动中涉及的ISO/TS 16949范围的条款必须审核。至于过程到底覆盖哪些条款，一般情况下，应按照组织《质量手册》中的“过程顺序和相互作用图”以及“过程和标准条款的矩阵表”实施审核。具体可参考第三章第二节表3-8“B公司过程与标准条款矩阵表”。

过程方法的应用对内审员的能力有了很高的要求，要求内审员在过程活动的基础上展开审核。了解和认识过程是内审员审核前必须做足的功课。第三章中讲解的乌龟图和过程标识卡可以帮助内审员了解和把握过程。

表6-3是AQA审核员在审核过程了解和详细记录组织顾客导向的过程、支持过程、管理过程和过程活动的工具，供读者参考。

下面把表6-3每一个部分的填写内容做一个简单的说明：

（1）过程名称：当前审核的过程名，如：C1，合同评审；这里填写的过程和企业质量手册中的“过程矩阵图（总图）”中识别的过程应保持一致，并且每一个过程填写一张记录单。

（2）过程责任人/部门：填写该过程的责任者，往往是张××/××部门，顾××/××班组等，如C1过程的责任者是销售部某某人。

（3）被审核人及职务：填写被审核人的名称和职务，如：马某某/销售部经理；李某某/销售员等。

（4）过程和活动的简单描述：通过提问，了解过程的起止、活动、接口等，并把所了解到的内容填写在该栏目中。

（5）过程输入：通过提问被审核对象，了解该过程有哪些输入，并填写在该栏目中，这里往往可以让被审核者参照手册中的“乌龟图”或“过程识别卡”进行描述（如果有类似文件的话）。

（6）过程输出：通过提问被审核对象，了解该过程有哪些输出，并填写在该栏目中，这里往往可以让被审核者参照手删中的“乌龟图”或“过程识别卡”进行描述（如果有类似文件的话）。

（7）过程绩效——指标和目标：该过程有哪些指标和目标，填写在该栏目中。

（8）实际绩效：在过去的12个月中这些指标和目标的实际结果是什么？可以填写平均值、结果范围或者趋势。

（9）支持过程（如果有）：参考手册中的“过程关系总图”或类似的文件，确定该过程是否有相关联的支持过程，如果有，填写在该栏目中。

（10）该过程所包含的顾客特殊要求：在组织所识别的顾客特殊要求清单中，是否有和该被审核过程相关联的特殊要求，如果有，填写在该栏目中，可以写：和顾客签署的文件化的协议合同的名称，或对其进行摘录，这些特殊要求将成为该过程审核中的重要输入和审核点。

（11）程序、作业指导书及版本水平：针对该过程，组织是否制定了相应的程序文件、作业文件等，如果有，填写在该栏目中，并识别最新的有效版本。

（12）过程联系/资源：该过程与那些过程相关联，并需要怎样的资源，通过提问被审核者，把了解到的内容填写在该栏目中。

(13) 符合性的证据(包括评审的文件/记录;观察或任何审核追溯活动)(可附页):在该过程审核中,审核员查看到了那些文件和记录,并且做了怎样的追溯性的审核,发现了什么?是符合要求的吗?等等。这些内容可以填写在该栏目中,往往是通过附页的方式来填写这些内容。

(14) 不符合项(NC)和建议改进项(OFI):在该过程审核中,审核员有发现不符合项吗?有什么好的建议事项吗?如果有,可以把不符合项的条款和 OFI 的简单描述填写在这个栏目中,如果没有不符合项,可以填写"N/A"。

表 6-3 过程审核记录单

<table>
<tr><td colspan="2">(1)过程名称:

(2)过程责任人/部门:</td><td>(3)被审核人及职务:</td></tr>
<tr><td>(4)过程和活动的简单描述</td><td colspan="2"></td></tr>
<tr><td colspan="2">(5)过程输入</td><td>(6)过程输出</td></tr>
<tr><td colspan="2"></td><td></td></tr>
<tr><td colspan="2">(7)过程绩效——指标和目标</td><td>(8)实际绩效</td></tr>
<tr><td colspan="2"></td><td></td></tr>
<tr><td colspan="3">(9)支持过程(如果有):</td></tr>
<tr><td>(10)该过程所包含的顾客特殊要求</td><td colspan="2"></td></tr>
<tr><td>(11)程序、作业指导书及版本水平</td><td colspan="2"></td></tr>
<tr><td>(12)过程联系/资源</td><td colspan="2"></td></tr>
<tr><td colspan="3">(13)符合性的证据(包括评审的文件/记录;观察或任何审核追溯活动)
(可附页)</td></tr>
<tr><td>(14)不符合项(NC)和建议改进项
(OFI)</td><td colspan="2"></td></tr>
</table>

(以下为空白页,以记录审核中的发现)

审核员仔细观察可以发现,实际上表6-3是乌龟图的一个缩影。通过过程标识卡,可以了解过程的流程,过程的活动和需要的资源及风险所在,以便审核员针对过程活动实施审核。

每个活动是否受控?这个活动的要求是什么?需要到达什么结果或目的?配置的资源是否充分?工作准则是否明确?输出是否有效?是否有风险存在?是如何控制的?等等。有了这些工具和思路,对过程充分地把握,还需要编制检查表吗?过程的流程和活动都装在脑袋中,每一个过程和每一个过程的活动的乌龟图都了然于胸,审核就像有了源头的活水,可以审核自如了。对过程和过程活动的乌龟图的了解,要掌握其灵魂,而不是仅仅关注乌龟图上的几只"脚"。

表6-4~表6-13列出了生产注塑件的B公司的5个顾客导向的过程的过程审核记录和过程标识卡,请读者自行琢磨如何用"过程方法"进行体系审核。因为不同的组织定义的过程不同,因此这些过程标识卡仅供参考。

表6-4 过程审核记录单

过程名称:顾客要求评审 过程责任人/部门:×××/供销部		被审核人及职务: ×××/部长
过程和活动的简单描述	输入—产品要求、顾客特殊要求的识别、确定、评审—与顾客沟通,接受或签订相关文件—顾客特殊要求内部传递—顾客特殊要求落实—检查顾客特殊要求落实情况	
过程输入		过程输出
采购合同/质量协议/订单等		顾客特殊要求的实施
过程绩效——指标和目标		实际绩效
顾客要求评审及时率(五天之内):100% 顾客要求实施率:100%		100% 100%
支持过程(如果有):		
该过程所包含的顾客特殊要求		
程序、作业指导书及版本水平	《顾客要求管理程序》	
过程联系/资源	评审合同的人,人力资源,顾客的网站平台,管理过程	
符合性的证据(包括评审的文件/记录;观察或任何审核追溯活动) (可附页)		
不符合项(NC)和建议改进项(OFI)		

表 6-5　过程标识卡

标志	过程	C1:顾客要求评审		负责人:×××	日期:2011年3月4日
过程顾客	所有过程	过程输出	顾客特殊要求清单	过程拥有者	销售部

测量顾客满意度	测量内部绩效	过程评审
顾客要求实施率	顾客要求评审率 新顾客增加数量	每月:指标和措施 每年:整体评审

过程概述			过程分析				风险分析		
输入	活动	输出	实施者	设备	指标	说明	风险	控制和相互作用	措施
顾客技术质量服务协议顾客采购合同/订单	获得顾客信息 ↓	传递回公司的顾客要求	销售主管	传真 电话 电脑		顾客要求管理程序	疑问没有充分识别	监视顾客满意度	定期检查顾客要求落实情况
顾客要求	评审 ↓	疑问	销售主管	办公室					
疑问	与顾客沟通 ↓	确认顾客要求	顾客代表/销售主管	传真 电话 电脑		顾客特殊要求清单			
确认的顾客要求	顾客要求签订或正式接受 ↓	确认的或接受的顾客要求	顾客代表/销售主管						
确认的或接受的顾客要求	顾客特殊要求识别与发放 ↓	顾客特殊要求清单	顾客代表/销售主管				顾客要求没有实施		
顾客特殊要求	内部落实顾客特殊要求 ↓	顾客特殊要求得到落实	相关的过程	办公室 电脑					
顾客要求落实情况	检查 ↓	已经实施的顾客特殊要求	顾客代表/销售主管						

表 6-6　过程审核记录单

过程名称:产品质量先期策划 过程责任人/部门:×××/技术部	被审核人及职务: ×××/部长
过程和活动的简单描述	输入评审—报价—项目计划—过程设计—样件制造—试生产—产品和过程确认—PPAP顾客批准—工程更改控制
过程输入	过程输出
图纸、样件、技术条件、行业标准、相关法律法规	按时完成顾客要求的项目工程更改有效控制
过程绩效——指标和目标	实际绩效
项目开发成本控制率≥90% 项目进度满足顾客要求的节点:100%	95% 100%

续表 6-6

<table>
<tr><td colspan="2">支持过程(如果有):</td></tr>
<tr><td>该过程所包含的顾客特殊要求</td><td></td></tr>
<tr><td>程序、作业指导书及版本水平</td><td>APQP 控制程序—A,生产件批准程序—A,工程更改控制程序—A</td></tr>
<tr><td>过程联系/资源</td><td>所有支持过程、APQP 小组,开发费用</td></tr>
<tr><td colspan="2">符合性的证据(包括评审的文件/记录;观察或任何审核追溯活动)
(可附页)</td></tr>
<tr><td>不符合项(NC)和建议改进项(OFI)</td><td></td></tr>
</table>

表 6-7　过程标识卡

<table>
<tr><td>标志</td><td>过程</td><td colspan="2">C2:产品质量先期策划</td><td>负责人:×××</td><td>日期:2011 年 3 月 4 日</td></tr>
<tr><td>过程顾客</td><td>顾客</td><td>过程输出</td><td>PPAP 标准
产品量产</td><td>过程
提供者</td><td>项目组长及组员</td></tr>
<tr><td colspan="2">测量顾客满意度</td><td colspan="2">测量内部绩效</td><td colspan="2">过程评审</td></tr>
<tr><td colspan="2">生产件批准最少次数
项目进度的及时率</td><td colspan="2">PPK、产品零公里 PPM、生产率目标开发成本控制率</td><td colspan="2">按项目评审</td></tr>
</table>

<table>
<tr><td colspan="3">过程概述</td><td colspan="4">过程分析</td><td colspan="3">风险分析</td></tr>
<tr><td>输入</td><td>活动</td><td>输出</td><td>实施者</td><td>设备</td><td>指标</td><td>说明</td><td>风险</td><td>控制和相互作用</td><td>措施</td></tr>
<tr><td>市场信息
经营计划/营销战略</td><td>市场调研</td><td>市场调研报告</td><td>开发主管</td><td rowspan="6">电脑
电话</td><td rowspan="6">QCD</td><td rowspan="6">APQP、SPC、MSA、FMEA、PPAP 手册,APQP 控制程序-A,生产件批准程序-A,工程更改控制程序-A,顾客要求管理程序-A</td><td rowspan="6">1. 产品特殊特性没有识别清楚;2. 报价不合理;3. 进度计划的完成没有满足顾客的要求</td><td rowspan="6">1. 多功能小组参与;2. 管理层在每个阶段进行评审;3. 定期同顾客沟通</td><td rowspan="6">1. 开发人员能力评价;2. 多了解行业信息;3. 开发经费保证</td></tr>
<tr><td>市场调研报告
顾客要求
行业标准</td><td>输入评审</td><td>疑问得到澄清,确认要求</td><td>项目小组</td></tr>
<tr><td>确认的要求</td><td>可行性分析并确立目标</td><td>可行性分析报告、项目的目标</td><td>开发主管</td></tr>
<tr><td>顾客图纸/样件、可行性分析报告、项目目标、以往类似经验</td><td>初始材料、初始工艺流程、初始特殊特性识别</td><td>初始材料清单、初始过程流程图、初始特殊特性清单</td><td>开发主管</td></tr>
<tr><td>项目要求、项目目标、初始材料清单、初始过程流程图、初始特殊清单</td><td>产品保证计划</td><td>重点关注问题的风险分析及措施</td><td>开发主管</td></tr>
<tr><td>项目目标、重点关注问题的风险分析及措施、初始材料清单、初始过程流程图、初始特殊特性清单</td><td>成本分析与报价</td><td>成本分析报告、报价单得到顾客确认、开发协议、供应商开发计划</td><td>总经理/开发主管</td></tr>
</table>

续表 6-7

过程概述			过程分析				风险分析		
输入	活动	输出	实施者	设备	指标	说明	风险	控制和相互作用	措施
项目要求、开发协议	成立正式项目小组	项目小组职责分配表	总经理/开发主管						
项目要求、开发协议、顾客特殊要求	APQP项目计划	APQP项目开发计划表	项目小组						
项目要求、初始过程流程图、初始过程特殊特性清单、项目计划	设备/工装/检具计划、供应商开发计划	新设备/工装/检具开发计划	项目小组	同上	同上	同上	同上	同上	同上
	立项策划阶段小结	得到确认的项目要求、项目计划和资源提供	总经理/项目小组						
第一阶段的输出信息	过程输入评审	充分有效的项目要求、项目计划和资源提供	项目小组						
项目要求、厂房平面图、初始特殊性清单、初始过程流程图	过程流程图	过程流程图	项目小组						
	工艺平面布置	车间平面布置图	项目小组						
项目要求、初始特殊特性清单、过程流程图、顾客反馈、类似经验	PEMEA分析、编制试生产控制计划及作业指导书	PFMEA报告、产品/过程特殊特性清单	项目小组						
项目要求、特殊特性清单、过程流程图、PFEA		试生产控制计划及作业指导书	项目小组	电脑					
设备/工装/检具计划	设备/工装开发	设备/工装/检具到位及验收	项目小组						
项目要求、顾客要求、供应商开发计划	供应商开发与跟踪	供应商同步开发与样件准时提交	项目小组						
项目计划、过程流程图	人员招聘与培训	获得满足岗位能力要求的人员	人力资源部						
顾客包装要求、产品防护要求	制定包装规范与包装开发	包装的同步开发与包装样件的准时	项目小组						
		提供包装作业指导书							
人、机、料、工艺、环境，试生产控制计划，顾客要求	样件试制与验证	样件及样件的材料/性能试验结果、全尺寸检验结果、工艺的验证	项目小组						
样件及样件的材料/性能试验结果、全尺寸检验结果	提交顾客批准	顾客样件认可报告及试生产的订单	项目小组						

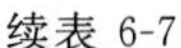

续表 6-7

过程概述			过程分析				风险分析		
输入	活动	输出	实施者	设备	指标	说明	风险	控制和相互作用	措施
试生产的订单、试生产控制计划	试生产计划、MSA/PPK分析计划	试生产计划、MSA 计划、PPK 计划	项目小组	电脑/电话					
第二阶段的输出信息	第二阶段工作小结	确认的第三阶段的计划和资源确认	项目小组/总经理						
第二阶段输出的信息	阶段输入评审	充分有效的阶段计划和资源提供	项目小组						
提供的资源、试生产计划	进行试生产	试生产的产品及验证报告	项目小组						
MSA 计划分析、生产件产品	进行 MSA 分析	MAS 报告	项目小组						
PPK 研究计划、生产件数据	进行 PPK 研究	PPK 报告	项目小组						
试生产计划、生产率目标、成本目标、PFMEA、试生产控制计划/作业指导书	工艺验证与确认	确认的流程图、PFMEA、控制计划	项目小组	生产设备					
		作业文件、目标的确认							
包装要求、产品图纸、技术协议、行业标准及检验文件	产品验证与确认	产品检验结果、材料/性能试验结果/尺寸结果	项目小组	监视和测量设备					
包装规范要求、顾客要求	包装/评价	满足产品防护的包装	项目小组	电脑/电话					
项目目标及绩效（生产率、P_{pk}、质量成本等）	质量策划认定和总结	确认报告与改善要求	项目小组						
生产及 PPAP 文件包	进行生产件及工艺批准	得到批准的PPAP、批产的订单	项目小组						
阶段输出的信息	第三阶段阶段总结	资源提供和批产计划	项目小组/总经理						
批产计划和顾客特殊要求	正式生产	满足顾客要求的产品、持续改进计划	相关部门	电脑/电话					
产品/过程变更要求	工艺更改的评审、验证与确认	评审/验证/确认记录	项目小组			更改控制程序			
改善的 PPAP 和生产件	变更实施前批准	产品/过程变更获顾客批准	项目小组						
产品/过程变更获顾客批准	持续改善	生产过程实施记录、持续改善的结果	项目小组						

表 6-8　过程审核记录单

<table>
<tr><td colspan="2">过程名称:产品生产

过程责任人/部门:×××/生产部</td><td colspan="2">被审核人及职务:
×××/部长</td></tr>
<tr><td>过程和活动的简单描述</td><td colspan="3">输入—生产计划—塑料粒子烘干—注塑—修边—包装—入库</td></tr>
<tr><td colspan="2">过程输入</td><td colspan="2">过程输出</td></tr>
<tr><td colspan="2">订单、顾客要求</td><td colspan="2">按时完成的合格产品</td></tr>
<tr><td colspan="2">过程绩效——指标和目标</td><td colspan="2">实际绩效</td></tr>
<tr><td colspan="2">生产计划按时完成率:100%
注塑一次交检合格率:≥99.8%</td><td colspan="2">98%
99.9%</td></tr>
<tr><td colspan="4">支持过程(如果有):</td></tr>
<tr><td>该过程所包含的顾客特殊要求</td><td colspan="3">产品标识</td></tr>
<tr><td>程序、作业指导书及版本水平</td><td colspan="3">生产过程控制程序-A、工作环境控制程序-A/作业指导书、控制计划</td></tr>
<tr><td>过程联系/资源</td><td colspan="3">所有的支持过程、设备、工装、作业工人、车间领导、物料等</td></tr>
<tr><td colspan="4">符合性的证据(包括评审的文件/记录;观察或任何审核追溯活动)
(可附页)</td></tr>
<tr><td>不符合项(NC)和建议改进项(OFI)</td><td colspan="3"></td></tr>
</table>

表 6-9 过程标识卡

<table>
<tr><td>标志</td><td>过程</td><td colspan="3">C3:产品生产</td><td colspan="3">负责人:×××</td><td colspan="2">日期:2011 年 3 月 4 日</td></tr>
<tr><td>过程顾客</td><td>顾客</td><td>过程输出</td><td colspan="4">按时生产出的合格产品</td><td>过程提供者</td><td colspan="2">生产部</td></tr>
<tr><td colspan="2">测量顾客满意度</td><td colspan="5">测量内部绩效</td><td colspan="3">过程评审</td></tr>
<tr><td colspan="2">准时交付率</td><td colspan="5">生产计划执行率
产品一次交检合格率
$C_{pk} \geqslant 1.33$</td><td colspan="3">每月:指标和措施
每年:整体评审</td></tr>
<tr><td colspan="3">过程概述</td><td colspan="4">过程分析</td><td colspan="3">风险分析</td></tr>
<tr><td>输入</td><td>活动</td><td>输出</td><td>实施者</td><td>设备</td><td>指标</td><td>说明</td><td>风险</td><td>控制和相互作用</td><td>措施</td></tr>
<tr><td>顾客订单/交付计划</td><td rowspan="6">生产排程
↓
领料
↓
配料
↓
注塑
↓
修边
↓
产品包装/入库</td><td>生产计划</td><td>生产主管/调度</td><td>电脑</td><td rowspan="6">QCD</td><td rowspan="3">生产过程控制程序、控制计划、监视和测量设备管理程序、产品监视和测量控制程序、不合格品控制程序、设备工装管理程序、烘干作业指导书</td><td rowspan="3">设备故障/材料短缺/人力不足/断水、电、气</td><td rowspan="3">应急计划内</td><td rowspan="3">启动应急计划</td></tr>
<tr><td>生产计划材料需求</td><td>合适的塑料粒子</td><td>车间主管/仓管员</td><td>电脑/运输工具</td></tr>
<tr><td>产品颜色要求</td><td>配好的塑料粒子</td><td rowspan="2">配料员、注塑工、修边工</td><td>车间工装工作环境、仓库、烘干设备</td></tr>
<tr><td>达到要求的塑料粒子、产品要求</td><td>成型的产品</td><td>注塑形设备</td><td>注塑作业指导书、修边作业指导书</td><td rowspan="3"></td><td rowspan="3"></td><td rowspan="3"></td></tr>
<tr><td>成型的产品、产品要求</td><td>合格产品</td><td rowspan="2">操作者/仓管员</td><td>手工修边工具工作台</td><td rowspan="2">包装作业指导书</td></tr>
<tr><td>包装要求</td><td>包装完成产品/入库单</td><td>包装设备</td></tr>
</table>

表 6-10 过程审核记录单

<table>
<tr><td colspan="2">过程名称:产品交付

过程责任人/部门:×××/销售部</td><td>被审核人及职务:
×××/部长</td></tr>
<tr><td>过程和活动的简单描述</td><td colspan="2">确定发货日期—跟踪产品制造过程—确定运输方式—发货</td></tr>
<tr><td colspan="2">过程输入</td><td>过程输出</td></tr>
<tr><td colspan="2">计单,交付计划,合格产品,安全库存,包装规范</td><td>准时交付的合格产品</td></tr>
<tr><td colspan="2">过程绩效——指标和目标</td><td>实际绩效</td></tr>
<tr><td colspan="2">1. 交付准时率 100%
2. 超额运费≤总运费的 1%</td><td>100%
0.89%</td></tr>
</table>

续表 6-10

支持过程(如果有):	
该过程所包含的顾客特殊要求	交付前以电子方式传产品的批次检验报告
程序、作业指导书及版本水平	产品交付控制程序、产品标识管理程序、产品防护控制程序
过程联系/资源	评审合同的人、顾客的网站平台、实施交付的人 人力资源管理过程
符合性的证据(包括评审的文件/记录;观察或任何审核追溯活动) (可附页)	
不符合项(NC)和建议改进项(OFI)	

表 6-11 过程标识卡

<table>
<tr><td>标志</td><td>过程</td><td colspan="3">C4:产品交付</td><td colspan="3">负责人:×××</td><td colspan="2">日期:2011年3月4日</td></tr>
<tr><td>过程顾客</td><td>顾客</td><td>过程输出</td><td colspan="4">准时交付的产品</td><td>过程
提供者</td><td colspan="2">销售部员工、
仓库主管</td></tr>
<tr><td colspan="2">测量顾客满意度</td><td colspan="5">测量内部绩效</td><td colspan="3">过程评审</td></tr>
<tr><td colspan="2">准时交付率</td><td colspan="5">单位产品交付费用比率</td><td colspan="3">每月:指标和措施
每年:整体评审</td></tr>
<tr><td colspan="3">过程概述</td><td colspan="4">过程分析</td><td colspan="3">风险分析</td></tr>
<tr><td>输入</td><td>活动</td><td>输出</td><td>实施者</td><td>设备</td><td>指标</td><td>说明</td><td>风险</td><td>控制和相互作用</td><td>措施</td></tr>
<tr><td>订单要求、顾客关于发货产品的特殊要求</td><td>订单要求
↓</td><td>接收要求</td><td>所有</td><td>电脑</td><td rowspan="6">QCD</td><td rowspan="2">程序</td><td rowspan="3">产品没有按时完成</td><td rowspan="6">项目管理
运输方评估</td><td rowspan="6">必要时空运、备用运输方</td></tr>
<tr><td>运输单位信息</td><td>运输单位选择与评价管理
↓</td><td>合格的运输方</td><td>销售内勤/销售主管</td><td>电脑</td></tr>
<tr><td>生产计划</td><td>产品跟踪
↓</td><td>产品库存跟踪或准时在线生产跟踪</td><td>销售内勤</td><td></td><td rowspan="4">交付控制程序、发票程序</td></tr>
<tr><td>订单信息、库存产品信息</td><td>交付单据处理
↓</td><td>开好出货的单据</td><td>销售内勤</td><td>电脑</td><td rowspan="3">运输过程的不可抗力因素</td></tr>
<tr><td>合格的产品</td><td>交付安装与实施
↓</td><td>准时交付</td><td>运输方</td><td>叉车/卡车</td></tr>
<tr><td>交付的产品</td><td>票据回执</td><td>回执的票据</td><td>运输方/销售内勤</td><td></td></tr>
</table>

表 6-12 过程审核记录单

<table>
<tr><td colspan="2">过程名称：顾客反馈

过程责任人/部门：×××/销售部</td><td colspan="2">被审核人及职务：
×××/部长</td></tr>
<tr><td>过程和活动的简单描述</td><td colspan="3">顾客反馈信息输入—评审—与顾客沟通—原因分析—纠正措施—预防措施—措施效果验证—回复顾客—顾客确认—顾客满意</td></tr>
<tr><td colspan="2">过程输入</td><td colspan="2">过程输出</td></tr>
<tr><td colspan="2">顾客反馈信息：顾客反馈、抱怨、问题通知，顾客调查结果</td><td colspan="2">有效的措施
顾客满意</td></tr>
<tr><td colspan="2">过程绩效——指标和目标</td><td colspan="2">实际绩效</td></tr>
<tr><td colspan="2">1. 顾客满意度≥90％
2. 问题处理及时率 100％</td><td colspan="2">92％～96％
100％</td></tr>
<tr><td colspan="4">支持过程(如果有)：</td></tr>
<tr><td>该过程所包含的顾客特殊要求</td><td colspan="3">顾客问题解决采用 8D 方式
24 小时纠正，7 天内完成纠正措施</td></tr>
<tr><td>程序、作业指导书及版本水平</td><td colspan="3">顾客反馈控制程序-A</td></tr>
<tr><td>过程联系/资源</td><td colspan="3">所有的支持过程、APQP 小组，制造和工程部门</td></tr>
<tr><td colspan="4">符合性的证据(包括评审的文件/记录；观察或任何审核追溯活动)
(可附页)</td></tr>
<tr><td>不符合项(NC)和建议改进项(OFI)</td><td colspan="3"></td></tr>
</table>

表 6-13　过程标识卡

标志	过程	C5:顾客反馈		负责人:×××	日期:2011 年 3 月 4 日
过程顾客	顾客	过程输出	有效的纠正预防措施、顾客满意	过程提供者	质量主管/销售内勤
测量顾客满意度		测量内部绩效		过程评审	
顾客满意度		问题点有效关闭率		每月:指标和措施 每年:整体评审	

过程概述			过程分析				风险分析		
输入	活动	输出	实施者	设备	指标	说明	风险	控制和相互作用	措施
顾客退货、抱怨,顾客满意与否的信息	信息评审 ↓	疑问点	销售内勤/质量主管	电脑	QCD	顾客反馈控制程序	重复发生的顾客反馈	数据跟踪	持续跟踪一个月的数据
疑问点	与顾客沟通 ↓	确认信息	销售内勤/质量主管	电脑					
确认的顾客反馈的信息	采取纠正 ↓	不符合得到遏制	质量主管	电脑					
	根本原因分析 ↓	根本原因	质量主管	电脑					
根本原因	制定纠正预防措施 ↓	实施纠正预防措施	质量主管	电脑					
纠正预防措施	纠正预防措施效果验证 ↓	标准化的措施	质量主管						
顾客满意分析需求	顾客满意度调查 ↓	回执的问卷	销售内勤	传真					
回执的问卷/日常监控的内外信息	顾客满意度分析 ↓	顾客满意度数据和需要的改善项目	销售内勤	电脑					
需要的改善项目	持续改善	顾客满意	全体						

六、首次会议

1. 首次会议的要求:一般 15 分钟左右,时间不要太长,在现场审核之前召开。

2. 参加首次会议的人员:过程所有者、内部审核员、最高管理者等和该次审核相关的人员。

3. 首次会议的内容:

——介绍审核小组成员;

——重述审核标准、目的和范围;

——确认被审核人员完全明了审核标准、目的和过程;

——现场审核计划的确认;

——解决任何疑问;

——后勤安排的落实,如办公室、工作时间、场所等;

——将如何报告发现的不符合事项(严重、轻微或者 OFI 等);

——介绍末次会议的形式及应参加的人员。

七、现场审核

1. 内部审核的控制

(1) 审核组长对审核的控制负责

组长是确保审核能够顺利实施的责任者,对整个审核的全过程负责。

(2) 现场审核计划的控制

要尽可能地按照策划的安排进行,如果出现意外情况,如:过程所有者临时有事,生产发生紧急情况等,组长应及时召开审核组会议,调整审核计划。

(3) 审核节奏的控制

应及时掌握审核组成员的审核节奏,如:某审核员为跟踪某一个事实而影响进度时,审核组长应另派审核员帮助某审核员完成审核计划。

(4) 审核气氛控制

审核应该在一个融洽的气氛中展开,采用双向沟通的方式进行,切忌以上对下、趾高气扬的审核方式,会引起被审核方的反感和抵触情绪。

(5) 审核范围的控制

严格控制审核范围,不是本次审核的内容,如 ISO/TS 16949 审核的时候就不要过多的关注 ISO 14001 环境体系的内容;如果仅仅针对汽车产品审核,那么非汽车产品就不要覆盖等。

(6) 某些意外情况的应变处理

在审核过程中,会遇到各种各样的意外事情,不论遇到什么情况,审核组都应冷静、客观地分析与处理,不允许和被审核方发生争执或争吵,更不允许以拒绝审核等错误方式来处理所发生的情况。

2. 客观证据的收集

(1) 收集客观证据的方式:按照所策划的《过程审核检查表》,通过查阅相关的、感兴趣的样本,对其进行逐项审核,记录看到的、听到的客观证据,并做出判定。

(2) 客观证据的形式:包括记录、事实陈述或其他信息。

(3) 记录应清楚、全面、易懂、便于查阅。

(4) 记录应准确,例如什么文件,什么物资标识、产品批号、设备编号、记录编号、合同号码、陈述人职位和工作岗位等。

(5) 记录的格式无统一规定,一般由审核员自定。

3. 审核方式和技巧

(1) 按操作流程审核

在审核某一个过程之初,审核员必须了解该过程的基本流程。过程的输入输出是什么?切忌:审核员按照自己对某一个过程的理解去审核该过程。因为不同的组织和同一个组织的不同发展时期,每一个过程所承担的责任和使命是不一样的。

例如:合同评审过程,对一个小型的组织而言,它可能包括了市场分析、报价、合同评审、生产计划等流程,而对于一个大型的组织,以上的工作可能是四个不同的过程来完成的。所以在审核之初去了解过程所承担的工作是必要的。也就是我们通常所说的"过程范围",该被审核过程从哪里开始(输入),到哪里截止(输出),往往是审核员审核时提的第一个问题。

(2) 关注过程业绩

组织判定一个过程是否满足策划要求的最重要的一的原则是:过程本身的业绩指标是否满足策划要求,那么对于内部审核而言,关注过程业绩及业绩的趋势是必要的、必须的,这也是实施过程审核的重要前提。但这往往是内部审核员的薄弱环节。

只有掌握了过程业绩的结果,才可以知道该过程是好的,还是不好的,哪里需要改进。

(3) 关注顾客的特殊要求

一定要带着影响该过程的顾客特殊要求进行审核,这也是过程方法在审核实践中的重要特点。

为什么需要组织识别和策划出某一个顾客导向过程?又为什么要对这些过程制定过程目标或指标?

这是因为如果组织不能识别顾客导向过程,组织将无法满足顾客要求。同样,由于过程目标或指标往往体现了产品特性,是顾客所关注的,因此,应关注和制定某一个过程目标或指标,把顾客的需求和期望转化为产品的质量目标和要求加以实施,所以我们才去定义。

为什么又要策划出某一个支持/管理过程(例如采购过程)?如果我们不能识别和策划出采购过程并加以控制,那么我们将无法获得生产所需的原材料,也无法满足顾客所要求的产品。

所以我们在审核的时候,要从顾客特殊要求中去识别某一个过程所涉及的顾客要求,从而通过审核去发现是否满足了这些要求。

(4) 通过识别过程风险,有意识地抽样

在 ISO 9001 内部审核中,我们采用随机抽样,通过随机抽样来发现部门活动的结果是否满足准则要求,这种审核方式存在太多的偶然性。

那么在 ISO/TS 16949 的审核中,我们提出有意识的抽样方式:通过事先的审核策划,通过对过程的了解,通过对顾客特殊要求的分析,以及通过对过程业绩的评审,我们会发现:某个过程存在哪些不足,哪些应该被满足的要求在过程中没有得到满足,这就存在风险。

例如:如果组织有 2 个顾客,顾客 A 的产品一直很稳定,而顾客 B 的产品一直被投诉,那么我们审核中应该关注的是 B 顾客的产品。

如果审核采购过程,我们发现 C 供应商的交付业绩一直不好,那么我们就应该抽取 C 供应商来进行审核。

如果 A 客户有很多成文的特殊要求,而 B 客户基本没有,那么我们应该关注 A 客户的这些要求是否在相关的过程中被满足。

如果某一个组织的制造过程有:机加工、电镀、喷涂等过程,那么在审核制造过程时,自然会重点关注电镀、喷涂过程,因为这些过程中存在太多的过程特性要求。

如果某一个产品中有很多特殊要求,就应该在制造过程审核时,重点关注特殊特性的过程实现。

(5) 审核路径的确定

通过以上几个步骤的审核,审核员应该已经识别出过程风险,然后应该带着这些风险有针对性地抽取样本,而不应该在一堆文件中"埋头苦干"。

审核员应该向被审核方索要所需样本,而不是被审核方给你什么文件,就看什么文件。

审核过程中下面几点是必须记住的:

① ISO/TS 16949 审核不是在"文件的海洋中进行探索",而是应按审核员的意图去索取样本。

② ISO/TS 16949 审核更不是按照标准条款一一询问被审核方是否有文件支持,而是根据审核员对该过程的理解有针对性地进行审核。

③ ISO/TS 16949 审核是动态的,而不是"埋头苦干",应该在被审核活动发生的场所进行,而不是坐在办公室"不挪窝"。如:审核实验室,应在实验室进行;审核采购,应该在采购办公室进行;当然审核主产、制造现场一定是在车间进行。

(6) 审核发现的核实

任何审核发现,特别是负面的审核发现,一定要被审核方确认,否则,因此而开出的不符合报告可能会导致争执。

八、不符合项报告

1. 不符合项报告的类型

根据 IATF 审核准则的要求,不符合项的类型一般分为两类:

(1) 严重不符合项

下面的情况之一可以被判定为严重不符合项:

① 任何可能把不合格产品发运给顾客的风险

理解:体系存在某一个漏洞,这样的漏洞可能把不合格产品进行发运。

例如:成品仓库中堆放了不合格品,不合格品和合格品混放,这种混放可能会导致管理员误发运;某一个产品的性能测试的要求没有按照顾客或国家标准的要求进行;某一个成品检验实验室的仪器没有足够的精度对某一个特性进行测量,使用替代材料而没有获得顾客的批准,没有实施某一项已经策划好的成品检验或试验项目等。类似这样的风险都会导致严重不符合项,建议读者或组织对类似的问题进行分析列表,从而在生产经营活动中加以避免。

② 标准的某一个要求在体系中产生了系统失效或实施结果基本全部是没有被满足

例如,FMEA有很多要求,但是组织在体系运行过程,一些相关的要求没有被满足;原材料未经检验即投入生产、过程检验和最终检验都不完整等。

③ 标准的某一个要求在体系中产生了区域性失效

例如,质检部门没有制定各项检验作业规程或规定,检验记录未保存好,检验员职责不清等。

④ 对产品质量或体系运行产生严重后果的

例如,由于出货检验未严格按照规范操作,造成大批产品返工;由于产品质量问题已涉及安全或顾客有重大投诉、媒体曝光等。

审核过程中审核员必须根据自己的经验和对准则的了解与理解,判断组织的体系是否在一个不稳定的状态下运行,这种状态是否会导致顾客的不满意和产品符合性的降低。在这种情况下,需要审核员具有很强的客观分析与判定能力,需要时,可提交审核组讨论。总之,对严重不合格项的开具应持慎重态度。

(2) 一般不符合项

下面的情况之一可以被判定为一般不符合项:

① 孤立、偶发的问题

指某一个做法和准则规定或要求不符合,这里说的“某一个”是指一个孤立或偶发的事件,不是大量事实证明活动结果与准则不符合,因此不是系统问题。

例如,某一次记录中,有一个次要项目记录不真实;有1～2件监视和测量装置没有被检定(不是所有或大部分监视和测量装置没有被检定);文件的某一个规定和标准要求不一致(策划的结果与要求不符合)。

② 后果不严重,易于纠正的事实

如:检验后,检验记录未按规定及时归档,分散在检验员手中等。

2. 不符合项的格式和写法

“3段式”格式是ISO/TS 16949不符合项报告中的基本要求,之前我们接触和使用的是“2段式”格式。所谓“3段式”格式是指要求、不符合、客观证据三个方面。该要求是目前企业在实施内部审核过程中相对薄弱的地方,即不会用3段式的方式书写不符合项。

① 要求:作为审核依据,可以是ISO/TS 16949标准条款及其内容,可以是组织质量管理体系文件的某一个规定,也可以是某一个顾客的特殊要求等。

② 不符合描述(对不符合上述要求的事实的描述):陈述以上的要求是怎么没有被满足的。

③ 客观证据:指审核过程审核员的审核发现(发现了什么?也就是针对不符合事实的客观证据),表6-14是一个不符合项格式的案例。

表 6-14　不符合项报告

<table>
<tr><td>报告编号:001</td><td>发现过程:APQP 过程</td><td colspan="2">不符合项类型
□ Major　严重　☒ Minor　轻微</td></tr>
<tr><td colspan="4">要求(对标准和/或顾客要求的描述):
7.3.7(ISO/TS 16949:2009)“应对设计和开发的更改进行适当的评审、验证和确认,并在实施前得到批准”。

不符合(对上述要求的不符合事实的描述):
缺乏有效的证据表明对产品的设计更改进行了验证

客观证据(事例/证据的阐述或引用):
如:2011 年 4 月 22 日实施的型号为××××的×××产品的设计更改没有被验证</td></tr>
<tr><td colspan="2">被审核方签字确认:刘三</td><td colspan="2">日期:××.××.××</td></tr>
<tr><td>审核员:张三</td><td>日期:××.××.××</td><td>审核组长:李四</td><td>日期:××.××.××</td></tr>
<tr><td colspan="4">原因分析:
(提示:过程责任人应根据客观事实,组织相关人员针对不符合项目进行分析,寻找原因,多问几个为什么?一般还是从策划上寻找主要原因)

分析人:　　　　　　　　日期:</td></tr>
<tr><td colspan="4">临时措施:
(提示:作为遏止措施,先完成对设计更改的验证)

实施人:　　　　　　　　日期:</td></tr>
<tr><td colspan="4">纠正措施:
(提示:纠正措施必须针对不合格原因,往往一个不合格原因会有多个措施)

责任者:　　　　　　　　日期:</td></tr>
<tr><td colspan="4">措施验证:
(提示:验证必须是针对已制定的纠正措施,包括多个措施的逐条验证)

验证人:　　　　　　　　日期:</td></tr>
</table>

当然,很多组织把不符合项报告和后续的整改要求分开列在两张不同的表格上也是可以的。

九、末次会议

1. 在末次会议之前,审核组应该开会讨论审核发现,根据风险开出不符合项,必要时应该和被审核方确认所开出的不符合项,如果有时间,应该和组织的最高管理者对本次审核的结果进行必要的沟通。

2. 末次会议的内容：

——重申审核标准目的和范围；

——强调审核的局限性；

——感谢被审核方的合作与接待；

——请被审核单位待所有不符合规定事项报告完成后再提出问题；

——详细报告每一个不符合规定事项；

——回答被审核方的问题；

——提出纠正措施要求；

——宣读审核结论。

十、内部审核报告

1. 审核报告内容

——审核目的和范围；

——审核组长和成员；

——审核日期；

——审核依据；

——不合格项目清单；

——提出纠正措施要求；

——审核结果评价；

——报告的审批；

——报告的附件，如审核计划、审核检查表、纠正和预防措施等。

2. 审核报告的格式

审核报告没有统一的格式，各个组织应根据自身特点确定。但应包含 3.10.1 所规定的内容。

十一、纠正和预防措施与跟踪

1. 纠正和预防措施程序(建议采用 8D 报告的方式)

——调查判别不合格的原因；

——进行原因分析(如人、机器、材料、方法和环境等)；

——制定纠正和预防措施的实施计划，落实职责；

——控制纠正和预防措施按计划有效实施；

——检查纠正和预防措施的效果；

——对效果的有效性进行验证。

2. 跟踪的范围

——跟踪的范围可因需要而扩大；

——对有效性的验证也因内部管理的需要而更严；

——在完成纠正措施并经验证后，还可以对一些相关的问题(如人员培训、资源配置等)实施进一步跟踪，适当延长跟踪的时间。

十二、审核技巧

1. 审核中的面谈技巧

(1) 提问得当：针对过程，问该问的，问检查表中涉及的问题，不要被被审核方所左右。

(2) 少讲、多听、多看：审核的时候，审核员忌讳夸夸其谈，而不让被审核方发言，要知道，审核过程是让被审核方给审核员展示过程符合性，而不是审核员向被审核方展示自己有多么能干。

(3) 保持融洽的关系:不要趾高气扬,以上对下,双方应该是平等的,偶尔说一些轻松的话题可以缓解被审核方的紧张气氛。

(4) 选择恰当的面谈对象:在审核之前,一定要确定被审核的对象是谁,否则往往会造成所有审核发现是无效的。如:审核操作工的问题,就不应该由组长来回答,同样涉及作业指导书策划的问题就不应该对操作工提出。

(5) 避免打断、干扰、反驳对方的谈话:让对方表达他们的思路和展示过程结果,不论你认为他是对还是错(当对方陈述时间过长或离题时,可采用适宜的方法有礼貌的打断对方)这是交谈中的基本礼节。

(6) 尊重被审核方,多使用"请"、"谢谢"等礼貌用语。

(7) 对可能出现的误解要有耐心;要学会耐心倾听,耐心解释或说清楚,不要大叫大嚷。需要时,请组长或管理者代表确认。

(8) 保持客观公正的态度,特别是审核和自己工作相关的过程时,不可以"公报私仇",应该客观地反映真实的审核发现。

2. 审核中的提问技巧

(1) 封闭式与开启式问题相结合;

(2) 提问与察看相结合;

(3) 发问一定要考虑被问者的背景;

(4) 注意神态表情;

(5) 适时表达好意;

(6) 不说有情绪的话;

(7) 不可连续发问。

3. 审核中的聆听技巧

(1) 应专注、认真地听;

(2) 应有耐心;

(3) 应及时反馈;

(4) 尽可能不要做不成熟的反应;

(5) 多鼓励讲话者;

(6) 保持善意的态度;

(7) 联想与追溯;

(8) 善于从一个体系要求联想到其他体系要求,而到其他部门追溯证据;

(9) 但应避免过度联想而顾此失彼。

4. 创造一个良好氛围的技巧

(1) 平等;

(2) 和气待人;

(3) 认真记好笔记;

(4) 保持正常的节奏。

5. 其他应注意的事项

(1) 时间管理/控制;

(2) 计划覆盖所有相关活动;

(3) 不被转移目标;

(4) 不被引导/误导;

(5) 不参与讨论原因/责任;

(6) 不提供具体解决方法;

(7) 不要害怕说你不明白;

(8) 有效的双向沟通。

第三节 过程审核

一、过程审核的基本概念

过程审核是对过程的质量能力进行评定，使影响过程能力的诸因素得到控制，即使受到干扰和影响，过程依然稳定和受控。为达到上述目的，可开展以下活动。

(1) 预防：预防包括识别和指出缺陷可能性，以及采取措施防止缺陷的首次出现。

(2) 纠正：纠正是指对已知的缺陷进行分析，采取措施消除并避免缺陷的再次出现。

(3) 持续改进过程(KVP)：持续改进的意义在于用许多细小的改进来优化整个体系。当过程审核的措施得到实施后，使过程能力得到提高、产品质量更稳定可靠。

(4) 质量管理评审：过程审核为组织的最高管理者了解质量管理体系各个部分的有效性，提供信息和结论。

二、过程审核的基本条件

有目的地策划和落实这些基本条件，并对其进行不断的优化是非常必要的。

1. 组织应具备的基本条件包括：

(1) DIN EN ISO 9000 族标准，ISO/TS 16949:2009 的要求；

(2) 组织机构/企业结构(产品或服务的种类、参考数据等)；

(3) 审核提问表；

(4) 审核计划；

(5) 质量手册、程序文件、作业指导书及检验指导书(与内部/外部审核有关)；

(6) VDA 的规定(例如：VDA6.1/VDA6.2 的规定)；

(7) 法律和合同的规定；

(8) 顾客的特殊要求；

(9) 重要的产品特性；

(10) 重要的过程参数要求和策划；

(11) 质量历史；

(12) FMEA/控制计划。

2. 过程审核人员的基本要求

(1) 作为前提条件，至少具有两年的汽车工业(汽车生产厂商或供应商)过程管理经验。

(2) 至少具有(有时是在过程技术人员、工艺专家的支持下)三次典型过程的过程审核经历。

然而，以上要求不是强制性的，组织可以根据自己的实际情况对过程审核员的资格进行定义，并通过受训获得资格后，从事过程审核。

如果顾客在其特殊要求中对过程审核员另有资格要求时，组织一定要满足顾客要求。

3. 过程审核的流程

图 6-1 是一个可行的典型的过程审核流程。

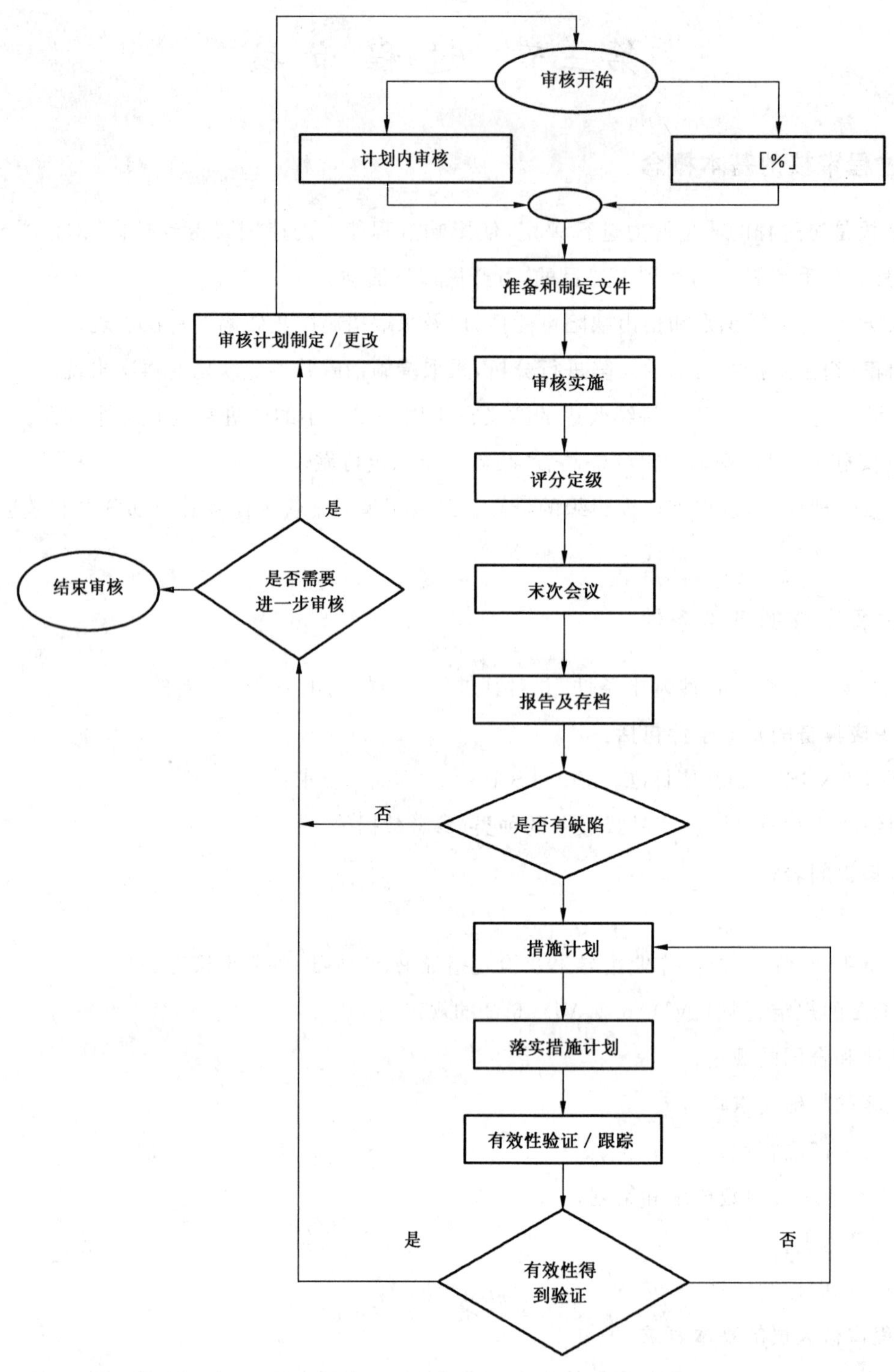

图 6-1 过程审核流程图

以下就图 6-1 流程图中的主要步骤、活动作进一步展开。

三、过程审核各阶段的活动

1. 审核准备

审核组或审核员做好审核前的充分准备特别重要,是审核能否成功的关键。同时必须事先通知被审核部门清楚实施过程审核的原因及日期(图 6-2 是一个可行的审核准备流程图)。

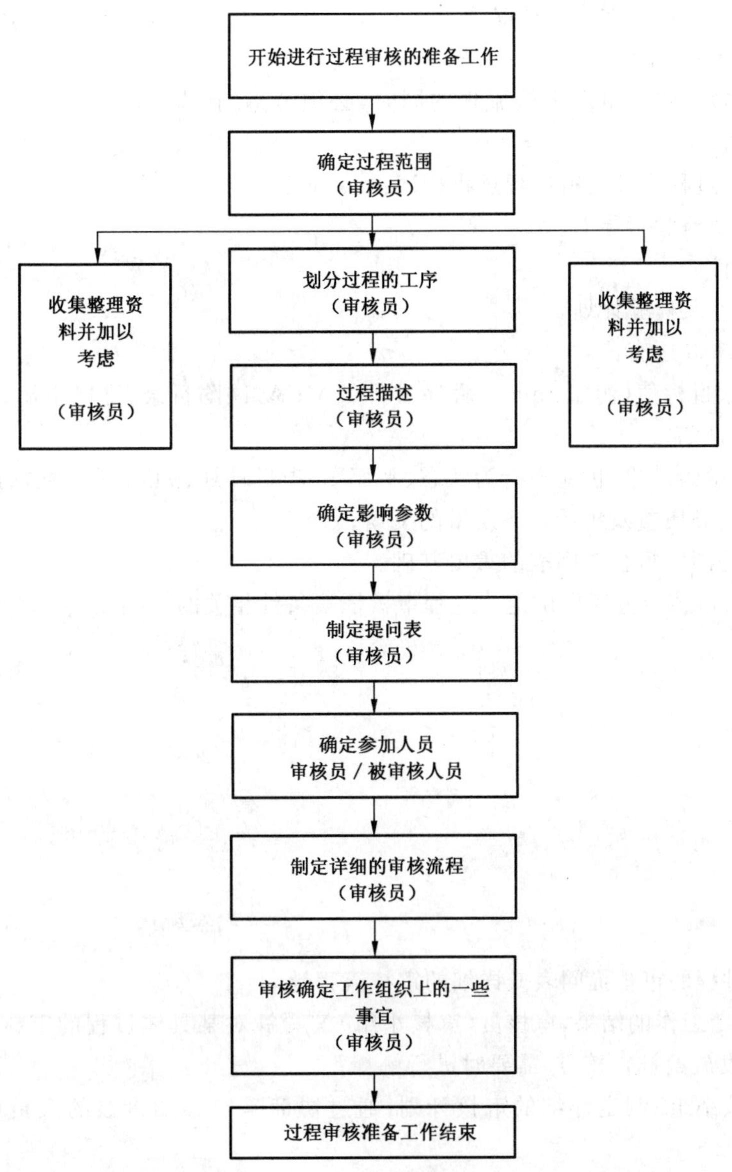

图 6-2　审核准备工作流程图

确定过程和范围(即划分过程的工序和过程文件)如下：

(1) 第一步是确定审核的过程和范围。

① 审核员或审核小组必须确定需审核的过程。同时要确定其内部或外部的接口。

② 审核员在确定所审过程的范围时,应与相关部门及过程负责人协商,必要时可以对过程进行预审。

(2) 第二步是把所确定的范围内的过程分为单个过程段(划分为若干工序),并考虑接口问题。

(3) 审核员或审核小组对过程的文件资料进行研究。

① 只有利用相关的文件资料才能有效地把过程划分为工序,并确定影响过程的各种参数。

也就是说,审核人员根据自己的观点对过程进行描述并确定影响过程的各种参数。影响过程的参数首先是从“5M1E”(人、机器、原材料、方法、环境及管理)以及所定的过程范围得来的。

② 可以利用各种系统性的、方法性的程序(例如:因果图)尽可能对主要因素进行合理的细化。这样,审核员在实施现场审核时,可利用审核提问表有目的地进行提问。

(4) 对于外部过程审核,在多数情况下出于竞争原因,不能得到审核所需的全部资料。因此,必须利用现有资料做好充分准备。

(5) 审核员/审核小组在策划审核流程的同时,必须考虑"在审核现场进一步提供其他资料"这一步骤。

(6) 根据现有的过程文件资料进行过程描述:

① 作业指导书及检验指导书。

② 过程指导文件。

③ 生产工艺文件及检验计划。

④ 其他的信息来源还有:

——标准、规范、目标值(例如:ppm)、程序文件、FMEA、缺陷目录、维修手册、质量控制卡、审核结果、上次审核的活动计划;

——外部:进货检验结果、供应商行为状态、平面图、项目计划、VDA 绩效数据比较(内部/外部)、员工调查、顾客调查、服务质量及售后服务质量的反馈。

这些前期工作是制定审核提问表的重要基础。

(7) 审核员和被审核企业还应确定与过程审核框架条件相关的一些文件。例如:

① 组织规定;

② 责任分工;

③ 相关文件人;

④ 质量手册;

⑤ 程序文件;

⑥ VDA 丛书;

⑦ 标准;

⑧ 顾客要求。

(8) 编写具体过程的审核提问表或详细的审核流程计划

① 根据上述前期工作的结果,审核员(审核小组)编写针对某具体过程的审核提问表。同时,在审核前及时把提问表发放给被审核方,需要时进行解释;

② 审核员(审核小组)制定详细的审核计划,通过协商确定参加审核的人员(审核员和被审核人员):

③ 审核员的人数、姓名(若有两个及以上的审核员,必须确定一名审核组长;一般情况下,外部审核为 2 名审核员,内部审核为 1 名审核员)。

(9) 每个被审核的组织/职能部门派人参加,例如:

① 过程负责人;

② 专业人员;

③ 接口代表;

④ 专家(需要时邀请)(在外部审核时必须与被审核方协商);

⑤ 末次会议的参加人员。

(10) 经审核员与被审核方商定后,正式通过审核计划。建议制定一个包括组织/职能部门、时间/地点、参加人员以及相关审核项目的一览表。同时还要考虑到停产(中午休息等)、换班、现场审核计划的更改和其他"组织事宜",例如,会议室、其他设备、准备好资料等。

因此,制定一个专用检查表可能会有帮助。

2. 审核实施

(1) 首次会议

① 依据不同情况,确定首次会议的时间和内容。不同情况包括:

——外部审核；

——内部审核；

——针对事件进行的审核；

——按计划进行的审核。

② 介绍参加人员，若是外部审核有时还要介绍组织/组织单位。

③ 介绍审核目的及原因，以便让所有参加人员都得到相同的信息，尽快进入角色。

④ 清楚解释审核程序（包括：确定过程范围、审核提问表、评分定级方法等）和框架条件（责任分工，现场的实施，在接受提问时需脱岗的人员等）。

（2）审核过程

① 按事先制定好的提问表进行审核。既可按照编码顺序也可随机提问。

② 提问的方式可采用 3W1H 提问方式（Why 为什么，When 何时，Who 何人，How 如何等）以及其他提问技巧。实践证明，反复用“为什么……”提问，有利于对过程工艺进行深入的分析。同时，通过提问，可将新的提问充实到提问表中。

③ 通过提问，还可将现场的人员也纳入到审核过程中，做到随时记录发现的优点及不足之处。

④ 为避免在末次会议上发生不一致，尽量在现场澄清不明之处并达成一致意见。

⑤ 审核过程若发现严重缺陷，必须与过程负责人共同制定并采取紧急措施。

3. 过程审核的评分与定级

过程审核可采用“定量评定方法”。“定量评定方法”对审核结果以及对审核报告的分析具有可比性。而且按 KVP 的观点还可以看出与以往审核的差异。

由于不同企业的评定范围和目标要求不同，有时就需要对总符合率（百分率）的定级界限和级别名称进行调整，这时可使用定性的评定方法，也可以只对个别的过程要素进行评定。

上述这些不同的评定方法（例如：定性评定方法）必须由供方和顾客协商确定并在审核报告中注明。

（1）提问和过程要素的单项评分

根据对提问的要求以及在产品产生过程（服务产生过程）和批量生产（实施服务）中满足该要求的情况，对提问进行评定。每个提问的得分可以是 0、4、6、8 或 10 分，满足要求的程度是打分的依据（见表 6-15）。评定不满 10 分则必须制定改进措施并确定落实期限。

表 6-15 符合程度评分表

分数	对符合要求程度的评定
10	完全符合
8	绝大部分符合，只有微小的偏差[a]
6	部分符合，有较大的偏差
4	小部分符合，有严重的偏差
0	完全不符合
[a] “绝大部分符合”是指证明已满足了约 3/4 以上的规定要求，并且没有特别的。	

$$过程要素符合率\ EE(\%)=\frac{各相关问题实际得分的总和}{各相关问题满分的总和}(\%)$$

（2）审核结果的综合评分

对表 6-16 所列要素分别进行评定。

表 6-16 要素评分表

产　　品	服　　务
——项目管理 E_{PM} ——产品和过程设计开发策划 E_{PP} ——产品和过程设计开发策划 E_{PR} ——供应商管理 E_{LM} ——各道工序的平均值 E_{PG} ——服务/顾客满意程度 E_{K}	——D1 策划 E_{DE} ——D2 外部服务 ——D3 服务过程 ——D4 客户满意度/客户支持(服务)

实体产品生产过程审核的计算方法如下：

E_D：表示产品诞生 A 部分的得分。

E_P：表示产品批量生产 B 部分的得分。

E_{PG}：表示产品批量生产各工序的平均得分。

E_G：表示产品 A B 部分的过程审核得分。

$$E_D(\%) = \frac{E_{PM} + E_{PP} + E_{PR}}{3}(\%)$$

$$E_P(\%) = \frac{E_{LM} + E_{PG} + E_k}{3}(\%)$$

$$E_G(\%) = \frac{E_{PM} + E_{PP} + E_{PR} + E_{LM} + E_{PG} + E_k}{6}(\%)$$

$$E_{PG}(\%) = \frac{E_{PG1} + E_{PG2} + E_{PG3} + \cdots + E_{PGn}}{n}(\%)$$

服务过程审核的计算方法如下：

$$D_S(\%) = \frac{D_1 + D_2 + D_3 + D_4}{4}(\%)$$

由于在要素“生产”中的产品组不同，其工序也不同，所以必须把产品组各生产工序的得分汇总起来(平均值 E_{PG})，然后计算总符合率。这对于保证对各要素进行均衡的评定也是必要的。这样，产品组不同，所选的生产工序不同，“生产”要素计算出的符合率也可能不同。

此外，作为对整个过程评定的补充，也可以另外对“生产”要素中的各分要素进行评定，来反映质量管理体系的情况。

(3) 定级(见表 6-17)

表 6-17 定级表

总符合率/%	对过程的评定	级别名称
90 至 100	符合	A
80 至小于 90	绝大部分符合	AB
60 至小于 80	有条件符合	B
小于 60	不符合	C

注：1. 若被审核企业的总符合率超过 90%或 80%，但其在一个或多个要素上符合率只达到 75%以下，则必须从 A 级降到 AB 级降到 B 级。

2. 若有的提问得分为零，而不符合要求可能会给产品质量和过程质量造成严重的影响，则可把审核方从 A 级降到 AB 级或从 AB 级降到 B 级。在特别的情况下，也可以降为 C 级。

3. 必须在说明页中说明降级的原因。

(4) 末次会议

由确定的人员参加的末次会议是对在审核期间发现的所有情况(好的方面及不足之处)的总结。审核员对审核结果进行解释并说明什么地方有缺陷及有改进的潜力。说明得出审核结果的理由,必要时书面确定紧急措施。

把审核员指出的所有缺陷都记录在措施表里并填上相应的纠正措施。必须确定纠正措施的完成期限。审核员可以帮助一起制定进一步的系统性工作方法(但一般不涉及技术细节)。

在末次会议上审核员可以确定复审的要求和日期并写在总结报告里,这些不取决于发现缺陷的情况。

进行外部审核时,在末次会议上审核员和被审核人员要在审核报告上签字(内部审核时根据要求进行)。被审核方签字确认审核报告的结果,但被审核方也可以说明自己的观点。

(5) 纠正措施及其有效性验证

1) 纠正措施

针对审核中发现的缺陷要在商定的期限内制定纠正措施实施计划。

① 纠正措施基本上可以分为:

——技术上/组织上的措施(例如,生产流程的更改、服务流程的更改、物流流程的更改、设计/软件的更改);

——管理上的措施(例如:员工培训,对文件资料进行修订)。

② 为使过程有能力和受控,要优先采取技术上/组织上的措施。

——在大多数情况下先落实管理上的措施,因为管理措施一般可以比较快地落实;

——措施表包含各种适用于排除过程缺陷的活动并注明负责人和完成期限;

——措施也可能是对所审核过程的前面或后面的部门进行过程审核;

——措施表可能包含为验证措施有效性进行的复审。

③ 原则上由被审核方负责制定措施表,也包括相邻部门所要采取的措施。可以与审核员商定由他们以适当的方式提供帮助。但这种帮助不允许导致审核员在复审时失去其应有的独立性。

2) 有效性的验证

① 必须对已确定措施的有效性进行跟踪,可以通过下列方式进行:

——抽检;

——产品审核;

——过程审核(部分过程);

——机器和过程能力调查;

——中期状况/解决程度。

② 由过程负责人负责落实纠正措施并对其有效性进行跟踪。

③ 若通过验证发现所采取的措施不够有效,必须对措施表进行修订。必要时需制定复审计划。

④ 复审可能是:

——完整的审核并重新进行评定;

——只对具体的有关过程(部分过程)进行审核;

——但至少要对有缺陷的项目进行复审。

(6) 审核报告及存档

1) 审核的记录包括从准备审核到总结性的审核报告及措施表。存档的方式在质量管理体系中有要求。

2) 审核报告包括下列项目:

——过程负责人/参加审核人员;

——过程描述(范围),例如,设备、工艺、产品/服务;

——审核的原因；

——结果描述(产品生产/实施服务符合质量要求的程度)；

——降级标准并说明理由；

——措施表完成期限；

——有时还包括紧急措施并注明(大概)期限和负责人；

——评定标准表(评分及定级)；

——不能评定的审核提问或增加的审核提问项目；

——对每个审核提问项目的说明(没有提问的项目，得分小于 10 的提问项目，若有必要还有得分为 10 的提问项目)；

——对发现的缺陷要指出所参照的现行文件(若需要则举例)。

3）重要的是，在审核报告中只对审核过程中和末次会议上(若报告是在会后撰写的)讨论过的项目进行描述。

4）对每项缺陷要指出其在审核提问表中的对应点并进行如下描述：

——问题描述；

——发现的情况(例如，缺陷类型、缺陷地点)。

5）在审核报告中也可以提及审核中发现的特别好的方面。

6）提问表是审核报告的一个组成部分(作为附件)。

7）审核员对所了解到的各种信息要严格保密。

8）被审核企业有权把审核结果转交其他的顾客。

9）在内部确定审核报告及由此汇总成的管理信息(例如，内部/外部过程审核月报或季报)的分发人。

10）审核文件存档的地点和期限是质量体系的组成部分。

4. 过程审核提问表

过程审核提问表按表 6-18 进行。

表 6-18　过程审核提问表

提问表格		潜力分析	零件运输	分类估算			
				PV	ZI	KO	RI
P2	**项目管理**						
2.1	建立项目组织(项目领导)和确定项目领导的任务和职权，以及项目组成员？	×		×			×
2.2	规划和具备开展项目必要的资源，以及通报变更？	×				×	×
2.3	具备项目计划并与顾客协商确定？	×			×	×	×
2.4	由项目领导确保在项目进行中的更改管理？	×					×
2.5	在组织中和顾客的职责人员履行变更服务？	×		×			×
2.6	项目中具有一个质量计划，并且获得落实和定期监控执行情况？	×			×		×
2.7	建立升级过程并有效贯彻？	×				×	×
2.8	贯彻和落实风险管理？	×				×	×
P3	**产品和过程设计开发的策划**						
3.1	具有产品和过程的特殊要求？	×			×		×
3.2	基于产品和过程的要求对可行性进行功能评定？	×				×	
3.3	具有产品和过程设计开发的策划？			×			

续表 6-18

提问表格		潜力分析	零件运输	分类估算			
				PV	ZI	KO	RI
3.4	考虑产品和过程设计开发的必要资源？				×		
3.5	具备采购范围内的质量管理策划？						
P4	**产品和过程设计开发的实现**						
4.1	编制设计-FMEA 和过程-FMEA，并在项目流程中更新，以及确定整改措施？	×					
4.2	有效落实在质量策划中确定的方法和任务？				×		
4.3	具有人力资源及其资质？			×	×		
4.4	具有适用的基础设施(用于产品和过程)？				×		
4.5	具有必要的针对每个阶段要求的能力证明和认可？	×					×
4.6	应用每个阶段的生产控制计划并且由此编制出生产和检验文件？					×	
4.7	在批量生产条件下为了批量生产认可进行预生产(试生产)？				×		
4.8	有效落实采购范围的规划措施？				×		
4.9	进行确保起步批量生产的项目转交？	×		×		×	×
P5	**供方管理**						
5.1	仅使用认可的和合格的供方？	×					×
5.2	考虑供应链中顾客的要求？	×				×	
5.3	与供方确定和落实供货业绩的目标？				×		
5.4	具有采购范围内必要的认可？	×					×
5.5	担保采购范围商定的质量？	×					×
5.6	符合目的要求的零部件入库？	×					
5.7	人员资质满足各自的任务并且定义职责(过程所有者)？			×			
P6	**过程分析和生产**						
6.1	过程输入						
6.1.1	完成从设计开发至批量生产的项目转交？	×			×		×
6.1.2	预加工材料必要的数量/生产批次，在确定的时间点和准确的库位/工位提供使用？		×			×	
6.1.3	预加工材料符合要求存放并且按照预加工材料的特殊的性能商定运输工具/包装装置？	×	×				
6.1.4	具有必要的标记/记录/认可并且符合要求堆放预加工材料？		×			×	
6.1.5	跟踪和记录批量生产时产品和过程的更改？					×	
6.2	过程流程						
6.2.1	基于生产控制计划在生产和检验文件中完整给出重要数据？	×					×
6.2.2	完成生产流程的认可并且掌握调整数据？						
6.2.3	用生产装备能达到顾客产品特殊的质量要求？	×					×
6.2.4	在生产中控制特殊特性？	×					×

续表 6-18

提问表格		潜力分析	零件运输	分类估算			
				PV	ZI	KO	RI
6.2.5	废品、返修和调整的零件,以及内部周转余量始终分开放置和标识?	×	×				
6.2.6	保障原材料和零件的物流杜绝混料和混淆	×	×				
6.3	人力资源						
6.3.1	赋予员工监控产品和过程质量的职责和职权?			×			
6.3.2	员工满足完成任务的能力以及保持素质的要求?	×		×			×
6.3.3	有人员到岗计划?					×	
6.4	物质资源						
6.4.1	具有机器和装置的预防性维护保养?	×					
6.4.2	所使用的测量和检验装置能有效监控质量要求?	×					×
6.4.3	生产和检验工位符合要求?	×		×			
6.4.4	模具、工装和检具合适的存放?	×	×				
6.5	有效性、效率、减小浪费						
6.5.1	具有生产和过程的目标值?	×			×	×	
6.5.2	掌握可评定的质量和过程数据?				×	×	
6.5.3	当产品和过程的要求偏差时分析原因并且检验整改措施的有效性?	×					×
6.5.4	过程和产品定期审核?	×					×
6.6	过程结果/输出						
6.6.1	满足有关产品和过程的顾客要求?	×			×		×
6.6.2	按照需求商定的数量/生产批次,并且准确(库位/工位)转交给下道过程段?		×			×	
6.6.3	产品/结构件符合要求存放并且按照产品/结构件特殊的性能商定运输工具/包装装置?		×			×	
6.6.4	产品和过程进行标记/记录/认可并且相应存档						
P7	**顾客支持、顾客满意、服务**						
7.1	满足有关顾客的质量管理体系、产品(供货)和过程的要求?	×					×
7.2	保障顾客的照管?					×	
7.3	应急反应市场抱怨并且保障零件供给?				×	×	
7.4	当质量要求偏差时进行故障分析并且有效落实整改措施(质量控制环)?				×	×	
7.5	具有确保有效的故障件分析过程?	×		×	×	×	
7.6	人员资质满足各自的任务并且定义职责(过程所有者)?			×			×

表格说明:(1)PV 过程责任;(2)ZI 以目标为导向;(3)KO 沟通;(4)RI 以风险为导向;(5)在潜力分析(P1);(6)阴影部分提问:具有产品和过程特殊风险的提问;带"×"的提问表示是此项目的问题。(以上相关问题展开,详见 VDA 6.3)。

第四节 产品审核

一、概况(要求)

1. ISO/TS 16949:2009 的 8.2.2 要求:

(1) 8.2.2.1 质量体系审核;

(2) 8.2.2.2 制造过程审核;

(3) 8.2.2.3 产品审核。

组织必须按规定的频次在生产和发货的适当阶段进行产品审核,以验证是否符合所有的技术要求。例如:产品尺寸、功能、包装、标签。

2. SVW,FAW-VW 要求开展产品审核。

3. 顾客对组织的审核与评价有以下五种:

(1) 质量体系审核(通过 VDA6.1/TS16949 认证后一般不审,特定时可审);

(2) 过程审核;

(3) 产品审核(通常结合过程审核的内容);

(4) 质量能力评审(1/2 过程+1/2 产品);

(5) 对组织的综合评价(质量能力、产品表现、服务质量)。

4. 内部审核:

(1) 质量体系审核;

(2) 过程审核;

(3) 产品审核。

5. 内部质量审核目的:

(1) 质量管理体系审核——检查质量体系是否有效的实施和保持。

(2) 过程审核——检查所采用的过程和方法是否与过程技术规范和要求相符,并且合理有效。

(3) 产品审核——发现缺陷、检查是否符合技术规范和客户要求(包含可靠性要求)。

注:体系审核、过程审核与产品审核的区别(见本章第一节中六)。

6. 什么叫产品审核?

产品审核是对少量已生产完毕等待发运的产品进行检查,通过检查,评价零件是否与规定的技术规范、图样、包装或器具、法规及客户的其他规定相符。

产品审核的特点:始终以顾客和最终用户的眼光与要求,对产品的性能、尺寸和外观进行检查。

7. 内部产品审核时机:

根据公司产品特性和风险、品种数量的多少、质量的稳定性、顾客的要求等确定审核频次;当出现内部或外部客户抱怨、监控系统反应质量出现异常波动时,应考虑追加内部产品审核。

二、内部产品审核流程(见图 6-3)

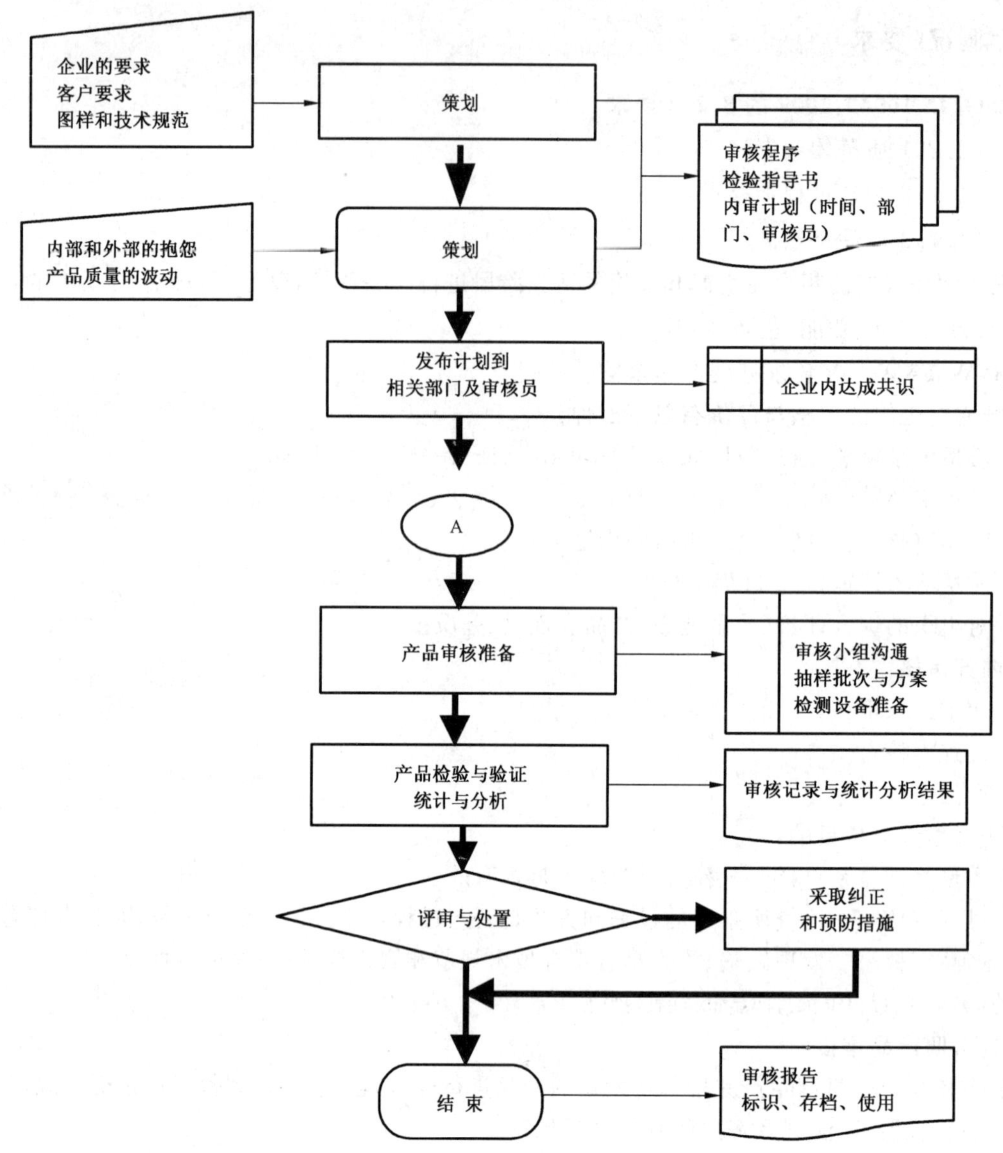

图 6-3 产品审核流程图

三、产品审核策划

1. 策划输入

(1) 输入必须考虑以下内容:

a) 客户的要求。例如 SVW。

b) 根据企业的需求。

c) FMEA。

d) 产品的重要性。

e) 产品失效的严重度。

f) 产品的复杂程度。

g）产品的表现（PPM）等。

（2）产品审核的频次应考虑美国三大公司的特殊要求。

（3）产品审核可以按不同的特性分段进行，例如：下列周期性检验与试验：

a）长时间的试验（气候、耐臭氧、耐腐蚀等）；

b）重复鉴定试验；

c）寿命实验。

2. 策划输出

（1）根据以上策划输出的内容，采用团队工作方式决定产品审核的频次计划，并落实在程序或质量计划中。审核的频次至少1年1次。

（2）经过策划，输出的文件主要有：

a）产品审核程序；

b）产品审核规程；

c）产品审核准则（按SVW）；

d）产品审核指导书；

e）产品审核计划。

（3）内部产品审核的增加

当出现下列情况时，应适当增加审核频次：

a）内部和外部的抱怨；

b）产品质量的波动。

（4）审核计划的发布

选择如下一种发布方式发布审核计划到相关部门及审核员：

a）经营计划中发布；

b）办公例会；

c）质量例会；

d）审核方案中发布；

e）通知。

四、审核准备

1. 审核小组的沟通

a）审核应在最近的生产批中进行，这是为了能够了解最新生产过程的影响。

b）用于审核的零件要直接从仓库中或从准备交付给顾客的原包装中抽样，以便能同时对装箱质量、包装清洁与否进行评价。检测结果进行统计并做分析。

c）在确定了与规定的要求不符时，必须采取有效的整改措施。

2. 审核小组的准备

a）抽样样本大小与样本批次；

b）检测设备与仪器等的准备。

3. 质量指数QKZ的计算（推荐）

在产品审核中将缺陷理解为未能满足规定要求的项目数值。

为了对各个项目和缺陷进行公平的评价，必须对这些缺陷加权和分类，便于之后计算质量指数（QKZ）。

为了客观的评价QKZ，将被审核项目分为关键缺陷、主要缺陷和次要缺陷，并予以相应的加权。

（1）缺陷分类

缺陷被划分为不同的类别，对这些缺陷的评价是根据它们造成的后果来进行的。

1) 关键缺陷(A类):预见到会对人身造成危险和不安全的缺陷。

2) 主要缺陷(B类):非关键缺陷,预计会导致产生事故或影响可使用性,不能完全按照规定的用途使用。

3) 次要缺陷(C类):预计按照规定的用途使用不会受到多大影响,或者与适用的标准偏差但对设备、装置的使用与操作、运行仅有轻微影响的缺陷。

(2) 缺陷加权

1) 对每个命名的缺陷类别都规定了加权系数,这里应根据零件的用途来规定加权系数。在对缺陷加权时必须将顾客的抱怨程度考虑在内。

2) 对这三类缺陷规定了不同的缺陷加权系数:

关键缺陷(A类)　　加权系数　10

主要缺陷(B类)　　加权系数　5

次要缺陷(C类)　　加权系数　1

4. 质量指数 QKZ 的计算

质量指数 QKZ 的计算公式为:

$$QKZ = (1 - \frac{\text{所有项目缺陷分数之和}}{\text{所有项目加权的抽样数之和}}) \times 100\%$$

其中:

a) 每个产品的所有项目缺陷分数之和 = A类缺陷个数×10 + B类缺陷个数×5 + C类缺陷个数×1;

b) 每个产品的所有项目加权的抽样数之和= A类项目总数×10 + B类项目总数×5 + C类项目总数×1。

5. 产品审核的实施

第一步:审核员按审核产品计划要求到待发运的仓库审核产品的包装和标识,并随机抽取审核所需数量的样件。审核过程中做好记录(见表6-19)。

第二步:审核员按检验规划的要求和检验指导书的要求检验产品的尺寸、功能和外观。

第三步:收集和整理周期性的最新的检验报告。

第四步:记录审核结果。

6. 产品审核报告的编制(见表6-20)

(1) 产品审核报告的数据来自如下三方面:

a) 包装与标识的审核;

b) 周期性试验项目(审核前已按周期性的计划完成);

c) 尺寸、功能和外观的检验。

(2) 分析与评价审核结果,对不符合项采取有效措施,措施计划应纳入审核报告中。审核报告的内容为:

a) 审核报告单(见表6-21);

b) 如果存在,纠正措施计划。

7. 制定纠正措施

(1) 对审核中发现的不符合项,执行《纠正和预防措施控制程序》,采取措施的程度取决于缺陷的严重程度、频次及类型,例如:

a) 主要缺陷,立即封存所有涉及的产品,分析原因并消除缺陷和成因。

b) 次要缺陷,根据缺陷的影响,对产品进行特殊的放行。

(2) 用书面的形式,确定纠正措施完成的期限,并予以监控和验证。

表 6-19 产品质量审核记录单

Rev. A ××/QR-××--××-B　　　　　　　　　　　　№：

审核员：　　　　　　　　　日　期：

产品名称：　　　　　　　　产品编号：

检验特性编号	检验项目	检验方法	$n=$	检验样本						FP	QKZ
				1	2	3	4	5	6		
缺陷等级	A＝严重缺陷 B＝重大缺陷 C＝一般缺陷	系数 A＝10 系数 B－5 系数 C＝1								ΣFP	QKZ

表 6-20 产品质量审核检验计划

Rev. A ××/QR-××--××-B　　　　　　　　　　　　　　　　　　　　　　№:

批准日	批　准	审　核	拟　制
产品名称		产品编号	
审核时间计划			

检验特性编号	检验特性描述	缺陷分类		
		A 类	B 类	C 类

表 6-21 产品质量审核报告

Rev. A ××/QR-××--××-B　　　　　　　　　　　　　　　　　　　№：

<table>
<tr><td colspan="8">产品名称：　　　　　　　　　　　　　产品编号：
抽样日期：　　　　　　　　　　　　　抽样地点：</td></tr>
<tr><td>检验特性编号</td><td>检验项目</td><td>n</td><td>A 类缺陷</td><td>B 类缺陷</td><td>C 类缺陷</td><td>总缺陷数量</td><td>缺陷点数</td></tr>
<tr><td></td><td></td><td></td><td></td><td></td><td></td><td></td><td></td></tr>
<tr><td></td><td></td><td></td><td></td><td></td><td></td><td></td><td></td></tr>
<tr><td></td><td></td><td></td><td></td><td></td><td></td><td></td><td></td></tr>
<tr><td></td><td></td><td></td><td></td><td></td><td></td><td></td><td></td></tr>
<tr><td></td><td></td><td></td><td></td><td></td><td></td><td></td><td></td></tr>
<tr><td></td><td></td><td></td><td></td><td></td><td></td><td></td><td></td></tr>
<tr><td></td><td></td><td></td><td></td><td></td><td></td><td></td><td></td></tr>
<tr><td></td><td></td><td></td><td></td><td></td><td></td><td></td><td></td></tr>
<tr><td></td><td></td><td></td><td></td><td></td><td></td><td></td><td></td></tr>
<tr><td></td><td></td><td></td><td></td><td></td><td></td><td></td><td></td></tr>
<tr><td colspan="8">Σ=　　　　　　　　ΣFP=　　　　　　　　QKZ=</td></tr>
<tr><td colspan="8">评定：

审核员：　　　日期：</td></tr>
<tr><td colspan="8">审核意见：

技术质量部部长：　　　日期：</td></tr>
<tr><td colspan="8">审批意见：

管理者代表：　　　日期：</td></tr>
<tr><td colspan="8">备注：</td></tr>
</table>

第五节 审核中的常见误区

一、产品审核的误区

(1)认为产品审核等同于检验,对照检验规范做一次检验就是产品审核了

检验是"通过观察和判断,适当时结合测量、试验所进行的符合性评价"(ISO 9000 的 3.8.2)。它是在产品从材料入厂及之后的生产过程,到最终产品交付给客户的全过程不同阶段所进行的测量活动。其目的只是验证在相应工序的加工结果是否满足规定的要求,仅对检验结果作合格或不合格的判定。

产品审核是审核活动(通常被识别为质量管理体系的管理过程——内部审核的子过程或者独立的管理过程),目的是确认交付给客户的产品符合全部规定的要求,包括包装、标签等。通常是针对一个组织所交给客户的最终产品。

产品审核通常通过产品质量评分对质量等级进行评估,通常将审核结果量化为质量指数。利用质量指数信息可以进行对比分析,对产品的质量水平变化或同类产品对比等。

因此,产品审核是一种评估、量化、分析、改进的活动,而检验通常只是对生产过程的输出——半成品、成品、最终产品的合格与不合格的判定。

(2)抽样进行,没有覆盖全部产品

应该确保提供给客户的全部产品均进行审核。A 产品符合全部要求不代表 B 产品也符合,抽样进行是不能保证覆盖到所有产品的,也就是说不能确认产品符合所有规定的要求(ISO/TS 16949:2009 中 8.2.2.3 的要求)。

(3)没有策划好产品审核的时机

产品审核可以在产品生产的所有适当阶段进行,如零部件的生产环节或成品(特别是针对某些特性)是在制造过程中形成,在最终的成品无法检测的特殊特性。例如:较复杂的总成件,有些特性是在零部件/材料中形成的,生产过程中不会改变,有些特性是在加工过程形成的,还有些是在总成完成后才能测量的。零部件/材料特性可能在入厂或者装配时进行,过程中的零部件、半成品应在过程中审核,成品的特性可以在总成形成时审核,而包装,标签则应该是最终产品状态下进行,进行审核时就应该综合考虑。

(4)产品审核的方法单一,仅依靠检验的方法进行

标准要求对产品要求的符合性进行确认,确认是"通过提供客观证据对特定的预期用途或应用要求已得到满足的认定"(ISO 9000:2005 的 3.8.5)。确认是认定或认可,确认的方法有很多种,检验或验证是最常用的方法,但并不仅限于检验和验证。道理很简单,如果全部进行检验,等于要求企业配备全部检测仪器,这是不合理的,主机厂对供应商也没有这样的要求。实际上,也可以对材料/零部件供应商的材质/性能报告进行验证,验证第三方的检测结果。

另外,使用检验方法时,有条件的企业也应该考虑精度更高,可靠性更好的仪器进行,前面提过,审核的目的不同于检验,更高一级的检测手段更加有利于对产品的质量水平进行准确的评估与认定。

二、过程审核的误区

(1)随意合并工序或抽样进行

通常生产过程设备、工装、加工工艺等都存在差异,只要存在差异,就可以对不同的工序进行审核。但不同工序的过程审核不可以合并进行。最常见的就是装配线,经常被作为一个工序进行审核,如:甲工位人工组装 N 个零件和乙工位铆压一个部件,丙工位焊接一个小零件,而最后还要对某性能进行在线检测。实际上这些是完全不同的工序,每个过程可能影响产品质量的因素均不同,合并审核很有可能没有覆盖到不同的工序。

(2)不满足客户要求

很多客户对过程审核有特殊要求，这些应该在内部审核中得到满足，只要客户有要求，无论是第几级供应商都应该执行。

(3)过程审核频次没有依据客户审核结果/第三方审核结果进行策划

客户进行的第二方审核经常是过程审核，对客户提出的问题点常常只是就事论事的改善就结束了。而按 ISO/TS 16949 的要求，应该依据客户审核的结果策划审核方案，比如修改审核计划增加频次、补充审核、计划外的增加审核等，这样才能满足 ISO/TS 16949:2009 中 8.2.2.4 的要求。

三、体系审核的误区

(1)"接口"不审核

通常都有格式化的检查表来作为实施过程方法的证据。认为有这个记录就可以证明过程方法已有效实施了。其实，一个网络最脆弱的地方就是过程与过程之间连接的地方(通常叫"接口")，是管理最容易出问题的地方，也是审核时应该关注的地方。例如：检验规范和检验记录的不一致，不一定是检验员没有按规范做，而是检验规范制定的有问题，照着做倒是错了；再比如：生产现场不按工艺参数操作，其真实原因很可能是计划调整，设备换了，但设备参数没有调整。如果审核员能多关注过程之间的接口(包括不同子过程的接口)，对提高自我检查能力和过程的改进是大有裨益的。

(2)过程方法审核形似而神不似

过程方法的精神是要求企业依据顾客的要求，自身的实际运行流程进行识别，确定核心过程的活动和各过程的相互关系与控制要求。但很多检查表仅依据乌龟图把输入输出等进行规定，而往往对过程中最重要的活动没有描述，或者只是把相关的标准要求罗列其中，如果按这个检查表审核，基本上等于按条款进行审核。当然，检查表的问题往往是组织在策划时对过程的识别与确定不明确而造成的。

(3)忽略各种审核之间的联系

理想的审核思路是从产品开始，带着从产品审核中发现的问题进行制造过程审核，再带着过程审核发现的问题对整个管理体系进行审核与评价。

很多组织不能理解审核的作用和与不同类型审核的关系，使内部审核失去作为自我检查、自我完善、自我改进的有效工具，而是仅作为外部审核时能提供"内审已进行"的唯一证据。

由于目的不明确，内审的效果根本谈不上，一旦面对第二方审核或第三方审核时，很多问题便暴露无遗。而且，不少企业由于内审不能有效实施，其副作用是员工和顾客看不到过程和体系的有效性。

四、过程方法应用的误区

(1) 过程识别不符合组织的现状

不少企业往往参考 IATF 推荐的过程或者咨询老师推荐的过程。不去分析组织自己实际运行的过程和活动。如客户财产管理，客户提供的文件、模具等，只是在文件管理或模具管理中执行客户的特殊要求，而不是专门有一个流程进行客供财产的管理。

比如纠正措施管理，由于标准要求，被单独确定为一个管理过程，其实在体系的诸多过程活动中，实施纠正措施是大部分过程活动中所必须的活动。凡是有活动的地方，或多或少都会发生不合格事项或没有满足要求的事项等，都会有纠正措施。然而在实际运行中，大部分企业把纠正措施仅局限于客户报怨，不良品管理，内部审核中的一项活动，没有把纠正措施真正贯穿到体系的各个过程活动中。至于潜在的不合格(预防措施)就更少了。

(2) 过程和过程关系的描述不清楚

过程是利用资源将输入转化为输出的活动，具体一个过程如何实施涉及很多具体活动。

很多时候只有一个过程清单，输入输出活动简单列个表，就算过程识别了，但具体的活动步骤，实施要求等根本没有提到，或者链接的程序只说明了该过程的一部分活动。

另一常见问题是一个过程往往有多个子过程,比如,合同评审往往会包括质量协议和日常订单两种不同流程,其负责人、评审方法、评审结果的传递都不同,但在过程分析、描述中却没有讲清楚。

另一常见情况是过程的所有者不明确。一个过程往往涉及多个部门,如采购,通常涉及技术部门(规定技术要求)、仓储(给出库存信息)、计划和销售(提供数量规格需要)、质量(入厂验收、采购产品符合采购要求)等,但却没有对整个过程的实施、监督等的所有者给予制度上的保证,确保过程的有效实施和监控。

过程之间的关系描述不清楚,比如,供应商管理过程和产品实现过程(APQP)经常是同步进行的。不合格品管理和产品检验过程,或纠正措施过程都是直接联系的,组织的文件往往不能把过程之间的关系讲清楚。

(3) 过程管理目标的随意或不合理

对过程进行管理很重要的一项活动就是绩效管理。制定绩效目标是过程识别、确定的重要结果。

过程的绩效目标是对过程的要求。如果目标不是该过程的活动所能决定的,就不是好目标。

如:检验过程(常被识别成支持过程)的目标经常被确定为产品合格率或废品率。我们都知道,"产品是生产/制造出来的",是由制造的过程的水平决定的,该指标的高低如何能反映出检验过程的状况呢?我们认为检验员的漏检率、错判率,甚至顾客反馈的不合格品率可以作为检验的过程目标,这也是检验过程能力的体现,可以按 ISO/TS 16949:2009 中 8.2.3 的要求进行监视和测量。

(4) 过程管理不能随着组织的发展、内外环境的变化而变化

管理最怕管理思想的"僵化"(思维方式一成不变),例如常见的僵化是过程绩效目标"从一而终",不论企业的制造水平如何,顾客的要求是什么,生产过程的目标永远是计划完成率、一次合格率。实际上管理层早就在关注过程直通率、生产效率、OEE 等绩效了。

另一种情况是随着企业的发展,产品结构的调整,往往会进行内部管理流程的调整,但在不少企业的体系中根本体现不出来。如,供应商管理和采购是两个不同的活动,当组织规模小的时候可以由同一个过程负责实施,随着组织的发展,可以将这两个工作独立开展,并且有不同的实施负责人运作流程和绩效管理目标等。生产计划管理、仓储管理都会有这种情况发生,这个时候,就需要重新确定流程。

第七章 推行 ISO/TS 16949 常见问题分析

本章通过对 100 个 ISO/TS 16949 客户的案例分析，形成目前 ISO/TS 16949 在推行/审核过程常见的《疑点/难点清单》，进而对这些问题可能产生的原因进行分析，提出这些问题的解决方案和如何规避，为组织减少体系推行和维护的风险，更有效地运行 ISO/TS 16949 系统，持续增强客户的满意提供指导。

本章实用性很强，是本教材与其他教材差异所在。

第一节 常见问题

通过对 AQA 公司以往审核过的 100 个客户的 400 个不符合项进行了整理分析后发现：虽然标准中有很多"必须"满足的要求，但是组织经常出问题(不合格)的地方相对是比较固定的，带有普遍性，而这些问题也是审核员在审核过程中往往比较关注的问题见表 7-1。

表 7-1 常见的不符合项

序号	标准条款	发生次数	具体描述
1	7.3.3.2 PFMEA	70	(1) PFMEA 没有包括所有过程，所有失效模式； (2) 部分制造过程中发生的失效模式没有进行 PFMEA 分析； (3) S/O/D 打分不合理； (4) PFMEA 不是一个动态文件； (5) 针对高风险的过程，没有采取相应的措施以降低风险；采取的措施没有被实施
2	7.5.1.1	30	(1) 控制计划不是一个动态文件； (2) 控制计划未列出用于制造过程控制的方法
3	7.5.1	25	缺乏证据表明生产在受控条件下进行
4	7.2.2	20	没有证据表明顾客的要求被评审
5	7.3.2.3	20	(1) 特殊特性没有被正确识别； (2) 特殊特性符号没有在过程相关控制文件中进行标识
6	4.2.3.1	18	(1) 工程变更没有在实施前被评估/验证/确认； (2) 工程变更的初次生产日期未记录

续表 7-1

序号	标准条款	发生次数	具体描述
7	7.3.2.2	16	过程设计输入不充分
8	6.2.2	16	(1) 没有证据表明组织提供培训以使质量相关人员具备规定的能力; (2) 新进员工和转岗员工没有被培训
9	7.6.1	15	(1) 控制计划中涉及的每一类测量系统没有进行 MSA 分析; (2) 常用的量测系统分析过程错误
10	7.3.3.1	15	产品的尺寸/公差/功能/性能要求等没有在图纸中确定
11	7.3.6.3	15	(1) 供方产品批准程序控制失效; (2) 没有按照客户要求的方式/流程/表格提交产品批准
12	7.5.1.2	15	(1) 作业指导书在作业现场不易于获得; (2) 作业指导书与控制计划要求不一致;控制要求没有在作业指导书中定义
13	7.5.1.5	15	没有对易损零件更换计划进行管理
14	7.5.3.1	14	在制造过程中,可追溯性无法获得
15	8.3	12	对于计数型数据抽样,接受准则不是零缺陷
16	8.1.2	12	基本统计概念没有被整个组织所理解和应用
17	7.5.1.4	12	组织没有建立了有效的、有计划的全面预防性维护系统
18	其他	60	不再描述
合计		400	

第二节 分析和解决方法

本节根据表 7-1 所列的常见问题,按序号对每一个不合格的产生原因作逐一分析,包括这些问题的解决方法和风险的规避。

1. 关于序号 1:PFMEA

(1) 问题描述

标准条款	具体描述
7.3.3.2	(1) PFMEA 没有包括所有过程,所有失效模式; (2) 部分制造过程中发生的失效模式没有进行 PFMEA 分析; (3) S/O/D 打分不合理; (4) PFMEA 不是一个动态文件; (5) 针对高风险的过程,没有采取相应的措施以降低风险;采取的措施没有被实施

(2) 原因分析和规避方法

1) PFMEA 不是一个团队的共同努力,而是某部分人/某一个人努力的结果。

在审核中,很多组织的 PFMEA 往往是技术部门的某些人/某一个人完成的,甚至是办公室人员(文员等)完成的,所造成的结果往往是和实际发生的状态完全脱节的,PFMEA 完全是为了应付审核而制作的一个文件,而不是策划过程/指导生产的必要文件。

2) 忽视对相关历史资料的收集,导致对制造过程/过程失效模式凭空想象和实际脱节。

在做 PFMEA 之前,一个有效率的团队做法应该是:收集以往公司内/外部所产生的产品失效和失效后果，也就是我们常说的“失效库”，然后根据这些失效库的失效模式去有针对性地分析和提出“现行的控制方法”。而这一点往往是某些组织所忽略的。

3）PFMEA 要分析的对象，应该是组织所有的制造过程，而不是抽取某一部分认为有重大风险的过程去分析，而对于那些认为风险小的过程就不去分析。我们应该重点关注风险高的过程，而不是要忽略风险低的过程。

4）有些组织的过程是流水线体现的，如：喷涂，是由很多工序组成的。

有些组织在该过程的 PFMEA 时候，是对整个过程的结果：喷涂后的成品进行分析，这是不合理的，而应该是把这些工序分解开，一一地进行分析。

5）还有些组织大量的零件/部件是外协完成的，很多组织对于外协的过程也进行了 PFMEA 的分析，这不是强制的，除非客户特别要求。

6）有些组织对原材料的验收也进行了 PFMEA 分析，这也不是强制的，因为 PFMEA 分析的一个重要的假设性前提是：假设过程的输入是正确的。除非客户特别要求，是可以不用做材料的 PFMEA 的。

7）有些组织既有总成装配，又有零部件的制造，往往只对总装进行 PFMEA 分析，而不对零件的加工进行 PFMEA 分析，这同样是错误的。应该针对制造过程流程图中的所有过程都要进行 PFMEA 的分析。

8）对于 S（严重度）/O（频度）/D（探测度）的打分是随心所欲的，或者说是“凑分数”来满足 RPN（风险值）低于某一个限度（往往是 100）的要求。

这是很多 PFMEA 的制作小组成员所犯的错误，或者说是规避进一步过程研究/过程策划的“惯用”方法。

9）很多组织在程序文件中往往规定当风险值超过某一个值时（往往是 100），要对过程采取必要的措施以降低风险，为了省事，往往会在打分的时候就刻意地去降低 S/O/D 的分值，从而得出不用采取措施的结果。

这样的 PFMEA 对组织是毫无用处的，这样的 PFMEA 只是为了应付审核的“无奈之举”；但是很多组织所在的供应层级是比较低的，如第三/第四层供应商，这些组织所能感受到的主机厂的失效模式往往是不明显和不直接的。在这种情况下，组织可以根据自己的理解去制定组织内部的打分原则，而不要采用手册中推荐的方法。

① 对 S 严重度的打分

a）是团队对于失效后果程度的感受，一般定义为 1～10，1 分是最低的后果，10 分是最高的后果。

b）相同的后果应该是一样的分值，如：报废的后果应该分值是一样的，而很多组织在打分时候却定义了不同的分值。

c）不同的后果应定义不同的分值，应该有一个轻重之分，如：报废的后果往往比返工要严重，应该定义不同的风险值；安全项目/安全件如果失效，后果往往应该是 8～10，比如：刹车片的失效、后视镜的失效、内饰件的燃烧性能的失效等。

d）严重度只能通过产品的设计更改才能加以降低。如：刹车片一旦失效的后果往往是车毁人亡，这样的后果不会因为刹车制造工艺的改进而改变；再如：内饰件的燃烧性能也不会因为塑料件的注塑工艺的改进而有所改变，只能通过塑料粒子的材料选择的改变而改变，这是产品设计的需要解决的问题。

② 对 O 值频度的打分

a）这应该和质量分析部分的过程质量分析的结果挂钩，而这往往是很多组织所不具有的。结果往往是质量部分的过程分析是一回事，PFMEA 的分析是另一回事。

b）频度是指某一特定的起因/机理发生的可能性，所以通过对过程的质量分析，可以得出过程中会出现哪些问题；每一个问题是什么原因引起的；从而计算每一个原因的“贡献率”从而可以得出概率，从而可以通过推荐的打分方法计算出每一个起因/机理的相对分值。如:冲孔工序:孔冲小的可能原因是冲头磨损。通过对以往6个月/1年中产生冲孔偏小的概率进行质量数据的分析,得出的结果假如是0.01%,那么通过查表可以得出O值的相对值是2。

c) 也可以通过对过程的能力进行研究来确定O值的相对分值,具体见FMEA章节的相关分析。

d) 只有通过改变产品设计或改进过程/工艺才能降低频度,而对于只有过程设计的组织而言,只有通过改进过程/工艺才可以降低O值。如:灯具组装中把人工注胶改为机械手注胶从而降低胶水外溢和注胶不充分的概率。

③ 对D值的打分

a) 很多组织对于D值的打分理解是:后续有采用越详细,如:100%检验,我的D值的得分是越低的,这是一个错误的理解。很多组织并没有在过程中采取防错的方法,而打分往往是1~3分,这也是不合理的,这样的打分,根据FMEA手册推荐的分值应该是在5分以上。

b) 对D值定义为1分的过程控制方式是:由于有关项目已通过过程/产品设计采用了防错措施,有差异的零件不可能产出。也就是我们常说的"事前防错",如:在冲压工序,为了防止零件冲反,在模具中增加定位/限位装置,从而让操作员没有把零件放反的机会,那么分值可以定义为"1"分。

c) 对D值定义为2分的过程控制方式是:在工位上的误差探测(自动测量并自动停机)。不能通过有差异的零件,如当产生不合理品后,设备/工装可以自动报警,自动停机。

d) 对D值定义为3分的过程控制方式是:位上的误差探测,或利用多层验收在后续工序上进行误差探测:供应、选择、安装、确认。不能接受有差异的零件,如:PCB工厂在最后有一个100%的测试,一旦发生不合格的产品,设备会自动报警,自动停机。

注1:不少公司在内/外部产生质量问题的时候,一般是通过修改作业指导书(WI/SOP/SIP)的方式来进行系统的整改,但往往忽视了PFMEA/CP的更新,这是不合理的。

注2:所以要定期的评审PFMEA,把内/外部产生的失效模式/后果不断地进行更新,不断地提出新的控制方法,从而保持PFMEA的最新状态。

2. 关于序号2:控制计划

(1)问题描述

标准条款	具体描述
7.5.1.1	(1) 控制计划不是一个动态文件; (2) 控制计划未列出用于制造过程控制的方法

(2) 原因分析和规避方法

1) 控制计划CP应该是反映最新的过程控制的状态表现,而不是一个"纸面的问题",它应该随着过程的任何改变而随时改变,这些改变包括:

① 产品的改变,如:客户图纸的变更,组织工序/工艺的变更,组织过程零件的变更等;

② 制造过程的改变,如:制造过程的增加或减少,过程的改进,设备的更新,工序工艺的改变等测量方式的改变,如:本来用卡尺测量,后来用千分尺测量或者是自制检具的测量等;

③ 物流的改变,如:搬运方式的改变,产品线的改变等;

④ 供应来源的改变;

⑤ FMEA的变更,因为CP是要考虑FMEA的输出的一个文件,所以当FMEA改变时要评审CP是否需要被更新。

从上面可以看出,当产品/制造过程有任何的改变的时候,除了要考虑作业指导书的变更之外,一定要去评审和更新控制计划,而作业指导书的一个重要输入就是控制计划。

2) 控制计划最重要的一个思路就是对过程要求的策划达到所想要的结果,而很多公司往往把控制计划做成了一个“检验计划”,成本也就是定义了每一个工序/工步的检验要求,而没有去定义过程控制参数的要求,这是违背 ISO/TS 16949“从控制出发,预防为主”原则的。

常见的过程基本控制要求有:

① 注塑:各段的温度、时间、压力、塑料粒子干燥的温度时间等。

② 热处理:曲线要求、冷却方法、速度等。

③ 冲压:合模高度、进料速度(连续冲压)等。

④ 焊接:气体、气体流量、电流、电压等。

⑤ 电镀:各槽液的温度、浓度、槽液更换频率等。

⑥ 超声波清洗:强度、温度、槽液浓度和更换频率等。

在审核中,审核员问:为什么在控制计划中没有规定某某工序的控制要求?最常见的回答是:“我们在作业指导书中进行了定义”,这样回答是不可接受的。因为控制计划是一个相对于作业指导书比较高级的文件,而作业指导书的一个重要输入就是控制计划,没有输入(控制计划)的规定,怎么会有输出(作业指导书)的结果呢?

3. 关于序号 3:受控条件

(1) 问题描述

标准条款	具体描述
7.5.1	缺乏证据表明生产在受控条件下进行

(2) 原因分析和规避方法

所谓的受控的条件往往是指在控制计划、在作业指导书中定义的过程控制方法,通过对过程控制方法的定义和实施来达到过程所想要的结果,这是 ISO/TS 16949 过程控制的基本思路。而很多组织结果往往是控制计划对过程的要求和作业指导书的不一致,而作业指导书的要求和实际的现场控制不一致,导致这种状况的原因往往是:

1) 控制计划是一个检验计划,它没有规定过程控制的要求,也就谈不上是定义了“受控的条件”。作业指导书的制作根本没有考虑控制计划对过程控制的要求,很多公司控制计划往往是技术部门完成的,而作业指导书是生产部门或者是检验部门完成的,这都不是 ISO/TS 16949 中所推崇的跨部门小组的运行模式(CFT)。导致高级别的策划和相对低级别的策划是脱节的。

2) 控制计划和作业指导书根本在现场无法获得。这些文件被组织很好地保护了起来,被锁起来,而实际的现场作业就凭员工/现场技术人员的经验去实施。

3) 控制计划和作业指导书规定得不实际,这些文件如果是被某个人在办公室“闭门造车”,完全不顾现场的实际情况,那么这样的文件就起不到指导作用,而现场的生产还是要继续,结果就是“公写公的方法,婆做婆的事情”(通常称为“二张皮”)。

4) 实施层面没有及时反馈生产的信息。很多公司虽然把这些指导性文件发到了现场,但是没有“下情上报”的机制,导致的后果是:虽然操作员的眼前就是这些指导文件,但个个都是“睁眼瞎”,即使这些文件和实际的要求不一致,也没有人去反馈,使这些文件成了“聋子的耳朵”。

所以要确保生产作业必须在“受控的条件”下进行,做到:策划合理,指导明确,及时反馈,不断更新。

4. 关于序号 4:产品要求的评审

(1) 问题描述

标准条款	具体描述
7.2.2	没有证据表明顾客的要求被评审

(2) 原因分析和规避方法

对于客户的特殊要求,组织没有有效的识别,是运行 ISO/TS 16949 过程中存在巨大的风险。

1) 和客户的接口部门,如:销售,业务,技术,质量等,都可能会从客户不同的部门获得各种各样的要求。如:合同,质量协议,技术协议,物流要求,供应商管理手册,图纸,工程规范,产品质量要求,过程能力要求,检验要求,交付要求等,这些要求都应该被有效地评审、实施。

2)很多组织没有评审这些要求,也没有形成"客户特殊要求清单",没有考虑不同客户的要求对组织过程的影响,这样会导致重大的系统运行失效,具体见前文中关于客户特殊要求的相关章节。

3)客户要求的评审方式是多种多样的,客户要求的评审不能注重形式,而是要注重这些要求有没有被实施,也就是结果如何。

4)应该有相关的职能部门/人员去收集/规范/文件化这些要求,而不是不同的部门各自为阵。

5)评审一定要留下证据,这是 ISO/TS 16949 标准的基本要求,而证据的格式可以自己定义,可以是合同评审表,可以是工程变更单,可以是客户特殊要求清单等。

6)组织可以定期地对这些要求在组织内实施的结果进行内部审核,从而降低没有实施这些要求的风险。

5. 关于序号 5:特殊特性的识别

(1)问题描述

标准条款	具体描述
7.3.2.3	(1)特殊特性没有被正确识别; (2)特殊特性符号没有在过程相关控制文件中进行标识

(2)原因分析和规避方法

1)审核中发现很多组织的 APQP 小组成员对于特殊特性的定义的理解是错误的,下面是典型的错误理解:

a)客户图纸中定义了特殊特性,组织就有特殊特性,否则就没有特殊特性;

b)特殊特性是关注自己组织制造过程中的重点/难点/关键控制点,与客户的要求没有关系;

c)只定义了产品的特殊特性,而没有识别和定义制造过程的特殊特性;

d)只定义了总成件的特殊特性,而组织内零件/部件的特殊特性没有定义;

e)随便找几个尺寸定义为特殊特性,不清楚为什么要定义这些尺寸;

f)只定义了尺寸的特殊特性,而不去考虑产品的功能/性能要求。

2)正确的定义方式应该符合 ISO/TS 16949 中 3.1.12 的要求:可能影响到安全性和法律法规的符合性,产品的配合、功能、性能,或产品后续生产过程的产品特性和过程参数。

a)安全性和法律法规的符合性,如内饰件的燃烧性能,3C 件的中国相关法律法规要求,出口欧盟的 RoHS 要求等;

b)产品的配合,如:安装尺寸、定位尺寸等;

c)功能,如:喇叭的音频、声级;

d)性能,如:环境实验要求、压力要求等;

e)产品后续生产,如:总成件中的每一个零部件的安装尺寸要求,曲轴颈的磨削加工余量等。

以上内容,在 APQP 的策划阶段,都应该被定义为特殊特性,而进行特别的关注。

3)特殊特性不但要考虑产品特性,还应该考虑过程参数要求。

比如:轴的热处理硬度如果被识别为特殊特性,那么在热处理过程中的温度/时间等过程参数就应该被定义为特殊特性。

再如:注塑件的安装尺寸如果被定义为特殊特性,那么注塑的过程参数就应该被定义为特殊特性。

也就是说:特殊特性应该是产品特性的过程参数;反之,不存在某一个过程参数被定为特殊特性,不影响任何的产品特殊特性的说法。

4)另一个很容易被忽略的问题是:关于材料特殊特性的传递。

很多组织在识别特殊特性的时候,只是考虑了本组织生产过程中的产品特性和过程参数,而没有识别来料加工的特殊特性。

如:生产内饰件产品的组织,塑料件是有国家强制性的燃烧性能要求,而这些组织的塑料粒子往往是外购的,那么燃烧性能应该被定义为产品特殊特性,并且要传递给粒子供应商。

再如:钢材的强度要求如果被定义为特殊特性,而组织在后续的加工中,包括外协,没有改变材料特性,那么强度要求应该作为特殊特性而被传递给材料供应商。

5) 一旦某一个特性被定义为特殊特性,那么凡是出现该特性的文件中,如:FMEA、CP、WI 等,都应该标识特殊特性的符号,使整个组织的理解/认识一致。

特殊特性的符合可以和客户定义的保持一致(如果可以有特殊要求,将被强制性的保持一致),也可以是组织自己定义的符号,定义符号的目的是为了使组织内对某一个特性有一致的认识。

所以,对于特殊特性的要求,要做到关注客户特殊要求,根据标准 3.1.12 去识别,在控制上和客户保持一致,整个组织中被理解。

6. 关于序号 6:工程变更

(1) 问题描述

标准条款	具体描述
4.2.3.1	(1) 工程变更没有在实施前被评估/验证/确认; (2) 工程变更的初次生产日期未记录

(2) 原因分析和规避方法

1) 很多组织是用类似"工程规范评审表(ECN)","工程变更申请单"的方式去实施标准 4.2.3.1 的要求,这是很好的,但是往往是仅仅去完成该份表格的策划,而没有实际的工程变更的评估/验证/确认的活动。很多公司虽然从事了这些活动,但是没有留下任何的证据,这也是不可以被接受的。

2) 工程变更的初次生产日期的记录,就是我们通常所说的"断点"管理,是为了满足汽车行业召回制度的需要而提出的行业要求,但是很多组织用类似"立刻执行"、"下批生产时实施"等这些模棱两可的方法来记录该时间,这些都是不确定的时间记录,应该有明确的时间要求,如×月×日生产时,×××批次生产时等这些明确的时间断点的记录。

7. 关于序号 7:过程设计(输入)

(1) 问题描述

标准条款	具体描述
7.3.2.2	过程设计输入不充分

(2) 原因分析和规避方法

1) 经常被遗漏的是 ISO/TS 16949 中 7.3.2.2 中的要求,如:生产率、过程能力和成本的目标等;或者是客户某些文件化的特殊要求的规定,如:过程能力要求、检验要求、实验要求等。

2) 组织可以用清单的方式把所有可能的输入全部罗列出来,作为一个过程设计检查表,每次在过程设计输入阶段对照检查,这种方法是可行的防止该问题发生的方法。

8. 关于序号 8:特殊特性的识别

(1) 问题描述

标准条款	具体描述
6.2.2	(1) 没有证据表明组织提供培训以使质量相关人员具备规定的能力; (2) 新进员工和转岗员工没有被培训

(2) 原因分析和规避方法

1) 首先应该确定每一个岗位的能力要求,才可以确定培训需求,从而才可以判断人员的能力是否符合要求。很多组织用“岗位描述”的方式是可行的,但是岗位描述一定要具体,符合公司的人员能力要求的状况,而不是泛泛而谈。

2) 关注国家法律法规所要求的人员能力,如:叉车工(内校资格认定)、行车工、化学分析员等,这些要求可以通过咨询技术监督部门、劳动部门等可以获得这些要求的信息。

3) 还应该关注客户的特殊要求,如:GM 对内审员的资格要求等,客户对设计部门使用软件的要求(3D,PRO-E)等。

4) 如果组织的产品是被定义为“外观项目”,那么对外观检验员的要求应该被识别和满足,如:视力的要求,是否色盲、色弱等。

5) 很多组织是用“员工培训履历表”的方式去记录每一个员工所进行的培训,所获得的资格等,这是一种可行的方式。

6) 转岗员工的培训是很容易被忽略的,因为在很多企业,员工的岗位就是总经理的一句话,说转就转了,而不是一个系统运行的方式。

7) 培训效果的关键不在于组织有多少的培训记录,而是最后该员工在自己的岗位上的工作业绩表现是否可以符合岗位要求。如:一个组织可以编写很多关注 5 大工具培训有效的记录,但是如果审核员在现场审核时发现其实 CFT 小组成员还是不能掌握 FMEA/MSA 等的要求,那说明培训还是失效的。

9. 关于序号 9:MSA 分析

(1) 问题描述

标准条款	具体描述
7.6.1	(1) 控制计划中涉及的每一类测量系统没有进行 MSA 分析; (2) 常用的量测系统分析过程错误

(2) 原因分析和规避方法

1) 按照标准 7.6.1 的要求,控制计划中的每一类量测系统都应该进行 MSA 的分析,在审核中很多组织是针对特殊特性的量测系统进行了 MSA 分析,或者是自己随心所欲地随便做几个量测系统的 MSA 分析来应付审核,这些做法都是错误的。

2) 我们通常所说的“5 性”是指偏移、稳定性、线性、重复性和再现性,在具体分析某一个量测系统的时候,要考虑该系统具体的使用环境,从而采取具体的分析方法。有的组织对所有的量测系统都用%GR&R去分析,这是不合理的。

3) 对于计数型的量测系统应该运用 KAPPA 的分析方法去分析系统的有效性,之前使用的所谓小样法是不可以被接受的。

4) 至于量测系统的具体分析方法,请参考本书的相关章节,这里不再加以描述。

10. 关于序号 10:尺寸公差

(1) 问题描述

标准条款	具体描述
7.3.3.1	产品的尺寸/公差/功能/性能要求等没有在图纸中确定

(2) 原因分析和规避方法

对于有产品设计的组织而言,设计输出图纸中很多的描述是模棱两可的,没有清楚地定义零件/部件/总成所需要的尺寸/公差/功能/性能要求,也就是说对产品的定义不是唯一的。

11. 关于序号 11:产品的批准程序

(1) 问题描述

标准条款	具体描述
7.3.6.3	(1) 供方产品批准程序控制失效； (2) 没有按照客户要求的方式/流程/表格提交产品批准

(2) 原因分析和规避方法

1) 为了符合标准 7.3.6.3 的要求，必要把理解几个概念，而很多组织对以下的概念不清楚，而导致该标准要求没有被满足。

① 所谓的 PPAP 是指 Production Parts Approval Procedure 生产件批准程序，是美国三大主机厂对于他的供应商提出的 PAP (产品批准过程)的要求。

② 所谓的 PAP(Product Approval Process)，这是 ISO/TS 16949 的要求，是可以根据自己组织定义的方式去要求供应商提供相关的资料来实施产品批准过程。

2) 很多组织在程序文件中规定，如果可以没有特殊要求，就按照 PPAP 第四版本等级三的要求提交 PPAP，这当然是可以的，因为这是最高的要求；当然，也可以很简化的完成该过程，即客户需要怎样的文件资料/产品，就给他怎样的结果。

3) 很多组织的客户是用 PPAP 的方式要求供应商去提交产品认可程序，这当然是可以的，但是要考虑到供应商的水平和供应零件对组织的影响程度，是可以自己定义适当的方式的。

4) 当客户在技术协议/质量协议等文件中提出怎样的产品批准过程的时候，就可以完全的按照客户提出的要求去实施以满足标准 7.2.6.3 的要求，而不用去提交 PPAP。

12. 关于序号 12：作业指导书

(1) 问题描述

标准条款	具体描述
7.5.1.2	(1) 作业指导书在作业现场无法易于获得； (2) 作业指导书与控制计划要求不一致，控制要求没有在作业指导书中定义

(2) 原因分析和规避方法

1) 在 ISO/TS 16949 英文标准文本中，本条款单词是"accessible"，意思是不用任何努力就可以获得。而现场审核中发现，很多公司的作业指导书存在以下的问题：

① 远远地被贴在了墙上；

② 被员工或负责人锁在了柜子里；

③ 作业指导书破烂不堪，很不清晰；

④ 作业指导书写的模棱两可，起不到指导的作用；

⑤ 关键的操作要求没有被定义；

⑥ 作业指导书没有和控制计划相联系。

2) 为了解决这些问题，可用的方法有：

① 由一个小组去编写作业指导书，并充分地分析控制计划的要求；

② 编写人员实际的在现场指导员工的操作，并和作业指导书对照检查；

③ 不断地定期评审作业指导书的有效性；

④ 鼓励操作人员反馈作业指导书和实际操作不一致的现象；

⑤ 用图解/图例/样品/样件/封样对作业指导书的内容提供清晰的说明；

⑥ 把每一步骤的操作要领用照片拍下来，放在作业指导书中，以指导生产。

13. 关于序号 13：易损件的管理

(1) 问题描述

标准条款	具体描述
7.5.1.5	没有对易损零件更换进行管理

(2) 原因分析和规避方法

1) 识别哪些是易损的工装是第一步。很多组织没有意识到工装是要策划去更换的,在现场审核中最常见的回答是:我们等零件不能满足要求的时候我们才去维修/工装更换。这是不对的,也是不经济的,因为等到零件产生不合格的时候,内部不良质量成本就已经产生了。

2) 对易损的工装要制定定期的维护/更换计划。这种计划可以是按照月份/按照产量/按照寿命等的方式来制定。如:冲压模具在加工了 50 000 次将要磨削冲头;数控机床加工了 50 件需要检查刀具的磨损情况和修磨刀具。

3) 这种更换/维修不是等到零件产生了不合格之后而采取的行动,而是根据自己的策划所必须要实施的活动。就好比人的身体检查:不论是否身体不舒服,都需要一年一次地检查身体,这是同样的道理。

4) 在现场审核的时候,很多组织告诉审核员,我是用模具的寿命管理来进行易损工装的更换的,但是并没有对模具使用寿命的连续的累加管理,这也是不够的。因为没有累加怎么知道某一付模具还有多少寿命呢?

14. 关于序号 14:可追溯性管理

(1) 问题描述

标准条款	具体描述
7.5.3.1	在制造过程中,可追溯性无法获得

(2) 原因分析和规避方法

1) 制造过程的全追溯性是汽车行业的基本要求之一,是基于汽车召回制度的需要。我们经常在电视传媒中看到汽车被召回的消息。比如 A 汽车制造厂今天起召回 5 000 辆××车型的汽车,这些汽车是因为××原因而召回的,是 2006 年 5 月 20 日~2006 年 7 月 10 日生产的,其中销售到江苏省 1 000 辆。设想,如果没有一个良好的追溯系统,车厂怎么会有这么明确的信息发布呢?

2) 审核中往往会发生实际的追溯已经中断而被审核方根本不清楚哪里出了问题。下面以灯具的装配为例来说明组织在哪些环节容易出问题导致追溯中断:

——在装配线的领料阶段:很多组织的领料单中没有原材料的批次号/追溯号,而仅仅只有原材料的品名、规格、供应商名称、领用数量。如果不去写材料的批次号/追溯号,万一该产品出了问题,是不是要把所有该供应商的产品全部召回呢?这是不合理,也是不经济的,但是如果没有管理,就是我所说的结果。所以在原材料领用的时候一定要有材料的批次号/追溯号。

——在生产计划制定时,只有要生产的数量而没有定义该批产品的批次号。很多组织的回答是:我用日期来进行追溯。这也是不合理/不科学的。因为这样的追溯方式不是唯一的。

——过程的控制记录,如检验记录、过程参数监视记录、不合格品的评审记录、SPC 结果等,这些记录中没有填写相应的批次号/追溯号,也是不可以的。记住,没有实现追溯的记录是废纸一张。

——外协的进出产品也是导致追溯失败的关键原因之一。比如,外协热处理,没有跟踪到供方的热处理炉号/批号,将必然导致追溯失败。

——尾箱的管理。这是实现全过程可追溯的难点。这需要更多的更加详细的过程记录来实现对尾箱的控制和追溯。

15. 关于序号 15:计数型数据的抽样

(1) 问题描述

标准条款	具体描述
8.3	对于计数型数据抽样,接受准则不是零缺陷

(2) 原因分析和规避方法

1) 审核中发现很多组织对于什么是计数型数据抽样，理解错误，导致体系运行失败。所谓的计数型数据抽样是指在一个批次的产品中按照策划的方案抽取一定数量的产品进行检验和实验来判断整个批次产品的质量好坏的抽样方案。所以我们目前常用的 GB/T 2828.1—2012 中所谓 AQL(如：普通Ⅱ级，AQL0.4)的抽样方案都是计数型数据抽样，那么它的接收准则应该是 Ac=0，Re=1，或者说是 $C=0$，而不应该查表得出 Ac=1 类似的结果。即，只要是计数型数据抽样，其判断结果就是 $C=0$。

2) 我国的很多国家/行业标准，其中的抽样方案很多都是低于上述的判断标准，如果申请 ISO/TS 16949，那么一定是 $C=0$，而不是遵守这些标准而比 ISO/TS 16949 的要求低的要求。

16. 关于序号 16：统计技术的应用

(1) 问题描述

标准条款	具体描述
8.1.2	基本统计概念没有被整个组织所理解和应用

(2) 基本统计概念在本书相关部分已经详细解释，不再赘述。

17. 关于序号 17：预防性维护

(1) 问题描述

标准条款	发生次数	具体描述
7.5.1.4	12	组织没有建立了有效的、有计划的全面预防性维护系统

(2) 原因分析和规避方法

1) 很多组织对于关键设备的识别存在错误的理解。关键设备是指单台、瓶颈工序的设备。关键设备必须是被定义的，当然很多公司把价值高的、进口的或者难以维修的设备也定义为关键设备，这种方法未尝不可，但是对于单台、瓶颈工序的设备，一定需要被定义的，不论该设备的价值是否微乎其微。

2) 组织对于设备管理中的几个概念：维修、预防性维护、预测性维护理解模糊，下面以人的状态为例来简单地说明其中的差别：

① 维修：人如果生病了去看医生吃药，这对于设备管理而言就是“维修”，即设备坏了需要修理。

② 预防性维护：人每年定期去体检，不论当时的身体状况如何，对于设备管理而言就是“预防性维护”，即很多组织所谓的“一保/二保/三保”，“日点检”、“小修、中修、大修”等，策划好的周期性的维护性活动。

③ 预测性维护：比如，今天我和很多感冒的人在一起工作，晚上回去后我吃点药来防止自己感冒；又比如，感觉自己嗓子有点痒，为了防止明天讲话困难，吃点消炎药；再比如，天气预报就是一个典型的预测性维护的方法。对于设备而言，根据以往的数据，根据自身的经验，当出现某一个症状的时候，就采取措施防止设备失效，就是所谓的预测性维护。计算设备能力从而采取相应的措施就是一个很好的预测性维护的方法。

④ 关于设备易损备件的可获得性的理解：英文标准中用的单词是“available”，意思是经过一定的努力可以获得，和之前的作业指导书的相关描述是不一样的，那是“accessible”，不用经过努力就可以获得。比如，把设备的备件放在仓库里，需要的时候可以领出来就是一种“经过努力可以获得”的方式。

以上是在长期审核过程对所发现问题点的粗略分析。这些分析，不一定完全适合每一个组织，也不是解决所列问题的全部答案，更不是所有问题的解决方案，只是审核员的经验总结，目的是为读者规避审核中常见风险的一些可能用的着的方法和捷径。

不同的组织可能有不同的“顽症”，需要在实际的工作中去总结和灵活应用，以满足标准要求，从而增强顾客满意。

附件：

IATF Oversight
IATF 监管
Certification Body Communiqué
认证机构公报

Communiqué ＃ 2008-006
公报＃2008-006

DATE：December 2008
时间：2008.12

Confidential 保密性 否

Mandatory content 强制内容 否

SUBJECT：ISO/TS 16949：2009 Transition Process
主题：ISO/TS 16949：2009 转版过程

ISO/TS 16949：2009 will be issued during the first quarter 2009，following the ballot of the ISO TC 176 and reflects the changes in ISO 9001：2008. As such，the following applies：

ISO/TS 16949：2009 由 ISO TC 176 组织投票提出并反映 ISO 9001：2008 的修改条款，将于 2009 年第一季度出版，鉴于此，适用如下：

1）No new requirements
ISO/TS 16949：2009 introduces no new or changed requirements. ISO/ 9001：2008 is based on clarifications or amendments to the existing requirements of ISO 9001：2000 and those that are intended to improve consistency with ISO 14001：2004.

1）没有新要求
ISO/TS 16949：2009 没有改动或者提出新的要求。ISO 9001：2008 是基于 ISO 9001：2000 现有要求的说明和修改，并旨在提高 ISO 14001：2004 的连贯性。

2）Application
Certification Bodies and Organizations are expected to understand and apply the amendments to ISO/TS 16949：2009. Application of the clarifications related to ISO 9001：2008 requirements in the boxed text of ISO/TS 16949：2009 is effective not later than 120 days after the release of ISO/TS 16949：2009.

2）实施

认证团体,机构需了解并实施 ISO/TS 16949:2009 的相关修正条款。ISO/TS 16949:2009 方框中 ISO 9001:2008 要求的相关说明内容将于 ISO/TS 16949:2009 发布后 120 天内有效。

3）Certification status to ISO/TS 16949:2002

The certification status to ISO/TS 16949:2002 remains in effect for the certification life. Certification to ISO/TS 16949:2009 is recognized with the effective date of the release of ISO/TS 16949:2009. The certification to ISO/TS 16949:2009 is not an upgrade and its term is the same as the current ISO/TS 16949:2002 certificate.

3）ISO/TS 16949:2002 证书状态

ISO/TS 16949:2002 证书在证书的生命周期内保持有效。ISO/TS 16949:2009 证书在 ISO/TS 16949:2009 发布之后有效。ISO/TS 16949:2009 证书并非升级版,其条款与现有 ISO/TS 16949:2002 证书相同。

4）Certificates issued to ISO/TS 16949:2009

IATF recognized certificates to ISO/TS 16949:2009 may be issued upon request by an organization (client) after official publication and after a regularly scheduled surveillance audit, but are not required until the next recertification audit.

4）ISO/TS 16949:2009 证书的发布

IATF 认可的 ISO/TS 16949:2009 证书应在官方印刷和定期安排的监督审核之后由客户机构要求发布,没有必要再次实施换证审核。

参考资料

［1］ VDA6.3

［2］ VDA6.5

［3］ APQP 先期产品质量策划手册(第二版)

［4］ FMEA 潜在失效模式及后果分析手册(第四版)

［5］ MSA 测量系统分析手册(第四版)

［6］ SPC 手册(第二版)

［7］ PPAP 生产零件批准过程手册(第四版)

［8］ ISO/TS 16949:2009 汽车认证方案

［9］ ISO/TS 16949:2002 IATF认可规则(第三版)